高等院校公共基础课系列教材

创新创业教程
（第四版）（微课版）

戴玉梅　张嘉赢　编著

清华大学出版社
北　京

内 容 简 介

本书是一本专业的创新创业教育用书，在编写过程中，以提升学生的创新精神、创业意识和创业能力为核心，以通俗的语言、丰富的实例、有效的训练，系统地介绍了创新创业的基本思维方式、相关技能方法，符合高等院校转型发展时期人才培养的需要。本书共分为创新和创业两部分，主要内容包括创新基本理论，创新思维方法，创造性技法，创新产品产业化，创业、创业精神和创业者，创业机会，创业中的商业模式构建与资源获取，创业计划与财务评价，"互联网+"创新创业等内容。每章都安排了相应的训练、思考和测试内容，帮助读者通过实际训练及时、全面地掌握各章的知识点。

本书可作为高等院校创新创业课程的教学用书，也可作为企业继续教育的培训教材，还可用作读者拓宽视野、增长知识的自学用书。

本书配套的电子课件和习题答案可以到 http://www.TUPWK.com.cn/downpage 网站下载，也可以扫描前言中的"配套资源"二维码获取。扫描前言中的"看视频"二维码可以直接观看教学视频。创新部分已开通网络课程，以帮助读者远程自学。

本书封面贴有清华大学出版社防伪标签，无标签者不得销售。
版权所有，侵权必究。举报：010-62782989，beiqinquan@tup.tsinghua.edu.cn。

图书在版编目(CIP)数据

创新创业教程：微课版 / 戴玉梅，张嘉赢编著. —4 版. —北京：清华大学出版社，2024.2（2025.1重印）
高等院校公共基础课系列教材
ISBN 978-7-302-65420-9

Ⅰ.①创…　Ⅱ.①戴…②张…　Ⅲ.①大学生—创业—高等学校—教材　Ⅳ.① G647.38

中国国家版本馆 CIP 数据核字 (2024) 第 019942 号

责任编辑：胡辰浩
封面设计：周晓亮
版式设计：孔祥峰
责任校对：马遥遥
责任印制：宋　林

出版发行：清华大学出版社
网　　址：https://www.tup.com.cn, https://www.wqxuetang.com
地　　址：北京清华大学学研大厦 A 座　　邮　　编：100084
社 总 机：010-83470000　　邮　　购：010-62786544
投稿与读者服务：010-62776969, c-service@tup.tsinghua.edu.cn
质 量 反 馈：010-62772015, zhiliang@tup.tsinghua.edu.cn

印 装 者：三河市龙大印装有限公司
经　　销：全国新华书店
开　　本：185mm×260mm　　印　张：17.75　　字　数：421 千字
版　　次：2015 年 8 月第 1 版　2024 年 2 月第 4 版　印　次：2025 年 1 月第 3 次印刷
定　　价：79.00 元

产品编号：102466-01

前 言

2018年9月，国务院印发《关于推动创新创业高质量发展打造"双创"升级版的意见》，指出要以习近平新时代中国特色社会主义思想为指导，按照高质量发展要求，深入实施创新驱动发展战略，并强调要强化大学生创新创业教育培训。

2021年10月，国务院办公厅印发《关于进一步支持大学生创新创业的指导意见》，要求以习近平新时代中国特色社会主义思想为指导，深入贯彻落实党的十九大和十九届二中、三中、四中、五中全会精神，全面贯彻党的教育方针，落实立德树人根本任务，立足新发展阶段、贯彻新发展理念、构建新发展格局，坚持创新引领创业、创业带动就业，支持在校大学生提升创新创业能力，支持高校毕业生创业就业，提升人力资源素质，促进大学生全面发展，实现大学生更加充分更高质量就业。

党的二十大报告中强调"必须坚持科技是第一生产力、人才是第一资源、创新是第一动力"。本书根据创新创业教育新的形势及发展趋势，在前三版的基础上，增加了新的知识点、案例及微课资源，结合大学生群体的特点，帮助他们了解和掌握创新创业的相关知识和规律，提高大学生的创新意识和创业能力。

在编写过程中，内容取舍以实用、实际、实效为原则，精讲细练，对各知识点和技能进行着重叙述；案例贯穿全书，使本书颇具可读性，并以训练、思考、测试等多种形式充分调动思维，从而达到使学生触类旁通、快乐学习的目的。

本书适合作为高等院校各专业开展创新创业教育的教材，也可作为企业继续教育的培训教材，还可用作读者拓宽视野、增长知识的自学用书。教师可根据教学对象和授课学时的不同，灵活选择相关内容进行重点学习。

本书由沈阳大学戴玉梅、张嘉赢编著。全书共分9章，各章编写人员及分工如下：李长智编写第1章；丁旭编写第2、8章；张嘉赢编写第3、5章；戴玉梅编写第4、9章；杨春鹤编写第6章；李丹编写第7章。全书最终由戴玉梅总纂。在编写过程中，沈阳大学副校长王淑梅审阅了书稿，并提出许多好的意见和建议，在此深表感谢。

由于编者水平有限，书中难免有错误与不足之处，恳请专家和广大读者批评指正。在编写本书的过程中参考了相关文献，在此向这些文献的作者深表感谢。我们的电话是010-62796045，邮箱是992116@qq.com。

本书配套的电子课件和习题答案可以到http://www.tupwk.com.cn/downpage网站下载，也可以扫描下方的"配套资源"二维码获取。扫描下方的"看视频"二维码可以直接观看教学视频。创新部分已开通网上开放课程，便于读者远程自学。

扫描下载 扫一扫

配套资源 看视频

编　者

2023年10月

目 录

第1章 创新基本理论 ········· 1
1.1 创造、创意和创新 ········· 1
    1.1.1 创新的概念 ········· 2
    1.1.2 创意开发理论 ········· 7
1.2 创造性思维的理论 ········· 11
    1.2.1 创造性思维概述 ········· 11
    1.2.2 创造性思维的方向 ········· 16
    1.2.3 创造性思维的生理学基础 ········· 18
1.3 创新精神培养 ········· 22
    1.3.1 创新精神的含义 ········· 22
    1.3.2 创新意识 ········· 22
    1.3.3 创新性格 ········· 23
    1.3.4 培养创新精神的方法 ········· 23
思考练习题 ········· 24

第2章 创新思维方法 ········· 29
2.1 创新思维理论 ········· 29
    2.1.1 创新思维的概念 ········· 31
    2.1.2 创新思维的特征 ········· 32
2.2 创新思维的形式 ········· 35
    2.2.1 发散思维 ········· 35
    2.2.2 收敛思维 ········· 37
    2.2.3 逆向思维 ········· 38
    2.2.4 联想思维 ········· 39
    2.2.5 灵感思维 ········· 40
    2.2.6 想象思维 ········· 41
    2.2.7 组合思维 ········· 42
2.3 创新思维的障碍 ········· 43
    2.3.1 思维定式 ········· 43
    2.3.2 创新思维障碍类型 ········· 44

2.4 激发创新思维 ········· 49
    2.4.1 排除创新思维障碍训练 ········· 49
    2.4.2 创新思维训练 ········· 51
思考练习题 ········· 60

第3章 创造性技法 ········· 63
3.1 创造性技法概述 ········· 63
    3.1.1 创造性技法的概念 ········· 64
    3.1.2 创造性技法的特点 ········· 64
3.2 创造性技法的基本原理 ········· 65
3.3 常用的创造性技法 ········· 66
    3.3.1 类比法 ········· 66
    3.3.2 缺点列举法 ········· 70
    3.3.3 检核表法 ········· 71
    3.3.4 头脑风暴法 ········· 74
    3.3.5 六项思考帽法 ········· 78
    3.3.6 组合型创造方法 ········· 80
    3.3.7 形态分析法 ········· 84
    3.3.8 信息交互法 ········· 86
思考练习题 ········· 88

第4章 创新产品产业化 ········· 90
4.1 创意产业化 ········· 90
    4.1.1 创意产业化概述 ········· 91
    4.1.2 创意性产品的孵化 ········· 95
    4.1.3 创意产业的具体运用 ········· 97
4.2 知识产权保护 ········· 100
    4.2.1 知识产权概述 ········· 101
    4.2.2 发明创造与专利 ········· 102
    4.2.3 知识产权的法律保护 ········· 112
思考练习题 ········· 120

第5章　创业、创业精神和创业者 122

5.1 创业与创业精神 122
    5.1.1 创业概述 122
    5.1.2 创业的过程及各阶段分析 125
    5.1.3 创业精神的本质与来源 127
5.2 创业者与创业能力 130
    5.2.1 创业者 131
    5.2.2 创业能力及创业能力的培养 132
5.3 创业团队的组建与管理 135
    5.3.1 创业团队及其重要性 137
    5.3.2 创业团队的组建与管理 138
    5.3.3 创业团队的风险与风险控制 140
思考练习题 142

第6章　创业机会 143

6.1 创业机会概述 143
    6.1.1 创业机会的概念及特征 144
    6.1.2 创业机会的类型 145
    6.1.3 创业机会的意义 146
6.2 创业机会分析 146
    6.2.1 创业机会的识别 146
    6.2.2 创业机会的评价 148
6.3 创业项目分析 153
    6.3.1 创业环境分析 155
    6.3.2 创业市场调研 157
6.4 市场调研方法的应用——以问卷调查法为例 159
6.5 我国大学生创业环境分析及适合大学生创业的项目 164
    6.5.1 我国大学生创业环境的分析 165
    6.5.2 适合大学生创业的项目 168
思考练习题 169

第7章　创业中的商业模式构建与资源获取 171

7.1 商业模式构建 171
    7.1.1 商业模式的定义 172
    7.1.2 商业模式画布 173
    7.1.3 商业模式的基本式样 181
    7.1.4 商业模式设计的流程 196
7.2 创业资源获取 197
    7.2.1 创业资源概述 197
    7.2.2 资源基础理论 199
    7.2.3 影响创业资源获取的因素 201
    7.2.4 新创企业资源整合路径 202
    7.2.5 应用训练：资源获取游戏 206
    7.2.6 典型案例分析——大学毕业生创业中的资源获取与整合 208
思考练习题 210

第8章　创业计划与财务评价 213

8.1 创业计划 213
    8.1.1 创业计划的作用 216
    8.1.2 创业计划的内容 216
8.2 创业计划书 219
    8.2.1 创业计划书的对象 220
    8.2.2 创业计划书的执行摘要 221
    8.2.3 创业计划书的撰写和展示技巧 223
8.3 创业计划的财务分析 226
    8.3.1 创业项目筹资 226
    8.3.2 创业项目财务基础数据估算 228
    8.3.3 项目收益和利润的估算 232
    8.3.4 未来3~5年资产负债表、利润表、现金流量表的编制与分析 234
8.4 风险分析 240
    8.4.1 风险及风险分析 240
    8.4.2 盈亏平衡分析 241
    8.4.3 敏感性分析 243
思考练习题 247

第9章　"互联网+"创新创业 250

9.1 "互联网+"概述 251
    9.1.1 "互联网+"的提出 252
    9.1.2 "互联网+"的内涵 252
    9.1.3 "互联网+"的价值 253
    9.1.4 "互联网+"的模式 256
9.2 "互联网+"与传统行业的联合 258
    9.2.1 互联网+工业 258
    9.2.2 互联网+金融 259
    9.2.3 互联网+商贸 261

9.2.4 互联网+智慧城市 …………… 262	9.2.13 互联网+教育 ………………… 269
9.2.5 互联网+通信 ………………… 263	9.3 "互联网+"大学生创新创业大赛 … 270
9.2.6 互联网+交通 ………………… 263	9.3.1 "互联网+"创新创业大赛简介 … 270
9.2.7 互联网+民生 ………………… 264	9.3.2 2023年中国国际"互联网+"大学生
9.2.8 互联网+旅游 ………………… 265	创新创业大赛要求解读 ………… 270
9.2.9 互联网+医疗 ………………… 266	思考练习题 …………………………………… 272
9.2.10 互联网+政务 ………………… 267	
9.2.11 互联网+农业 ………………… 267	**参考文献** ……………………………… **273**
9.2.12 互联网+语言 ………………… 268	

第1章 创新基本理论

> 处处是创造之地，天天是创造之时，人人是创造之人。
> ——著名教育家 陶行知

本章知识点

- 什么是创意、创新、创造力？
- 创意的特征是什么？
- 创新分为哪几类？
- 什么是创造性思维，有哪些特征？
- 创造性思维的形式有哪些？
- 什么是创业精神？
- 如何培养创新精神？

1.1 创造、创意和创新

创新是一个民族的灵魂，是一个国家兴旺发达的不竭动力。科学的本质就是创新，历史上的科学发现和技术突破无一不是创新的结果。20世纪相对论、量子论、基因论、信息论的形成，都是创新思维的成果。有没有创新能力，能不能进行创新，是当今世界范围内经济和科技竞争的决定性因素，创新不但决定性地影响着科学技术的发明创造，也决定性地影响着发明成果及时转化为直接的社会生产力，最终决定性地影响社会经济的发展。从这个意义上说，创新也是社会进步的决定性因素。随着新经济时代的到来，特别是进入21世纪后，人们对创新和创造的关注程度已陡然超过历史上的任何时期。"创新"概念的出现频率之高，实质上正是标志了创造和创新已成为当今时代的主题。

1.1.1 创新的概念

> **案例分享** | 谷歌的互联网创新模板

1996年，两位斯坦福大学计算机科学系的博士生谢尔盖·布林(Sergey Brin)和拉里·佩奇(Larry Page)，创造了一种给网络搜索带来巨大飞跃的法则。他们认为页面的排名应该基于它被其他网页引用的频率及其可信度。谷歌的搜索服务始于1998年，很快就获得每天超过50万次的询问。在接下来的几年里，谷歌服务的发展和网络发展同样迅速。与20世纪90年代后期的网络公司不同，谷歌找到了一剂"万能药"，能将所有的点击变成钱——通过搜索广告。在2004年谷歌募股上市后的3年里，其收入翻了3倍多，从32亿美元增长到106亿美元，市值也高达1400亿美元以上。

谷歌深刻地改变了软件行业，它以在线服务的形式来发布软件，通过出售与搜索内容相关的广告来赚钱。

让谷歌变得独一无二的是它"处在混乱边缘"的管理模式，而不是"以网络为中心"的商业模式。其中的关键包括：一个扁平的组织、一个能加强横向交流的密集网络、一种能给想出好点子的人丰厚奖励的政策、一个以小组为核心的产品开发方式，以及让每个员工把客户放在首位的公司信条。谷歌这种独一无二的管理体系，得益于创始人布林和佩奇的创新运营方式，他们不认为自己是公司长期战略唯一的规划师，而是一直在为谷歌寻找一种本身就具有的、良好的创新环境。布林和佩奇深知，在当今世界，重要的不是企业在某个时间点的竞争优势，而是一种长期的进化优势。因此，他们的愿望是创建一家能和网络一样快速进化的公司。

1. 创造和创意

1) 创造的概念

创造是人类最美好的行为，是最高超的劳动。人类社会的文明史，就是一部创造发明史。在原始社会，若没有燧人氏发明钻木取火，人类恐怕还得生吃食物；若没有工具的发明，人类就不能称为高级动物。在近代，若没有大机器的发明，我们仍处在扶犁耕田、手摇纺纱的落后状态；若没有人工接种牛痘的发明，成千上万的生命将被天花吞噬；若没有电灯的发明，我们至今还得靠油灯照明……

在《辞海》中，"创造"一词被解释为"首创前所未有的事物"。在《现代汉语词典》里，"创造"被解释为"想出新方法、建立新理论、做出新的成绩或东西"。这些都是关于"创造"的最基本的解释。创造特别强调独创性，而任何创造都不是无中生有，而是在前人创造的基础上有所突破，因此要了解"创"和"造"二字的含义更贴合实际。根据《辞源》的解释，"创造"是由两个字组合而成的，"创"的主要意思是"破坏"和"开创"，"造"的主要含义是"建构"和"成为"。所以，"创"和"造"组合在一起，就是突破旧的事物，创建新的事物。"唯创必新"乃是创造的根本特点。创造是各式各样的，时时处处都可以有创造，如科学上有发现，艺术上有创作，方法上有创新，技术上有发明。也可将创造分为"大创造"和"小创造"，"大创造"被称为"特殊领域的创造"，小创造被称为"日常生活中的创造"。

创造心理学家曾提出"创造五层次"的观点，具体内容如下。

(1) 表露式的(expressive)创造。意指即兴而发的，却具有某种创意的行为表现。例如，戏剧小品式的即兴表演、诗人触景生情时的有感而发，其创造水平或程度一般属于这一层次。儿童涂鸦式的画作有时很有创意，其水平亦属此层次。

(2) 技术性的(technical)创造。意指运用一定科技原理和思维技巧，以解决某些实际问题而进行的创造。例如，把素材按新的形态组合产生新事物，或某种旧的结合解体，新的结合重新产生。

(3) 发明式的(inventive)创造。意指在已有事物的基础上，产生出与以往曾有过的事物全然不同的新事物的创造。例如，爱迪生发明的电灯、贝尔发明的电话。

(4) 革新式的(innovative)创造。意指不仅在旧事物基础上产生了新事物，而且是在否定旧事物或旧观念前提下造出新事物或提出新观念的"革旧出新"的创造。例如，技术史上各种新工具的出现以代替旧工具，科学史上发现新定律以替代旧定律等。

(5) 突现式的(emergentive)创造。意指那种与原有事物无直接联系，看似"从无到有"地突然产生出新观念的创造。我们可以说，各学科领域荣获诺贝尔奖的重大科学发现，均应属于这一层次的创造。

在学术界，人们对"创造"有很多种不尽相同的解释，结合国内外的学者对创造的不同表述，可以对创造下一个通用的定义：所谓创造，是指人们为达到某种目的而首创或改进某种思想、方法、理论、技术和产品的活动。

2) 创意的含义与特征

在汉语中，创意的原意是指写文章有新意。创意比较接近以下几种意思：有新意的想法、念头和打算；过去从未有过的计划；创新性的意念。创意最基本的含义有两点：一是有创造性，包含新颖性、超前性和奇异性；二是头脑中的主意、念头和想法。"创意"既是一个名词又是一个动词。作为静态名词的"创意"是指创造性的意念、新颖的构思；作为动态词汇的"创意"是指提出有创造性的想法、构思的过程，是一种经过冥思苦想而突然降临的、从无到有的新意念的产生过程。简而言之，创意就是具有新颖性和创造性的想法。

创意常得益于灵感，它是灵感诱发形成的观念、想法和念头，比灵感要完整和完善。其主要包括以下特征。

(1) 突发性。创意是一种突变式的思维飞跃，使感性材料或灵感启示迅速升华为理性认识，也就是变成想法、意念。故而，创新具有突发性。

(2) 形象性。产生创意时，主要的思维活动是形象思维。一些符号和具有或多或少明晰程度的表象可以作为思维元素的心理元素而存在，而这些表象是能够自由地再生和组合的。思维的元素是称为表象的记忆材料，即思维的形象性。有了创意以后，可以用概念来审查、推论，运用逻辑思维来证明或否定创意。

(3) 自由性。创意思维的目标是确定的，但从思维的方向来说，则是多路的、散漫的、全方位的、灵活的，具有充分的自由性。在创意的选择上，也是自由开放的，甚至是由着自己的性子去思考自己最愿意做的事，表现出思维开阔、自由奔放、不受拘束的特点。

(4) 不成熟性。创意具有模糊性和不成熟性，也许经过明晰化和再生、组合之后，才能成为创新、设计和方案。创意是灵感或经验与创新设计方案之间具有中介性质的思维存在。因此，创意诞生后，还必须有一个对创意的证明和证伪的过程，有一个去粗取精、去伪存真、由表及里的再思维过程。

2. 创造力

1) 创造力的概念

创造力，可以简单地理解为人类自身所具有的创造新事物的能力。但实际上，创造力是一个相当复杂的概念。它是人类特有的一种综合性本领，是由知识、智力、能力及优良的个性品质等复杂多因素综合优化构成的。创造力是指产生新思想，发现和创造新事物的能力。它是成功地完成某种创造性活动所必需的心理品质。例如，创造新概念、新理论，更新技术，发明新设备，创作新作品都是创造力的表现。创造力是一系列连续的、复杂的、高水平的心理活动，它要求人的全部体力和智力的高度紧张，以及创造性思维的最高水平。

2) 创造力的构成

创造力与一般能力的区别在于它的新颖性和独创性。它的主要成分是发散思维，即无定向、无约束地由已知探索未知的思维方式。按照美国心理学家吉尔福德的看法，当发散思维表现为外部行为时，就代表了个人的创造能力。创造力的构成可归结为以下几个方面。

(1) 作为基础因素的知识。这些知识主要包括吸收知识的能力、记忆知识的能力和理解知识的能力。吸收知识、巩固知识、掌握专业技术、掌握实际操作技术、积累实践经验、扩大知识面、运用知识分析问题及解决问题，是创造力的基础。任何创造都离不开知识，知识丰富有利于更多更好地提出创造性设想，对设想进行科学的分析、鉴别与简化、调整、修正；并有利于创造方案的实施与检验；而且有利于克服自卑心理，增强自信心，这是创造力的重要内容。

(2) 创造性思维。创造性思维是一种具有开创意义的思维活动，即开拓人类认识新领域、开创人类认识新成果的思维活动。创造性思维是以感知、记忆、思考、联想、理解等能力为基础，以综合性、探索性和求新性为特征的高级心理活动，需要人们付出艰苦的脑力劳动。一项创造性思维成果往往要经过长期的探索、刻苦的钻研，甚至多次的挫折方能取得，而创造性思维能力也要经过长期的知识积累、素质磨砺才能具备，至于创造性思维过程，则离不开繁多的推理、想象、联想、直觉等思维活动。

(3) 创造人格。创造人格主要包括意志、情操等方面的内容。它是在一个人生理素质的基础上，在一定的社会历史条件下，通过社会实践活动形成和发展起来的，是创造活动中所表现出来的创造素质。优良的素质对创造极为重要，是构成创造力的又一重要部分。优良的个性品质，如永不满足的进取心、强烈的求知欲、顽强的意志、积极主动的独立思考精神等是发挥创造力的重要条件和保证。总之，知识、智能和优良个性品质是创造力构成的基本要素，它们相互作用、相互影响，决定了创造力的水平。

3. 创新

1) 创新的概念

从词源来看,"创新"(innovation)一词源自拉丁语"innovare",是指人类提供前所未有的事物的一种活动,原意有3层含义:①更新;②创造新的东西;③改变。这里的"事物"所指很广泛,既包括自然科学,也包括社会科学,上至国家政权,下至百姓生活,从天文到地理,无所不有。这里的"前所未有"却只有一种含义,那就是"首创",任何创新都必须是一种首创活动。通俗来讲,首创就是第一个的意思。不过首创因为参照对象的不同而有两种不同的含义,衍生出狭义创新和广义创新两种类型。

(1) 狭义创新相对于其他人或全人类来说,是第一次,是首创。狭义创新是真正具有推动社会进步意义的,比如爱因斯坦发现相对论等。

(2) 广义创新虽然相对于其他人不是第一个,但相对于自己来说,是首创。广义创新比较简单,容易学习和掌握,比如企业推行了新的工作方法、进行了某些方面的改进等。

2) 创新的分类

(1) 按照内容不同,创新可分为知识创新、技术创新、工程创新和社会创新等。每一类创新又可细分为更多的方面,如社会创新可分为社会制度创新、社会政策创新、社会组织创新等;技术创新又可分为产品创新、服务创新、业务流程创新、业务模式创新、文化创新等。

第一,知识创新。知识创新是指通过科学研究,包括基础研究和应用研究,获得新的基础科学和技术科学知识的过程。科学研究是知识创新的主要活动和手段。知识创新的成果构成技术创新的基础和源泉,是促进科技进步和经济增长的革命性力量。知识创新包括科学知识创新、技术知识特别是高技术创新和科技知识系统集成创新等。知识创新的目的是追求新发现、探索新规律、创立新学说、创造新方法、积累新知识。总之,知识创新为人类认识世界、改造世界提供新理论和新方法,为人类文明进步和社会发展提供不竭的动力。

第二,技术创新。经济合作与发展组织提出:技术创新包含了新产品和新工艺的产生,以及对产品和工艺的重大技术性改变。创新包括了一系列科学的、技术的、组织的、金融的和商务的活动。我国学者认为,技术创新是指企业应用创新的知识和新技术、新工艺,采用新的生产方式和经营管理模式,提高产品质量,开发生产新的产品,提供新的服务,占据市场并实现市场价值。总之,技术创新的概念是一个相当广泛而复杂的问题,难以用简单的定义将它涵盖,到目前为止,还没有一个大家都认可的严格意义上的统一定义。但是,有一点是公认的,就是技术创新是一种经济概念,是一种经济发展观。这一概念的内涵是,高度重视技术变革在经济变革中的重大作用,它是经济和科技甚至包括教育、文化等的有机结合,而不是一个纯粹科技范畴内的概念。

第三,工程创新。简单来说,工程就是造物。严格来说,工程是人类以相关的技术,按一定的规则,为了构建一个新的存在物的集成性活动。由于每项工程活动都有其特殊的初始条件、边界条件和不同的目标要求,因此不可能存在两个完全相同的工程。例如,当一个隧道工程"学习"另一个隧道工程的先进经验时,是必须有某些变化或创新的。工程创新有多方面的具体内容和多种不同的表现形式，如工程理念创新、工程观念创新、工程规划创新、工程设计创新、工程技术创新、工程经济创新、工程管理创新、工程制度创新、工程运行创新、工程维护创新、工程退出机制创新等。

工程创新的重要标志体现为"集成创新"。工程集成创新的第一个层次是技术要素层次的集成。工程创新活动需要对多个学科、多种技术在更大的时空上进行选择、组织和优化。这就是说，工程不可能依靠单一的技术。工程创新的集成性还反映在工程活动中，包括了物质要素、技术要素、经济要素、管理要素、社会要素和文化要素等多种要素的集成。

第四，社会创新。社会创新指的是能够满足社会目的并取得实效的新想法。社会创新是指开发出更为有效的服务、项目和组织来满足社会需求。涉及的领域包括卫生、住房、教育和养老，这需要政府和企业做出巨大的努力。然而组织形式不固定、资金投入少、参与的机构及方式不成体系是现有的问题，各国政府也在进行此方面的政策咨询，并付诸实践。

(2) 按照创新的程度和创新中自我知识产权的比重不同，创新可分为自主创新与开放式创新。

第一，自主创新。自主创新指国家或企业依靠开发自己核心的技术，形成核心竞争力的创新。它强调企业核心部分的创新必须是自主的，次要部分可以"外购"或"外包"等，在利益最大化和时间效率最大化之间找到平衡。通过自主创新，企业能够主导自身在行业竞争中的领先地位。

第二，开放式创新。所谓开放式创新即不断利用从外界得到的新资讯、新技术、新产品，甚至与竞争者分享自己的创意而获利的创新。原来人们理解的创新只是小部分研发人员的事情，这拉大了普通人与创新的距离。但"开放式创新"却直接指出创新不能仅仅靠组织内部的思想，而需要依靠所有愿意进一步开发的机构和个人。换句话说，创新是我们每个人的责任。

3) 创新的特点

(1) 普遍性。创新存在于一切领域，没有哪个学科、哪个行业、哪个领域是一成不变的。

(2) 永恒性。创新是人类的本能，只要有人，就有创新，这种活动受人类自我实现本能的支配。人类的其他活动有可能终止，但创新永远不会终止。

(3) 超前性。由于创新就是相对于他人的首创行为，社会认知滞后于创新，因此创新总是超前的。

(4) 艰巨性。因创新的超前性可能得不到他人的理解和支持，甚至遭到反对，给创新者制造了艰难的创新环境；因创新是做前人或他人没有做过的事情，实现创新的过程和方法都需要探索，因此带有不确定性和技术上的难度。

(5) 社会性。创新不但要想还要做、要实施。实施过程中就要与社会发生联系，产生社会性。

(6) 无止境、无边界、无权威。最好的创新永远是下一个！任何学科、领域、部门都是人为划分的结果，既然是人为划分，就可以人为打破；在专业知识面前，不同的行业、专业是有着很大差别的，但在创新面前，规律是一样的，而且越是跨行业、跨领域的创新，越是能诞生超乎寻常的结果。在创新面前人人平等，谁都可以成为创新的强者，没有任何人是权威的。很多时候，对权威的过分迷信会对创新造成巨大的阻碍。

1.1.2 创意开发理论

案例分享 | 创意楼梯的设计

对大多数人来说，爬楼梯都不是一件很轻松的事，但如果楼梯设计成了下面这些样子呢？看看以下几款楼梯设计，原本千篇一律的台阶经设计师之手，摇身一变，或妖娆或个性，成为家里的一道风景线。

加拿大艺术家安德鲁·麦康耐尔(Andrew McConnell)从鲸鱼的脊椎上获得灵感，修建了这架脊椎形状的楼梯(见图1-1)。每一块脊椎就是一个台阶，通过台阶和仅有一侧的扶手部分连接起来，盘旋而上。这款楼梯不仅组装简单，也有如鲸鱼身体一般的负荷力，简直不能帅气更多！

Arquitectura建筑师事务所设计的楼梯(见图1-2)，少了扶手，却多了连接上下梯面的木板，爬起来舒服，看起来也顺眼，而且室内的透光性更好，使用者可以随意地坐在楼梯上，并且以延伸面作为椅背，圆弧的角度看起来也十分舒适。

图1-1 鲸鱼骨架楼梯

图1-2 流线型的艺术楼梯

位于荷兰阿姆斯特丹的"沙丘别墅"利用楼梯一层层的规则，分割出大小一致的方格做成书架，充分利用楼梯下的三角空间(见图1-3)，不但可以收纳更多书籍，而且刚好在餐桌前，面对一整面书墙用餐，使环境更加优雅。

将小朋友最喜欢的滑梯设计在楼梯的一侧，当然大朋友累了的话也可以溜下去，大人小孩两相宜，不失童趣的设计(见图1-4)。

图1-3　书墙楼梯

图1-4　带滑梯的楼梯

1. 创造力开发的理论依据

大脑是思维的器官，是人类创造力的物质基础。通过大脑的训练，既可保持年轻态，也可以提高创造力。本书所谈到的创造力开发，涉及更广泛的内容，不仅涉及大脑问题，还涉及人格、态度、行为；不仅涉及个体，还涉及团队和社会组织。

在创造学中，"创造"和"创新"这两个概念，在一般情况下它们是可以相互替换使用的，或者说，它们之间并没有绝对严格的界限。其所表征的共同特点就是，无论是创造主体的创造性思维，或是创造出来的产品(物质的或精神的)，都是越出新、越独特、越不同凡响或越标新立异就越好。如果这种产品是世界上从来没有过的、独一无二的"原创"，那么，只要它还能满足"现实性"(或"适用性")这一充分条件，那它就将是世界性的、顶尖级的创新或创造。

人的创造力能否通过一定的教育手段和环境改变等措施而得到发展呢？回答是肯定的。国际上许多国家将创造力研究的理论运用于教育之中，经过多年的实践，形成了创造力开发的专门活动。创造力开发，又称创造性培养，是以下述理论为依据的。

第一，人人都具有创造力，只是程度高低不同而已，普通人和天才之间并无不可逾越的鸿沟。

第二，创造力和智力是不同的范畴。大量研究表明，创造力和智力是两种不同的概念，智商低的人其创造力也同样低，但是智商高的人创造力则有高有低。因此，开发智力不能完全代替开发创造力。

第三，创造性通过恰当的环境和教育是可以提高的。创造力的高低，先天素质非常重要，后天的教育和环境的熏陶有时更重要。

第四，创造性培养最根本的问题是塑造创造性人格。创造力开发的活动，不能满足于教授创造技法和思维训练，要进行更深层次的人格培养。只有具备让创造之花自由生长的文化沃土，才能使创造成为社会文明之果。因此，创造力开发也包括努力促进社会环境和文化的进步。

2. 创造过程中的心理障碍

所谓创造过程中的心理障碍，既包括那些明显由个体认知或个性上的弱点所造成的心理障碍，如感知不敏锐、缺乏自信心等；也包括那些受社会认知影响，尤其是受所在团体氛围中实际存在的某种有形或无形压力的作用而产生的心理障碍，如害怕失败、崇拜权威等。

总括起来，创造过程中的心理障碍大致表现在以下几方面。

1) 自我意识障碍

自我意识上的障碍，主要是不能客观、公正地估计自己。比如，认为自己没有创造力，或是认为自己没受过某种专业训练等；认为创造有一种神秘感，并认为只有那些天才、专家才能创造。这完全是一种误解，创造并不神秘，也不是可望而不可即的事。还有的人总认为自己还需要学习，不具备创造的条件，这种看法有道理，但也有局限，专业知识虽是创造的必要条件，但当需要打破旧的知识限制而创造新知识时，有些专业知识也可能反而成为一种阻碍。实际上，有时恰恰需要打破专业界限。另外，在自我意识方面还存在另一种障碍，即过分自负。它往往使得个体羞于提出一些不太成熟的想法，对别人的不成熟想法也爱吹毛求疵，其结果则常常是一无所获。

2) 情感障碍

情感障碍是创造过程中经常容易出现的现象，而且也较难克服。例如，不敢冒险、害怕失败。这是由于新设想一般不能很快为社会或其他团体成员所认同，就容易使创造者因被拒绝而失去团体和社会的归属感，因而不敢冒此风险。又如，情感上的"自恋情结"，即过分看重已有的创造成果，而妨碍自己或他人做进一步改进，以创造出更好的解决办法或产品。

再如，在情感上容不得"混乱"也是一种常出现的障碍，这种障碍就是不能忍受不确定的、存在多种可能性的状态。其实，如果问题处于模糊状态，恰恰可能正预示着某种突破，这时所需要的是坚持和忍受，直至达到真理的彼岸。

另一种妨碍创造的情感障碍是不懂幽默，不会放松。实际上，幽默可以活跃思想，可以摆脱传统和现实的束缚，激发想象力，甚至可以直接为创造发明提供思路。可以说，幽默是高情感智慧的标志，幽默感是创造个性的集中体现。

3) 认知障碍

认知障碍主要有感知不敏锐、功能固定、过分遵守规则、人云亦云、缺乏独立见解、崇拜权威，以及经验主义等。例如，感知不敏锐是指在认识一开始就不主动、不积极、不敏感的状态。其主要表现为：对任何事都无动于衷，不感到新奇；对事物的兴趣只维持一会儿，不喜欢刨根问底；感知麻木，不善于发现问题；见怪不怪，看不出毛病和缺陷。

4) 动机障碍

动机上的最大障碍是：对创造不感兴趣，满足于做好常规工作；在认知需要上浅层化，只了解需求，没有理解需求，没有深层探讨的驱动力；缺乏危机感等。

创造过程中的心理障碍，首先与主体的主观因素有关。创造过程的前期，主要容易出现自我意识上的不自信或认知上的感知不敏锐等心理障碍。创造过程的中期，则主要容易出现认知上的功能固定、过分遵守规则、情感上的害怕失败、不敢向权威挑战等障碍。创造过程的后期，则容易出现不能忍受长期的艰苦和动机上寻求尽早得到报偿的障碍等。

3. 创意开发的影响因素

个人可以把自己的创造力潜能转化为现实创造力的资源，创意开发的影响因素主要包含如下几项。

1) 智慧

一个拥有创造力的人，必须要有3种智慧。

(1) 能产生新构想的综合智慧，如重新定义问题等，其中包含信息处理的领悟力和把旧的信息、理论等组装成新事物的能力，也包含利用周围现有的物质创造出与众不同的东西，以及改变方向采用其他方式的能力等。智慧的综合功能常常有助于我们分析和把握问题解决中出现的各种"例外"和"反常"的价值。

(2) 能认清问题、发现问题、调度资源，以及评价构想价值的智慧，它有助于我们看出哪一个新的想法是好的、有前途的，然后有效地调动资源，把问题的基本部分分别加以解决。

在我们周围，总有一些人能不断想出新点子，但无法区分各种点子的优劣，这就使他们的各种点子和想法常常停滞，无法最终实现。一个真正有高创造力的人，不但能提出很多点子，还要能看出这些点子的潜力得以实现的途径。

(3) 拥有能从别人的批评中学习如何宣传、改进自己的构想的智慧，使我们有效地把自己的成果表现给他人看。

2) 知识

创造性成果不可能凭空存在，即使它与现有的理念完全不一样，我们也必须预先知道什么是现有的理念。要组合或超越已有的想法，必须先要知道这个想法是什么；不要随便接受别人已经接受的东西，必须预先知道什么是别人所接受的；要去质疑基本的原则，必须预先知道什么是基本的原则。因此，知识是一个从事创造性活动的人必备的智力资源。

3) 思维形态

思维形态不是一种能力，而是一个人解决某个特定问题所用的方式、方法，具体体现在一个人开发利用自己知识和创造力潜能的独特方式上。高创造力的人常常"随时依情境应变"及"质疑社会规范、真理及假设"，而不人云亦云，这种宁可自己去制定规则也不愿遵守既定规则的工作习惯或解题模式，是高创造力者的"注册商标"。思维形态是开发创造力的基本因素，一个人的创造力潜能需要借助于特定的思维形态才能完全被激活。

4) 人格

创造力不仅仅是认知或心智上的特质，也包含人格方面的特质。很多有高创造力的人很少或永远没有把他的能力展现出来，最主要的原因是他们没有必备的人格。由于创造性想法和观点的独特性和不合时宜性，一个高创造力的人必须有勇气讲出自己的创造性想法和观点，而且还必须坚持不懈地去克服种种困难来捍卫和实现自己的想法。

5) 动机

要发挥自己的创造力潜能，一个人必须有很强的动机才行。这些动机可能是外在的，如奖励、金钱、权利、名誉等；也可能是内在的，如自我实现、自我挑战等。动机可以使一个人专注于手中的工作，并促使其不断地克服各种困难，做出更多能表现其创造力的发明成果。绝大多数成功的高创造力者所从事的都是他们有兴趣、很喜欢的工作。内在的动机常常使一个人保持高度专注力，并最终做出重要的创造性工作和成果。

6) 环境

创造性想法或创意是一个人跟环境互动的产物。一个可以刺激创意的环境，在创意被提出时能够及时给予鼓励、奖励的环境，才可能造就出一流的原创性的科学家、发明家、思想家和其他杰出人才。相反，一个过于排斥异端思想或另类创意的社会环境，会使许多真正有原创性想法的人把自己的创意深埋在心中而不说出来，这不论是对那些富有创造精神的个人来说还是对整个社会来说都是可悲的事情。

案例分享 | 全球最具创意的公司——3M公司

美国明尼苏达矿业制造公司(Minnesota Mining and Manufacturing Corporation)，因英文名称头三个单词以M开头，所以被简称为3M公司。3M公司以其为员工提供创新的环境而著称，视革新为其成长的方式，视新产品为生命。公司的目标是每年销售量的30%从前4年研制的产品中取得。每年，3M公司都要开发200多种新产品，这传奇般的注重创新的精神已使3M公司连续多年成为美国最受人羡慕的企业之一。

3M公司知道，建立有利于创新的文化氛围是非常重要的，因此，在工作中3M的管理人员尊重个人的尊严和价值，鼓励员工各施所长，提供一个公平的、有挑战性的、没有偏见的、大家分工协作式的工作环境；尊重个人权利，经常与员工进行坦率的交流；主管和经理要对手下员工的表现与发展负责；鼓励员工发挥主观能动性，为其提供创新方面的指导与自由。冒险与创新是公司发展的必然要求，要在诚实与相互尊重的气氛中给予鼓励和支持。同时，提供公平的个人发展机会，对表现优秀的员工给予公平合理的奖励。

3M公司提倡员工勇于革新，只要是发明新产品，不会受到上级任何干预；同时，允许有失败，鼓励员工坚持到底。公司宗旨中明确提出：决不可扼杀任何有关新产品的设想。公司上下养成了以自主、革新、个人主动性和创造性为核心的价值观。

"世界上最具有创新力的公司"是3M公司的正式宣言。3M公司对创新的基本解释既醒目又简单。创新就是：新思想+能够带来改进或利润的行动。在他们看来，创新不仅仅是一种新的思想，而且是一种得到实施并产生实际效果的思想。面对知识经济时代外部环境的挑战，3M公司的知识创新实践为所有企业提供了不可多得的范例。

1.2 创造性思维的理论

"一个民族要想站在科学的最高峰，就一刻也不能没有理论思维。"而一个人创造力的大小，不仅与人的心理品格有关，而且与创造性思维有直接联系。

1.2.1 创造性思维概述

1. 创造性思维的定义

创造性思维，亦称创新思维，是指在创新活动中，将以往的知识和经验独立地分析，综合组织起来，形成新的概念和联系，从而制造出新的物质或精神产物的思维。简单来说，创造性思维是运用新颖、独特的方式和方法解决问题的一种积极主动的思维活动。创造性思维不同于习惯思维，而是更高级、更活跃、更精细的创新思维，它的产物不是一般性的产物，而是前所未有的新知识、新产品、新技术、新工艺和新理论。

案例分享 | 韩信分油的故事

传说有一天，街上的两个卖油人正在争吵不休。路过这里的韩信，出于好奇就在一旁听，原来这两个人合伙卖油，因意见不合，准备把油桶里还剩下的10斤油平分后各奔东西，可又为了分油不均而争执不下。他们手头没有秤，只有一个能装3斤油的油葫芦和一个能装7斤油的瓦罐。他们用油桶倒来倒去，但双方总不满意，因而吵了起来。

有没有办法把油分精确呢？韩信面对两个互不相让的卖油人和眼前的油桶、瓦罐、油葫芦，默默沉思着。忽然他眼前一亮，大声说："你们不要吵了，没有秤，也能够分均匀！"说着，他把办法告诉了卖油人。按照韩信的办法，两个人重新分油，果然都很满意。

那么，韩信的办法是什么呢？原来，他是这样做的：先用油葫芦连续装3次，共装9斤，将7斤的瓦罐注满后，油葫芦里还剩2斤。然后将瓦罐里的7斤油再全部倒入油桶，这时油桶里是8斤油。再将油葫芦内的2斤油全部倒进瓦罐。最后用油桶里的油将空葫芦灌满(3斤)，倒进瓦罐。这样，油桶里剩下的油和瓦罐中装的油都正好是5斤。双方各分其一，恰好两人所得完全相等。

2. 创造性思维的特征

创造性思维的特征，主要可以概括为如下几点。

1) 思维的求实性

求实性是指要善于发现社会的需求，发现理想与现实之间的差距，从满足实际需求出发，拓展思维的空间。例如，沃尔玛是世界上第一家试用条形码即通用产品码(UPC)技术的折扣零售商，并被视为新技术持续引进的典范。

2) 思维的批判性

批判性是指敢于用科学的怀疑精神，对待自己和他人的原有知识，包括权威的论断。思维的批判性还体现在敢于冲破习惯思维的束缚，敢于打破常规，敢于另辟蹊径、独立思考。运用丰富的知识和经验，充分展开想象的翅膀，这样才能迸射出创造的火花，开拓前所未有的道路。

3) 思维的连贯性

每一个创新看似偶然而绝非偶然。一个日常勤于思考的人，就易于进入创新思维的状态，激活潜意识，从而产生灵感。只有不断提高思维能力，才能及时捕捉有突破性的灵感，不断提出新的构想，这也能够使思维保持活跃的态势。

4) 思维的灵活性

灵活性是指要善于选择最佳方案，富有成效地解决问题，善于巧妙地、机动灵活地转变思维方向，产生适合时宜的办法。开阔创新思维的思路，要善于从全方位思考，思路若遇难题受阻，不拘泥于一种模式，能灵活变换某种因素，调整思路。例如，利用辐射思维、多向思维、换元思维、转向思维、对立思维、反向思维、原点思维、联动思维等思考问题。

5) 思维的跨越性

跨越性的思维进程带有很大的省略性，其思维的步骤较少而跨度较大，具有明显的跳跃性，可节省大量解决问题的时间。

6) 思维的综合性

综合性是指在获取大量的事实、材料及相关知识的基础上，综合运用多种思维方式，深入分析、找出规律、创造出新成果。思维方式的综合是创造的重要途径之一。当然，综合绝非简单地凑合、堆积，而是将众多的优点集中起来进行协调、兼容和创造。

3. 创造性思维的常见形式

创造性思维的根本特点在于，它是运用新颖独特的方式方法解决问题的一种积极主动的思维活动。创造过程中，人们既要运用逻辑思维，也要运用非逻辑思维；既有形象思维，又有抽象思维。逻辑思维与非逻辑思维、形象思维与抽象思维在创造中的作用是不一样的，在不同性质、不同类别的创造中，各种思维形式的作用大小也不一样。一般来说，创造性思维中非逻辑思维要比逻辑思维起到更重要的作用，而常规思维中逻辑思维要比非逻辑思维起到更大的作用。

1) 理论思维

理论一般可理解为原理的体系，是系统化了的理性认识。理论思维是指使理性认识系统化的思维形式。理论思维在实践中应用较多，如系统工程就是运用系统理论思维来处理系统内和各个有关问题的一种管理方法。钱学森同志认为：系统工程是组织管理的规划、研究、设计、创造、试验和使用的科学方法，是一种对所有系统都有普遍意义的科学方法。又如有人提出的"相似论"，也是科学理论思维的范畴；有人见鸟有翅膀能飞，就根据鸟的翅膀、鸟体几何结构与空气动力和飞行功能等相似原理发明了飞机。还有许多地方也要运用到理论思维，如对一些自然规律和社会规律的归纳和总结，对一些问题的认识和分析。所以说，理论思维是一种基本的思维形式。

2) 直观思维

直观思维一般是指在实践中，外界事物在人们大脑中产生的感觉，它具有生动性、具体性、直接性的特点，是开发人们创造性思维的基础。思维过程模式一般为经验—直觉—概念(设想)—逻辑推理—理想实践，直观思维决定于观察力、想象力和记忆力。在创造活动中，人们往往靠知识的积累程度，人们头脑里储存的知识越多，创造力的基础也越强。如画家必须对自然界的颜色、标记、布局、人物、建筑先产生直观思维，才可能进行创造。例如，德国地理学家阿尔弗雷德·魏格纳(Alfred Wegener)提出的"大陆漂移说"，就是从地图上巴西的一块突出部分和非洲的喀麦隆海岸凹进去的部分，形状十分相似的地貌而直观得到的；池田菊苗发现的"味精"也是从饭桌上的黄瓜和海带汤中直观想到的；等等。许多创造发明都是通过直观思维后创造的。

3) 倾向思维

倾向思维，即人们在思维过程中往往是从一定的目的、倾向出发而进行的思维方式。在创造思维过程中，这种思维形式也常常被运用，一般是指创造者通过接触某一事物，从一定倾向出发，即在思考某一问题时，或有意或无意，或正常或偶然中顿悟，找到了创造成功之路。

人们认识事物，不完全是直线性的，有时是曲折的，甚至要反复多次，才能对事物有所理解。不论何种情况，都会有触发"媒介"的机会，会在偶然和无意中激发新的创造思路，正所谓"多思出智慧"。这种思维，也有人称之为灵感思维。

在创造实践中，由于倾向思维的作用而取得成功的例子不少，这种激发往往寓于创造和创造活动之中。例如，约翰·邓禄普(John Dunlop)发明充气轮胎就是这样，他原是苏格兰的一名医生，他看到自己的儿子转着硬轮自行车颠簸地在卵石道上行驶，非常怕其摔跤，一直在思索，能否用一种新的可以减震的轮胎来代替。一个偶然的机会，他发现充气的橡皮管既有弹性又有坚韧性，于是触发创造灵感，成功发明了邓禄普充气轮胎。这些都说明倾向可以开发人们的创造能力。

4) 联想思维

联想思维是指由某一事物联想到另一事物而产生认识的心理过程。

联想思维对于创造发明、开发人的创造力也有很多成功的事例。上海橡胶模型厂职工，创新制成光电跟踪轮胎模自动绕花机的过程，就是很好的例证。过去加工橡胶轮胎金属模，全靠手工绕制，花费时间多，后来职工们去参观上海船厂的自动仿样切割机时受到启发，联想到这种原理可以在绕花机上运用，后通过实践获得成功，改造后的机器只需要3天就可自动绕制一副轮胎金属模。

5) 联结和反联结思维

事物的相关联结和分离，同事物内部矛盾双方或事物之间有相互依赖、相互制约、相互转化的关系。这种思维形式在创造活动中也很广泛，经过联结，可使一物品成为具有多种功能的新物品。如把电子表与圆珠笔相联结，制成带有电子表的圆珠笔；把手电筒与笔相联结，可以制成带光源的光笔；还有既能计时，又能做秒表，带有计算器和报时器的多功能表；用电炉原理与保温杯相联结而制成的加热杯；带橡皮头的铅笔，是橡皮和铅笔的联结；连衣裙是衬衫与裙子的联结；双体客轮则是两个船体的联结。

反联结思维是一种与联结思维相反的分解思维，它使两个以上相结合的物质分解，从而产生新的物质和新的用途。例如，水(H_2O)可以分解成氢和氧，水经过稀土物质吸氧，变成氢燃料，可与汽油等综合使用，节约能源；又如，常用雨伞的伞柄太长，不易携带，于是就把伞柄分解成可以收缩的两节或三节，这就是折叠式雨伞。

6) 形象思维

形象思维就是依据生活中的各种现象加以选择、分析、综合，然后进行艺术塑造的思维方式，在形象思维的过程中始终不脱离具体形象，并包含着创造者的强烈情感。形象思维是文学、艺术创作过程中所运用的主要的思维活动和思维方式。鲁迅先生所创造的许多栩栩如生的艺术典型，如阿Q、祥林嫂、华老栓等，都是根据现实生活中的各种人物和事件进行选择、分析，综合概括，给予艺术加工而创造出来的。

形象思维在科技发明中也是经常运用的一种思维方式。例如，德国化学家弗里德里希·凯库勒(Friedrich Kekule)对于苯环的创造，就是在睡梦中看到碳元素像一条蛇一样摇出自己的尾巴，受到启发；又如各种千姿百态、栩栩如生的盆景，也都是形象思维的结果。

7) 逻辑思维

逻辑思维与形象思维不同，它是用科学的抽象概念揭示事物的本质，表达认识现实的结果，它是人们在认识过程中，借助概念、判断、推理反映现实的过程。

逻辑思维是具有严密的、科学性的思维形式，它必须完全符合客观规律。这种思维能力的强弱，与知识广泛性密切相关，它直接涉及创造成果的成功率及时间的长短。任何创造都不是科学家的主观臆断，而是通过观察分析、判断、推理，进行符合客观规律的逻辑思维的结果。在我们的日常生活、工作中，逻辑思维被广泛地应用；在日益广泛的创造活动中更是有意识地、主动地使用逻辑思维这种形式培养创造能力；在研究预测、开发未来的过程中，逻辑思维能力占有极重要的地位。

8) 发散性思维和集中性思维

发散性思维又称扩散性思维，就是指沿着各种不同的方向去思考、重组眼前的信息和记忆中的信息，产生新的信息。这是创造活动中既重要又必须发生的第一步思维。人们在开始思考一项新工作或一项革新时，可以提出许多设想，创造者的想象力越强，知识面越广，设想就越多，创造活动的成功因素也就越多。发散性思维的发散度越高，发散质量就越好，就更有利于创造。发散度高和发散质量好的标准在于变通度大和独创性多。

所谓集中性思维，就是利用已有信息，得出某一正确结论。集中性思维如果是以一项工作、一项革新为对象的话，一般是在发散思维提出的许多方案的基础上进行集中，最终采纳其中的一个方案。

作为一项创造，一般都会经过发散和集中思维的过程，首先经过多种形式的思维发散，再经过讨论、试验、实践，最后达到思维集中和产生创造性成果的目标。这样才构成一个完整的认识过程。

以上介绍的8种思维方式，在一般人的思维过程中也常常被运用，同样，它们作为基本的思维形式，也是创造性思维过程中经常出现的思维形式。作为基本的思维形式，它们是存在于各种思维过程中的。关于创造性思维的形式将在后面章节中进一步详细介绍。

案例分享 | 超酷环保汽车

这是一款由德国Loremo AG汽车公司最新推出的环保概念汽车(见图1-5)。与传统的环保汽车不同，这款车的环保概念并不是体现在混合动力系统上，而是通过减轻车体重量来降低油耗、提高燃料利用率，从而达到环保的目的。该车采用两缸发动机驱动，燃油利用率达到150英里/加仑(百公里耗油约1.56升)，最高时速可达160千米/小时！而如此之高的燃油利用率都得归功于其超轻的车身重量，这样一部汽车的重量仅为450千克！

另外，这款车的造型也非常酷，它摒弃了传统汽车两边开门的设计，而采用了前后两向的上掀式设计，这使得这款车充满了现代的时尚气息。

图1-5　环保概念汽车

1.2.2　创造性思维的方向

> **案例分享** | 关于电梯问题的解决方案

某工厂的办公楼原是一片两层楼建筑,占地面积很大。为了有效利用地皮,工厂新建了一幢12层的办公大楼,并预备拆掉旧办公楼。员工搬进了新办公大楼不久,便开始抱怨大楼的电梯不够快、不够多,尤其是在上下班高峰期,他们得花很长时间等电梯。

顾问们想出了几个解决方案:

1. 在上下班高峰期,让一部分电梯只在奇数楼层停,另一部分只在偶数楼层停,从而减少那些为了上下一层楼而搭电梯的人;

2. 安装几部室外电梯;

3. 把公司各部门上下班的时间错开,从而避免高峰期拥挤的情况;

4. 在所有电梯旁边的墙面上安装镜子;

5. 搬回旧办公楼。

你会选择哪一个方案?

这家工厂选择了第4种方案,并成功解决了问题。

"员工们忙着在镜子前审阅自己,或是偷偷观察别人。"顾问解释说,"人们的注意力不再集中于等待电梯上,焦虑的心情得到放松。其实大楼并不缺电梯,而是人们缺乏耐心。"

假如你选了第1、2、3、5种方案,那么你用的是"纵向思维",也就是传统思维。假如你选择了第4种方案,你就是个"横向思维"者,在考虑问题时能跳出思维惯性。

思维方向与创造过程的关系比思维形式更为重要。思维形式有助于人们在微观上把握创造过程,而思维的方向则关系战略大局。

1. 发散思维和收敛思维

发散思维和收敛思维是我们进行创造活动时运用的两种不同方向的思维。发散思维与收敛思维具有互补的性质,不仅在思维方向上互补,而且在思维操作的性质上也互补。发散思维向四面八方发散,收敛思维向一个方向聚集,在解决问题的早期,发散思维起到更主要的作用；在解决问题的后期，收敛思维则扮演着越来越重要的角色。

发散思维与收敛思维各有优缺点，在创新思维中相辅相成，互为补充。只有发散，没有收敛，必然导致混乱；只有收敛，没有发散，必然导致呆板僵化，抑制思维的创新。因此，创新思维一般是先发散而后集中。有的人善于使用发散思维，有的人善于使用收敛思维。发散与收敛的失衡，在成人和孩子身上都能看到：成年人比较擅长运用逻辑技巧，其结果是失去了很多发挥想象力并由此从中选择的机会，这个过程则导致发散与收敛的失衡；孩子很容易激发更多的设想，他们想象力丰富，却不善于熟练地评价，结果收敛思维不发展，也导致创造力受损。因此，为了达到一种平衡，在创造性解决问题的每一个阶段，都需要发散思维与收敛思维一张一弛、相辅相成，那种以为创造性思维就是发散思维的看法是片面的。

2. 横向思维和纵向思维

横向思维，顾名思义，是指这个人的思维有其横向，往宽处发展的特点。具有这种思维特点的人，思维面都不会太窄，且善于举一反三。有一个形象的比喻，这种思维就像河流一样，遇到宽广处，很自然就会蔓延开来，但欠缺的是深度。

所谓纵向思维，是指在一种结构范围内，按照有顺序的、可预测的、程式化的方向进行思维的形式。这是一种符合事物发展方向和人类认识习惯的思维方式，遵循由低到高、由浅到深、由始到终的原则，因而清晰明了，合乎逻辑。其与横向思维相对应，在我们日常生活和学习中大都采用这种思维方式。

"横向"和"纵向"是空间概念，在实际生活和思维活动中，横向思维和纵向思维往往会(也需要)结合进行，为加强深度与广度，还应结合逆向思维、发散思维等思维方式。

3. 正向思维与逆向思维

正向思维与逆向思维的结合，就是一种高级的创造性思维形式——两面神思维。两面神思维虽然是一种高级的创造性思维，但并不神秘。我们周围的一些事物中就存在着两面神思维的结晶。例如，以"装卸工"的"装"与"卸"两种对立面的事物的结合，开关的"开"与"关"两个对立的性质结合在一起等，这种能同时满足两种需要的发明都是这种思维的具体应用。

两面神思维的作用之一：相辅相成。有意地将两个或多个对立面联系在一起，对立的性质不仅不起破坏作用，反而起建设性作用，相互补充，相互弥补，打破了单方面性质的限制，可以发现事物新的功能和作用。例如，光学上将镜像的失真称为像畸变。畸变可分为正畸变和负畸变，正畸变使物体变宽，负畸变使物体变窄。正负畸变本是对立的，正畸变可以破坏负畸变，负畸变可以影响正畸变，但是宽银幕电影的原理却将正负畸变联系在一起，使之相互补充。宽银幕电影在拍摄时用正畸变，把一个宽大的场景缩成细窄条；在放映时用负畸变镜头，使细窄条还原成大场景，正负补偿，相得益彰，还获得了普通电影所没有的宽广的视野效果。

两面神思维的作用之二：对立面的动态结合。对立面处于一体，保持一种必要的张力和平衡，而且能适时地相互转化，使事物同时具有两种对立的性质，能在两种极限的条件和状态下相继发挥作用，以这种思路进行科学研究、技术发明和设计，能创造最科学的理论体系、科学概念，获得最符合自然本性的、最经济的发明物和设计方案。如科学家要发明一种新型的屋顶，希望屋顶夏天呈白色，能反射太阳光线，降低空调成本；冬天呈黑色，能够吸收热量，减少采暖费用。科学家从自然界中寻找能把对立的性质集于一身的原型，将屋顶与比目鱼真皮深处的黑色色素的沉浮能改变颜色的原理进行类比，构想出新的解决方案：考虑制成一种埋有微小的白色小球的黑色屋顶材料，当阳光照得屋顶灼热时，小球依波义耳定律发生膨胀，使屋顶呈白色；反之，在屋顶变冷时，小白球受冷缩小，屋顶又呈黑色。这样，黑与白、热胀与冷缩，这些矛盾对立的性质共存于一体，适时地相互转化，相继地发挥作用，更好地满足了人们的需要。

有的事物同时具有矛盾对立的属性，能够适时地相互转化，它们和平共处，相互渗透，相互扶持，相得益彰。现实中有许多这样的矛盾结合体，如潜水艇能沉能浮，升降机能升能降。甚至有些设施和概念本身就是两种对立的属性结合在一起的，如给排水专业、冷暖机、裁缝等。

案例分享 | 聪明的少女

一位聪明、美丽的少女因父亲欠了地主的钱无力还债，将面临严酷的选择：地主当着众人的面从地上一堆黑白色石子中拣出两块石子投入布袋，命令少女摸取其中一块石子，如果石子是白色的，即可将债务一笔勾销；如果石子是黑色的，少女则要嫁给他，不然就将少女的父亲送官严办。少女机警地发现地主投入袋中的石子均为黑色，此时，少女怎样才能令狡猾的地主在众多围观者面前心甘情愿地服输呢？

少女装作害怕的样子，战战兢兢地摸出一块石子，随后她手一抖，似乎是不小心地将石子掉在了石堆中。就在众人不知怎么办时，少女说："看看剩下的一块石子是什么颜色，我摸到的石子不就是另一种颜色了吗？"少女靠着智慧，既救了父亲也救了自己。

在这个故事中，如果从思维过程来看，显然存在着与往常的思维过程不同的、具有独特意义的思维方式和思维方向。这就是一种创造性思维。

1.2.3　创造性思维的生理学基础

1. 人脑的构造

大脑分为左、右两个半球，它们之间通过脑桥的大量神经纤维相互贯通。左脑与右脑的结构相当，但功能却各不相同。一般来说，大脑左半球在语言思维、运算思维及逻辑思维等能力上比较出色，具有连续性、有序性、分析性、理论性和时间依赖性等特点，因而又被称为理性脑。与之相反，右脑则在形象思维、形象辨识、直观思维及对空间的把握等方面比较出色，具有不连续性、弥散性、操作性和空间依赖性等特点，被称为感性脑。大脑左、右半球之间存在某种功能性联系的实体，即胼胝体，它是连接左、右脑的横行神经纤维束，起着连接左、右半球全部皮质的作用。左右脑配合默契，正常情况下，左右脑通过胼胝体以每秒400亿次的频率相互传递脉冲信息。

关于脑科学的研究，20世纪70年代，美国科学家罗杰·斯佩里(Roger Sperry)进行了著名的"裂脑实验"，发现了左脑和右脑的结构与功能的区别，提出了左右脑分工说。左右脑智能分工，如表1-1所示。

表1-1 左右脑智能分工

左脑(理性脑)	右脑(感性脑)
语言/文字	空间/音乐
逻辑、数学	整体的
线性、细节	艺术、象征
循序渐进	一心多用
自制	敏感的
理智的	直觉的、创新能力强的
强势的	弱势的(安静)
世俗的	灵性的
积极的	感受力强的
好分析的	综合的、完整的
阅读、写作、述说	辨认面目
顺序整理	同时理解
掌握复杂程序	感知抽象图形
掌握复杂动作顺序	辨识复杂数字

由表1-1可知，左脑擅长语言、阅读、计算、书写、分类、排列等，主要在逻辑思维、集中思维等能力上比较出色，确定时间关系，具有连续性、有序性和分析性的特点，被人们称为理性脑；右脑在形象记忆、理解隐喻、音乐、舞蹈、态度、情感、直觉、想象等方面起主要作用，是进行形象思维、发散思维的中枢，并确定空间关系，具有弥漫性、连续性、整体性的特点，被人们称为感性脑。

案例分享 | 表情识别系统

想要让机器人更好地为人类服务，就必须通过双方的交互来实现。在人与人的交流中，语言虽然是最重要的手段，但是表情、手势等方式往往会传递相对较为隐性的信息。要让机器人更好地与人类沟通，就必须要解决如何识别人类表情的问题。

美国加州大学圣迭戈分校的一位计算机博士开发了一套非常有趣的表情识别系统(见图1-6)。它将表情识别系统和教学系统整合在一起，通过表情的探测来了解学生对于教学内容的反应，从而对教程进行改进。

开发者还计划将这套系统进一步完善，从而能够应用到机器人等更为广泛的领域中去。

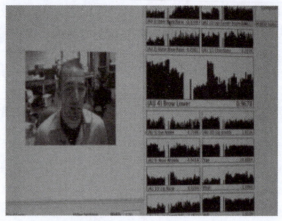

图1-6 表情识别系统

2. 左右脑与创造性思维

左脑长于言语功能,右脑则长于非言语的功能。左脑与右脑的和谐发展和协同活动,是创造性思维活动得以正常进行的前提。如今的智力开发过分注重大脑左半球,也就是以逻辑思维、闭合思维的智力开发为重点,而对创造性思维具有重要作用的大脑右半球的机能开发相对不足。从左右脑分工来看,要想开发一个人的创造潜能,决不能忽视大脑右半球的想象力、直观思维等方面的重要思维力量,而应尽可能使大脑左、右半球的作用统一起来,使左半球的理性脑与右半球的感性脑相互联系、彼此协调统一发展,从而实现左右脑的分工配合、协同一致。

案例分享 | 爱因斯坦大脑里的秘密

智商高达200的爱因斯坦是现代物理学的开创者和奠基人、相对论的提出者,被公认为是自伽利略、牛顿以来世界上最伟大的科学家。爱因斯坦的天分到底从何而来,他的大脑里究竟隐藏了什么秘密?这是许多科学家想解开的谜。

爱因斯坦去世后,他的大脑被取出并切成240片,分别放到显微镜载玻片上,再用火棉胶包好,又用树脂固化,保存在酒精中,每一个切片上都贴有详细记录脑位置的卷标。多年之后,在得到爱因斯坦的儿子汉斯授权以后,各国科学家开始研究爱因斯坦的大脑,爱因斯坦大脑的秘密逐渐呈现在我们面前。

神经胶质细胞发达

科学研究证明,人的大脑皮层大约有140亿个神经细胞,人在整个生命活动过程中(即使寿命很长)经常运用的脑神经细胞也不过10多亿个,还有80%～90%的脑神经细胞没动用。而爱因斯坦的脑神经细胞动用率高达65%。

研究人员选取了4名和爱因斯坦逝世时年龄相仿的男子作为参照对象,把爱因斯坦的大脑切片和他们的大脑切片进行对比研究,结果发现,爱因斯坦除了脑细胞数量多于常人,大脑组织中的星形胶质细胞突起比较大,这些胶质细胞末端的神经组织数量也较多。

神经胶质细胞除了把神经元集结起来,还在大脑活动中发挥重要作用,不仅要向周围的神经元输送钙，还要促进神经元间的信息交流。爱因斯坦大脑中每个神经元的胶质细胞数量较多，表明他的大脑对能量的需求和消耗较大。由此可见，爱因斯坦的超凡智慧来自勤于思考，因为勤于用脑的人，脑血管经常处于舒张的状态，脑神经细胞才会得到很好的保养，从而使大脑更加发达。

后脑枕叶大于常人

在对爱因斯坦大脑的十多个组织切片的研究中，多项实验都指向爱因斯坦的后脑枕叶区域大于常人。人的"后脑枕叶"在哪里，有什么作用呢？举起你的双手，分别放在左右上耳廓的后部，贴着头皮将手移向后脑勺，最突起的汇合处就是后脑枕叶区。后脑枕叶区是视觉、听觉、体觉(来自身体各部分的感觉)和前庭器官的神经通路的交会处，许多科学家认为这里是人体综合各种感觉，产生更高等的神经、认知活动的区域。爱因斯坦的这片脑区较大，因此他有着超于常人的视觉空间认知能力、数学能力和运动想象能力。

颞叶下部区域较宽

有记载显示，爱因斯坦3岁才会说话，父母因此常常觉得他智力有问题。研究发现，爱因斯坦大脑颞叶里主管语言的区域的神经元密度低于常人，这就能够解释爱因斯坦为什么自幼不善言辞了。研究人员进一步推论：爱因斯坦的后脑颞叶下部的区域比一般人宽，影响了邻近主管语言的区域发展。然而，爱因斯坦的抽象能力是超凡的。爱因斯坦曾经说过，自己几乎不以语言文字的方式思考，而是像放电影一样用图画般的想象力来思考问题，这与他较宽的后脑颞叶下部区域的想象与空间认知功能相呼应。

脑重量轻，神经细胞密度高

爱因斯坦的大脑重量只有1 230克(普通男子大脑一般重1 400克)，但他的大脑神经细胞密度却比普通人的高。这个发现有什么意义？人体的大脑神经元密度越高，则大脑记忆传导速度越快，对逻辑思维能力的建立越有帮助；人体的大脑神经元分布网络越广，则大脑记忆存储量及大脑容积越大，而且人的综合记忆能力也越强。这表明爱因斯坦的大脑有优异的传讯效率与卓越的智慧。

海马区不对称

研究发现，爱因斯坦大脑海马区的左侧神经细胞组织比右侧神经细胞组织大得多，而普通人海马区左、右两侧的神经细胞组织差别不大。海马区正是人类进行逻辑分析及产生创新思维的地方，这个发现意味着爱因斯坦的左脑海马区与大脑皮层神经细胞的联系较之右脑更加紧密。

顶下叶区机能超凡

在爱因斯坦5岁的时候，他的父亲送给他一个罗盘，这激发了小爱因斯坦的兴趣，他想弄明白为什么指针总是指向同一个方向。也许从这个时候起，他的抽象思维能力、想象力及视觉空间认知能力就开始被运用了。

研究小组发现，位于爱因斯坦后脑左右半球的上部顶下叶区域比常人大15%，非常发达。负责视觉思考和空间推理的顶下叶区域发达，对一个人的数学思维能力、想象力及视觉空间认知能力起着重要作用。爱因斯坦有了这个完整宽大的顶下叶，就可以通过千百万个突触所构成的微循环容纳更丰富也更紧凑的空间与数学推理的逻辑思维线路。

天堑变通途

正常人大脑的顶叶和颞叶之间通常由"西尔维裂沟"所分裂,形成一道脑中天堑,沟的尾梢是一块名为"缘上回"的区域。而爱因斯坦大脑的这个裂沟却在进入顶叶下部区域之前就戛然而止。天堑变通途,使得爱因斯坦大脑的顶叶相对完整,联结面积大于常人。

一般情况下,大脑中神经连接密集的地方形成凸起的脑回,而神经连接比较稀少的地方则凹下变成脑沟,爱因斯坦大脑中的外侧沟戛然而止,表明他大脑顶叶下部区域的神经连接比一般人更密集。

科研人员说,爱因斯坦的大脑结构也许并非独一无二,以上特点在其他人的大脑中也可能存在。看来,拥有"天才"大脑的人可能比我们想象得还多,只不过很多"天才"没有"用武之地"而已。因此,大脑结构不该被看成是一种智力标志,个人潜能的全面实现依赖于各种环境因素,最重要的还是自身的勤奋和努力。

(资料来源:方智. 爱因斯坦大脑里的秘密[EB/OL]. [2011-10-25]. https://xueshu.baidu.com/usercenter/paper/show?paperid=269e3a19c32c0c458f808aaddc6a4cd1. 作者有删改)

1.3　创新精神培养

1.3.1　创新精神的含义

所谓精神,是指人的意识、思维活动和自觉的心理状态、意志、性格等。创新精神特指人的创新意识和创新性格,其中又包括创新愿望和创新动机。

在构成创造力的因素中,创造性是一个充分条件,而排在这个充分条件第一位的则是创新精神。创新精神是创造发明的内动力,是主导、是前提,它是一个人行动的动力。所以,想要创新的人,首先要培养自己的创新精神。

在一项对800人进行了几十年的追踪调查中发现,成就最大的人并不是智力最好的人,而是创新精神最强的人。由此也可以看出,创新精神是创造者与普通人的最大区别。一个真正的创新者一定具备以下特征:①虚心好学,坚持不懈;②善于发现问题、分析问题和解决问题;③敢想、敢干、敢于实践;④百折不挠;⑤以造福人类为终极目标,而不是为了追求财富。

1.3.2　创新意识

创新意识也就是创造发明或改革创新的愿望或动机。创新,需要一定的条件。条件有内部的,即创新主体本身具有的各种因素和主观条件,也有外部的,即影响创新主体发挥创造性的各种客观条件和环境因素。在众多的内外条件中,强烈的创新意识或创新欲望,可以说居于首位,是进行创新的首要条件。

创新意识的形成,有两个重要前提:一是要有创新的信心;二是要认识到创新的必要性,对创新有一种社会责任感和紧迫感。缺乏创新的信心,究其原因,主要是对"创新"

缺乏正确的了解，把它看得过于神秘，过于高深莫测了。

在创造力的概念中，还有一点很重要，那就是创造力这种能力带有方向性。换句话说，它是矢量。这就意味着在一个群体中，很有可能出现这样的情况：每一个个体的创造力都很高，但由于方向的混乱，致使最终表现的群体创造力可能为零。造成这种现象的原因在于——环境！一个人的创造力能否源源不断地释放出来，与环境有很大关系。环境是否鼓励创新，有没有相应的激励制度等，都影响创造力的发挥，即通过影响创新精神、创新动机等而影响创新能力。所以，这就是为什么很多企业都通过制定好的创新激励制度来持久地鼓励员工的创新行为的原因。国家也是一样，通过各种科技进步奖项鼓励科技创新企业，提倡自主创新、实施一系列措施来鼓励民众的创新活动，从而提升国家的整体创新能力。

1.3.3 创新性格

创新性格中最重要的两大性格特征：一个是自信；一个是不怕失败，百折不挠。

心理学调查研究发现，世界上95%的人都有自卑感，由于自卑感造成的人才埋没远远高于因社会环境造成的人才埋没。这种自我埋没极大地遏制了人们创造才能的发挥。

自卑的表现：我天生就不是那块料；我从小就笨，不如别人聪明；我肚子里的"墨水"太少，搞不了创新；我的情况特殊，没有别人的条件好；等等。自卑成了我们最大的敌人，因此一个创新者首先要自信，要相信自己能行！

创新本身就是做前人没有做过的事情，创新面前没有权威、没有强者，只要敢于去创新，我们就是创新的强者。科学告诉我们，每个人的创新潜力是一样的，只是释放的程度不同而已。创新是冒险的，极有可能遇到失败，而成功者和失败者的区别在于他们对待失败的态度截然不同。失败者让失败变成了真正意义上的坏事，而成功者让失败变成了前进的新动力。我们只有不放弃，才会得到想要的成果。

1.3.4 培养创新精神的方法

1. 保持好奇心

牛顿少年时期就有很强的好奇心，他常常在夜晚仰望天上的星星和月亮。星星和月亮为什么挂在天上？星星和月亮都在天空运转着，它们为什么不相撞呢？这些疑问激发着他的探索欲望。后来，经过专心研究，他终于发现了万有引力定律。能提出问题，说明在思考问题，好奇心包含着强烈的求知欲和追根究底的探索精神，想在茫茫学海获得成功，就必须对所学习和研究的事物有强烈的好奇心。

2. 要有怀疑态度

不要认为被人验证过的都是真理。许多科学家对旧知识的扬弃，对谬误的否定，无不是自怀疑开始的。例如，伽利略由于对亚里士多德"物体依本身的轻重而下落有快有慢"结论的怀疑，发现了自由落体规律。怀疑是发自内在的创造潜能，它激发人们去钻研、去探索。事物在不断地变化,有些知识现在适用,将来不一定适用,而现有的知识不一定没有缺陷和疏漏。对待所学习或研究的事物我们应做到:不要迷信任何权威,应大胆地怀疑,这是我们创新的出发点。

3. 有追求创新的欲望

如果没有强烈的追求创新的欲望,那么无论怎样谦虚和好学,也只能在前人划定的圈子里周旋,最终都是模仿或抄袭。要创新,我们就要坚持不懈地努力,勇敢面对困难,要有克服困难的决心,不要怕失败。例如,著名学者周海中教授在探究梅森素数分布时就遇到不少困难,有过多次失败,但他并不气馁。由于追求创新的欲望和坚持不懈的努力,他终于找到了这一难题的突破口。1992年,他给出了梅森素数分布的精确表达式。目前这项重要成果被国际上命名为"周氏猜测"。

4. 有求异的观念

不要"人云亦云"。创新不是简单的模仿,要有创新精神和创新成果,即必须要有求异的观念。求异实质上就是换个角度思考、从多个角度思考,并把思考的结果进行比较。求异者往往要比常人看问题更深刻、更全面。

5. 具备冒险精神

创造实质上是一种冒险,因为否定人们习惯了的旧思想可能会遭受公众的反对。冒险不是那些危及生命和肢体安全的冒险,而是一种合理性冒险。大多数人都不会成为伟人,但我们至少要最大限度地挖掘自己的创造潜能。

6. 要做到永不自满

一个有很多创造性思想的人如果就此停止,害怕去寻找另一种更好的思想,或已习惯了一种成功的思想而无法产生新思想,这会使人变得自满,停止创造。

思考练习题

1. 帮助儿童重返校园

在一个刚刚开发的山区,山上还有很多熊猫、野猴之类的动物,居民靠给游客兜售地方特产,如草药、兽皮、特色服装等为生。山区开了一所学校,但是很多学龄儿童都去帮父母做生意,不来上学,你能运用创造性思维想出一套方案帮助儿童重返校园吗?

2. 科幻小说式训练法

科幻小说式训练法,其基本公式为:如果……会怎样?
你也可以自己想一些"如果……会怎样?"来训练自己的创意。
这个训练法的原理是:当有了一个不可能的假设后,人们就可以突破常识、常规、常理,而产生一些超乎寻常的想法!
准备纸和笔,开始这个训练。
如果人长有翅膀会飞翔,会怎么样?

请写出你的设想,越多越好。

注意,在写的时候,不要一行一行地写。

请使用思维布赞术的方法:在中间写上你的主要想法,然后拉出线,写出你的其他想法,参考下面这个草图(见图1-7)。

图1-7 思维布赞术草图

如果人长有翅膀会飞翔,会怎么样呢?你能够想到很多有趣的创意吗?笔者想到了很多,比如:

人们上班就不会迟到;路上交通就不会拥堵;会和鸟儿成为朋友……

现在就开始练习吧,只需要十分钟,你就能"收获"一个"如果人长有翅膀会飞翔"的美好世界。

3. 杯子与苍蝇

这个训练又称为反分析训练,我们也可以称其为共通点训练。其基本思路是,试图找出两个不相干事物的共通之处。

第一步:花10分钟,找出杯子与苍蝇有哪些相同的地方。

第二步:花10分钟,为杯子和苍蝇找一些有用或有趣的组合。

以上两个问题的答案都是越多越好,而且可以荒唐一些,为了保证思维的流畅性,你可尽量写下一切想到的东西。

关于杯子和苍蝇的共通点,乍一看会有点摸不着头脑,等你适应了这类题目就会发现其实并不难。比如:它们都是敞口的,都不穿衣服,都经常出现在餐桌上,如果落在头上都会让人不快……

关于杯子和苍蝇的组合。比如:印一只假苍蝇在杯底,每个人喝完咖啡后都会吓一跳,这可能是个会流行的恶搞产品。

做过这个训练,你也可以自己找更多事物来练习。下一次,请你试着找一下风筝和高速公路有哪些共通点,又有什么有趣的组合?

4. 词的"错配"

语言的本质即"错配"。也就是说,你要为语词不断创造新的组合方式,才会有出人意料的效果。

请在字典中找到两个词，然后试着用它们造几个句子。

比如，你找到这样两个词："茄子""恋爱"。那么你会为它们造出什么样的句子呢？例如：

茄子恋爱了，它爱上了隔壁的黄瓜，它希望嫁到那个黄瓜架下做个幸福的茄子。

要谈恋爱吗？请学学茄子吧，它可以为了爱人而"下油锅"。

茄子很吸油，这就像恋爱很耗费精力，所以恋爱的人第二天难免打盹。

恋爱中的人，喜欢去很多漂亮的地方合影留念，合影时他们会大声喊出："茄子！"

我谈恋爱了，昨天约会的时候，我从裤兜里拿出一根茄子，告诉她："我要让你喜欢上它，这是我的至爱。"我的女友也毫不含糊，从挎包里拿出一颗大白菜，说："一块炖了更好吃！"

每天吃茄子的话，恋爱很容易成功。

如果不能恋爱，茄子会死的，像霜打的一样。

……

5. 何六训练法

何六，住在何家村，是何家的老六。此人天生智商极高，思维极富理性和创造性。此外，何六发明的创意训练法亦很神奇。

呵，其实何六不是一个人，那它又是什么呢？要搞清楚这个，首先要弄清5W1H。

5W1H是一种分析方法。5W是指what、who、why、when、where，1H是指how，5W1H就是从原因(何因)、对象(何事)、地点(何地)、时间(何时)、人员(何人)、方法(何法)这6个方面提出问题，进行思考。上面说的何六，其实就是指这个。

可以说，5W1H是一种思考方法，更是一种创造技法。

不知你有没有玩过5W1H法罐子游戏，就是找来6个瓶子，然后让大家每个人在纸条上写"何六"中的一个放在指定的罐子里，再从每个罐子里取出一张纸条，连成一句话。如：

when	who	where	how	what	why
早上8点	小李	在洗手间	干劲十足地	吃了一块蛋糕	因为老师批评了他

因为每个人写的内容不同，又是随机凑在一起的，所以会很有趣。而游戏的关键点在于大家发挥想象力，把这6个元素每个都写得好玩一些，这样凑在一起就更离奇了。这个训练法其实也是一个重要的创意方法。

再拿上面的句子做例子，我们尝试一下每次换掉一项。

原句：

when	who	where	how	what	why
早上8点	小李	在洗手间	干劲十足地	吃了一块蛋糕	因为老师批评了他

换第1项：

秦始皇出生的时候　小李　在洗手间　干劲十足地　吃了一块蛋糕　因为老师批评

了他

点评：小李还和秦始皇有什么联系？

换第2项：

早上8点　小周　在洗手间　干劲十足地　吃了一块蛋糕　因为老师批评了他

点评：怪不得口齿不清，原来因为老吃蛋糕。

换第3项：

早上8点　小李　在鲸鱼的肚子里　干劲十足地　吃了一块蛋糕　因为老师批评了他

点评：那老师在哪？是不是也在鲸鱼的肚子里？

换第4项：

早上8点　小李　在洗手间　哭爹喊娘地　吃了一块蛋糕　因为老师批评了他

点评：呵，就吃了一块蛋糕，没必要这么激动吧！

换第5项：

早上8点　小李　在洗手间　干劲十足地　抓住一只老虎　因为老师批评了他

点评：这洗手间真够大的！

换第6项：

早上8点　小李　在洗手间　干劲十足地　吃了一块蛋糕　因为火车刚刚经过故乡

点评：小李坐过站了？

好了，再把刚才所有换项全部放在一起：

秦始皇出生的时候　小周　在鲸鱼的肚子里　哭爹喊娘地　抓住一只老虎　因为火车刚刚经过故乡

点评：有点神经错乱的感觉了！

6. 工具飞行记

工具们乘着飞机去旅行啦，阳光格外的好，天空中的云像一大朵一大朵的棉花，工具们真的是超开心啊！这次出门的工具有铅笔、橡皮、胶水等，每个工具都有自己的特长。大家每天工作，好不容易可以轻松一下，所以高兴地唱起了歌。这时，突然发生了一件事，一个叫作匕首的工具突然站起身，冲向驾驶室，自称要劫机。机舱里一下子就大乱起来。

请问：这时以下工具会怎样面对这个突发事件，怎么说？怎么做？请根据它们的特点进行联想。

铅笔：

橡皮：

画笔：

调色板：

画架：

笔筒：

剪刀：

胶水：

传真机：
打字机：
椅子：
麦克风：
扩音器：
照相机：

第 2 章

创新思维方法

> 一些陈旧的、不结合实际的东西，不管那些东西是洋框框，还是土框框，都要大力地把它们打破，大胆地创造新的方法、新的理论，来解决我们的问题。
>
> ——著名科学家、地质学家 李四光

本章知识点

- 何为创新思维？有什么特征？
- 创新思维有哪些形式？
- 何为创新思维障碍？如何突破？
- 创新思维如何训练？

2.1 创新思维理论

在自然界优胜劣汰的竞争中，人类之所以能够成为世界的主宰，是因为我们有着其他任何动物都无法比拟的思维能力。人依靠思维所显示的无限智慧，不断利用自然、征服其他动物而繁衍生存，主宰着这个世界。思维是人类区别于其他动物的最根本特征。

思维方法多种多样，创新思维是在一般思维的基础上发展起来的，是思维活动中最有价值和最积极的形式。

案例分享 | 如何在2小时内用5块钱赚到尽量多的钱？

在斯坦福大学的课堂上，蒂娜·齐莉格(Tina Seelig)教授做了一个小测试：她将班上的同学分为14个小组，每组各给5美元，作为启动基金。学生们有4天的时间去思考如何完成任务，当他们打开信封，就代表任务启动。每个队伍需要在两个小时之内，运用这5美元赚到尽量多的钱。然后在周日晚上将他们的成果整理成文档发给教授，并在周一早上用3分钟在全班同学面前展示。

虽然斯坦福的学生个个顶尖聪明，但对于涉世未深的学生来说，这仍然是一个不小的难题。为了完成这项任务，同学们必须最大化地利用他们所拥有的资源——也就是这5美元。如果是你，你会怎么完成这项挑战呢？

当教授在课堂上第一次向同学们提出这个问题的时候，底下传来了这样的回答："拿这5美元去拉斯维加斯赌一把！""拿这5美元去买彩票！"这样的答案无疑引来了全班的哄堂大笑。这样做并不是不可行的，但是他们必须承担极大的风险，也几乎是不可能完成任务的。另外几个比较普通的答案是先用初始基金5美元去买材料，然后帮别人洗车或者开个果汁摊。这些点子确实不错，赚点小钱是没问题的。

不过有几组想到了打破常规的更好的办法，他们认真地对待这个挑战，考虑不同的可能性，创造尽可能多的价值。他们是怎么做到的呢？

其实，挣到最多钱的几个队伍几乎都没有用上教授给的启动基金。他们意识到，把眼光局限于这5美元会减少很多的可能性。5美元基本上等于什么都没有，所以他们跳脱到这5美元之外，考虑了各种白手起家的可能性。他们努力观察身边：哪些人还有没被满足的需求。通过发现这些需求，并尝试去解决，前几名的队伍在两个小时之内赚到了超过600美元，5美元的平均回报率竟然达到4 000%！他们是怎么创造这些奇迹的呢？

创造奇迹的办法一

一组学生发现了大学城里的一个常见问题——周六晚上某些热门的餐馆总是大排长队。他们认为这是一个商机，于是向餐馆提前预订了座位，然后在周六临近的时候将每个座位以最高20美元的价格出售给那些不想等待的顾客。

在那一晚，他们观察到了一些有趣的现象。

(1) 团队里的女学生比起男学生来卖出了更多的座位，可能是女性更具有亲和力的原因。所以他们调整了方案，男学生负责联系餐馆预订座位，女学生负责去找客人卖出这些座位的使用权。

(2) 他们还发现，当餐馆使用电子号码牌排队的时候，他们更容易卖出这家餐馆的座位，因为实物的交换让顾客花钱之后得到了有形的回报，让顾客感觉自己所花的钱物有所值。

创造奇迹的办法二

另外一组的方法更加简单，他们在学生会旁边支了一个小摊，帮经过的同学测量他们的自行车轮胎气压。如果自行车轮胎压力不足的话，可以花一美元在他们的摊点充气。

这个点子虽然很简单但有可行性，同学们可以很方便地在附近的加油站免费充气，但大部分人都乐于在他们的摊点充气，而且对他们所提供的服务都表示了感谢。

不过，在摊子摆了一个小时之后，这组人调整了他们的赚钱方式，他们不再对充气服务收费，而是在充气之后向同学们请求一些捐款。就这样，收入一下子骤升了！这个团队和前面那个出售预订座位的团队一样，都是在实施的过程中观察客户的反馈，然后优化他们的方案，取得了收入的大幅提升。

这些团队取得了不错的成绩，班内其他同学对他们的成果展示也印象深刻。不过赚了最多钱的那个团队才是真正的"牛人"，他们真正把"创新思维"发挥到了极致。

创造奇迹的办法三

这个团队认为他们最宝贵的资源既不是5美元，也不是两个小时的赚钱时间，而是他们周一课堂上的3分钟展示。斯坦福大学作为一所世界名校，不仅学生们挤破了头想进入学校学习，而且各个公司也挤破了头希望在里面招人。这个团队把课上的3分钟时间卖给了一家公司，让他们打招聘广告。就这样简简单单地，这个团队在3分钟内赚了650美元。

他们发现，最值得做的事情既不是去售卖自己的时间，也不是去卖面子，而是"售卖"他们班上的同学——这些人才才是社会最需要的。这种思维方式，就是现在人人都在追求的"创新思维"。

2.1.1 创新思维的概念

创新思维(即创造性思维)是人类思维的高级形式，通过这种思维，人们可以在现有的科学认知基础上，创造出新成果，形成新的认知结构，并使认识达到一个新的水平，从而探索未知、创造新知。那么，什么是创新思维呢？

关于创新思维的定义，至今仍是众口不一。现行的概念归纳起来有3种。

第一种，创新思维是人脑一种复杂的生理现象。罗杰·斯佩里(Roger Sperry)的"神经回路说"认为：大脑中数亿计的神经元相互连接，能形成数量巨大的神经回路，每个回路可能与某种思维形式相对应。某一部分回路可通过学习而固定下来，产生重复思维，而在此基础上产生的心得回路，则可产生创新思维。

第二种，将创新思维分为广义和狭义两种。从狭义的角度来讲，是把创新思维定义为一项具体的思维方法，即通常人们所说的创意思维或创造性思维，它是以发明创造为目的的一种思维方法。从广义的角度来讲，创新思维是指对现有思维观念、思维模式和思维方法的超越和创新。它的具体内容包括超越现有思维观念的局限、打破固有思维模式的束缚、认知和掌握新的思维方法。

第三种，创造性思维就是在客观需要的推动下，以新获得的信息和已储存的知识为基础，综合地运用各种思维形态或思维方式，克服思维定式，经过对各种信息知识的匹配、组合，或者从中选出解决问题的最优方案，或者系统地加以综合，或者借助于类比、直觉、灵感等创造新方法、新概念、新形象、新观点，从而使知识或实践取得突破性进展的思维活动。

第一种概念是从脑科学、思维科学的角度进行断定的。第二种概念是抓住创造性思维的方法加以定义的。第三种概念对创造性思维的本质的界定比较恰当、全面。该定义明确了创造性思维涉及的几个主要问题：客观需要是创造性思维的推动力；获得的新信息和创作主体已有的知识是创造性思维得以进行的基础；对多种思维方式与方法、思维形态的综合运用，各种信息知识的匹配、组合、选优是创造性思维的运作方式；克服思维定式是创造性思维的必要条件。此概念还对创造性思维过程的基本内容和结果做出了比较清楚的界定。

虽然人人都能够进行思维,但是有的人一生事业平平,有的人却硕果累累,关键就在于后者具有创新思维能力,且程度越高,事业的成就也就越大。

古今中外成功人士的事迹无不向我们昭示:创新思维对人生发展具有决定性的作用!人们的创新思维方法在科技发明、生产经营、艺术创作、人际交往、战争谋略和侦查破案中发挥了巨大的作用。

案例分享 | **故宫首开夜场**

我国自古就有正月十五看花灯的习俗。2019年正月十五和正月十六,故宫博物院在建院94年来首次举办"元宵节灯会",紫禁城古建筑群首次在晚间被点亮(见图2-1)。

图2-1　故宫夜景

专家介绍,正月十五元宵节,古称上元节,是新一年的第一个月圆之夜,也是新春庆贺活动的延续。然而,因为北京的古建筑以木结构为主,所以近年来几乎没有元宵节灯会会在文物保护单位内举办。2019年,紫禁城打破了这一"传统"。故宫博物院首开夜场,迎上元之夜,《千里江山图》《清明上河图》在古城墙上闪耀展示,让这个"最大的四合院"亮起来。

此次活动不收费,邀请了劳动模范、北京榜样人物、快递小哥、环卫工人、解放军和武警官兵、消防队员、公安干警等各界代表,以及观众朋友(预约成功者)数千人,观灯赏景,共贺良宵。

瞧,连百年故宫都创新啦!只要我们结合身边的工作、生活做出前所未有的及与众不同的事情,那便是创新。

2.1.2　创新思维的特征

1. 创新思维的求异性

所谓求异性,是指在认识过程中着力于发掘客观事物之间的差异性、现象与本质的不一致性、已有知识与客观实际相比而具有的局限性等,是对常见现象和人们已有的习以为常的认识持怀疑、分析、批判的态度,在怀疑、分析和批判中去探索符合实际的客观规律。创新思维的本质是求异、求新,具有"前所未有"的特征。

一个好的创意会让人产生眼前一亮的感觉,这源于创新思维的新奇,也就是求异性。如果老调重弹、平平淡淡,必然乏味。

案例分享 | 创造学之父

20世纪30年代,美国有个穷困潦倒的青年拿着自己的文章来到一家报社应聘,他就是亚历克斯·奥斯本(Alex Faickney Osborn)。主考人问:"你从事写作多长时间了?"他回答说:"只有三个月。不过无论如何请你们先看一下我所写的报道。"主考人看完文章后对他说:"从你的文章来看,你既无写作经验,又缺乏写作技巧,语句也不够通顺,但内容略富有创造性,可以先给你三个星期的试用期。"奥斯本从主考人的话语中领悟出"创新"的重要性。试用期间,奥斯本每天提出一项新创意,其中不少被公司采纳并取得良好效果。从此,奥斯本的创新事业得到了迅速发展,他出版了一本又一本有关创新方法的专著,这催生了一门新学科——创造学,奥斯本也因此成为"创造学之父"。

2. 创新思维的突发性

突发性,又称偶然性、意外性、非逻辑性。创新思维总是表现为在时间上以一种突然降临的情景标志着某一种突破的获得,表现了一种非逻辑的特征,这是在长期量变基础上的爆发性的质的突破。创造性成果的产生,是研究者长期观察、研究、思考的结果,是创新思维活动过程的产物。在这一过程中,往往存在着对于形成创造性成果有关键、决定作用的突发性思维转折点。"山穷水尽"时突然看到"柳暗花明"。这种突发性和偶然性表现在:思想火花的爆发没有固定的时机,它的出现带有极大的随机性。创意的迸发不分场合、地点和时间,任何事物和事件都会带来灵感,让我们在思维领域产生突破。

案例分享 | 王致和与臭豆腐

清朝康熙年间,安徽举人王致和进京赶考,屡试不中,为谋生路,在北京前门外延寿街开了一家豆腐坊。一年夏天,王致和急等着用钱,就让全家人拼命地多做豆腐。说来也巧,豆腐做得最多的那天,来买的人却最少。大热的天,眼看着豆腐就要变馊。

王致和非常心疼,急得如同热锅上的蚂蚁一般,忽然他想到了盐,放点盐是不是能让豆腐保存得久一些呢?他怀着侥幸心理,端出盐罐,往所有的豆腐上都撒了一些盐,为了去除馊味,还撒上了一些花椒粉之类的,然后把豆腐放入后堂。过了几天,店堂里飘逸着一股异样的气味。王致和一下子想到发霉的豆腐,赶快到后堂一看:呀,白白的豆腐全变成一块块青方!他信手拿起一块,放到嘴里一尝:"哎呀,我做了这么久的豆腐,还从来没有尝过这样美味的豆腐!"王致和喜出望外,立刻发动全家人,把全部青方搬到店外摆摊叫卖。摊头还挂起了幌子,上书"臭中有奇香的青方"。当时的老百姓从未见过这种豆腐,有的出于好奇之心,买几块回去;有的尝过之后,虽感臭气不雅,但觉味道尚佳。结果一传十,十传百,不到一上午,几屉臭豆腐售卖一空。

如今的"王致和"品牌被不断发扬光大,成为老百姓爱吃的日常食品。

3. 创新思维的敏捷性

思维的敏捷性是良好心理品质的前提。敏捷性是指在短时间内迅速调动思维的能力，具备积极思维、周密考虑、准确判断的能力，其必须依赖于观察力及良好的注意力等优秀品质。没有对事物敏锐的洞察力和反应能力，很难从众多事物中发掘到"潜力股"、找到创新的起点。

案例分享 | 宜家家具用品独特的风格

英格瓦·坎普拉德(Ingvar Kamprad)是全球著名的家具大王，他把瑞典的一个小家具公司，经营成了今天著名的家具公司——宜家(IKEA)。

宜家家具用品独特的风格是在一个偶然的机会下产生的。1955年，为了装运一张又大又长的长腿桌子，宜家的一位雇员建议将桌子的长腿卸下来绑在桌面下运输。精明的坎普拉德敏锐地意识到这是一个很好的主意，因为这种平板式的运输能有效降低运输成本，并且还可以使家具的设计独具风格。由此衍生的念头在他的脑子里迅速生根发芽，并很快成为宜家产品的核心设计理念。从那以后，他把亲手缔造的宜家王国当成一个大玩具，将所有的创意、想象都融进宜家的经营中。宜家独特的设计风格很快便风靡各地。

4. 创新思维的专一性

所谓专一性，是指思维目标的确定性，是导引思维过程中已有概念、事物在显意识与潜意识两个层次的集中与凝聚的特征。而创新思维最重要的条件是所研究的问题已经成为研究者的优势目标，即心理学上所说的"优势灶"。专一性是创新思维的基本特性。

专一性的案例有很多，浮力原理的发现源于阿基米德不断地苦思冥想；索尼的产生源于井深大和盛田昭夫在行业领域内不断地思考和探索等。有了专一性，才有了相对于他人的"优势灶"。每一次的创新看似偶然而绝非偶然，偶然是必然的结果。

案例分享 | 杂交水稻之父——袁隆平

中华人民共和国成立前，"亲眼看到过路边的饿殍"，使年轻的袁隆平十分痛心，从此他决定选择农业报国，让老百姓"吃饱饭"。为了这个梦想，他开始了一辈子的奋斗。

自1963年首次萌发培育杂交水稻的念头，到创新性地提出"三系配套法"，一个人背着够吃好几个月的腊肉，辗转几天火车前往云南、海南和广东等地育种研究，再到带领国家杂交水稻工程技术研究中心的一批年轻骨干继续热火朝天"捯饬"水稻，中国工程院院士袁隆平在这个领域已"耕耘"近一个"甲子"。

数十年如一日奋斗在科研路上，袁隆平院士及其团队研究的杂交水稻产量屡创新高。2020年11月2日上午，杂交水稻双季亩产突破1 500公斤。

袁隆平在接受记者采访时说："创新对于任何一个国家和民族来说都很重要，对于我们这个国家来说尤其如此。我一定会带领团队，朝着新目标，继续奋斗。"

2.2 创新思维的形式

创新思维使人能突破思维定式思考问题，用新的思路寻找解决问题的方法。本节将介绍几种常见的创新思维形式。

2.2.1 发散思维

案例分享 | 尤伯罗斯创造奥运经营奇迹

1984年，第23届奥运会在美国洛杉矶举行。美国政府和洛杉矶市政府同意接纳举办，但却无力支付巨额费用。此时，北美旅游公司经理彼得·尤伯罗斯(Peter Ueberroth)临危受命承包了这届奥运会，担任奥运会组委会主席。他通过发散思维采取了以下措施。

(1) 亲自出马，到美国两家最大的广播公司——美国广播公司(ABC)和全国广播公司(NBC)游说，销售独家转播权，巧妙地挑起了两家公司之间的竞争，仅转播权一项就收入了2.8亿美元。

(2) 规定本届奥运会正式赞助单位只接受30家，每一行业选择一家，每家至少赞助400万美元，赞助者可取得本届奥委会某项商品的专卖权，又筹得3.85亿美元。其中，可口可乐公司出资1 260万美元，夺得奥运会饮料专卖权，日本富士公司出资700万美元，夺得奥运会胶卷专卖权。

(3) 奥运会开幕前，要从希腊的奥林匹克村把火炬点燃，空运到纽约，再蜿蜒绕行美国的32个州和哥伦比亚特区，途经41个大城市和1 000个镇，全程1.5万千米，通过接力，最后传到洛杉矶，在开幕式上点燃火炬。以前的火炬传递都是由社会名人和杰出运动员包揽，但此次尤伯罗斯对火炬传递的规定做了更改，缴纳3 000美元就可参与传递活动。人们蜂拥着排队去交钱，这一项目又筹集了3 000万美元。

(4) 尤伯罗斯又设计出"赞助人计划"，凡愿赞助25 000美元者，可保证奥运会期间每天获得最佳看台座位两个。每家厂商必须出50万美元，才能到奥运会做生意，结果有50家厂商赞助。

此外，组委会还制作了各种纪念品、纪念币以高价出售。尤伯罗斯共计获得了近100亿美元的资金，最终盈利2.5亿美元，创造了奥运经营的奇迹。

1. 发散思维的定义

发散思维的概念在第1章已经简单介绍，发散思维的模式是给出一个问题，在一定时间内，以该问题为中心，向四面八方做辐射状积极思考，无任何限制地探寻各种各样的答案。图2-2所示为发散思维的轨迹。

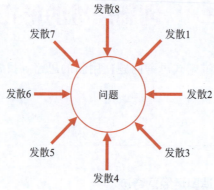

图2-2 发散思维的轨迹

发散思维的特点是突破头脑中固有的逻辑框架，从给定的信息中产生众多的信息输出，由一种想到多种，促使思路转移、跳跃或前进，得到众多具有新意的答案。发散思维的实质，就是要突破常规，打破旧框框的限制，提供新思路、新思想、新概念及新办法。所以不少心理学家认为，发散思维是创造性思维的一个最主要的特点，是测定一个人和一个团队创造力的主要标志之一。

2. 发散思维的特征

发散思维有3个主要特征，即流畅性、变通性和独创性。

1) 流畅性

流畅性是发散思维的基础，指在短时间内表达出的不同观点和设想的数量，衡量的是思维发散的速度，可以看成是衡量发散思维的"量"的指标。流畅性具体包括字、词流畅性，图形流畅性，观念流畅性，联想流畅性，表达流畅性等。例如，在有限的时间里请你写出带"土""日"结构的字，越多越好，衡量的就是这种流畅性。

2) 变通性

变通性是指多方向、多角度思考问题的灵活程度，是衡量发散思维的"质"的指标，表现了发散思维的灵活性，是思维发散的关键。变通性使世界上没有什么是不可能的。"不可能"标志着思维的中断，变通性表现思维的继续、一种内在毅力，以及事物发展的希望。如罗马一位出版商为售出滞销的书，想尽办法托人将书带给总统看，但总统工作很忙，无暇顾及。出版商再三请求总统提意见，总统随便说了句"此书甚好"。该出版商马上推出广告词："现有总统评价很高的书出售。"结果积压的书一售而空。另一位出版商见状，也用此法，总统之前被利用了一回，这次说了句："此书很糟。"没想到出版商的宣传语为："兹有总统批评甚烈的书出售。"结果书的销售也很火爆。第三位出版商马上也送了一套书给总统，总统这次决心不加理睬，而这次的广告词为："现有连总统也难以下结论的书出售。"书的销路居然也很好。

3) 独创性

独创性也可称为新颖性、求异性，是指产生与众不同的新奇思想的能力，是发散思维的本质，表现发散思维的新奇成分，是思维发散的目的。如美国北部下大雪时有一段长达1 000公里的高压线经常被积雪压断，严重影响正常的供电。为了清除积雪，有关部门向社会各界紧急征求方案。许多专家和相关人员纷纷提出建议：有人联想加热可以融雪，主张沿线安装加温装置；有人想到震动可以抖落雪，提出安装振荡器……这些想法似乎都很好，但由于成本太高，技术复杂，实施困难而难以采纳。迫不得已，有关部门进行了公开报道，希望能得到更多、更好的建议。结果一位飞行员提出一个方案：驾驶直升机沿高压线上空飞行，飞机强大的气流可以清除电线上面的积雪。这个方案既新奇独特又现实，能既快且省地达到除雪目的。

2.2.2 收敛思维

案例分享 | 美国罐头大王的发迹

美国罐头大王菲利普·亚默尔(Philip Yamel)是一位非常善于抓住市场机会的人，他总是在别人容易忽略的微小信息和动态中，准确判断出市场的变化和行情的涨落，及时抓住机会，迅速、果断地采取行动，在短期内就能获得无法想象的巨大利润。

1875年，亚默尔在报纸上看到一条"豆腐块新闻"，说的是墨西哥牧群中发现了病畜，有些专家怀疑这是一种传染性很强的瘟疫。亚默尔立即想到毗邻墨西哥的加利福尼亚州、得克萨斯州的肉类供应基地，如果瘟疫传染至此，政府必定会禁止那里的牲畜及肉类进入其他地区，这样将造成全国肉类供应紧张，价格上涨。这样一来，势必会增加罐头的生产成本，影响到公司的营业额。

亚默尔立即派人连夜赶往墨西哥，核实那里的牲畜发生疫病的消息。亚默尔则积极准备资金，当确认消息可靠时，亚默尔立即倾其所有，拿出所有的现金从其他各州大量采购经过检疫的牲畜和牛肉，迅速运往东部地区。

不出所料，两个月后政府果然对加利福尼亚州和得克萨斯州的牲畜实行禁运，肉价也由此迅速暴涨，其他同类公司的产品生产成本迅速上升，销售价格也随之上扬，而亚默尔公司产品的成本却和以往一样没有变，利润却高出几倍，公司的销售额在当时稳居全美第一位。

1. 收敛思维的定义

所谓收敛思维，是指以某个思考对象为中心，尽可能运用已有的经验和知识，将各种信息重新进行组织，从不同的方面和角度，将思维集中指向这个中心点，从而达到解决问题的目的。收敛思维又称聚合思维、集中思维、求同思维、综合思维、辐辏思维、辏合显同思维等。收敛思维的轨迹，如图2-3所示。

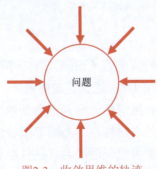

图2-3 收敛思维的轨迹

2. 收敛思维的特征

收敛思维有4个主要特征，即封闭性、连续性、求实性和聚焦性。

1) 封闭性
收敛思维把许多发散思维的结果由四面八方集合起来，选择一个合理的答案，具有封闭性。

2) 连续性
发散思维的过程，是从一个设想到另一个设想时可以没有任何联系，是一种跳跃式的思维方式，具有间断性。收敛思维的进行方式则相反，是一环扣一环的，具有较强的连续性。

3) 求实性
发散思维所产生的众多设想或方案，一般来说多数都是不成熟的，也是不实际的，必须进行筛选，收敛思维就可以起到这种筛选作用。被选择出来的设想或方案是按照实用的标准来决定的，应当是切实可行的。这样，收敛思维就表现出了很强的求实性。

4) 聚焦性
围绕问题进行反复思考，使原有的思维浓缩、聚拢，形成思维的纵向深度和强大的穿透力，在解决问题的特定指向上思考，积累一定量的努力，最终达到质的飞跃，顺利解决问题。

发散思维与收敛思维的相互关系：①发散思维和收敛思维，是人们进行创造活动时运用的两种不同方向的思维；②发散思维与收敛思维存在辩证关系。发散思维与收敛思维在思维方向上的互补，以及在思维过程上的互补，是创造性解决问题所必需的。发散思维向四面八方发散，收敛思维向一个方向聚集。在解决问题的早期，发散思维起到更主要的作用；在解决问题的后期，收敛思维则扮演着越来越重要的角色。

2.2.3 逆向思维

案例分享 | 拍集体照

有一位摄影师常为学校、公司等拍摄集体照，但是在拍摄的过程中总是会遇到相同的问题。对数十人甚至上百人的集体来说，当"一、二、三"快门打开的瞬间，总会有个别坚持不住的人眨眼睛，导致照片效果不佳，因此总有人不满意，这很不好办。为了解决这个问题，摄影师换了一个思路，他先让所有人闭上眼睛，喊"一、二、三"时再一齐睁眼，结果照片的效果非常好，每个人都显得神采奕奕。

1. 逆向思维的定义

逆向思维是从相反的、颠倒的角度思考问题。对于事情从反面来考虑，或者说倒过来考虑，会促使我们产生意想不到的创意，这就是逆向思维，又称逆向构思法。

在创造中，人们经常使用具有挑战性、批判性和新颖性的逆向思维来启发思路，逆向思维的本质是知识和经验向相反的方向转移，是对习惯性思维的一种自觉冲击。所以，这种从对立的、颠倒的、相反的角度去想问题的方式往往能打破常规，破除由经验和习惯造成的僵化的认知模式，因而能为创造扫清障碍。

2. 逆向思维的特征

逆向思维有3个主要特征，即普遍性、批判性和新颖性。

1) 普遍性

逆向思维在各种领域、各种活动中都有适用性，由于对立统一规律是普遍适用的，而对立统一的形式又是多种多样的，有一种对立统一的形式，相应地就有一种逆向思维的角度，因此逆向思维也有无限多种形式。如性质上对立两极的转换：软与硬、高与低等。结构、位置上的互换、颠倒：上与下、左与右等。过程上的逆转：气态变液态或液态变气态、电转为磁或磁转为电等。不论哪种方式，只要是从一个方面想到与之对立的另一方面，都是逆向思维。

2) 批判性

逆向是与正向比较而言的，正向是指常规的、常识的、公认的或习惯的想法与做法；逆向思维则恰恰相反，是对传统、惯例、常识的逆反，是对常规的挑战，它能够克服思维定式，破除由经验和习惯造成的僵化的认知模式。

3) 新颖性

任何事物都具有多面属性。由于受过去经验的影响，人们容易看到熟悉的一面，却对另一面视而不见。逆向思维能克服这一障碍，往往给人以出人意料、耳目一新的感觉。

2.2.4 联想思维

案例分享 | 一顿特殊的午餐

有人曾做过这样一个有趣的实验。在一次有许多人参加的餐会上，负责制作食物的是一位有名的厨师，他做出的饭菜不说是十里飘香，也可谓有滋有味。但实验者别出心裁地对做好的饭菜进行了"颜色加工"。他将牛排制成乳白，沙拉染成蓝色，把咖啡泡成混浊的土黄色，芹菜变成了并不高雅的淡红色，牛奶被他弄成血红，而豌豆则染成了黏糊糊的漆黑色。人们本来满怀喜悦，都想大饱口福，但当这些菜被端上桌子时，大家发起呆来。有的人迟疑不前，有的人怎么也不肯就座，有的人狠狠心勉强吃了几口，却恶心得直想呕吐。而在另一桌，同样是颜色奇特的午餐，但实验人员却蒙住了就餐者的眼睛，很快这桌菜肴就被人们吃了个精光，还意犹未尽，赞不绝口。

这顿午餐的"魔术师"即实验者通过上述实验证明了：联想具有很强的心理暗示作用。眼见食物的人们，由于食物那异常的颜色而产生了种种奇特的联想：牛排形似肥肉，喝牛奶联想到喝猪血，吃豌豆则联想到吞食腐臭了的鱼子酱，是联想妨碍了他们的食欲。另一桌被蒙住眼睛的客人没有这种异样的联想而仍然食欲不减。

1. 联想思维的定义

联想思维是指由某一事物联想到另一事物而产生认识的心理过程，即由所感知或所思考的事物、概念或现象的刺激而想到其他的与之有关的事物、概念或现象的思维过程。简单来说，联想思维就是通过思路的连接把看似"毫不相干"的事件(或事项)联系起来，从而得到新的成果的思维过程。

2. 联想思维的特征

1) 目的性和方向性

联想思维是从一定的思考对象出发，有目的、有方向地想到其他事物，以扩大或加强对思考对象某方面本质和规律的认识或解决某一问题。联想思维是反映事物某方面本质的理性认识活动，是后天培养训练发展起来的；而记忆联想是反映事物现象的感性认识活动，是人的天赋能力。

2) 形象性和概括性

联想到的不是某个具体的形象，而是带有事物一般特征的形象，即联想思维具有概括性。例如，由带钩的草籽想到子母扣，由蜡烛想到奉献等。

2.2.5 灵感思维

案例分享 | 米老鼠的诞生

沃尔特·迪士尼(Walt Disney)曾从事美术设计工作，后来由于公司倒闭，他也失业了。因付不起房租，迪士尼夫妇被迫搬出了公寓。这真是连遭不测，他们不知该去哪里。一天，两人呆坐在公园的长椅上，正当他们一筹莫展时，突然从迪士尼的行李包中钻出一只小老鼠。望着老鼠机灵滑稽的面孔，夫妻俩感到非常有趣，心情一下子就变得愉快了，忘记了烦恼和苦闷。这时，迪士尼头脑中突然闪过一个念头，对妻子惊喜地大声说道："我想到好主意了！世界上有很多人像我们一样穷困潦倒，他们肯定都很苦闷。我要把小老鼠可爱的面孔画成漫画，让千千万万的人从小老鼠的形象中得到安慰和快乐。"风行世界数十年之久的"米老鼠"就这样诞生了。迪士尼在面临绝境的时候出现了这样的灵感，原因何在？其实，"米老鼠"就是触发了灵感的产物。他说："米老鼠带给我的最大礼物，并非金钱和名誉，而是启示我陷入穷途末路时的构想是多么伟大！还有，它告诉我倒霉到极点时，正是捕捉灵感的绝好机会。"

1. 灵感思维的定义

灵感思维也称为顿悟，它是人们借助直觉启示猝然迸发一种领悟或理解的思维形式。诗人、文学家的"神来之笔"，军事指挥家的"出奇制胜"，思想战略家的"豁然贯通"，科学家、发明家的"茅塞顿开"等，都说明了灵感的这一特点。它是在经过长时间的思索却找不到答案，但是突然受到某一事物的启发，问题一下子解决的思维方法。所谓"众里寻他千百度，蓦然回首，那人却在，灯火阑珊处。"描写的就是这样一种意境。

2. 灵感思维的特征

灵感思维是在无意识的情况下产生的一种突发性的创造性思维活动。它与形象思维和抽象思维相比，主要有以下3方面的特征。

1) 突发性

灵感往往是在出其不意的刹那间出现，使长期苦思冥想的问题突然得到解决。在时间上，它不期而至，突如其来；在效果上，是突然领悟，意想不到。这是灵感思维最突出的特征。

2) 偶然性

灵感在什么时间可以出现，在什么地点可以出现，或在哪种条件下可以出现，都使人难以预测而带有很大的偶然性，往往给人以"有心栽花花不开，无意插柳柳成荫"之感。

3) 模糊性

灵感的产生往往是闪现式的，而且稍纵即逝，它所产生的新线索、新结果或新结论使人感到模糊不清。灵感思维要精确，还必须有形象思维和抽象思维辅佐。

灵感思维所表现出的这些特征，从根本上说都是来自它的无意识性。形象思维、抽象思维都是有意识地进行的，而灵感思维则是在无意识中进行的，这是它们的根本区别所在。

2.2.6 想象思维

案例分享 | 偃师与机器人

相传西周的第五位君主周穆王喜欢观舞赏乐。有一次他与妻子一起赏舞，在轻柔的舞曲中，一队舞者袅娜而入，翩翩起舞。其中的一位女子明眸皓齿，身姿娇美。一曲舞罢，这位本该转身而去的女子竟留在原地，还不停地给周穆王的妻子抛媚眼。周穆王勃然大怒道："竟敢无礼！""大王息怒！大王息怒！"旁边有个叫偃师的能工巧匠赶忙上前启奏，"这女子是假的，不是真人，是臣做出来的，请大王饶恕！"说完偃师走上前去，将女子的头、胳膊等一一卸下。周穆王才如梦方醒，众人都大为吃惊。

上面的文字，乃我国古时候《列子·汤问》中记载的一段故事，这是有史以来最早记述"机器人"的文字。而到了1958年，美国人研制的能模拟人手部分功能的机器人才问世，这已是相差几千年的事了。这不能不说明古人想象力之丰富，确实令人叹服。

1. 想象思维的定义

想象思维是指人脑对存储的形象进行加工、改造或重组，从而形成新形象的思维活动。

2. 想象思维的特征

1) 形象性

想象思维是借助形象或图像展开的，不是数字、概念或符号。所以，我们可以根据他人的描述，在头脑中塑造出各种各样的形象。比如，我们可以在读小说时，想象人物的样貌和场景的布置。

2) 概括性

想象思维是对外部世界的整体把握，概括性很强。想象力甚至可以概括世界上的一切，推动人类和社会不断进步，促使知识迭代、进化。

3) 超越性

想象中的形象源于现实但又不同于现实，它是对现实形象的超越，正是借助这种超越，我们人类才产生了无数杰出的发明与卓越的创造。

2.2.7 组合思维

> **案例分享** | **4亿多个故事**

一位学者分析了中国历史上众多的爱情故事,发现这些故事虽然年代、地点和人物姓名各不相同,但却有一个雷同的模式,即"书生落难、小姐搭救、后花园私订终身、应考及第、衣锦团圆。"此模式中独立可变的要素有书生、落难、小姐、搭救、后花园、私订终身、应考及第、衣锦团圆8个,而每个要素的形态分别如下。

(1) 书生
①旧式书生;②新式大学毕业生;③音乐家;④未成名的工程师;⑤画家;⑥中国书生;⑦外国书生;⑧老童生;⑨未成功的企业家;⑩到外国去的中国厨师;⑪青年科学家;⑫医生;⑬文学家。

(2) 落难
①没有路费;②被冻风雪之中;③途遇强盗;④患病;⑤游泳遇险;⑥车祸;⑦画卖不出去;⑧工程受到意外损失;⑨未婚妻变心;⑩从事科学研究,身心疲惫;⑪开演奏会无人光顾;⑫演奏时昏倒;⑬写完小说不能出版;⑭在国外洗盘子。

(3) 小姐
①大家闺秀;②饭店老板娘;③高中女学生;④山村女孩;⑤校花;⑥歌星;⑦外国女孩;⑧航空小姐;⑨运动健将;⑩影视明星;⑪导游。

(4) 搭救
①赠款;②示爱;③鼓励用功;④安排职业;⑤跳下水去营救他;⑥长年看护病人;⑦帮他补课;⑧帮助实现梦想;⑨赞助留学费用。

(5) 后花园
①东京;②北京;③伦敦;④咖啡馆;⑤书房;⑥邻居家;⑦博物馆;⑧飞机上;⑨游泳馆;⑩途中;⑪山中;⑫家中;⑬河畔;⑭医院;⑮学校;⑯演奏大厅。

(6) 私订终身
①接吻;②默许;③送信物;④郊游;⑤给予鼓励;⑥通信;⑦研讨艺术;⑧男弹琴女唱歌;⑨讨论学术问题。

(7) 应考及第
①中状元;②中探花;③留洋博士;④中国博士;⑤演奏会盛况空前;⑥一幅画被博物馆收藏;⑦做生意发大财;⑧考取大学;⑨成名;⑩做官;⑪大病痊愈;⑫成功发明。

(8) 衣锦团圆
①结婚;②他或她变了心;③去世;④一个人远走高飞;⑤家庭同意婚事;⑥父母不同意;⑦私奔;⑧没有结局;⑨长相思;⑩环球旅行结婚。

从上面这些要素及其可变形态可以推知,由这些形态可组合出4亿多个故事来。例如,按(1)③→(2)④→(3)⑥→(4)⑥→(5)⑫→(6)⑤→(7)⑨→(8)⑨的组合选取,便可构造下述故事:

一位小提琴家忽然患了严重的疾病,精神几乎崩溃。他的女朋友,已是歌星的她日夜看护使他恢复了健康。在女孩家受到的鼓励使小提琴家恢复了勇气,终于在演奏会上一举成名。当他带着鲜花赶回女孩家中时,她竟不知去向,空留下永恒的怀念。

如果将故事梗概再做些充实、修饰,就可成为一篇动人的小说。

你也可以来当一回作家,用这个方法写一部小说,哪怕只是构思一个故事也很有意思。

1. 组合思维的定义

组合思维又称"联结思维"或"合向思维",是指把多项貌似不相关的事物通过想象加以连接,从而使之变成彼此不可分割的、新的整体的一种思考方式。

2. 组合思维的特征

(1) 创新性。许多科学家认为知识体系的不断重新组合是人类知识不断丰富发展的主要途径之一。从这一角度看,近现代科学的三次大创造是由三次大组合所带来的。第一次大组合是牛顿组合了开普勒天体运行三定律和伽利略的物体垂直运动与水平运动规律,从而创造了经典力学,引起了以蒸汽机为标志的技术革命。第二次大组合是麦克斯韦组合了法拉第的电磁感应理论和拉格朗日、哈密顿的数学方法,创造了更加完备的电磁理论,因此引发了以发电机、电动机为标志的技术革命。第三次大组合是狄拉克组合了爱因斯坦的相对论和薛定鄂方程,创造了相对量子力学,引起了以原子能技术和电子计算机技术为标志的新技术革命。

(2) 广泛性。组合型思维就是善于把各种事物进行重新组合,从而产生新意、催生新物。这种组合被人们广泛运用于日常生产、生活的各个方面。如打印复印一体机、智能手机、捆绑式销售策略等都是组合型思维广泛应用的实例。在日常生活中,这种组合型思维的应用案例不胜枚举。

(3) 时代性和继承性。例如,电视+电话=可视电话; 数据+文字+图像+声音=多媒体; 电子管+电阻+电容=集成电路;台秤+电子计算机=电子秤;飞机+飞机库+军舰=航空母舰;自行车+电机+蓄电池=电动自行车。

2.3 创新思维的障碍

创新思维的产生不可能是一帆风顺的,我们要培养和开发创新思维,就必须根据存在的问题,有的放矢地采取各种方法和措施,努力破除和扫清抑制创新思维产生的各种主观障碍,为创新思维的产生创造良好的环境和条件。

2.3.1 思维定式

所谓思维定式,就是按照已有的思考和解决问题的思维规律,以及不断积累的思维活动经验教训,在长期不断反复使用过程中形成的相对比较稳定、定型化的思维方式、路线、模式和程序。

1. 思维定式的积极作用

思维定式对于问题解决具有极其重要的意义。在问题解决活动中,思维定式的作用是：根据面临的问题联想起已经解决的类似的问题，将新问题的特征与旧问题的特征进行比较，抓住新旧问题的共同特征，将已有的知识和经验与当前问题情境建立联系，利用处理类似的旧问题的知识和经验处理新问题，或把新问题转化成一个已解决的、熟悉的旧问题，从而为新问题的解决做好积极的心理准备。

具体来说，思维定式是一种按常规处理问题的思维方式，它可以省去许多摸索、试探的步骤，缩短思考时间，提高效率。在日常生活中，思维定式可以帮助人们解决每天碰到的90%以上的问题。但是思维定式不利于创新思考，不利于创造。

2. 思维定式的消极作用

思维定式对问题解决既有积极的一面，也有消极的一面，它容易使我们产生思想上的惰性，养成一种呆板、机械、千篇一律地解决问题的习惯。当新旧问题形似质异时，思维定式往往会使解题者步入误区。大量事例表明，思维定式确实对问题解决具有较大的负面影响。当一个问题的条件发生质的变化时，思维定式会使解题者墨守成规，难以涌现出新思维，做出新决策，造成知识和经验的负迁移。

根据唯物辩证法的观点，不同的事物之间既有相似性，又有差异性，但思维定式所强调的是事物间的相似性和不变性。在问题解决中，它是一种"以不变应万变"的思维策略。所以，当新问题相对于旧问题，是其相似性起主导作用时，由旧问题的求解所形成的思维定式往往有助于新问题的解决。而当新问题相对于旧问题，是其差异性起主导作用时，由旧问题的求解所形成的思维定式则往往有碍于新问题的解决。

从思维过程的大脑皮层活动情况看，定式的影响是一种习惯性的神经联系，即前次的思维活动对后次的思维活动有指引性的影响。所以，当两次思维活动属于同类性质时，前次思维活动会对后次思维活动起正确的引导作用；当两次思维活动属于异类性质时，前次思维活动会对后次思维活动起错误的引导作用。

2.3.2 创新思维障碍类型

1. 从众型创新思维障碍

从众，即指一切服从众人，按众人的意志说话、办事的心理和行为现象。它是思维定式中最常见、最典型的表现形式之一。思维从众倾向比较强烈的人，在认识事物、判断是非的时候，往往是附和多数，人云亦云，缺乏自己的独立思考和主见。从众对个人来说，使人有一种归属感和安全感，能够消除孤单和恐惧心理，也是一种比较保险的处世态度。具有从众思维定式的人不仅没有主见，在一定情况下甚至会随着众人犯错误，当然更不可能有什么创新行为了。

在某些情况下，大家都认为是正确的，其实并不一定是正确的。因此，要获得正确的思维方式并具有创新精神，就不能人云亦云、随波逐流，而应该有自己独立的见解。

案例分享 | **阿希实验**

美国心理学家所罗门·阿希(Solomon E.Asch)曾在多年前邀请志愿者参加一场实验，并告诉他们这个实验的目的是研究人的视觉情况。当某个来参加实验的人员走进实验室的时候，他发现已经有5个人先坐在那里了，他只能坐在第6个位置上。事实上他不知道，其他5个人是跟阿希串通好了的假被试者。

阿希要大家做一个非常容易的判断——比较线段的长度。他拿出一张画有一条竖线的卡片(见图2-4)，然后让大家比较这条线和另一张卡片上的3条线中的哪一条线等长。判断共进行了18次。

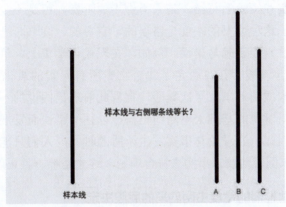

图2-4　线段实验的卡片

事实上这些线条的长短差异很明显，正常人是很容易做出正确判断的。然而，在两次正常判断之后，5个假被试者故意异口同声地说出一个错误答案。于是许多真被试者开始迷惑了，他是坚定地相信自己的眼力呢，还是说出一个和其他人一样，但自己心里认为是错误的答案呢？

结果当然是不同的人有不同程度的从众倾向。从总体结果看，有37%的人是从众的，有75%的人至少做了一次从众的判断。

2. 权威型创新思维障碍

在思维领域，不少人习惯于引证权威的观点，不假思索地以权威的是非为是非。可以说，有人类群居的地方就有权威，权威是任何时代、任何社会都存在的现象。人们对权威普遍存在崇拜之情，这是可以理解的，然而这种尊崇常常演变为神化和迷信。一旦发现与权威相违背的观点或理论，便想当然地认为其必错无疑，甚至大张挞伐。这就是创新思维的另一重大障碍，即权威型障碍。

案例分享 ｜ 天灾？人祸？

1938年9月21日，一场凶猛异常的飓风袭击了美国的东部海岸。《光荣与梦想》一书中记载并描述了这场罕见的风暴。书中写道："下午两点三十分，海水骤然变成了一堵高大的水墙，以迅猛之势，向巴比伦和帕楚格小镇(位于纽约长岛)之间的海滩劈头压来。第一波海浪的威力如此之大，以至于阿拉斯加州锡特卡的一台地震仪上都记录下了它的影响。在袭击的同时，飓风携带着巨浪以每小时超过150千米的速度向北挺进，这时，水墙已经达到十几米高，长岛的一些居民手忙脚乱地跳进他们的轿车，疯狂地向内陆驶去，没有人能精确地知道有多少人在这场生死赛跑中，因为输掉了比赛而失去了生命。"

其实，当地气象学家们已预测到了这场飓风的规模和到来时间，但因为一些不便公开的原因，气象局并没有向公众发出警告。事实上，绝大多数的居民通过家中的仪器或者通过其他渠道都获知飓风即将来临，但由于作为权威部门的气象局并没有发出任何预报，居民们都出人意料地对即将到来的大灾难漠然视之。

3. 书本型创新思维障碍

书是人类知识和实践经验的总结，是人类进步的阶梯，可是不少人却被书本所主宰，成了书本的"奴隶"。这种读书的态度是错误的、有害的。读书时一定要采取怀疑和批判的态度，否则，就无法判断正确与错误。例如，在现代化学史上，价键理论、杂化轨道理论充分否定了有氟的含氧酸存在，否定了化合物中所有元素的氧化数不为零，谁能相信1971年美国两位科学家成功地制取了次氟酸，宣告此前理论假说的不完整性及错误性。可见，科学本身总是在新发现的基础上不断纠正自己以往的错误而发展的，世界上从来就没有一成不变的事物。因此，当理论与事实发生矛盾的时候，人们只能修改理论使之与事实相适应，而不应该本末倒置地要求事实去符合理论，这才是唯一且正确的选择。

案例分享 | 火箭助推器的宽度由两匹马的屁股决定

美国铁路两条铁轨之间的标准距离是4.85英尺(约1.48米)。这个标准从何而来呢？

原来这是英国铁路的标准，因为美国的铁路最早是由英国人设计建造的。而早期的铁路是由建电车的人所设计的，4.85英尺又正是电车所用的标准。

那么，电车轨道标准是从哪儿来的呢？原来最先造电车的人以前是造马车的，所以电车的标准是沿用马车的轮距标准。那么，马车为什么要用这个轮距标准呢？原因是如果那时的马车用任何其他轮距的话，马车的轮子很快就会在英国的老路上被撞坏，因为这些路上的辙迹宽度为4.85英尺。这些辙迹又是从何而来的呢？答案是从古罗马人那里来的。因为整个欧洲，包括英国的长途老路都是由古罗马人为其军队所铺设的，而4.85英尺正是古罗马战车的宽度。那么，古罗马人为什么要用4.85英尺作为战车的轮距宽度呢？原因很简单，这是两匹拉战车的马的屁股的宽度。

故事到此还没有结束。当你在电视上看到美国的航天飞机立在发射台上的雄姿时，如果留意看，在它的燃料箱的两旁有两个火箭推进器。如果可能的话，工程师希望把这些推进器造得再胖一点，这样容量可以再大一些，但是他们不可以，因为这些推进器造好以后要用火车从工厂运到发射点，路上要通过一些隧道，而这些隧道的宽度只比火车轨道的宽度宽了一点点。因此火箭助推器的宽度是由铁轨的宽度所决定的。

所以，最后的结论是：路径依赖决定了今天世界上最先进的运输工具——航天飞机火箭助推器的宽度，而这竟然是两千年前两匹马屁股的宽度所决定的！

4. 经验型创新思维障碍

经验是我们处理日常问题的好帮手，但它也有负面效应。这种负面效应的表现就是，可能导致人们对经验的过分依赖，形成固定的思维模式，削弱人们头脑的想象力，制约人们的创新意识。这就是说，经验具有很大的狭隘性，在某种情况下，甚至可能成为束缚人们思维的枷锁。因此，我们既要借鉴以往的好经验，又不能仅仅依赖于经验，要善于根据新的实践，创造性地总结新的经验。

案例分享 | 马尔科夫之死

在日常生活中，因凭经验处理问题而产生偏差和失误的实例不胜枚举。马尔科夫之死就是一个典型的例子。1978年9月，流亡英国的保加利亚作家马尔科夫在英国首都伦敦被刺客用装有暗器的雨伞击中。人们很快将他送到了医院，医生检查他的伤口，未发现炎症，便根据经验对他的伤口进行了包扎处理，并认为他很快就会痊愈。不料4天以后，马尔科夫突然死亡。后经研究发现，刺客用的是带剧毒的铂铱子弹，由于铂具有抑制细菌的作用，因此在伤口处找不到炎症，但毒液却进入了马尔科夫的体内，最终导致了他的死亡。

5. 自我中心型创新思维障碍

"自我中心型"就是"自以为是"。在日常的思维活动中，人们自觉或不自觉地按照自己的观念，站在自己的立场，用自己的目光去思考别人乃至整个世界，由此产生了自我中心型思维定式。在这种思维定式的束缚下，个人的思考以自己为中心，听不进别人的意见和建议，总认为自己的思考没有任何问题，是完全正确的，甚至认为就是真理。岂知，所谓"真理"都是相对的，具有一定的时空性，在这一场合正确的观点，换个场合也许就是错误的；现在没有问题的知识，随着时间的推移就不一定没有问题了。

案例分享 | 爱迪生的错误

伟大的发明家爱迪生，一生差不多都在与电打交道，在电学方面的发明数不胜数。可是当其他人提出交流电可能有广泛用途时，他却以老资格自居，认为交流电太危险，不能在实际生活中应用。为了证明，他还当众用交流电电死一条狗来吓唬大家，劝大家千万不要使用交流电，后来的事实证明他确实犯了自以为是、自我封闭的错误。

6. 习惯型创新思维障碍

习惯是一种循规蹈矩的形式。习惯之所以成为创新思维的障碍，是因为人们对习惯的事物失去了敏感性，反应变得迟钝，甚至熟视无睹，发现不了问题，当然也谈不上解决这些问题。惯性非常容易成为惰性，而惰性历来是创新的大敌，它压制不符合习惯的思想，阻止对习性的改变。

案例分享 | 一链系千斤

一根小小的柱子，一截细细的链子，拴得住一头千斤重的大象，你相信吗？可这令人难以置信的场景，在印度和泰国随处可见。原来，那些驯象人，在大象还是小象的时候，就用一条铁链将它绑在水泥柱或钢柱上，小象无论怎么挣扎都无法挣脱。于是，小象渐渐地习惯了不挣扎，直到长成了大象也是如此。小象是被链子绑住，而大象则是被习惯性的思维困住。

7. 自卑型创新思维障碍

自卑感也是开发创造性、进行创新思维的一大障碍。自卑者怕失败，怕犯错误，怕自己表现得愚蠢，遭到别人的嘲讽，从而不敢尝试，不敢冒险，堵塞了创造性思维产生的源泉。缺乏自信心会妨碍创造性思维的产生，过分地自我批评是妨碍创造性思维产生的又一个心理障碍，这种人往往过于责备自己，对自己的成就和行为过分挑剔。认真、精益求精固然是好事，但凡事都有一个尺度，不能把尺度片面地夸大或绝对化。畏惧思想，是创造性思维最大的障碍，因为有了畏惧思想，人就会变得谨小慎微，患得患失，怕失败、怕犯错误、怕困难。畏惧会磨灭人的想象力和创造精神，使人在许多有可能获得成功的机会中，丢失了这种机会。

案例分享 | 燃烧一千多年的灯

一位考古学家在深山中发现了一座古墓，经过考证，他确认里面埋葬着一千多年前的一位富可敌国的王侯，陪葬品价值连城。墓道里有重重的机关，进来的人稍不留神就会葬身于此。考古学家费尽心思千辛万苦地拆除了所有机关。然而，当他推开墓门，却吓得魂飞魄散——棺木上方很多的吊灯中竟有一盏还在燃烧着。这位经验丰富的考古学家从来没有见过能燃烧一千多年的灯，惊骇之余转身便逃，再也不敢回到墓中。

几天后，另外几位考古学家得知消息赶到那里，却没有发现那盏燃烧的灯，他们顺利地取出了文物。原来，那盏看似一直燃烧着的灯的燃料里含有磷。墓穴被封闭后，耗尽了氧气的灯全部熄灭。墓门打开，新鲜空气涌入，那盏燃点很低的磷灯又开始自燃。就是说，打开墓门之前，那盏灯也是熄灭的。如果考古学家在那里等一段时间，磷灯就会熄灭。因为认为灯一直亮着，恐惧的考古学家与重大考古发现失之交臂。

8. 偏见型创新思维障碍

当某种观念为人们所普遍接受后，会在人们的头脑中相对固定下来，成为一种固定的观念。人们常说的传统观念就是固定观念的一种重要表现形式。固定观念对于人们学习知识、阐述问题、利用知识从事常规性工作可以说是必不可少的，然而对于发展、拓宽创新思维而言就会成为一种阻碍。它用已有的知识、观念在人们和新事物、新现象之间形成了某种屏障，总是觉得熟悉的事物比较有安全感，易对新事物有所猜忌、犹豫，使人们的思维无法实现突破。在固有观念的影响下，人们往往会利用已有的经验过早地做出判断，而把新构想的幼芽扼杀在摇篮里。

案例分享 | 海顿和莫扎特的打赌

有一次，音乐大师海顿和莫扎特打赌，莫扎特写了一首乐曲，看海顿能不能弹出来。刚开始时，海顿弹奏得很顺利，可当他的双手被高、低音支配到键盘的两端时，曲谱上又跳出了一个在键盘正中间的音符，海顿这时便无法处理了。他大嚷道："这是世界上无人能弹的曲子！"莫扎特笑眯眯地说："我能弹！"对那个几乎无法处理的音符，莫扎特在弹奏的时候只是用鼻尖轻轻点了一下……

假设海顿的头脑中没有钢琴必须用手弹的主导观念，那么他肯定也会想到用其他方法触碰琴键。这位在音乐领域中很有创造力的大师尚且如此，可见偏见无处不在。

2.4 激发创新思维

2.4.1 排除创新思维障碍训练

1. 针对从众型创新思维障碍的训练

某汽车公司的一次董事会议上，一位董事提出了一项决策方案，立即得到大多数董事的附和。有人说，这项决策能够大幅度提高利润；有人说，它还有助于我们打败竞争对手；还有人说，应该组织力量，尽快付诸实施。但是，会议主持人却保持了冷静的头脑，他说："我不赞同刚才那种团体思考方式，它把我们的头脑封闭在一个狭小的空间里，这会导致十分危险的结果。我建议把这项方案搁置一个月后再来表决，请各位董事各自独立地想一想。"一个月后，当重新讨论这项方案时，该方案被否决了。你认为一个月前大家为什么都赞成这项决策方案？主持人让搁置一下的做法有什么好处？

请你想出一种与众不同的观念，这个观念只要与人们的日常习惯相冲突就可以，不追求高明和实用。然后把自己的新观念告诉朋友和家人，听听大家的反响。在这个过程中，体会社会的从众势力有多强大，也能锻炼你"反潮流"的胆量。面对大家的指责、嘲讽和反对，你应心平气和地辩解，尽力说服他们，让多数人承认新观念中有可取之处。当然，你还可以发明或改进一种物品，只要与传统观念中的物品不同即可，同样要大力宣传、辩护，仔细观察不同人的不同反应。例如，提出"寒冷的冬天穿着短袖和短裤出门"的想法，把眼镜的镜片设计成一大一小，并戴着这样的眼镜出去走走。通过这类练习，你能够体会到众人的评论和嘲笑没什么了不起，从而逐渐削弱从众的思维模式。

2. 针对权威型创新思维障碍的训练

(1) 以权威人物的某种论断进行突破权威型障碍的训练。找出某位权威人物的某种论断，一是要求这种论断尽管是正确的，但却与人们的常识或直觉相违背；二是要求这段论断的传播范围比较窄，一般人不太了解。比如，爱因斯坦相对论中的"尺缩现象"，即物体运动时长度不变只是低速世界的特殊现象，长度随速度而变才是宇宙的一般规律。然后，你把这一论断告诉周围的人，说是自己或朋友的新发现，看看别人的反应和评价。你还可以把同一论断告诉另外一些人，先声明是某权威的观点，把大家的反应和评价进行比较，看从中能悟出什么道理。

(2) 没有永久的权威，任何权威都只是一时的。随着时间的推移，旧权威不断地被新权威所替代，清楚这一点，会大大削弱对权威的敬畏心理。请在自己头脑中回忆一两个10年或20年前自己敬畏的权威，了解一下如今这些还是权威吗。

(3) 一位电影明星推荐的感冒药就一定有奇效吗？一位体操健将就肯定能制造出高质量的运动鞋？他们都是"别的领域的权威"。面对权威"泛化"的现象，应区分推广人是哪个领域的权威，他对这一行有研究吗？他是这一行的权威吗？

(4) 即使是一位真正的权威，而且是在他的权威领域发表意见，也要看看是否与权威的自身利益有关。一位科学家提出一种新的理论，那么他自己对该理论的评价就会至少失去部分权威性；一次科研课题或产品鉴定会，假如权威受到优厚的款待，鉴定结果是否有足够的权威性就值得怀疑。

3. 针对书本型创新思维障碍的训练

(1) "正分合"读书法。拿到一本理论类的书，认真用不同的方法和眼光读三遍，你会有一种全新的感受。第一遍是"正读"，首先假定书中的说法完全正确，你十分赞同作者的观点。你一边读，一边为书中的看法补充新的证据、材料和论证方法。第二遍是"反读"，你假定书中所有的观点都是错误的，你读此书的目的，就是找出错误而一一驳倒它们。也许一开始很困难，一方面是过去读书的习惯使然；另一方面是因为你还没能真正把握书中所讲的内容。第三遍是"合读"，就是把"正读"与"反读"的结果综合起来，在此基础上对书中所讨论的内容，提出自己的新看法。到这一步，应该说达到了读书的最高境界——既能读"进去"，又能读"出来"。

(2) 找出书本与现实的差距。想一想，怎样从现实中找到具体事例反驳下列知识性论断：男人比女人有力气；开卷有益；众人拾柴火焰高；冬天比春天冷；瑞雪兆丰年；用计算机写作既方便又迅速。

(3) 设想多种答案。书本上提供的答案往往是"唯一的""标准"答案，它会束缚头脑，降低创新意识。如果我们面对一个问题，尽可能多地给出越新奇越好的多种答案，创新思维水平就可以提高。例如，大雁为什么向南飞？答案：向北飞要飞过北极会饿死；向北飞路太远；去会见去年结识的女朋友海鸥；消耗身上的脂肪以达到减肥的目的……

就以下问题设想多种答案：面条是怎样做成的？天空为什么是蓝的？浪花为什么是白的？熟人见面为什么要打招呼？花朵为什么颜色不同？

4. 针对经验型创新思维障碍的训练

(1) 仿盲人训练。经验大部分是通过感觉得来的，而感觉中由视觉获得的信息占全部信息的85%以上，这导致过分发展的视觉妨碍了其他感官功能的发挥。我们可以尝试体会一下盲人的感觉，以充分发挥其他感官的功能，获得意想不到的丰富的外界信息。训练方法是：用布或者完全不透光的眼镜挡住眼睛，使自己看不到外界，先在室内走动，再去室外熟悉处走走，最后在朋友的引领下到陌生的地方走一圈。最好选择景观、人员等比较集中的地方，我们要完全依靠听觉、触觉、方向感和平衡感去了解外界。按这种方法反复训练几次，看看会有什么样的收获。

(2) "逆经验反应"训练。大量日常经验使每个人对外界的刺激都形成了一套固定反应模式，打破它对增强创新意识大有帮助。训练原则即如此，内容可自定。例如，下雨时不打伞走出去；收到信不拆，扔在桌上不管它；电话铃响着，不去接。

5. 针对自我中心型创新思维障碍的训练

(1) 冷静法。当别人对你的某种观点提出疑问时，不妨让自己冷静一段时间。过一段时间，你再考虑这个问题，并思考别人给你的建议，也许你会改变自己的想法。

(2) 尝试法。如果条件允许的话，可以按照别人的建议做，看效果如何。

6. 针对习惯型创新思维障碍的训练

任何事情以不同的方式思考，都可能会有完全不一样的结果。习惯型思维模式是创新的大敌，当我们被某个思维定式主导时，往往很难看清楚一些事物的本质。因此，我们应时刻提醒自己：生活中不是缺少奇迹，而是缺少发现。世界上许多奇迹的诞生就是以不同思维方式思考的结果，我们唯有具备挣脱思维枷锁的勇气和智慧，属于自己的奇迹才有可能出其不意地降临。

7. 针对自卑型创新思维障碍的训练

要破除自卑感或胆怯心理，必须从以下方面着手。

(1) 树立自信心。没有自信，就会对自己各方面的能力不信任，对自己能否进行丰富的想象和创造性活动持否定或模棱两可的态度，最终不敢前进，没有独创性成果。

(2) 切勿过分地自我批评。过分地自我批评，主要是不能客观、公正地评估自己。比如，或是认为自己没有创造力，或是认为自己没受过某种专业训练等。实际上，在创造过程中，一定的自我怀疑虽然必要，但过分看重自己的不足则会因失之客观而造成归因上的误差，甚至导致自信心的丧失。

(3) 克服畏惧思想。畏惧会磨灭人的想象力和创造精神，使人在许多有可能获得成功的机会中，丢失了这种机会。创造者是不应惧怕失败的。

8. 针对偏见型创新思维障碍的训练

要破除固执和偏见，必须挑战主导观念。挑战主导观念的关键在于找出主导观念，针对你要解决的问题，先整理出占据头脑的主导观念，即当一个问题发生时，思考者不由自主首先想到甚至是不假思索就跳出来的解题方法。使用这种方法往往很容易找到主导观念，一旦找出，解题的新思路会水到渠成。当我们找出主导观念后，要有意识地避开或远离主导观念，尽量从侧面或其他方向寻找思路和方法，这样产生的设想肯定是新颖、独特的。

2.4.2　创新思维训练

创新思维是可以训练的。首先，思维的生理基础是大脑，大脑的特点决定了人的聪明程度。研究发现，生理上的变化可引起思维的变化。人类的思维能力随着社会的发展不断提高，这正是长期学习和训练的结果。环境和教育，可以使思维的发展加速或延缓。其次，创新思维训练具有悠久的历史。思维训练自古就有，只是从20世纪以来，通过大量的研究和实践探索，才使人们认识到了思维训练对提高民族素质的重要作用。

所谓创新思维训练，就是采用一定的方案，对思维能力、思维方法、思维知识和思维态度等进行系统训练，从而使人的创新思维水平得到提高的过程。

1. 发散思维训练

发散思维训练的核心是发散点训练。一般从用途、功能、结构、形态、组合、方法、因果、关系8个方面向外延扩散。

(1) 用途发散。所谓用途发散就是以某物品作为发散点，设想出它的多种用途。例如，在5分钟内尽可能多地说出订书钉的各种用途：订书、订报纸、订杂志、订装纸盒、订壁画、做牙签、做成掏耳勺、在皮带上钉出图案、做装饰、可作为项链的一次性用锁、弯曲做成五线谱的音符、做成发夹、做成造型各异的饰品、做成别针、当筷子用、用来拆一些小食品的塑料袋、连接两个很小的物体、当作针来引线、扭弯后做成手链、做成一次性拉链、将它放在外星球上作为人类文明的标志、涂上彩色油漆用来拼图案、修理东西……

用途发散训练的题目形式是"在一定时间内说出某物品的各种用途"。

用途发散有两种思维方式。第一种是根据物品的特征进行发散，想出可能的用途。例如，订书钉是铁制的，铁可以导电，于是我们就可以想到订书钉可以用来做导线等。第二种就是进行强制性的思维发散，即随便想出一个事物，把该事物和作为发散点的事物强制地联系在一起，寻找新用途。例如，忽然间想到扣子，那么可以把订书钉卷成圆形，做扣子用；当然也可以做成订书钉形状的扣子。第二种方式对于发现某种材料的新用途能起到巨大的作用，特别是一种新材料发明以后，可以应用这种思维方式寻找适用的领域，能够得到更多新奇的构思。

思维训练

1. 以扣子为发散点，从用途发散的两种思维方式考虑，扣子有多少种用途？至少回答10种。

2. 以铅笔为发散点，从用途发散的两种思维方式考虑，铅笔有多少种用途？至少回答10种。

(2) 功能发散。功能发散是从某事物的功能出发，构想出获得该功能的各种可能性。从发散思维的角度出发，只要能合理地借助功能发散(有时加上视角转换)，一定能变废为宝。下面以红砖的用途为例，说明如何进行功能发散。

红砖最常用的功能是作为建筑材料使用，那在哪些方面可以实现红砖的这一功能呢？可以在盖房子(包括盖大楼、宾馆、教室、仓库、猪圈、厕所……)、铺路面、修烟囱等方面实现红砖作为建筑材料的功能。红砖从其物理性质来看，它具有一定的重量，这也可以说是它的一种功能，那在哪些方面能够体现红砖的重量呢？它可以用来压纸、当作砝码、哑铃等。红砖的形状是长方体，在哪些方面能够体现红砖长方体的特征呢？它可以当作尺子、多米诺骨牌、垫脚石等。红砖的颜色是红色的，可以通过在水泥地上当笔画画、压碎做红粉、磨碎掺进水泥做颜料等实现红砖的这一功能。红砖的硬度较大，可以用作凳子、锤子、磨刀石等，体现红砖的硬度较大，说明红砖能够承受较大的重量，同时也比较耐磨。红砖的吸水性较强，可以用它来吸水。还可以将红砖打磨成一颗红心献给心爱的人；或在砖上刻下自己的手印、脚印，使其变成工艺品。

思维训练

1. 以书本为发散点，从功能发散的角度进行发散，即先考虑书本有哪些功能，又能在哪些方面实现这些功能？

2. 夏天天气特别热，如何能够达到凉快的目的？

(3) 结构发散。结构发散是以某个事物结构为扩散点，设想出利用该结构的各种可能性的思维活动。例如，尽可能多地说出含圆形结构的东西：太阳、水滴、酒杯、西瓜、扇子、瓶盖、镜子、头等。经常进行这种思考，可以增加我们头脑中的形象储备，锻炼想象力。

思维训练

1. 写出包含 ⌒ 结构的事物或现象。
2. 写出包含方形结构的事物或现象。

(4) 形态发散。形态发散是以事物的形态(如颜色、形状、味道、明暗等)为发散点，设想出利用某种形态的各种可能性。例如，你能设想出利用红色可做什么或办什么事吗？这是一种形态发散思考，如利用红颜色可做信号灯、红墨水、红围巾、红灯笼、红粉笔、红喜报等。

思维训练

1. 利用白色可以做什么或办什么事情？
2. 利用蓝色可以做什么或办什么事情？

(5) 组合发散。组合发散是以某一事物为发散点，尽可能多地设想出与另一事物联结成具有新价值的新事物的可能性。组合发散是一种强制性的思维发散方法，即你想到什么就与发散点的事物组合在一起。

组合思维是一种非常重要的创意思维方法，组合思考不仅数量要多，更重要的是组合要新奇而合理。经常进行组合发散思考，将会提高我们的创新能力。例如，尽可能多地说出手电筒可以同哪些东西结合在一起。如果想到了钥匙、手表、钟、鞋子、笔、衣服、书，那么与手电筒一组合就有了带手电筒的钥匙、带手电筒的手表、带手电筒的钟、带手电筒的鞋子、带手电筒的笔、带手电筒的衣服、带手电筒的书等。从中可以发现一些很好的创意，如带手电筒的钥匙，我们知道，在生活中尤其是晚上开门的时候，如果楼道灯不亮，是很难找到锁眼的，有了带手电筒的钥匙就可以不用为此烦恼了。

思维训练

1. 以桌子为发散点，按照组合发散的思维方式，看能够有哪些新事物的产生(至少10种)？其中，哪些比较有创意？
2. 以杯子为发散点，按照组合发散的思维方式，看能够有哪些新事物的产生(至少10种)？其中，哪些比较有创意？

(6) 方法发散。方法发散是以人们解决问题或制造物品的某种方法为扩散点，设想出利用该种方法的各种可能性。例如，说出用"吹"的方法可能做的事或解决的问题：吹气球、吹口哨、吹笛子……这是一种方法发散的思考方式。方法发散，是人们创新能力的一项重要素质。平时，人们要多掌握一些前人解决问题过程中积累下来的成功方法和技术，并能把这些方法辐射出去，用到新领域、新事物上，从而大大地提高我们的创新能力。

思维训练

1. 用"吸"的方法，可以办哪些事情或解决哪些问题(至少10种)？
2. 用"敲"的方法，可以办哪些事情或解决哪些问题(至少10种)？

(7) 因果发散。因果发散是以某事物发展的起因和结果为扩散点，设想出该事物出现的原因或该事物可能产生的结果。例如，发现地上有一摊水，推测造成地上有水的各种可能的原因；猜测这摊水会造成什么样的后果。这就是因果发散。

具体来说，因果发散包括原因发散和后果发散。原因发散是以某事物发展的结果为发散点，推测造成此结果的各种可能的原因。如尽可能多地说出玻璃杯破碎的各种可能的原因。答案有落地摔碎、被汽车碾碎、开水倒进杯子时炸碎、杯子结冰胀碎、被火烧碎裂、被子弹击碎等。后果发散是以某事物的起因为扩散点，推测可能产生的各种结果。如尽可能多地说出拉上开关后可能产生的各种结果。答案有灯不亮、灯亮、灯亮了马上灭掉、灯泡冒出白烟、灯泡爆炸、保险丝断了、电线起火等。

人们在进行科学研究时，经常会碰到认识事物因果关系的问题。因此，进行因果发散思维训练，有助于培养我们的科研素质，有助于我们去发现事物、认识事物的内在规律。

思维训练

1. 请尽可能多地说出玻璃杯破碎后造成的各种可能结果。
2. 当你打羽毛球时，忽然球拍断了，请分析出现这种情况的原因有哪些，后果有哪些？

(8) 关系发散。关系发散是从某一对象出发，尽可能多地设想它与其他对象之间的关系。例如，每个人都可以从自己出发，想出自己与其他社会成员之间的关系，除了日常的一些基本关系之外，每个人还可能是听者(相对于演讲者)、观者(相对于哑剧表演者)、读者(相对于图书管理员和书商)……

关系发散有以下两种方式。第一种方式是从某一事物出发，尽可能设想出其与其他事物的各种关系。例如，你是谁？答案有你是你父母的女儿、你是某高校某系某班的学生、你是女生、你是舞者等。尽可能说出你与社会各方面及各种人物之间的关系。第二种方式是给出两个事物，说出这两个事物之间的各种关系。例如，父亲和儿子之间可能有什么样的关系？答案有父子关系、医生和病人的关系、师生关系、同事关系、上下级关系、原告和被告的关系、游戏伙伴的关系、营业员和顾客的关系等。

思维训练

1. 说说你是谁？
2. 猫和狗有哪些关系？

2. 收敛思维训练

收敛思维的训练方法有以下几种。

(1) 聚合显同法。把所有感知到的对象按照一定的标准"聚合"起来，显示它们的共性和本质。例如，我国明朝时期，江苏北部曾经出现了可怕的蝗灾，飞蝗一到，整片整片的庄稼被吃掉,人们颗粒无收。徐光启看到人民的疾苦,想到国家的危亡,毅然决定去研究治蝗之策。他搜集了自战国以来两千多年的有关蝗灾情况的资料。在这浩如烟海的材料中,他确定了蝗灾发生的时间大多在夏季炎热时期,以六月为最多。另外他从史料中发现,蝗灾大多发生在"幽涿以南、长淮以北、青兖以西、梁宋以东诸郡之地"(相当于现在的河北南部,山东西部,河南东部,安徽、江苏两省北部)。为什么多集中于这些地区呢?经过研究,他发现蝗灾与这些地区湖沼分布较多有关。他把自己的研究成果向百姓宣传,并且向皇帝呈递了《除蝗疏》。徐光启在写《除蝗疏》的整个思维过程中,运用的思考方法就是"聚合显同法"。

(2) 层层剥笋法(分析综合法)。我们在思考问题时,最初认识的仅仅是问题的表层(表面),也是很肤浅的东西,然后层层分析,向问题的核心进一步逼近,抛弃那些非本质的、繁杂的特征,以便揭示出隐藏在事物表面现象下的深层本质。

(3) 目标确定法。平时我们碰到的大量问题比较明确,很容易找到问题的关键,只要采用适当的方法,问题便能迎刃而解。但有时,一个问题并不是非常明确,很容易产生似是而非的答案,把人引入歧途。目标确定法要求先确定搜寻的目标,进行认真的观察并做出判断,找出其中关键的现象,围绕目标进行收敛思维。目标的确定越具体越有效,不要确定那些各方面条件尚不具备的目标,这就要求人们对主客观条件有一个全面、正确、清醒的估计和认识。目标也可以分为近期的、远期的、大的、小的。开始运用时,可以先选小的、近期的,熟练后再逐渐扩大。

(4) 聚焦法。聚焦法就是人们常说的沉思、再思、三思,是指在思考问题时,有意识、有目的地将思维过程停顿下来,并将前后思维领域浓缩和聚拢起来,以便帮助我们更有效地审视和判断某一事件、某一问题、某一片段信息。由于聚焦法带有强制性指令色彩,其一,可通过反复训练,培养我们定向、定点思维的习惯,形成思维的纵向深度和强大穿透力,犹如用放大镜把太阳光持续地聚焦在某一点上形成高热;其二,由于经常对某一片段信息、某一件事、某一问题进行有意识的聚焦思维,自然会积淀起对这些信息、事件、问题的强大透视力、溶解力,以便最后顺利解决问题。

思维训练

1. 请说出家中既发光又发热的东西,找出它们的共同点。
2. 请写出海水与江水的共同之处,越多越好。
3. 鸽子、蝴蝶、蜜蜂与苍蝇有什么相同之处?
4. 铜、铁、铝、不锈钢等金属有什么共同的属性?

3. 逆向思维训练

(1) 作用颠倒。一个事物对另一个事物来说,既可以起正作用,也可以起反作用。就事物对人的利害关系来说,既有有利作用,也有不利作用。人们通过采取一定的措施能够改变事物所起的作用,其中也包括能够通过使事物某方面的性质、特点发生改变,起到同原有作用正好相反的作用。比如使事物对人不利的作用变为对人有利的作用。基于这样的原理,如果我们对事物的某种作用进行逆向思维,就有可能想出更好利用该事物或与该事物相关的新设想、新主意。

(2) 方式颠倒。事物都有自己"起作用的方式"，它也是事物的一种基本属性。此方式发生变化，事物的性质、特点和作用也会随之变化。如果我们从某种需要出发，采取一定的措施，使某一事物起作用的方式有所颠倒，那就可能会引起事物的性质、特点或功能相应地产生符合人们需要的某种改变。基于事物同其起作用的方式之间的这种客观关系，就可以进行创新思考，也可以就事物起作用的方式倒过来思考。

(3) 过程颠倒。事物起作用的过程具有确定的、显著的方向性。过程颠倒作为一种逆向思维的创新思考方法，是指事物起作用的过程一旦方向有所颠倒，人们对它的认识和态度便会有所改变。所以，如果有意识地将事物起作用的过程从相反的方向思考，便有可能从中引发新的设想。

(4) 位置颠倒。两个(以及多个)事物之间在空间上总是保持着一定的位置关系，或两两相对，或一前一后，或一上一下，或一左一右……从甲所处的位置看乙与甲的关系，从乙所处的位置看甲，以及看甲与乙的关系，得出的认识往往不同。在创新思考过程中，将事物之间的位置关系倒过来思考，也有可能产生新的看法和设想。

(5) 结果颠倒。结果颠倒作为一种逆向思维的创新思考方法，是指对具有因果关系的事物之间，从作为结果的事物乙出发，倒回去思考作为原因的事物甲，以及思考事物乙发生、发展的过程，往往能获得新的认识和设想。

(6) 观点颠倒。理论观点是人主观意识的产物，但它们归根结底都是客观事物及其规律在人们头脑中的反映。既然我们可以对客观事物进行逆向思维，那么对思想观点自然也可以进行逆向思维，也就是将一种观点从相反的方向思考，以便从中获得新的认识，形成新的见解。这就是所谓的"观点颠倒"。人们对许多理论观点通过逆向思维而有所创新的事例表明："观点颠倒"也是理论、知识创新的一种重要的思考方法，在生活和工作中具有重要的作用。

🔖 思维训练

1. 当今社会，网络已经成为人们生活中不可缺少的一部分，就如同空气一般。请问网络对人们来说有哪些有利作用，有哪些不利作用？对于不利作用，如何将其变为有利的？

2. 我们平时洗脸的时候，一般会打开水龙头，水从水龙头中流出来，我们手捧着水洗脸，或者用洗脸盆接点水洗脸。请问，关于水的流向能有什么创新吗？

3. 利用位置颠倒的思维方式考虑，如果把鞋前后穿反，是什么样的感觉？对你有什么帮助？你也可以试着倒立看这个世界，看看会有什么发现？

4. 重构经典故事：选择一些经典的童话或寓言故事，引导大脑从另外的角度构想故事的结局，让人意识到事物具有许多不同的方面。例如，白雪公主的故事。如果白雪公主听从七个小矮人的话，不吃毒苹果，那么想象一下，她会有怎样的结局。

4. 联想思维训练

(1) 直接类推法。有意识地让自己突发奇想，把自己想象成所要解决问题的因素，这个因素可以是人、动物、植物，然后运用知识的迁移来展开联想。例如，可以把自己想象成一块电子表,当电子表运行的时候是什么样的感觉,当没有电的时候,又是什么样的感觉?这种非逻辑的类推强调移情介入,要求个人暂时失去部分自我,而且"失去自我后产生的观念与正常情况差异越大,联想的非逻辑性就越强,从而越富有创意性"。

(2) 强迫冲突法。强迫冲突法就是将两个截然相反的概念联系在一起,想象可能产生的各种奇怪的内涵。例如,破碎的铁片、无情的爱、可怜的富人、冰冷的火焰……两个词的冲突性越大,越会有好的创意被激发出来。

先确定对象,将两组对象组合在一起,说明它们之间的关系。看看四周,你所看到的每一件事物都是和其他事物有关联的,即使你一下子还看不出来,但如果仔细研究一下你会发现,无论把哪两个东西放在一起,你都可以在它们之间找到一些更深层或潜在的联系。

事物之间都是可以相互联系的,只要投入足够的脑力,一定可以在任意两个事物之间建立起联结,获得新的创意。现在,你所要做的就是尝试着去发现身边新的联结。

思维训练

1. 假如你现在正在电梯里,电梯突然失控,先迅速到顶层,紧接着坠向最底层,瞬间你可能会涌现出哪些可怕的联想?
2. 把自己想象成投入洗衣机中的衣服,联想整个洗衣过程,你是什么样的感觉?
3. 当你看到高速公路上风驰电掣的汽车时,你可能会联想到哪些与其截然相反的事物?
4. 把闹钟和西瓜进行联系,分别找到两种事物的特点、两种事物的相似点和差异点,是否会产生好的创意?也可以试着将周围看到的任意两种事物进行联系,看是否能产生好的创意?

5. 灵感思维训练

灵感思维的出现往往带有神秘感,具有不可确定性,但它是可以开发的,可以通过勤奋思考获得的。灵感思维的训练方法如下。

(1) 久思而至。思维主体在思考数日没有收获的情况下,可暂将课题搁置,转而进行与该研究无关的活动。在这个"不思索"的过程中,很可能在无意中找到答案或线索,完成久思未决的研究项目。艾克托尔·柏辽兹(Hector Berlioz)在写《五月初五》这部作品时,怎么都想不到好的结尾,无奈他只能停止写作。一次,他在莱茵河里乘船,不慎失足掉进水里,当别人把他拉上来的时候,他忽然有了灵感,完成了这部作品的绝妙结尾。

(2) 梦中惊成。梦是以被动的想象和意念表现出来的思维主体对客体现实的特殊反应,是大脑皮层整体处于抑制状态中,少数神经细胞兴奋进行随机活动而形成的戏剧性结果。不过,并不是所有人的梦都具有创造性的内容。梦中惊成的机会,通常会留给那些经常思考一类问题的"有准备的头脑"。

(3) 自由遐想。科学上的自由遐想是研究者自觉放弃僵化的、保守的思维习惯,围绕科研主题,依照一定的随机程序对自身内存的大量信息进行自由组合与任意拼接。经过数次乃至数月、数年的意境驰骋和逻辑推理,完成一项或一系列课题的研究。

(4) 急中生智。情急之下做出的一些行为，结果证明，这种行为是正确的。英国知名作家威廉·毛姆(William Maugham)在20多岁时写成第一部小说，作品出版后却无人问津。心急如焚的他想出一个绝招，在国内各大报纸登出征婚启事："本人是位年轻而又有教养的百万富翁，愿娶一位和毛姆小说中的主角完全一样的女性为妻。"许多人看了启事后，争先恐后地去书店抢购毛姆的那部小说。不到3天，伦敦各家书店的毛姆新作全被购完。

(5) 另辟蹊径。主体在科学研究过程中，课题内容与兴奋中心都没有发生变化，但寻解定式却由于研究者灵机一动而转移到与原来解题思路相异的方向。1953年，美国前总统詹姆斯·卡特(James Carter)刚接管父亲的花生业务，他看到原野上到处贮放的花生堆。当时传统的处理方式是将花生暴晒后运往榨油厂，但若遇到雨天花生就会霉烂。卡特心中一动，想出了变传统暴晒为室内烘干的点子，设计制造出大型烘干机，创造出良好的经济效益。

(6) 原型启示。在触发因素与研究对象的构造或外形几乎完全一致的情况下，已经有充分准备的研究者一旦接触到这些事物，就能产生联想，直接从客观原型推导出新发明的设计构造。1982年，只有初中文化的重庆姑娘何永智，在街边开了家只有3张桌子的火锅店。她时刻琢磨着顾客的需要，从一位顾客怕辣受到启示，对传统火锅加以改造，发明了"鸳鸯火锅"。这一简单的创意，竟引发了一场火锅业的革命，使这种口味单一的地方名吃，摇身一变成了世人共享的佳肴，风靡全国。

(7) 触类旁通。人们偶然从其他领域的既有事实中受到启发，进行类比、联想、辩证升华而获得成功。他山之石，可以攻玉。触类旁通往往需要思维主体具有更强的洞察能力，能把表面上看起来完全不相干的两件事情联系起来，进行内在功能或机制上的类比分析。如篮球运动的创始人詹姆斯·奈史密斯(James Naismith)长期思考如何发明一种全新的室内运动项目。开始，他老觉得思路打不开。有一次，一群人向一个看门人要几个装东西的盒子，看门人拿出几只装鱼的竹篮让他们作为代用品。奈史密斯看见这些竹篮，一下子触发了灵感：是不是可以把竹篮做成将球投入其中的"球篮"呢？后来，他终于设计出了"篮球"这一新的运动项目。

(8) 豁然开朗。这种顿悟的诱因来自外界的思想点化，主要是通过语言表达的一些明示或隐喻获得。豁然开朗这种方法中的思想点化，一般来说要有这样几个条件：一是"有求"；二是"存心"；三是"善点"；四是"巧破"。

(9) 见微知著。从别人不觉得稀奇的平常小事上，敏锐地发现新生事物的苗头，并且深究下去，直到做出一定创新为止。见微知著必须独具慧眼，也就是用眼睛看的同时，配合敏捷的思维。

(10) 巧遇新迹。由灵感而得到的创新成果与预想目标不一致，属意外所得。许多研究者把这种意外所得看成"天赐良机"，也有人称之为"正打歪着"或"歪打正着"。

思维训练

1. 一个轮子置于一个平面上，轮子边缘有一个黑点，让轮子在平面上滚动，想象并画出黑点在轮子滚动时留下的轨迹。

2. 电话铃突然响起，在接听之前，运用直觉思维，预测一下是什么人打来的，有什么事？

3. 在大街上遇到一个陌生人,运用直觉思维,猜测一下他(她)的年龄、职业或家庭状况?

4. 下面是电影里的经典台词,你从中可以得到什么启示?

(1)《玻璃樽》:星星在哪里都是很亮的,就看你有没有抬头去看它们。

(2)《饮食男女》:人生不能像做菜,把所有的料都准备好了才下锅。

(3)《半生缘》:我要你知道,这个世界上有一个人会永远等着你。无论是在什么时候,无论你在什么地方,反正你知道总会有这样一个人。

(4)《教父》:别跟我说你是无辜的,这让我愤怒,因为它侮辱了我的智慧。

6. 想象思维训练

1) 图形想象

(1) 图形意义想象。给出一个图形,尽可能想象出图形形象所表示的东西和意义。例如,尽可能多地写出什么东西与 ∂ 图形相像。答案有蚊香、弹簧、漩涡、盘着的大蛇、指纹、妇女头上盘起来的发髻、葱花饼上的细纹、卷尺、码头上卷着的缆绳、盘山公路、唱片上的纹路、小提琴手柄上雕刻的螺旋花纹、卷起来的纸筒截面、草帽顶上的细纹、对数螺线……

> **思维训练**
>
> 尽可能多地写出什么东西与S图形相像。

(2) 图形组合想象。给出几个图形,利用这些图形尽可能做出不同的组合,并说出组合出来的图形表示的事物和意义。

> **思维训练**
>
> 给出两个三角形和两个正方形,做出不同的组合,并说明每种组合的不同含义。

2) 制作想象

给出一些材料,自己设计、制作出有意义的东西;或者根据具体要求,自己选材、设计和制作。

> **思维训练**
>
> 1. 利用零碎的布片,设计和制作出有意义的东西。
> 2. 利用棉签和扣子,设计和制作出有意义的东西。

3) 假想性推测

假想性推测是假设一件一般情况下不可能发生的事情,当这个不可能事件发生后,对产生的后果进行自由想象。一般的思考模式是"假设/如果……将会……"例如,假如人类长生不老,世界将会怎么样?答案有人类的生育欲望降低,会间接减少出生率;相关产业丧失市场;人满为患;资源枯竭;环境恶化;人类变异;人类可能会为所欲为,因为不再害怕死亡……

思维训练

1. 假如外星人真的存在，想象一下它们的样子？
2. 假如世界上只剩下你一个人了，想象一下你的生活会变成什么样？
3. 假如将来有一天地球不适合人类居住了，想象一下人类可能的生活环境？
4. 假如你能够穿越时空隧道回到唐朝，想象一下那里的情景是怎样的？
5. 假如让你设计一款汽车，想象一下它的外观、性能？

7. 组合思维训练

(1) 主体附加法。主体附加法是指以某一特定的对象为主体，通过置换或插入其他技术或增加新的附件而使发明或创新诞生的方法。例如，电扇加定时器、电冰箱加温度显示器、彩色电视机加遥控器、带橡皮头的铅笔、含微量元素的食品等。

(2) 二元坐标法。二元坐标法就是对名词、动词、形容词在坐标上进行组合，经过筛选，找到创新方向的方法。借用平面直角坐标系在两条数轴上标点(元素)，按序轮番地进行两两组合，然后选出有意义的组合物的创新方法。

(3) 焦点法。焦点法是以一预定事物为中心、为焦点，依次与罗列的各元素一一构成联想点，寻求新产品、新技术、新思想的推广应用和某一问题的解决途径。例如，玻璃纤维和塑料结合，可以制成耐高温、高强度的玻璃钢。

(4) 形态分析法。形态分析法就是通过对研究对象相关形态要素的分列和重新组合，全面寻求各种问题解决方案的方法。具体步骤为：第一步，确定创新对象。准确表述所要解决的课题，包括该课题所要达到的目的及属于何类原理、技术系统等。第二步，基本因素分析。确定创新对象的主要组成部分(基本因素)，编制形态特征表。第三步，形态分析。要揭示每一形态特征的可能变量(技术手段)，应充分发挥横向思维能力，尽可能列出无论是本专业领域的还是其他专业领域的所有具有这种功能特征的各种技术手段(方法)。第四步，形态组合。根据对发明对象的总体功能的要求，分别把各因素的各形态一一加以排列组合，以获得所有可能的组合设想。第五步，评价选择最合理的方案。选出少数较好的设想后，通过进一步具体分析，最终选出最佳方案。

(5) 信息交合法。信息交合法的实施步骤为：把物体的总体信息分解成若干要素，然后把这种物体与人类各种实践活动相关的用途要素分解，把两种信息要素用坐标法连成信息标x轴与y轴，两轴垂直相交，构成"信息反应场"，每个轴上的各点的信息依次与另一轴上的信息交合，从而产生新的信息。

思考练习题

1. 创新思维训练

(1) 请在10个"十"字上加上最多3笔，构成新的字。
(2) 应用二元坐标法，对以下词语进行组合，并把有意义的结果写出来(5种以上)。

发光　温度　弹性球　玻璃　风筝

(3) (1、3、7、8)　　(2、4、6)　　(5、9)

你能猜出上面这3组数字间有何种关系吗(提示：每一组数字都有一个相同的条件)？

(4) 在保留以下主体功能不变的情况下，加上其他附加物，以改善或扩大其功能，把结果填入表2-1内。

表2-1　主体改进

主　　体	附　加　物	改进后的名称
手表	日历	带日历的手表
皮靴		
钱包		
儿童车		
黑板		
钓鱼竿		

(5) 从下列词语中任意选出两种物体并列出来，尝试可组合出哪些有意义、有价值的东西？

计算机	咖啡机	百合花	太阳镜	地垫
浴缸	手机	防晒液	卧室	电视
切片机	雕塑	吊床	游戏机	窗户
真空吸尘器	汽车	票	易拉罐	驱虫剂

2. 思维敏捷度训练

(1) 妈妈在抽屉里发现了你的银行账单，打电话质问你为什么花的总比赚的多？你的回答会是(　　)。

A. 只要我喜欢的东西我就不计价钱，买下来的那一刻让我觉得特别满足

B. 我等下再打给你，车子马上就要过隧道了，信号不太好

C. 我刚刚失恋，要给自己一点补偿

(2) 将下列故事整理成3个可供选择的结局，一个悲伤的，一个幽默的，一个富有道德教育意义的。

在战争时期，一个士兵牵着驴去牧场吃草。此时，敌人突然进犯，他惊慌地试图用各种方法促使驴子快跑，但是枉然。

"敌人朝我们来了！"他对驴子说。

"敌人干什么？"驴子问，"他们要在我背上放一对篮子，而不是像你这样放一个？"

"不，"士兵回答说，"这并不可怕。"

"那为什么要跑呢？"驴子说。

(3) 旅行家萨米在周游世界后,回到他阔别十年的故乡。有一次,他向人们诉说了这十年中他在世界各地的所见所闻。他还向人们提出了两个怪问题。

问题1:在非洲的某地,我看到一个人的身体内有两颗心脏,而且这两颗心脏都跳动得很正常。你说,这有可能吗?

问题2:在大洋洲的某一个村庄里,所有的人都只有一只右眼。你说,这有可能吗?

(4) 一个交警在执勤时,看到一个小女孩转过拐角超过他后就走了,他朝小女孩笑了笑,也没有多注意她。几分钟后,小女孩又转过拐角从他身边经过了,接下来好几次都是这样,而且她一次比一次显得焦虑。最后,交警耐不住问:"你在这儿走来走去干什么呢?"你猜小女孩是怎么回答的?

(5) 艾米很兴奋地发现她家花园的池塘里有很多青蛙,有时候出现一只绿色的,有时候出现一只褐色的,还有两只小青蛙。艾米想了解池塘里到底有多少只青蛙。她数了好几次,但每次得到的结果都不一样。那么,如何才能正确地知道池塘中到底有多少只青蛙呢(不能抽干池塘中的水)?

第 3 章 创造性技法

> 大胆的想法就像向前走步的棋子，它们可能会被击败，但它们也可能赢得比赛。
>
> ——德国著名思想家、作家　歌德

本章知识点

- 什么是创造性技法？其基本原理是什么？
- 常用的创造性技法有哪些，如何应用？
- 创造性技法应用训练。

3.1　创造性技法概述

习惯性思维是指人们思维方式的一种惯性。习惯性思维可以让人根据以往的经验处理问题，节省了时间与精力，但是它容易造成人们的思路闭塞和思想僵化。因此，为了保证创造性活动的正常开展和完成，须充分调动和发挥创造性活动实施者的创造性思维能力，同时也要掌握并正确运用创造性技法。

案例分享　文字的传承

印刷术的发明使人类能够将思想用文字的形式记录下来并转印成书，扩散开并世代相传，从而促进了人类不断积累经验，在此基础上向前发展。

古代人把字刻在龟甲或牛骨上，用来祭祀，因而产生了甲骨文。春秋战国时期，人们又把字刻在竹片上。东汉时期，蔡伦发明了造纸术，至此，人类找到了记录文字的取材简单、价格低廉的材料。在此后近千年的时间里，人们通过在纸张上记录和印刷文字传承文明。但是新的问题又出现了，当时人们采用雕版印刷，其工作量是很大的，一旦刻录中发生失误，整块版面将浪费。直到北宋，毕昇对印刷术进行了大胆改革，将印刷术分为造活字和制版。毕昇发明了胶泥活字印刷术，此后由泥活字发展到铜活字，后来人们又用铅字印刷，并沿用至现代。随着计算机技术的普及，王选成功创造了中文激光照排系统，在全国范围内淘汰了铅字，使我们告别了印刷术的铅与火的时代。

从上面的案例中可以看出，发明创造具有如下一些特点。

一是重大发明创造都适应了社会发展的急需，如造纸术、印刷术、活字版、激光照排等，都解决了社会发展所急需解决的问题，极大地推动了生产力的发展。

二是重大的发明创造，不是一个人或少数人所能完成的，而是在总结前人发明创造成果的基础上逐步改进完善的。例如，文字记载方式的进化，由龟甲兽骨到计算机，是很多代人共同努力的结果。

三是任何一项成功的发明，都经历了多次失败。每一次失败都是一次尝试，都是在向成功迈进了一步。

四是科学是发明创造的基础，特别是现代的重大发明创造，都是以科学发展为先导的。

五是任何发明创造都既是成功的，也是有缺点的，也就是还需要完善，都有改进的余地。

3.1.1　创造性技法的概念

创造性技法是解决创新设计问题的创意艺术。创造性技法的基本原则是打破传统的思维习惯，克服思维定式和阻碍创造性设想产生的各种消极的心理状态，以积极的心态，按照一定步骤和方法努力工作，以取得较好的成果。

创造性技法是人类运用创造学的基本理论，为实现创新思维而进行的具有创新价值或新设想能力的创造活动的概括、总结和提炼，得出的一些原理、技巧和方法的总称。它是在传统方法的基础上，通过积累过去的经验而得以发展的，是促进经济社会发展必不可少的要素，有助于人类在创造发明活动中打破传统思想观念，克服思维定式，提出新问题，形成新概念，产生新设想，促进产生新产品、新方法和新的服务方式，促进多出创造性成果或高水平的创造性成果，为全社会的经济、文化发展带来有价值的"质"的变革。

应用创造性技法可以帮助人们在设计和开发产品时得到创造性的解决方案，因此创造性技法体现了人们对创造性思维和创造理论进行具体化应用的技巧。创造性技法适用于产品规划阶段、方案设计阶段和技术设计阶段。

3.1.2　创造性技法的特点

创造性技法，是创造学家把创造性思维规律与创造经验、成果相结合而总结出来的具有普遍规律的创新创造技术与方法。创造性技法在指导创造者从事创新创造活动方面具有十分重要的作用，而且应用领域十分广阔。学习创造性技法，并在创新活动中有意识地应用，能大大提高我们的创造力及创新成功的概率。创造性技法作为一种指导人们进行创造发明的方法，它的产生既有社会及历史的原因，也是科学发展的必然，是随着社会的发展、人类的进步而产生的。概括来看，创造性技法具有以下特点。

1. 科学性

创造性技法是经过实践证明了的，反映了创造发明活动的客观规律，是经验的总结。经验的总结须来自实践，但要高于实践。经验可以是自己总结的经验，如奥斯本的"头脑风暴"法；也可以是后人(别人)为前人总结的经验，如达·芬奇的"希望总结"法。

2. 程序化

创造性技法是思想方法系统化、模式化的表现。其本身具有大致明确的实施步骤，必须参照一定的程序，遵守一定的规则才能完成，有些甚至有较为严格的要求。创造性技法是思维方法系统化、模式化的反映，逻辑性较强。

3. 实用性

创造性技法可操作性比较强，可以传授，具有明显的实用性。创造性技法的操作方式比较具体，可以逐条执行；不仅可以传授，还可以通过学习而获得。

3.2 创造性技法的基本原理

创新和创造是人类一种有目的的探索活动，创造性技法的基本原理是人们创造实践活动的理性归纳，同时它也能指导人们开展新的创造实践。创造性技法的基本原理如下。

1. 主动原理

创造性技法要求人们保持强烈的好奇心，积极、主动地提出问题，提出新方案，探求新解法，开拓新局面。

2. 刺激原理

创造性技法要求我们有较强的洞察力，经常留心和接受各种外来刺激，善于学习各种知识和信息，随时注意观察和深入研究各种新奇刺激的事物。

3. 希望原理

创造性技法促使人们不安于现状，不墨守成规，善于发现需求，善于分析矛盾，追求设计对象的完善化和理想化。

4. 环境原理

创造性技法要求人们应具有敢于进取、不怕失败的良好心理素质。

5. 多多益善原理

在创新设计活动中，可供选择的创造性设想越多，创造成功的概率就越大；也只有在多方案比较中，才能选出最优设计方案。

6. 压力原理

适度的压力能激发强烈的事业心、刺激求知欲和探索精神，进而产生人们所需要的创造力和工作动力。人们的智慧只有在各种主客观要素的强大压力下才能真正释放出全部能量。这些压力主要有如下几点。

(1) 自然压力，包括求生存，扩大生存范围，改造自然界等压力。

(2) 社会压力，包括社会体制、制度、政策、法律等方面的压力。社会压力应建立在充分发挥人的积极性的基础上，营造人人都有压力感的环境，通过社会压力来激发人的进取精神和提高创造能力。

(3) 经济压力，主要体现在智力能量与经济补偿之间的关系上，进而激发人们积极向上，不断进行创新和发明。

(4) 工作压力，适度的工作压力能充分发挥人的才能，使每个人在满负荷的工作压力场内正常、高效地工作，从而充分发挥自身才干。

(5) 自我压力，由于强烈的工作责任心和事业心对自己产生的压力。

创造者要善于把这些压力转化为创造的强大动力，因为适度的压力能激发人们不断挑战自我，挖掘潜力，更富有效率和创造性。

3.3 常用的创造性技法

3.3.1 类比法

案例分享 | 袋鼠与蹲式起跑

一名叫作舍里尔的澳大利亚短跑运动员，一次偶然的机会，他发现一只袋鼠起跳之前总是屈身下蹲，腹部贴近地面，然后一跃而起。袋鼠的起跑姿势启发了他，他想到，如果人也像袋鼠那样蹲下去再跃起，可能也会产生袋鼠那样的爆发力。于是，舍里尔发明了与袋鼠相似的蹲式起跑法，改变了过去赛跑一直使用的站式起跑的老方法，并在奥运会短跑比赛中取得了优异的成绩。蹲式起跑方式也一直沿用至今。

1. 类比法概述

类比法也叫"比较类推法"，是指由一类事物所具有的某种属性，可以推测与其类似的事物也应具有这种属性的推理方法。其结论必须由实验来检验，类比对象间共有的属性越多，则类比结论的可靠性越大。类比法的特点是"先比后推"。"比"是类比的基础，既要"比"共同点也要"比"不同点。对象之间的共同点是类比法是否能够施行的前提条件，没有共同点的对象之间是无法进行类比推理的。最常见的类比就是比喻，如我们常把小孩的脸比作苹果。更高级的类比就是隐喻，隐喻是一种暗含的比喻，比如把人生比作一个大舞台。隐喻是一种心理机理，缺乏具体性，所以几乎是不能言传的，而是通过直接类比、拟人类比、符号类比、幻想类比等具体操作表现出来的。

2. 类比法的应用

1) 直接类比法

直接类比的思维过程分为两个阶段：第一阶段，把两个事物进行比较；第二阶段，在比较的基础上进行推理，即把其中与某个对象有关的知识或结论推移到另一对象上去。

运用直接类比法，主要通过描述与创造发明对象相类似的事物和现象去形成富有启发的创造性设想。直接类比是事物之间的类比，在技术发明中最常使用的思路就是将创造对象与其他事物进行类比。飞行器自动控温系统的发明就经历了观察、分析、推理、类比、模仿等多种思维方法，但是核心的方法是类比。许多发明来自捕捉与解决问题类似的情境，然后将该情境中有用的原理直接类推到要解决的问题之中，这就是直接类比。直接类比法的种类如下。

(1) 外形类比。为迎接2008年北京奥运会，国家游泳中心启用了"水立方"设计方案。这个看似简单的"方盒子"是由中国传统文化和现代科技共同"搭建"而成的。在中国文化里，水是一种重要的自然元素，能激发起人们欢乐的情绪。国家游泳中心赛后将成为北京最大的水上乐园，所以设计者针对各个年龄层次的人，探寻水可以提供的各种娱乐方式，开发出水的各种不同的用途，他们将这种设计理念称作"水立方"，希望它能激发人们的灵感和热情，丰富人们的生活，并为人们提供一个记忆的载体。为达到这一目的，设计者将水的概念深化，不仅利用水的装饰作用，而且利用其独特的外观结构。基于"泡沫"理论的设计灵感，他们为"方盒子"包裹上了一层建筑外皮，上面布满了酷似水分子结构的几何体，使其具有独特的视觉效果，轮廓和外观变得柔和，水的神韵在建筑中得到了完美体现。

(2) 功能类比。蚂蚁在出去寻找食物的时候，会时不时地返回蚁巢重新调整导航系统，以防迷路。蚂蚁不但通过路标来确定方向，还拥有一种名为"路径整合器"的备份系统。该系统会对其走过的距离进行测量并通过体内的罗盘不时地重新测算其所在的位置，这使蚂蚁即便在离开巢穴后走过的路跟迷宫一样，也能找到直线返回的路径，以减少行走的路程。现在科学家正在探索蚂蚁的路径整合及识别路标的原理，利用这一理念制造更智能的机器人。其中，包括在重要位置重新设置、调整导航系统等功能，这能使机器人在辨别方向上的性能更加可靠。

(3) 结构类比。航天飞机、宇宙飞船、人造卫星等太空飞行器要进入太空持续飞行，就必须摆脱地心引力，这就要求运载它们的火箭必须提供足够大的能量。为了使太空飞行器达到第二速度，运载火箭就必须提供相当大的推力，使太空飞行器飞得更高、更远。为减轻飞行器的重量，科学家们绞尽脑汁，与太空飞行器"斤斤计较"，但要减轻重量，还要考虑不能减轻其容量和强度。科学家们尝试了许多办法都无济于事，最后，还是蜂窝的结构帮科学家们解决了这个难题。蜜蜂的窝是由一些一个挨着一个排列得整整齐齐的六角形小蜂房组成的，这种结构坚固且节省空间，正是太空飞行器所需要的。于是，科学家们在太空飞行器中用金属制造了蜂窝结构，这种结构的飞行器容量大、强度高，且大大减轻了自重，也不易传导声音和热量。现在的航天飞机、宇宙飞船、人造卫星均采用了这种蜂窝结构。

使用直接类比法解决问题的程序如下：第一步，根据要解决的问题，想一想世界上还有什么事物与要解决的问题具有同样的功能；第二步，那个事物的功能是如何发挥的(原理)；第三步，将那个原理运用到要解决的问题中；第四步，完善这个设想。

案例分享 ｜ 无声捕鼠器

老鼠是人类的敌人，人类常用的灭鼠方法是鼠夹。但旧式的鼠夹响声太大，所以有必要发明一种无声捕鼠器。

无声捕猎只发生在动物界和植物界，因为无生命的世界还谈不上捕猎。第一步，寻找能满足这种要求的动物和植物(想一想，什么生物能无声地捕猎？青蛙、蛇、壁虎、猫、蝙蝠、蜘蛛、猪笼草、狸藻、毛毡苔等)；第二步，弄明白其中的道理(这些生物无声捕猎的原理是什么？青蛙靠舌头卷、蛇靠蛇信子一伸一缩、壁虎靠变色伪装、猫靠脚上的肉垫、蝙蝠靠特殊的在黑暗中能看到东西的超声波系统、蜘蛛靠网粘住猎物、猪笼草用汁液引诱昆虫、狸藻靠茎上小囊口倒生的只能进不能出的刚毛、毛毡苔靠叶上分泌的带有甜味和香味的黏液等)；第三步，模仿这个原理提出设想(借用上述原理提出方案：设计入口处有倒刺的捕鼠器；设计活动门略长于门框，老鼠只能进不能出的捕鼠器；发明既能分泌香味引诱老鼠，又能粘住老鼠的捕鼠器；发明利用超声波技术捕鼠的工具等)；第四步，完善这个设想。

2) 拟人类比法

拟人类比法又被称为"亲身类比"或"角色扮演"，是指在解决某些问题时，让我们设想自己变成了问题中的某事物，从而去设身处地、身临其境地感受和体验问题的本质，从而帮助我们得出更富有创意的设想。在这个过程中，人们将自己的感情投射到对象身上，把自己变成对象，体验一下成为它会如何，有什么感觉。这是一种新的心理体验，使个人不再按照原来分析要素的方法来考虑问题。

曾有一个涂料生产厂家想要改进原来生产涂料的配方，以增强涂料在白灰墙上的吸附性，但经过多次试验，许多配方效果都不理想。一位技术人员用拟人类比法提出了解决问题的新方案。他假想："我是一滴涂料，刚刚被涂到白灰墙的表面上。我喜欢白灰墙的表面，因为我知道，我只能在这里为自己建造一个临时住所，但我处于恐慌之中，因为我在跌落、跌落……我试图挤到墙里面去，我想用我的手抓住一个支撑物。"经过这样的拟人类比后，他又重新回到了现实的自我状态中，知道了涂料需要有一双有渗透力、能"插"到白灰墙里的"手"，这意味着涂料里应有一种溶剂，它能与结合力差的白灰相结合或渗透其中，又能使涂料也随之结合渗透进去。根据上述思路，这位技术人员终于试制出了一种渗透性很强的新型涂料，使涂料能很好地吸附到白灰墙上。

拟人类比法使用的程序如下：第一，把自己比作要解决的问题(移情)，或让无生命的对象变成有生命、有意识(拟人化)的对象；第二，变换角度后，你就是它，它就是你，会产生新的感受和看法；第三，根据感受提出新的解决办法；第四，恢复到原来的状态，评价设想的可行性。

案例分享 | 设计榨果汁机

某罐头厂要设计一款榨果汁的机器，请试用拟人类比法提出设想。

工厂的技术人员在提出设想时，运用拟人类比法，把自己设想成橘子瓣中的一个小液泡，然后问自己："我怎样才能从包围我的细胞壁中跑出去呢？"从而得到一些有趣的想法。

甲说："气球里的空气是怎么样跑出去的？使劲挤压，把气球压破了，空气就跑出来了，那谁来挤压我呢？可以找一个重砣压在我身上……啊！好重啊，我都要喘不上气了。"

乙说："把包围我的细胞壁冻一下，一碰就破了，我就跑出来了。不过这样容易把我也冻坏。"

丙说："用绳子拴个石头抓在手里，在头上转一圈，一松手，小石头就飞了。如果也给我这样的离心力，就像有什么东西在背后推了我一把，我也能冲破细胞壁的包围跑出去。"

罐头厂采用了丙的设想，设计出了离心式榨果汁机。

3) 幻想类比法

幻想类比法就是将幻想中的事物与要解决的问题进行类比，由此产生新的思考问题的角度。例如，要设计能自动驾驶的汽车，人们想到神话中用咒语启动地毯的故事，由此启发人们运用声电变换装置实现汽车的自动驾驶。

幻想类比的创造机制，是借用幻想、神话和传说中的大胆想象来启发思维在许多时候是相当有效的。在这里，首先要强调的是，幻想类比只是运用幻想激发想象力。幻想就像帮助我们过河的"垫脚石"，只是一个工具，它并不是我们马上要实现的目标。尝试实现好像不可能的理想状态也是需要幻想类比的。例如，建筑师幻想当屋主离开屋子时，住宅屋门会自动关闭；在周末屋主来临时，又会打开。怎样解决这个问题呢？郁金香因阳光作用会自动绽开和闭合；牵线木偶也能在人的控制下做各种动作。建筑师想：如果有一个小人国里的人帮助自己开启门窗该多好啊。最后，建筑师从牵线木偶那儿借鉴灵感，使用绳索和滑轮来升降百叶板，从而实现了自己的设想。

运用幻想类比法的步骤如下：第一步，根据要解决的问题，想一想有什么幻想故事和大胆的传说；第二步，这个故事和传说中使用了什么新奇的想法；第三步，根据上述想法受到的启发提出新的解决办法；第四步，评价设想的可行性。

案例分享 | 人类的"最后一千米"

某位哲学家曾经对人类的发展速度作过一个形象的比喻。他指出，在到达最后一千米之前的漫长征途中，人类行进的道路十分艰难崎岖，虽侥幸穿过了荒野和原始森林，但对周围的世界万物一无所知。只是在即将到达最后一千米的时候，人类才看到了原始时代的工具和史前穴居时代创作的绘画。他接着描绘道，在最后的赛程里，人类看到了难以识别的文字，看到了农业社会的特征，看到了人类文明刚刚透过来的几缕曙光。离终点200米的时候，人类在铺着石板的道路上穿过了古罗马雄伟的城堡。离终点还有100米的时候，在跑道的一边是欧洲中世纪城市的神圣建筑，另一边是四大发明的繁荣发源地。离终点50米的时候，人类看见了一个人，他用创造者特有的充满智慧和洞察力的眼光注视着这场赛跑——他就是达·芬奇。剩下5米了，在这最后的冲刺中，人类看到了惊人的奇迹，电灯光亮照耀着夜间的大道，机器轰鸣，汽车和飞机疾驰而过，摄影记者和电视记者的聚光灯使胜利的赛跑运动员眼花缭乱……

在这里，哲学家运用了丰富的幻想，将漫长的人类历史以所谓的"最后一千米"的形式栩栩如生地展现在人们面前。

3.3.2 缺点列举法

案例分享 | 失效的"千里眼"

雷达被称为"国防千里眼"，是一项伟大的发明，但雷达也不是万能的。在1991年的海湾战争中，美国数十架轰炸机，贴着地面或海面，超低空钻进伊拉克本土，对十几个雷达站展开了突然袭击，强大的电子干扰使雷达失灵，接着反雷达导弹就跟踪而来，百发百中地摧毁了雷达站。伊拉克空中、海面的"千里眼"第一天就被弄"瞎"了。为什么雷达这么容易受到攻击呢？这是由于雷达存在的三大弱点造成的：一是对超低空目标有盲区，"千里眼"实际是远视眼，头顶和鼻子底下有盲区；二是雷达是主动用电波去搜寻目标的，易暴露自身；三是雷达很容易受到干扰，频率相同的电波它不分敌我，一律可以收入。战前美国人早就侦察好了雷达的位置和电波的频率，因此反雷达导弹一攻就中。

如今，针对雷达的缺点，人们发明了现代预警飞机，把雷达、计算机和飞机融为一体，克服了地面雷达的弱点，使其具有特殊的功能。

1. 缺点列举法概述

缺点列举法是通过寻找产品存在的缺点并设法消除缺点来实现改进产品的方法。就是通过对事物的分析，着重找出它的缺点和不足，然后再根据主次和因果，采取改进措施，从而在原有基础上创造出新的成果。

缺点列举法的应用是非常广泛的。该技法不仅有助于革新某项具体产品，解决属于"物"一类的硬技术问题，而且也可用于解决属于"事"一类的，如企业管理等软技术问题，是一种简便有效的创造发明方法。

2. 缺点列举法的应用

1）用户意见法

用户意见法就是通过收集用户的各种意见，归纳整理，分类统计，企业再针对这些意见改进产品或提出新产品概念。用户意见法事先应设计好用户调查表，以便引导用户列举缺点，同时便于分类统计。例如，将全自动洗衣机投放市场试销后，用户指出这种洗衣机有如下缺点：第一，洗净度不高，尤其是衣领、袖口处不易洗净；第二，混洗不同颜色的衣物容易造成互染；第三，衣物易绞缠，不易快速漂洗。生产企业根据这些反馈改进洗衣机，以不断推出更好的产品。

2）对比分析法

把同类事物进行对比分析，很容易看到事物的差距，从而列举事物的缺点。进行对比分析，先要确定具有可比性的参照物。例如，列举洗衣机的缺点，应将同类型的多种洗衣机进行比较。对比分析时，还应确定对比分析的项目，通常是进行功能、性能、质量、价格等方面的比较。此外，也应注意与国内外先进技术标准相比较，及时发现设计产品的优缺点，加以改进，以确保产品的技术先进性和新颖性。

3) 会议列举法

缺点列举法也可采用智力激励法的形式，即召开缺点列举会，围绕主题，遵循由浅入深、由近到远的思路，先考虑列举造就性缺点，再考虑列举转化性缺点，最后从中挑选出主要缺点，进一步弄清其产生的因果关系，考虑克服或改进的对策。

针对某一产品或某一项目召开缺点列举会，以充分揭露事物的缺点。会议列举法的一般步骤如下：第一，由会议主持者根据需要确定列举缺点的对象和目标；第二，发动参加会议人员(一般5～10人)根据会议主题尽量列举缺点，并将缺点逐条写在预先准备的小卡片上；第三，对写在卡片上的缺点进行分类整理，确定主要的缺点；第四，研究探索克服缺点的办法；第五，缺点的分析与改进。

运用缺点列举法的目的不是列举，而是改进，因此要善于从列举的缺点中找出有改进价值的主要缺点作为创造的对象。

不同的缺点对事物特性或功能的影响程度不同，分析时首先要选择对产品功能、性能、质量等影响较大的缺点作为创造的对象，使提出的新设想、新建议或新立案更有实用价值。在分析缺点时，除了要列举那些显而易见的缺点外，更要注意挖掘那些不易被人觉察的缺点。有时，发现潜在缺点比发现明显缺点更有创造价值。例如，有人发现洗衣机存在病毒传播的缺点，开发了具有消毒功能的洗衣粉；针对普通洗衣机不能分类洗涤的缺点，研制出具有分类洗功能的三缸洗衣机。

> **案例分享** | **电冰箱的改进**
>
> 某冰箱生产企业希望升级产品质量，生产出受更多消费者欢迎的冰箱。通过观察和思考，发现电冰箱有以下几个潜在缺点：
> (1) 使用氟利昂，产生环境污染；
> (2) 容易让冷冻方便食品滋生李司特氏菌，可引起人体血液中毒、孕妇流产等；
> (3) 患有高血压的人给电冰箱除霜时，冰水易使人手部毛细血管及小动脉迅速收缩，使血压骤升，对健康不利。
>
> 针对上述缺点，企业技术人员列出改进的新设想如下：首先，研究新的制冷原理，开发不用氟利昂的新型冰箱，如国外开发的"磁冰箱"，采用磁热效应制冷，不用有污染的氟利昂介质；其次，研制一种能消灭李司特氏菌及其他细菌的"冰箱灭菌器"；最后，改进冰箱性能，使其实现自动定时除霜、无霜或方便除霜等功能。

3.3.3 检核表法

1. 检核表法概述

检核表法是最简单的一种理性化解题方法，也可称为检查提问法、设问求解法、分项检查法、对照表法。检核表法是指针对任何一项计划或问题，或需要发明创造、技术革新的对象，找出有关因素，列出一张思考表，然后从不同角度提问以激发构想，针对表中所列各因素逐个地去思考、研究，深入挖掘，由此激发创造性思维，使创造过程更为系统，使创造力得到充分发挥，从而获得解决问题的方法或发明创造的新设想，实现发明创造的目标。

检核表法实际上是一种变维思维的方法，它为人们的思考提供了具体的路径。人们根据检核项目，从不同的视点、角度，一路想问题，使思维更具扩散性，也有利于深入地发掘问题并有针对性地提出更多的可行性设想或方案。由于这种方法几乎适用于任何类型和场合的发明创造活动，因而又有"创造技法之母"的美誉。目前，检核表的种类多样且各具特色，其中最著名、应用最广泛的首推奥斯本检核表(见表3-1)。

表3-1 奥斯本检核表

序号	检核内容	具体内容说明
1	有无他用	现有的发明有无其他用途？稍加改变后有无其他用途
2	能否借用	现有的发明能否引入其他的创造性设想？能否从别处得到启发和借鉴？现有发明能否引入其他的创造性设想之中
3	能否改变	现有的发明能否做某些改变？如改变一下形状、颜色、味道、型号、运动形式，或改变一下意义，改变后会怎样
4	能否扩大	现有的发明能否扩大使用范围、延长使用寿命、添加一些功能从而提高价值
5	能否简化	现有的发明是否可以缩小或增大体积、减轻重量、降低高度、压缩、分割，或略去某些零件、去掉某些工序
6	能否替代	现有的发明有无代用品，包括材料、制造工序、方法等的代用
7	能否调整	现有的发明能否更换一下型号、顺序
8	能否颠倒	现有的发明能否颠倒过来使用(如上与下、左与右、正与反、前与后、里与外等)
9	能否组合	现有的一些发明是否可以组合在一起

案例分享 | 双面牙花弹子锁

在发明创造和技术创新的过程中，运用奥斯本检核表法取得成功的例子是很多的。如河南省的一位中学生运用奥斯本检核表法发明的双面牙花弹子锁，获河南省青少年小发明一等奖。

这个发明源于他偶然看到了一把进口的双面牙花钥匙，由此产生了很大兴趣，于是把使用这种钥匙的汽车锁拆了下来进行研究，发现该锁的主要结构与普通车锁相似，只是把钥匙正反插上都能开，而起开锁作用的还是一面牙花。这时他联想到，现有的机械牙花变化并不是很多，重复开启的可能性较大，保密性能不高，汽车门锁、电点火锁的安全性能较差，因为一把"万能钥匙"能打开相当一部分锁。虽然也有保密性能较高的电子锁、密码锁、磁性钥匙锁等，但其结构复杂、成本高，不易普及推广。他运用检核表法，联想到能不能把双面牙花运用到普通常用的弹子锁上，设计一种双面牙花弹子锁，让钥匙上的双面牙花都可以起到开锁作用，这样重复开启的可能性就很小。经过努力，他的试验终于成功了，发明了挂锁、门锁、司必灵锁、自行车锁、保险柜锁、汽车点火锁等7个品种的双面牙花弹子锁。

2. 检核表法的步骤

检核表法是先将问题列在一张检核表中，再针对每一项从问题的要点、范围或者可能性等方面提供暗示。检核表法以项目记录方式将设计过程形式化，即汇集每一个项目并检查是否实现，直到全部项目审核结束，从而将必须要做的事情具体化。以奥斯本检核表为例，其具体实施步骤如下：

第一步，根据创新对象明确需要解决的问题；

第二步，参照表中列出的问题，运用丰富的想象力，强制性地逐个核对讨论，写出新设想；

第三步，对新设想进行筛选，将最有价值和创新性的设想筛选出来。

运用奥斯本检核表，可以打破旧框框的束缚，引发人们的创造性设想。

案例分享 | 风扇的新产品方案

风扇的基本原理是形成压力差，由于空气流动而使人感到凉爽。

(1) 引申。风扇稍加改进还能有其他的用途吗？

风扇——鼓风机，为炉灶送风助燃。

风扇——抽风机，抽吸厨房的油烟。

风扇——吸尘器，吸尘。

(2) 变动。外形设计新颖的风扇(如猫头鹰扇，加灯饰的华丽吊扇)，同时也可以成为很好的室内装饰品。

改变结构：台扇、落地扇、吊扇、壁扇等。

改变造型：圆形、方盒形、动物外形等。

改变功能：改用压缩式空调器，可调节冷热，其功能比风扇还要全面。

(3) 增减。设计大型工业排风扇或小型旅行扇、蚊帐内的小吊扇等满足不同需要。增加功能：加灯便于夜间照明，加"倾倒即停"装置，保证使用安全。

(4) 替代。在性能上由多速风扇替代单速风扇；扇叶材料用木、铁、铝、塑料、玻璃纤维等不同材料；风扇体采用铁板冲压、塑料整体注塑等。

(5) 颠倒。普通风扇外罩不转、风扇摆动，送风摆扇结构复杂。鸿运式风扇的风扇不摆，外罩上的栅页转动，使风受到干扰后排出，送风角度大，风量柔和，结构简单。

(6) 组合。功能组合的多用风扇、落地灯扇、有装饰灯并送香风的风扇等。目标组合的模拟自然风风扇，如有强、弱、微三挡风量的组合风扇，或用自动控制开关控制的单速风扇。6秒开、4秒停，可以得到强—弱—微—强—弱—微的模拟自然风。由此得到风扇的多种变形。

3.3.4 头脑风暴法

随着科学的发展、技术的进步和生产力水平的不断提高,人们面临的情景和问题越来越复杂,充分发挥集体的智慧则越发重要了。

当一个人苦思冥想不得其解的时候,大家聚集在一起讨论,相互激励、相互补充,会引起思维的"共振",有助于打破思维障碍,激发不同凡响的新创意或新方案。一个人提出一种想法和思路,其他人受到刺激,做出反应,提出更多的创意,这就是团体创造方法。最常见的团体创造方法为头脑风暴法。

1. 头脑风暴法概述

头脑风暴法是最负盛名、最具实用性的团体创造方法,是指以小组讨论会的形式,群策群力,互相启发,互相激励,使人们的大脑产生连锁反应,以引出更多的创意,获得更多创造性的解决问题的方案。头脑风暴法的目的在于产生新观念或激发创造性设想,强调思维不受拘束,创意才能破壳而出。

使用头脑风暴法的形式主要是设置一些新型会议,在会议上,每个人自由发表意见,不对任何人的观点做出评价。在头脑风暴会上要达到的目的如下。

一是大家思维开放、无拘无束。每个人都可以在会上自由发表自己的任何想法,即使是看起来荒诞可笑的想法,也不当场批评。这种气氛可以激发大家寻求异常设想的强烈兴趣,刺激新思路的开拓,特别是使人们易于接受和发展违反常规的新设想,最大限度地发挥创造力。

二是信息激励、集思广益。我们知道,当一个人独自思考一个问题时,其思路容易局限在一个方向上,而几个人对同一个问题进行思考,就会从各自的经验、知识角度出发去思考问题。

在头脑风暴会议上,由于形成了无拘无束的气氛,大家可以互相刺激,引起联想反应,这样就可以诱发更多新颖独特的设想了。头脑风暴法之所以有效,归功于在集体活动情景下彼此促进和互动的群体动力学基础。每个人提出一个新观点,不仅仅激发自己的想象力和创造性思维,在这个过程中,与会的其他人的想象力也受到刺激,产生一系列的连锁反应,进而产生众多的创意。

采用头脑风暴法组织群体决策时,要集中有关人员召开专题会议,主持人要以明确的方式向所有参与者阐明问题,说明会议的规则,尽力创造融洽轻松的会议气氛。主持人一般不发表意见,以免影响会议的自由气氛,由参与者自由提出尽可能多的方案。与传统讨论会比较,头脑风暴法克服了多数人的意见或一致意见的压力、老板或领导权威的影响、参加人随意的批判、部分与会者沉默或不够积极、得出的方案不够多等缺点。

头脑风暴法会议与常规会议在创新能力方面的差异是显而易见的,主要体现为思维方向上的不同(见图3-1)。

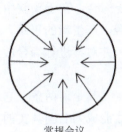 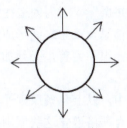

常规会议　　　　　　　　头脑风暴法会议

图3-1　创新能力比较示意图

2. 头脑风暴法的基本原则

头脑风暴法是针对要解决的问题召开小型会议，一般规模以5~10人为宜。与会者按照一定的步骤和要求，在轻松的氛围中展开想象，敞开思想，各抒己见，相互激励和启发，使创造性的思想产生大量的新创意。因此，一次成功的头脑风暴会议最为关键的是探讨方式与心态上的转变，简而言之，是进行充分的、非评价性的、无偏见的交流。为了达到这个目的，在头脑风暴法实施过程中还必须遵循以下基本原则。

1) 禁止评价，延迟判断

延迟判断是指在提出设想阶段，只专心提出设想，而不进行评价。畅谈期间，任何人都不允许对别人的或自己的意见做任何评判，包括肯定性的评判，更不允许批驳。设想看起来越荒谬可能越有价值，延迟判断原则排除了与会者评论性的判断，鼓励自由想象，而对设想的评价都要在"头脑风暴"结束后进行，这是为了克服"评判"对创造性思维的抑制作用，保证自由思考和良好的激励气氛。一个新设想看起来好像很荒诞，但它有可能是另一个好设想的"垫脚石"。贯彻这一原则，既要防止出现那些束缚人思考的否定句，如"这不可能""这根本行不通""真是异想天开"等；也要禁止赞扬溢美之词的出现，如"挺好""不错""非常棒"等，它们都会不同程度地起到扼杀设想的作用。

2) 自由想象，鼓励新奇

要让与会者的心情像平时独自外出散步时一样，敞开思想，不受传统逻辑和任何其他思想框架的束缚，使思想保持自由驰骋的状态，想到什么就说什么。还要尽力求新、求奇、求异，充分发挥联想和想象力，从广阔的思维空间寻求新颖的解决问题的方案。好的创意无处不在，每个人的设想都有可能带来技术创新。在头脑风暴法实施中，轻松、愉悦环境的构建可以鼓励更多的人大胆地提出新设想、新思路。

3) 追求数量，以量求质

头脑风暴会议的目标是在有限的时间里，获得尽可能多的设想，追求设想的数量是它的首要任务。所提设想的数量越多越好，因为越是增加设想的数量，就越有可能获得有价值的创造性设想。通常，相关科学统计显示，最初的设想往往不是最佳的，而一批设想的后半部分的价值要比前半部分高78%。此外，在追求数量，并且活跃、积极的氛围中，与会者为了尽可能地提出新设想，也就不会去做严格的评价了。

4) 相互启发，综合改进

会议尽可能提供一个有助于把注意力高度集中于所讨论问题的环境，鼓励参与者对他人已经提出的设想进行补充、改进和综合，进而发展出新的设想，形成一种创造性设想的连锁反应——"思维共振"。因为创造往往就在于综合,在于头脑中已有思想之间、已有设想和新获得的外来信息及设想之间形成新的组合,产生新的思路。此外,会上提出的设想大都未经深思熟虑,很不完善,必须加工整理,并对其进行综合改进,从而获得事半功倍的效果。

在具体实施过程中,以上几条原则非常重要,尤其是前两条,它们能够保证产生足够多的创意。与会者只有严格遵守这些原则,会议才能成为名副其实的头脑风暴会议,才能真正达到预期的效果。

3. 头脑风暴法的实施流程

头脑风暴法适用于开放性的问题。问题的类型可以涵盖以下几种:关于产品和市场的创意,包括新的消费观念、未来市场方案;管理问题,包括拓展业务、改善置业结构;规划问题,包括对可能增加的困难性的预期;新技术的商业化,包括开发一项可以获得专利权的新技术;改善流程,包括对生产流程进行价值分析;故障检测,包括追寻不可预期的机器故障的潜在原因等。头脑风暴法的具体实施流程通常分为如下5个步骤。

1) 会前准备

会议开始前应逐一落实会议参与人、会议主持人和课题任务等,必要时可进行柔性训练。参加会议的人数以5~10人为宜,会议之前应通知所有与会成员,告知会议目的,以便参会者事前做些准备工作。可根据待解决问题的性质确定参会人员,注意头脑风暴法小组成员中专家不宜过多,如果专家比例太高,就很难避免在头脑风暴过程中做各种评价,并且较难形成轻松、自由的畅谈氛围。

选定合适的主持人和记录员。理想的主持人要熟悉头脑风暴法并了解所要解决的问题,能在必要时恰当地启发和引导大家。为了让参与者相互激励,引发灵感的连锁反应,主持人在会议中应督促参与者在规定时间(如5分钟)内将自己的灵感写下来,并要求他们在各自发言前将内容整理得清晰明了,以便记录员记录在海报纸上,进而让他人产生更多联想,激发更多灵感。

在参与者发言气氛相当热烈时,可能会出现许多违背头脑风暴法基本原则的现象,如哄笑、公开评论他人意见等情况,此时主持人应当立即制止。

当许多灵感陆续被激发出来,而参与者也呈疲惫状态时,主持人可以以"每人再提两个点子就结束"之类的话把控会议。为避免参与者太疲倦而产生厌烦情绪,主持人应控制好会议时间,一般建议控制在30分钟左右。会议结束后,主持人要表示感谢并鼓励和表扬大家。

记录员应依照发言顺序标号记录点子,在发言内容无法确定时应向发言者确认,发言内容过长时仅记录要点即可。记录的文字要尽量清晰,确保每位参与者都能看清,海报纸版面应简洁、整齐。

2) 会前热身

为使参加会议的人员进入"角色",减少僵持或冷场的局面,需要提早营造一种轻松、舒适的会议氛围。例如,可以播放舒缓的音乐、放些糖果或倒杯茶水等,待与会人员的心情放松后,主持人便可以提出一个与讨论课题对象无关的简单而有趣的问题,以激活参会人员的思维。可采取"动物游戏""互相介绍""讲幽默故事"等形式，使气氛活跃起来。待大家全都积极地投入进来，主持人便可调转话题，切入正题。

3) 明确议题

主持人先向与会者简明扼要地介绍所要解决的问题，可让与会者简单讨论一下，以取得对问题的一致理解，然后重新叙述问题，对问题进行分析，也可将问题分成几个小问题。同时，主持人应启发大家的多种解题思路，为提出设想做准备。

4) 自由发言

自由发言是头脑风暴法的核心环节，要求大家突破种种思维羁绊，克服种种心理障碍，任思维自由驰骋。自由畅谈时应借助人们之间的知识互补、信息刺激和热情感染，并通过联想和想象等思维形式提出大量创造性设想。

5) 加工整理

会议提出的解题设想大都未经仔细斟酌，也未做出认真评价，还应该加工整理，使它更完善才有实用价值。一般在会议的第二天，主持人应及时收集大家在会后产生的新设想。因为通过会后的休息，思路往往会有新的转换或发展，又能提出一些有价值的设想。同时，还要对所有方案进行评价筛选，看其是否具有新颖性和可行性。最后，形成最佳方案。将被筛选出来的少数方案逐一进行推敲斟酌，发展完善，分析比较，选出最佳方案，或将几个方案的优点进行恰当组合，形成最佳方案。

案例分享 | 新产品的命名

盖莫里公司是一家电器生产企业，该企业的销售主管在参加了一个关于发挥员工创造力的会议后大受启发，开始在自己公司谋划成立一个创造小组。他带着10名员工来到农村的一家小旅馆，在以后的三天中每个人都避免外部电话或其他干扰。

第一天的时间全部用来训练，通过各种训练使组内人员相互认识。开始还有人感到不适应，但很快他们都进入了角色，相互之间的关系逐渐融洽。

第二天，他们开始创造力技能训练，涉及智力激励法及其他方法。此后，员工们开始讨论要解决的问题。问题有两个，第一个是发明一种拥有其他产品没有的新功能电器；第二个是为此新产品命名。在两个问题的解决过程中，都用到了智力激励法。在为新产品命名这一问题的解决过程中，经过两个多小时的热烈讨论后，共为它取了300多个名字，主管则暂时将这些名字保存起来。

第三天一开始，主管便让大家根据记忆，默写出昨天大家提出的名字。在300多个名字中，大家记住了20多个。然后主管又在这20多个名字中筛选出了三个大家认为比较可行的名字。在征求了顾客的意见后，最终确定了一个名字。

后来，这款新产品一上市，便因为其新颖的功能和朗朗上口、让人回味的名字，受到了顾客的热烈欢迎，迅速占领了大部分市场。

从上例可见，所谓头脑风暴会议，实际上是一种智力激励法，一种通过会议，让所有参加者在自由愉快、畅所欲言的气氛中，自由交换想法或点子，对一个问题进行有意或无意争论和辩解的议事方法。头脑风暴法主要用于解决那些比较简单的问题，比如研究产品名称、广告口号、销售方法等，以及需要大量的构思、创意的行业，如广告业。

头脑风暴法的所有参加者都应具备较高的思维联想积极性。在进行"头脑风暴"时，应尽可能提供一个有助于把注意力高度集中于所讨论问题的环境。有时某个人提出的设想，可能正是其他准备发言的人已经思考过的设想。其中一些最有价值的设想，往往是在已提出设想的基础之上，经过"思维共振"迅速发展起来的设想，以及对两个或多个设想的综合设想。因此，运用头脑风暴法产生的成果，应当认为是所有参与成员集体创造的成果，是成员组这个宏观智能结构互相感染的总体效应。

3.3.5 六项思考帽法

1. 六项思考帽法概述

六项思考帽是英国学者爱德华·德·博诺(Edward de Bono)开发的一种思维训练模式，或者说是一个全面思考问题的模型。它提供了"平行思维"的工具，避免将时间浪费在互相争执上。它强调的是"能够成为什么"，而非"本身是什么"，是寻求一条向前发展的路，而不是争论谁对谁错。运用该方法，将会使混乱的思考变得更清晰，使团体中无意义的争论变成集思广益的创新，使每个人变得富有创造性。六项思考帽是平行思维工具，是创新思维工具，也是人际沟通的操作框架，更是提高团队效率的有效方法(见图3-2)。

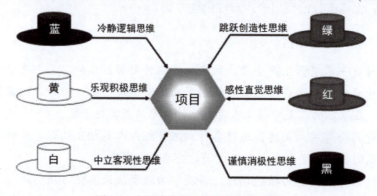

图3-2 六项思考帽法的大脑思维模型

蓝色思考帽：蓝色是天空的颜色，笼罩四野，控制着事物的整个过程。它是一项控制思维过程的帽子，规定和管理整个思维过程，并负责做出结论。

黄色思考帽：黄色代表与逻辑相符合的正面观点。人们从正面考虑问题，表达乐观的、满怀希望的、建设性的观点，探究价值和利益，帮助人们发现机会。

白色思考帽：白色是中立而客观的，代表着事实和资讯。收集已知的或者是需要的信息，仅仅是中立和客观的事实和数据。因此，人的思维也是中立和客观的。

绿色思考帽：绿色是春天的色彩，象征勃勃生机，是创意的颜色。它寓意创新和改变，用创造性思考、头脑风暴、求异思维等思考方式寻找更多的可选方案和可能性，从而获得具有创造力的构想。

红色思考帽：红色是情感的色彩，代表感觉、直觉和预感。人们可以表达自己的情绪，为情绪和感情的表白提供机会，做出一个直觉和预感的判断。

黑色思考帽：黑色象征冷静、反思或谨慎。人们可以运用否定、怀疑、质疑的看法，合乎逻辑地进行批判，尽情发表负面的意见，以探索事物的真实性、适应性、合法性为焦点，找出逻辑上的错误来帮助人们控制风险。

在多数团队中，团队成员被迫接受团队既定的思维模式，限制了个人和团队的配合度，不能有效解决某些问题。运用六项思考帽模型，团队成员不再局限于某单一思维模式，而且思考帽代表的是角色分类，是一种思考要求，而不是代表本人。六项思考帽代表的6种思维角色几乎涵盖了思维的整个过程，既可以有效支持个人的行为，也有助于支持团体讨论中的相互激发。

2. 六项思考帽法的应用步骤

六项思考帽是一种简单、有效的平行思考程序，一旦学会，可以立即投入使用。它帮助人们做事更有效、更专注、更加能够运用智慧的力量。

一个典型的六项思考帽法在实际中的应用步骤如下：

(1) 陈述问题事实(白帽)；

(2) 提出如何解决问题的建议(绿帽)；

(3) 评估建议的优缺点，列举优点(黄帽)，列举缺点(黑帽)；

(4) 对各项选择方案进行直觉判断(红帽)；

(5) 总结陈述，得出方案(蓝帽)。

使用六项思考帽法应注意以下几个问题。首先，控制与应用。掌握独立和系统地使用帽子工具及帽子的排序与组织方法。其次，使用的时机。理解何时使用帽子，从个人使用开始，分别在会议、报告、备忘录、谈话与演讲发言中有效地应用六项思考帽。最后，时间的管理。掌握在规定的时间内高效地运用六项思考帽的方法，从而整合一个团队所有参与者的潜能。

六项思考帽是一个操作简单、经过反复验证的思维工具，它给人以热情、勇气和创造力，让每一次会议、每一次讨论、每一份报告、每一个决策都充满新意和生命力。这个工具能够帮助人们提出建设性的观点，聆听别人的意见，从不同角度思考同一个问题，从而创造高效能的解决方案，用"平行思维"取代批判式思维和垂直思维，提高团队成员的集思广益能力，为统合综效提供操作工具。

案例分享 | 六项思考帽法的应用

(1) 1996年，欧洲最大的牛肉生产商ABM公司，受到由疯牛病引起恐慌的影响，一夜之间丧失了80%的收入。借助六项思考帽法，公司的12个人用60分钟想出了30个降低成本的方法和35个营销创意，将它们用黄色帽子和黑色帽子归类，筛选掉无用的方法后还剩下25个创意。靠着这25个创意，ABM公司熬过了六个星期没有收入的艰苦日子。

(2) 全球最大的保险公司之一——英国保诚保险长期运用六项思考帽法，其总部的地毯就是用彩色的"六项思考帽"图案编织而成。保诚保险公司运用六项思考帽这种思维方法把传统的人寿保险投保人死亡后支付保险金改革为投保人被确诊为绝症时即可拿到保险金。这种方法目前已经被许多国家的保险公司效仿，被认为是人寿保险业120年来的最重要的发明。

(3) 1984年，洛杉矶奥运会的主办者运用了六项思考帽的创新思维，开启了奥运营销模式，转变了举办奥运会只会亏损的情况，并且获得了1.5亿美元的盈利，使奥运会得以延续,还变成了今天炙手可热的局面。

(4) 挪威国家石油公司曾经遇到一个石油装配的问题,每天都要耗费10万美元。引进六项思考帽思维方法以后,这个问题在12分钟内就得到了解决,每天10万美元的耗费降低为零。

(5) 摩根大通国际投资银行用六项思考帽的思维方法减少了80%的会议时间,并且改变了整个欧洲的企业文化。

3.3.6 组合型创造方法

案例分享 | CT机的发明

CT的全称为计算机辅助的X线断层扫描,是计算机与X光扫描综合技术的产物,集中了当代一系列不同技术领域的最新成就。它能把人体一层一层地用彩色图像显现出来,检查出体内任意部位的微小病变。CT机的发明成功经历了几代人的努力。1895年,德国物理学家伦琴发现了X射线。1938年,一个名叫法兰克的放射学专家,开始尝试利用X射线诊断疾病,发明了X射线断层摄影的诊断技术。20世纪60年代,美国生物学家科马克开始探索用高灵敏度的X射线检测器来接收断层扫描穿越人体的X射线,把测到的大量数据交给电子计算机处理,而得到更为清晰、分辨度更好的人体断层图像。英国物理学家亨斯菲尔德于1971年成功研制出了CT机,并于1979年获诺贝尔生理学或医学奖。

CT机的发明,从创造技法上来看属于组合发明法。组合创造法是将两种或两种以上的技术思想、物质产品的一部分或整体进行适当的组合变化,形成新的技术思想、设计出新的产品的发明创造技法。其特征是思路的多起点、多指向、多交叉、多结点。组合发明创造可以小到两个相同的零件的组合,如两个齿向相反的斜齿轮的组合变为人字齿轮;也可以大到两种或两种以上不同技术系统的组合,如机械技术与电子技术的组合,其成果有数控机床、数控铣床、数控加工中心等。

1. 组合型创造方法概述

组合型创造方法简称组合法,是指运用创新思维将已知的事物进行组合,使其在性能或功能等方面发生变化,以产生新的使用价值的创造技法。组合型创造反映了当代技术发明的时代特征。相关统计表明,在现代技术开发中,组合型成果已占全部发明创造的60%~70%。

组合法绝非简单罗列、机械叠加。创造型组合应该包含三个要点:一是要将多个特征组合在一起;二是所有特征都为单一目的起作用,并相互支持、促进及补充;三是产生一定的新效果。各种元素组合在一起的根本目的就是形成集合效应,实现单个元素实现不了的效果和价值,就如系统论中所描述的那样,系统的效果必须大于系统内各元素单独效果之和。

2. 组合法的类型

组合法有多种类型。按组合因素、组合方式、组合要素性质等角度的不同,可将组合法分为多种类型。这里仅介绍三种常见且常用的类型。

1) 同类组合法

同类组合是指两种或两种以上相同或相近事物的组合，其特点是参与组合的对象与组合前相比，其基本性质和结构没有发生变化，只是通过数量的变化来弥补功能上的不足或得到新的功能。由于组合的角度不同、形式不同、方法不同、目的不同，产生的结果也就不尽相同。最简单的同类组合有装在一只精巧礼品盒中的两支钢笔、两块手表，还有带锯的刀、多头多色圆珠笔、鸳鸯宝剑、双插座等。

案例分享 | 儿童组合床

常见于儿童房中的组合床运用了同类组合创造法(见图3-3)。将生活中常见的功能独立的床、楼梯、衣柜、书架、写字台等家具完美组合在一起，形成功能更为完善的组合床，节省了空间，更方便使用。美好的设计让生活变得更简单、更便捷！

图3-3　儿童组合床

同类组合法的运用分为以下几个步骤。第一步，思考同类组合的效果。任何事物都可以自组，但自组后的效果很不一样。在运用同类组合时，主要追求的是量变引起的质变。第二步，解决同类组合的结构问题。同类组合过程中，参加组合的对象与组合前相比，其工作原理和基本结构没有什么变化，并在组合中具有结构上的对称性。因此，同类组合在连接上是比较容易的。但是对于某些创造性较强的同物自组(如组合型的USB接口)，可能在结构设计时还会碰到技术难题。这时，同类组合能否成功取决于创造者解决技术问题的能力。

案例分享 | 组合型文教用品

在各大商场文教用品专柜前，我们能看到各种组合文具，它们包装精美、样式各异、品种齐全，可以清晰看见里面装有剪刀、铅笔、圆珠笔等(见图3-4)。

图3-4　组合文具

2) 异类组合法

异类组合法又称异物组合法，是指将两种或两种以上的不同种类的事物组合，产生新事物的技法。这种技法是将研究对象的各个部分、各个方面和各种要素联系起来加以考虑，从而在整体上把握事物的本质和规律，体现了综合就是创造的原理。组合的结果带有不同的技术特点和技术风格。异物组合实际上是异中求同，异中求新。由于其组合元素来自不同领域，一般无主次之分，参与对象能从意义、原理、构造、成分、功能等任何一个方面或多个方面进行互相渗透，从而使整体发生深刻的变化，产生新的思想或新的产品。使用异类组合法的例子很多，如多功能工具机床，一个机床集合了车、镗、刨、铣、磨、钻等切削功能，功能多样，节省设备投资，特别适合于小型工厂或个人用户的需要。又如机电一体化技术，就是融合机械、微电子、控制等技术于一体。它能集合动力机、计算机、控制系统等，可实现驱动、支承、运算、控制、检测等一系列功能。

异类组合法具有如下特点：第一，组合对象(设想和物品)来自不同的方面，一般无明显的主次关系；第二，组合过程中，参与组合的对象从意义、原理、构造、成分、功能等方面可以互补和相互渗透，产生1+1>2的价值，整体变化显著；第三，异类组合是异中求同，因此创造性较强。

📢 案例分享 | 电视凳

有一款很有趣的概念设计——电视凳，就是异类组合的产物。这里的电视凳可不是看电视时坐的凳子，它其实是一款内置电视的凳子。它在凳子的底面设计一个电视，平时可以像普通凳子一样使用，要看电视的时候将凳子翻过来即可。

不过最有趣的是，使用者可以直接仰卧到地上，把头伸到凳子底下看电视，不仅省力，还能体会儿时的乐趣(见图3-5)。

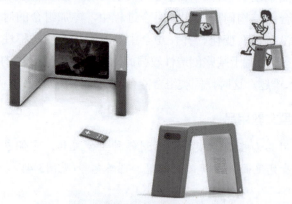

图3-5 电视凳

异类组合法的运用步骤为：首先，确定一个基础组合元素；其次，根据发明创造的目的进行联想和扩散思维，以确定其他组合元素；最后，把组合元素的各个部分、各个方面和各种要素联系起来加以考虑，这些要素没有主副之分。

3) 主体附加组合法

主体附加组合法是指在原有的物品基础上补充新的内容或在原有的物品上增添新的功能附件，从而使新的物品性能更好、功能更强的组合技法。它以一种"锦上添花"的方式,在原本已为人们所熟悉的事物上利用现有的其他产品或添加若干新的功能来改进原有产品,使产品更具生命力。例如,有人把栅网分别附加在3个电风扇叶片上,在电风扇旋转时,就会使空气快速流动。当有蚊子飞过时,就会被吸进叶片中去,并且被挡在栅网上,过段时间,就会有成千上万只蚊子被杀死,这就是"杀虫电风扇"。有人对普通手杖进行主体附加改装,使其具有拄杖助行、照明、按摩、磁疗、报警、健身、防卫等多项功能。带闪光灯的照相机,安装载物架、车筐、打气筒的自行车,手机附加摄像头增加拍照功能,同时增加其他电子附件使其具备收录、录音等功能等,都是运用了主体附加组合法。运用主体附加组合法也可以突破技术上较复杂的发明,许多重要的优质合金材料就是在"添加实验"中被发明的。

案例分享 | 吸管式LED灯

吸管式LED灯这款创意设计,表面看起来就是一个普通的吸管,不过它却内置有LED灯。要开灯只需将吸管弯曲即可,直立时则会关闭(见图3-6)。由于夜晚比较安静,所以很多人都喜欢在晚上读书学习,尤其是学生。可是,由于在集体宿舍中很容易打扰到别人,因此吸管式LED灯就是针对夜晚读书人群设计的产品。

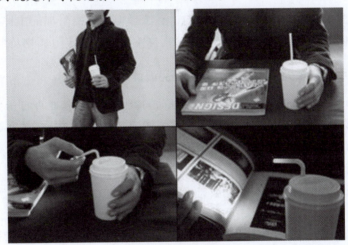

图3-6 吸管式LED灯

主体附加组合法的特点有:一是不改变主体的任何结构,只是在主体上连接某种附加要素,如在奶瓶上附加温度计,在铅笔上附加橡皮头等;二是要对主体的内部结构做适当的改变,以使主体与附加物能协调运作,实现整体功能,如为了减少照相机的体积,有人将闪光灯移至照相机腔体内,这种组合不是将闪光灯与照相机主体简单地联系在一起,而是将两种功能集中于一种新的结构形式——内藏闪光灯的照相机。

案例分享 | 带键盘的牛仔裤

有时人们想用不同的姿势来使用电脑,可是键盘和鼠标却不方便放置。尽管无线鼠标和无线键盘的普及已经大大增强了操作的灵活性,可使用者往往还是需要摆出一些不舒服的姿势来固定键盘和鼠标。不过,有了下面这款设计(见图3-7),人们就可以更加舒适地使用电脑了。

这其实是一款非常有趣的牛仔裤，它在前裆的位置上融合了一个柔软的键盘，这样就不必担心键盘掉落了；而鼠标则绑在裤子的一侧，可以随手放到裤兜里，需要的时候只要拿出来放在腿上使用即可。

图3-7 带鼠标和键盘的牛仔裤

主体附加组合法的运用步骤为：有目的、有选择地确定要附加的主体；分析主体所存在的缺点或对主体提出新的希望和功能要求；根据实际需要确定附加物及组合的方案。

思维训练 | 手帕与系列词组组合，进行产品设计

(1) 沙眼手帕。在手帕上滴入含有治疗沙眼的药液，用手帕擦眼即可治疗沙眼。

(2) 美容手帕。在手帕上滴入特制的美容液，用手帕擦脸即可达到美容的效果。

(3) 癣用手帕。在手帕上滴入特制的高级药物，从而起到治疗皮肤癣的效果。

(4) 香水手帕。向手帕注入高级香精即可实现手帕带有香味的功能。

(5) 祛斑手帕。在手帕上滴入混合型药物，用手帕擦脸，可起到淡斑美白的效果。

(6) 棋盘手帕。在手帕上印制各种棋盘，便可以给喜欢下棋的人提供方便。

(7) 童话手帕。童话，是开发儿童智力的有效方法；手帕，是儿童必需的生活用品。在手帕上印制童话连环画，一定会受到小朋友们的欢迎。

(8) 益智手帕。在手帕上印制字母、短语、小故事及智力开发题，有利于形成语言环境，加强学习和训练，达到儿童益智的效果。

(9) 科普手帕。将科学知识印在手帕上，可以起到让使用者扩充知识面的效果。

(10) 广告手帕。在手帕上印制设计美观、富有创意的广告图片和文字，在人们使用手帕的过程中，可以很好地实现广告宣传的目的。

3.3.7 形态分析法

1. 形态分析法概述

形态分析法，是通过对创造对象的构成要素进行分析(要素分析)，再对构成要素所要求的功能属性进行分析(形态分析)，列出各要素可能的全部形态(包括技术手段)，在要素分析

和形态分析的基础上,采取表格的形式进行方案聚合,再从聚合的方案中择优的一种系统思维的方法。

形态分析法一般用于系统地探寻生产某种产品的新的技术方案。例如,以形态分析法预测产品的零部件方案,主要步骤包括:把产品分解成若干零部件;找出每种零部件的所有可行的生产技术;列出所有零部件的所有可行技术的可能组合;对可能组合进行分析和评估,从中找出最理想的可行组合。可行组合既是新技术方案出现的机会,也是开发新技术方案的机会。

形态分析法的特点是把研究对象或问题,分为一些基本组成部分,然后对某一个基本组成部分单独进行处理,分别提供各种解决问题的办法或方案,最后形成解决整个问题的总方案。这时会有若干个总方案,因为通过不同的组合关系得到的总方案不同。所有的总方案中的每一个是否可行,必须采用形态学方法进行分析。

2. 形态分析法的应用步骤

利用形态分析法进行创新设计来解决实际问题时,可根据以下5个步骤进行。

(1) 明确待解决的问题,也就是确定接下来要分析的对象。

(2) 要素分析,即尽可能多地列出创造对象的构成要素,这些要素之间要彼此独立,不可存在包含关系且所列举要素应尽可能全面。

(3) 形态分析,即对所列举的各个要素进行形态分析,列出各要素全部可能的形态(或技术手段)。

(4) 形态组合,是分别将各要素的各形态一一加以排列组合,以获得所有可能的组合设想。

(5) 筛选最佳设想。由于创意设想的数量往往很大,因此设想的评选工作量也比较大,通常要以新颖性、价值性和可行性三者为标准进行多轮筛选和考评,来确定最佳的设计方案。

思维训练 | 小怪兽的眼睛

2013年6月,迪士尼公司发行了《怪兽大学》动画电影,影片中有许许多多形态各异、古灵精怪的小怪兽,它们都拥有与众不同的眼睛、鼻子、嘴巴和四肢等。如果让我们运用形态分析法去设计小怪兽们的眼睛,该如何进行呢?

第一步,明确待解决的问题,尽可能多地设计出怪兽眼睛的形象。

第二步,列出怪兽眼睛的构成要素,包括眼睛数量、眼睛颜色、眼睛与脸的关系、睫毛和眼皮5个要素(见表3-2)。

表3-2 怪兽眼睛的构成要素

要素	形态1	形态2	形态3	形态4	形态5
眼睛数量					
眼睛颜色					
眼睛与脸的关系					
睫毛					
眼皮					

第三步，列出各要素全部可能的形态。比如眼睛的数量可有单、双、多3种形态；眼睛的颜色可以有彩色、单色、变色3种形态等(见表3-3)。

表3-3　各要素可能的形态

要素	形态1	形态2	形态3	形态4	形态5
眼睛数量	单	双	多		
眼睛颜色	彩色	单色	变色		
眼睛与脸的关系	中间	上	下	左	右
睫毛	无	弯曲	直立		
眼皮	无	单	双	多	

第四步，分别将眼睛的5个要素的各形态一一加以排列组合，可获得所有可能的组合设想数为540(3×3×5×3×4)个。

第五步，在所获得的540个组合设想中筛选所需的组合方案。比如，可确定怪兽眼睛的形象为：有一只在脸的中间位置无睫毛的变色的单眼皮的怪兽、有两只在脸的上部位置带弯曲睫毛的双眼皮怪兽等。

3.3.8　信息交互法

1. 信息交互法概述

信息交互法就是一种在信息交互中进行创新的思维技巧，即把物体的总体信息分解成两种或两种以上的要素，然后再将这些要素进一步分解成信息因子，把每一种要素及其信息因子以信息标的形式呈现，若干条信息标相交，构成"信息反应场"，每个轴上各点的信息因子可以依次与另一轴上的信息因子交互(或者与其他物体分解出的信息标交互)，从而产生新信息的方法。

2. 信息交互法实施步骤

信息交互法的实施，一般分为4步。

(1) 确定一个中心，即确定原点。比如以杯子为中心。

(2) 列出标线(信息标)，即根据需要将中心对象分解成两个或两个以上的信息因素。如将杯子分成功能、材料、形态结构3条信息标。

(3) 在信息标上注明信息因子，尽可能地将每一条信息标上的信息因子罗列清楚。因为信息标是一个有方向的矢量，可以将信息因子按照一定的顺序(重要性、等级、时空等)排列在信息标上。

可以继续将信息标上的信息点细化，产生更多的信息，以便产生更多的信息交互。如将形态结构这条信息标上的信息进行细化。

(4) 若干信息标及信息标上的信息点形成信息反应场，信息在信息反应场中交互，引出新信息。比如，将杯把和储存两个信息交互在一起，可以产生开发一种在杯把中放置茶包、汤匙等物件的杯子的想法；把纸和杯子交互在一起，可以联想到能否在杯子上加一些有用的信息，比如地图或数学公式，又或者直接将杯子和便笺结合在一起，做一个有记录功能的杯子。可以两个信息交互，也可多个信息交互，比如将玻璃、携带、杯体交互在一起，可以联想到能否开发一种具有玻璃内壁、塑料外壁的既透明、便携又安全、环保的杯子。信息之间可以随意交互，通过交互可以产生大量的信息。交互的结果有时是因人而异的，同一组信息交互产生的结果可以是多样的，其关键就在于通过信息交互使思路连续畅通，不致枯竭。

信息交互可以在一个系统内部，也可以将外部信息引入，以便有更多新颖信息的产生。比如将温度引入功能信息标，可以将杯子设计成带有自动测试水温功能的；将方向引入功能信息标，能够联想到带有指南针功能的杯子等。

通过以上步骤，人们可以将某些看来似乎是孤立、零散的信息，通过相似、接近、因果、对比等联想手段整合在一起。信息的引入和变换会引出系统的信息组合。只有这种新的组合，才能打破旧习惯，改变旧结构，创造新结构。这是不同信息之间相互渗透、相互制约、互为因果的反应过程，也是对人的潜意识能力的开发。

案例分享 | 曲别针的用途

1983年7月，中国创造学会第一届学术讨论会在南宁召开。会上除了国内诸多学者、名流参加外，还邀请了日本创造学会副理事长村上幸雄与会。村上幸雄给大家做了精彩的演讲，演讲中，他突然拿出一枚曲别针说："请大家想一想，尽量放开思路来想，曲别针有多少种用途？"大家七嘴八舌地讨论开了："曲别针可以用来别东西——别相片、别稿纸、别床单、别衣服。"有人想得要奇特一点："可将曲别针磨尖，去钓鱼。"归纳起来，大家说了20多种用途。在大家议论的时候，有代表问村上："您能讲出多少种？"村上神秘一笑，然后伸出3个指头自豪地说："300种！"人们一下子愣住了。之后村上拿出早已准备好的幻灯片，展示了曲别针的诸种用途。

与会代表许国泰，看着村上幸雄颇为自负的神态，心里泛起了涟漪：在硬件方面，或许我们暂时还赶不上你们，但是，在软件上——在思维能力上，咱们倒可以一试高低！与会期间，他对村上说："对曲别针的用途，我能说出3 000种、30 000种！"人们惊诧了："这不是吹牛吗？"许国泰登上讲台，在黑板上画了图，然后他指着图说："村上先生讲的用途可用钩、挂、别、联4个字概括，要突破这种格局，就要借助一种新的思维工具——信息标与信息反应场。"他首先把曲别针的若干信息加以排序，如材质、质量、体积、长度、截面、韧性、颜色、弹性、硬度、直边、弧等，这些信息组成了信息标x轴。然后，他又把与曲别针相关的人类实践加以排序，如数学、文字、物理、化学、磁、电、音乐、美术等，并将它们也连成信息标y轴。两轴相交并垂直延伸，就组成了"信息反应场"。现在只要将两轴各点上的要素依次"交互"，就会产生人们意想不到的无数的新信息。比如，将y轴的数学点与x轴上的材质点相交，曲别针可弯成1、2、3、4、5、6……+、-、×、÷等数字和符号，用来进行四则运算。同理，y轴上的文字点与x轴上材质、直边、弧等点相交，曲别针可做成英、俄、法等各国字母。再比如，y轴上的电与x轴上的长度相交，曲别针就可以变成导线、开关、铁绳等。

一切创造活动都是创造者对自己掌握的信息进行重新认识、联系的组合过程。因此，如果有一种方法能够有助于大量信息的产生和重组，那么这个方法就能有效促进创新。

思考练习题

1. 头脑风暴法训练

假设您是市政府信息处的工作人员。信息处的重要职责是每日将关于本市政治、经济、生活等方面的重要信息摘要,向市领导呈报。今日有这样两条信息:

信息一:某居民小区原有一个菜市场,在前一阶段的全市拆除违章建筑大行动中被拆除了,市政府一直没有重新给菜市场安排场地。这导致该小区居民要到距离小区很远的菜市场买菜,给居民尤其是家中仅有老人居民的生活带来极大的不便,居民呼吁市政府尽快解决该问题。

信息二:本市有一家国有企业,常年亏损,开不出工资,本年年初新厂长及领导班子上任后,通过完善内部管理,改变经营思路,半年多时间使企业扭亏为盈,成为本市纳税大户。现在这家企业在银行贷款方面遇到了困难,该企业向市政府请求帮助,这笔贷款关系到企业的新项目是否能够投产。

假如由于各种原因,上述两条信息只能报送一条给领导。请问:

(1) 您认为应该将哪一条信息报给市领导?理由是什么?

(2) 各小组成员发表自己的意见,对于不同的观点进行辩论后得出统一的意见。

(3) 选举一位代表,汇报小组的意见,并阐述做出这种选择的原因。

2. 组合型创造方法训练

(1) 请尽可能多地说出你所知道的组合产品和食物。

(2) 如果把办公室里的物品分为两类,写成两栏,每栏各有6种物品(见表3-4),请采用掷骰子的方法来确定组合方式,以激发新的创意。

表3-4 物品分类表

第一栏	第二栏
1. 公文柜	1. 书架
2. 桌子	2. 太阳镜
3. 咖啡杯	3. 电灯
4. 电话	4. 闹钟
5. 地毯	5. 椅子
6. 订书机	6. 电灯开关

(3) 请用任意画线的方法随意组合下列物品。

激光技术	a. 炼钢技术
纳米技术	b. 选矿技术
计算机技术	c. 机械加工技术
通信技术	d. 土木工程技术
基因技术	e. 纺纱技术
太阳能技术	f. 饮食技术

(4) 请用信息交互法设计一款新式的皮包。

(5) 尝试用信息交互法创新咖啡的口味。

(6) 如今,在特定的时间段里,总有些新的概念、新的词汇在社会上变得流行。在过去一段时间里,"纳米"就是这样一个几乎无人不在谈论的新名词。以纳米添加剂为附加物,把它填到别的产品里会产生什么效应呢?

(7) 请将手帕与系列词组组合,进行产品设计。

(8) 寻找一个熟悉的物品,将其分解看看会发现什么?

3. 缺点列举法训练

请用缺点列举法来设计一种新型的体温计。

提示:

(1) 列出水银体温计的缺点;

(2) 针对所列缺点进行分析,按照功能、安全性、使用、造型4个方面将缺点进行分类,并按照对产品的影响程度进行排序;

(3) 分析水银体温计产生所列缺点的主要原因;

(4) 运用材料替代等方法提出新型体温计的设计思路。

4. 检核表法训练

应用检核表法对现有的普通摄像机进行检核。

提示:

第一个检核项目:有无他用。

第二个检核项目:能否借用。

第三个检核项目:能否改变。

第四个检核项目:能否扩大。

第五个检核项目:能否简化。

第六个检核项目:能否替代。

第七个检核项目:能否调整。

第八个检核项目:能否颠倒。

第九个检核项目:能否组合。

第 4 章

创新产品产业化

> 做出重大发明创造的年轻人,大多是敢于向千年不变的戒规、定律挑战的人,他们做出了大师们认为不可能的事情来,让世人大吃一惊。
>
> ——皮埃尔·费尔马

本章知识点

- 何为创意产业化?如何突破?
- 何为价值链分析方法?
- 如何看待知识产权问题?保护途径有哪些?

4.1 创意产业化

当今世界,创意产业已经由理念逐渐演变成具有自主知识产权的高附加值产业,隐藏着巨大的经济效益。近年来,我国也逐渐认识到文化创意产业发展的重要性,并将创意产业发展提升到区域快速发展的战略层面。但是,我国创意产业目前仍处于市场尚不成熟、需求尚不稳定、产业链尚不完整的时期,文化创意产业价值链仍处于割裂状态,主要环节增值能力不足,各环节联动协作能力不够,相关配套产业体系不完善,需要构建产业链各环节的衔接机制,整合优化产业价值链。

4.1.1 创意产业化概述

1. 创意产业化的定义

1998年英国创意产业特别工作小组在《英国产业专题报告》中首次对创意产业进行了定义:"源于个人创造性、技能与才干,通过开发和运用知识产权,具有创造财富和增加就业潜力的产业。"厉无畏在《创意产业导论》中提出,"文化产业的内涵的关键是强调创意和创新,从广义上讲,凡是由创意推动的产业均属于创意产业,通常我们把以创意为核心增长要素的产业或缺少创意就无法生存的相关产业称为创意产业。"

纵观国内外学者对创意产业的定义,均强调创意产业的创新性、文化性及高科技性等。基于价值链理论,将创意产业定义为:以内容为核心,人才为依托,产品为载体,各节点企业、关联环节围绕原创企业相互协作完成创意价值创造、传递及增值的过程,从而形成网状产业价值链的有机结合体。因此,创意产业价值链分析对创意产业发展尤为重要。

2. 创意产业价值链分析

迈克尔·波特(Michael Porter)提出的"价值链分析方法"中指出,"每一个企业都是用来进行设计、生产、营销、交货等过程对产品起辅助作用的各种相互分离的活动的集合。"即单个企业由5种基本活动和4种辅助活动构成,基本活动包括内部活动、生产经营、外部后勤、市场和销售;辅助活动包括采购、技术开发、人力资源管理、企业基础设施。波特的价值链分析同样适用于文化创意产业,文化创意产业价值链管理主要研究的是各创意主体围绕原创知识对价值链各环节的运作,使得相关价值活动环节无缝整合,进而实现价值增值的目标。

1) 创意产业价值链主要环节

创意产业价值链是产业发展的生产经营链,即通过创意的开发、生产制造,以产品及服务为载体,利用市场营销和渠道销售进入消费环节,消费者直接进行消费体验,或者进入衍生创意产品市场进行消费交易。创意产品在内容创意—生产制造—营销推广—传播分销—消费交换的路径形成过程中,完成了创意产品价值创造—价值开发—价值捕捉—价值挖掘—价值实现—价值增值的整个价值传递过程。

2) 创意产业价值链运作支持条件

(1) 文化支持。内容创意强调创意产业文化性,即创意产业以一定的文化为产业支撑。创意产品是文化内容的载体,不仅具有商业价值,还具有知识、观念价值,即为产品和服务注入新的文化要素,为消费者提供与众不同的新体验,提高产品与服务的观念价值。

(2) 技术支持。创意产业是以高科技手段为支撑条件的产业,是创意、人才与技术相互融合的产物。目前对创意产业的开发主要表现在技术内容的创新,体现在信息技术及网络技术在制造环节及分销环节的渗透带动作用,将高科技融入消费体验过程,提高创意产品科技含量及服务水平,从而吸引消费者。

(3) 资金支持。资金是支持创意产业发展的基础条件,同时也成为创意产业发展的制约性因素。

(4) 产业支持。创意产业与相关产业具有较强的多向关联性，即创意产业与前向产业及后向产业联系密切。创意产业是对同类别行业运作过程中产生的知识、技能及经验等的运用，同时作为处在价值链高端的产业，为下游产品制造行业及产业等提供中间创意元素的投入，而制造产业正是创意思想得以物化的经济载体。因此，创意产业的发展需要相关产业的支持。

3) 创意产业价值链运作模式

创意产业价值链运作模式是在基本价值链的构建基础上，对价值增值核心环节的挖掘，进而对价值链进行延伸及整合，完善价值链衔接机制，优化价值实现路径，形成产业良性循环。

4) 创意产业价值链拓展

创意产业不是自给自足的生产系统，而是与其他经济及文化领域互动融合的，其作用结果就是以创意价值链系统为中心，使创意价值不断向系统外围拓展，给经济及社会带来有形和无形的价值。创意价值链价值拓展是创意在产业化的进程中，不断向实体产业和城市发展进行拓展的过程，包括创意产业化、产业创意化和城市创意化3方面。

(1) 创意产业化，即以创意价值链为基础，通过市场机制促进文化、技术、经济三大系统的融合，在创意产业生产系统中产生直接经济价值。

(2) 产业创意化，即在实体产业的产品和服务中融入创意元素，使创意产业成为企业附加价值的一环。创意产业通过产业关联对实体产业产生改造和提升作用，促进生产要素的重新组合，这体现为创意价值链在产业层面拓展。

(3) 城市创意化，即城市以创意产业为主导来促进城市的全面繁荣和可持续发展。事实上，创意产业与城市发展是一种互动耦合关系，创意产业通过重塑城市产业结构、提升城市形象，从而拉动城市就业和引起城市治理结构全面创新等，促进城市发展。因此，在创意经济时代，一些具备条件的城市，以推进创意产业发展为目标，构建创意城市或实施城市创意化战略，成为城市发展的一个重要的新思路，这也是创意价值链系统向空间拓展的重要价值增值方式。

总体来说，创意产业化是以创意价值链为基础的产业自我拓展，它是创意价值链价值拓展的核心；产业创意化是创意价值链在产业层面拓展，它反映创意产业对其他实体产业的渗透与对整个经济系统的影响；城市创意化是创意价值链的空间拓展，它反映的是创意产业对区域经济乃至整个经济社会的全方位拉动作用。创意产业化、产业创意化和城市创意化三者是相互联系、层层深化、梯度推进的。

5) 创意产业价值核心增值环节

核心增值环节包括以下几方面。

(1) 内容创意。内容创意处在价值链前端，是整个产业的关键环节，同时是整个产业运作的核心环节。创意产业强调"内容为王"，利用个人智慧和创造力对文化、信息进行深度挖掘，形成创意理念，进而对理念内容的独创性进行开发，形成知识运作机制，保证创意产品的原创性，满足消费者的个性需求。

(2) 创意人才。创意产业以创新和创造力为核心，而创新和创造力很大程度上取决于人才，因此创意人才是创意开发、创意活动的关键生产因素。以产业链为依据，创意人才主要包括产业前端的文化创意提供者,如设计师、艺术家等;生产环节的技术开发、营销推广人才,以及产业推广环节的经营管理人才等。

(3) 渠道营销。传播推广是创意产业价值链的关键环节,是促成消费交换,实现创意价值的重要环节。应利用网络技术及通信技术,综合市场推广渠道,依托媒体中介丰富创意产品及服务形式,形成产品多元化经营,实现创意产品价值向消费者延伸。

(4) 版权贸易。创意的实质就是知识,创意产业是具有自主知识产权的高附加值产业,版权构成了文化创意产业的核心部分。版权贸易处于文化创意产业价值链的末端环节,是构成文化创意产业价值链的关键环节。版权贸易的前提在于对知识产权的保护,要发展版权贸易,就要加强版权保护,建设版权登记、认定的平台,以及营造版权机构进行展示、交流和交易的环境。

6) 创意价值链与企业价值链的区别

创意价值链与企业价值链有着重要的区别。

(1) 研究的范围不同。创意价值链是指从创意源到创意成果大规模产业化的全过程,包括企业、研发机构、大学、政府、投资机构、推广机构、中介机构等若干创意主体,涉及创意产品的上、中、下游全过程;企业价值链是指企业产品的设计、生产和营销全过程,是以中、下游企业生产营销运作管理为主要研究范围。

(2) 研究的重点不同。创意价值链研究的重点是创意如何在不同主体之间转移、流动、转化、增值,并最终实现产业化,关注的是创意如何在流动与转化中增值,使创意成果尽快进入市场,获取超额利润;企业价值链研究的重点是如何有效地组织和利用中、下游企业内外部资源,降低成本,提高效率。

(3) 创造价值的来源指向不同。创意价值链创造价值的来源,专指创意成果的生成、转移与开发利用;企业价值链创造价值的来源,指如何组织好中、下游企业的各种价值活动,更有效率地生产和销售现有的产品。

3. 创意产业的特征

创意产业具有如下五大特征。

(1) 创意产业人员主要是知识型劳动者,强调个人参与和才智发展,拥有能激发出创意灵感的设计高手和特殊专才。

(2) 创意产业是低消耗、高附加价值产业,主要依靠创意人才的智慧,获得较多的经济效益。

(3) 创意产品是文化与技术相互交融、集成创新的产物,呈现出智能化、特色化、个性化、艺术化的特点。

(4) 强调信息技术的应用与创新,传统文化业的发展缺少信息服务技术的强力支持,致使其创新发展受阻,而文化创意产业则把与文化有关的设计和软件业等纳入其范畴,突出了信息服务技术在文化创意产业中的地位和作用。

(5) 产业组织呈现集群化、网络化的特点,企业组织呈现小型化、扁平化、个体化、灵活化的特点。

4. 基于创意价值链的创意产业组织模式

产业组织是产业内企业间关系构成的统称，产业组织模式是产业内企业间关系构成的具体方式。对于创意产业来说，企业与企业间主要存在两方面的关系：一是企业间的市场关系，包括企业间的竞争关系、垄断关系和博弈关系等；二是企业间在生产经营方面的分工与合作关系。在创意产业内众多企业的生产经营活动中，这两方面的关系是同时存在的，而且就某方面的关系来说，不同企业群体间关系的构成方式也不同。因此，在一个特定的时期内，产业组织模式是多元化的。下面，将沿着创意价值链，从创意企业间的分工与合作关系入手分析创意产业组织模式。

产业组织形式是一个复杂和动态的经济现象，从本质上说，都是基于价值链上分工的结果。"创意"作为人类的特有活动，自人类诞生开始就已经存在，从历史的角度来考察创意价值链，创意产业的组织形式可以归纳为分散的个体生产、简单的集体生产和集中的社会生产。

1) 分散的个体生产

分散的个体生产是指以个人为单位从事创作和生产。例如，画家、作家和雕塑家等，他们通常在个人工作室里进行创作，一般不从属于某个固定的经济实体，而大多数是自由职业者的身份。分散的个体生产所创造出来的产品，只是完成了创意和生产过程，与流通和销售环节的联系往往不是很紧密，这从一个侧面也说明了创意产业的个体生产与传统生产的一个本质区别：不一定是追求利益最大化，而是追求艺术至上。

2) 简单的集体生产

简单的集体生产是指设计、音乐制作、舞蹈、广告等创作生产是以小团体为单位进行的。从这种组织形式中生产出来的最终产品是集体智慧的结晶，它包含了不同个体的许多专业领域。每一个创意产业的创作团体都代表了一种独特而复杂的情况，其中，一方面是创意的独特性，另一方面是惯例或制度约束。只有在创意的迸发与惯例制度约束的共同作用下，创意价值链系统内部各组织节点之间才能形成既泾渭分明又融会贯通的局面。

3) 集中的社会生产

集中的社会生产是指影视制作、戏剧、广播、新闻出版、网络游戏等以大型集团公司出现的组织形式。在集中的社会生产组织形式中，创意价值链上的分工进一步深化、细化，对技术和文化的要求也越来越高，需要艺术家、创意设计家和企业家等众多专业人士的共同协作。这种大型企业集团包括整个创意价值链系统，具有强烈的市场嗅觉，以利益最大化为首要目标。在这一组织形式中，集团内部的员工几乎总是组成复杂的网络，这种严密的、精心设计的企业内部网络把各类创意主体连接在一起，创意产品的生产正是在这些网络中完成的。创意产业之所以采用集中的社会生产组织形式，最根本的目的就是通过提高创意活动的效率来获取最大的经济效益，或是试图通过大规模生产来获取规模经济，或是通过不断的产品细分与专业化分工来摆脱竞争的威胁。

上述3种创意产业的产业组织形式只是基于创意价值链分工上的粗略归纳，事实上，不同的产业组织形式之间的界限是很模糊的，介于彼此之间的中间产业组织形式也是多种多样的，而在实践中，各种形式的产业组织在与社会经济系统的耦合演进中会形成具有典型特征的组织模式。

在全球价值链分工的背景下,现代经济竞争越来越表现为价值链高端的竞争,谁能占据价值链的高端,谁就能取得竞争中的主动权。而创意产业正是处于价值链高端的产业,因此,下一轮经济竞争的焦点将是创意产业的竞争,创意产业化、产业创意化、城市创意化将成为一种新型的竞争策略。以创意价值链为基础的创意产业组织模式分析,为指导各地区创意产业的发展提供了重要启示:从创意价值链系统的扩张与价值增值角度看,应该以创意产业化为核心,以产业创意化为手段,以城市创意化为目标来构建区域创新系统。

4.1.2 创意性产品的孵化

1. 创意性产品的生产机制

1) 创意性产品的特点

创意性产品的特点包括创新性、创意构想、文化艺术的形态。创新性是创意性产品的立身之本;创意构想是创意性产品的价值;文化艺术的形态在于内容的生产和文化的赋予。创意性产品是文化与技术相互交融、集成创新的产物,呈现出特色化、个性化、艺术化的特点。

2) 企业创新机制

企业创新机制包括制度创新、技术创新和组织创新。

(1) 制度创新,是指随着生产力的发展,要不断对企业制度进行变革,因而通常也可以称之为企业制度再造。制度创新是把技术创新和组织创新活动制度化、规范化,同时又具有引导思维创新、技术创新和组织创新的功效。

(2) 技术创新,指生产技术的创新,包括开发新技术,或者将已有的技术进行应用创新。

(3) 组织创新,是通过调整优化管理要素,即人、财、物、时间、信息等资源的配置结构,提高现有管理要素的效能来实现的。比如新的产权制、新的用工制、新的管理机制,公司兼并和战略重组,对公司重要人员实行聘任制和选举制,企业人员的调整与分流等。

3) 制度机制

制度机制包括投入保障机制、人才机制和创新监督机制。

(1) 投入保障机制着重于对员工进行资金和实物奖励,以鼓励创新行为的产生。

(2) 人才机制着重于人才的培训机制、人才引进机制、员工晋升机制、员工参与机制等。通过对公司内外部人力资源的激励,来激发内部创新行为的产生和外部创新行为的介入。

(3) 创新监督机制着重于建立公司整体的创新监督体系,对创新行为设立监督指标,具体表现为创新作品的数量和质量,以及不能够完成创新行为的惩罚机制,从而可实现公司人力资本的进化,优化公司的资源配置。

4) 组织机制

(1) 通过高效的培训体制,对公司内部人员进行专业和创新能力方面的训练。

(2) 通过合理的、具有竞争力的薪酬与福利体系,来吸引公司外部的优秀创新人才加盟。

(3) 人力资本的创新能力依赖于公司制度机制的创新。

(4) 对于人力资本的培养和引进主要依赖于公司的制度建设，而激励制度的核心落脚点就在于补偿机制的建设，补偿机制包括员工的培训体制和员工的薪酬福利体系。

这一切都依赖于对公司制度建设的创新，只有通过创新思维，合理安排和妥善处理员工之间、员工与公司之间的关系，建立起一套能够激励人、吸引人的公司制度，才能吸引更多高素质的人才加盟公司，从而提高公司员工的创新素质和能力。

5) 技术机制

技术机制就是在创意性产品生产的各个环节进行创新。以每个环节为单位，分层分部设立创新保障机制，同时建立跨部门的创新保障机制，以达到部门之间相互配合和监督的作用。

以广告公司为例，其广告创意与制作环节可以仿效公司整体的制度机制：设立人才创新生产机制，定期举行公司部门培训，保障人员自身结构的合理更新；设立部门奖惩制度，保证对创新行为的奖励，以及对不能完成创新的员工进行惩罚；设立监督指标机制，对创新行为的实践进行量化，并与奖惩制度相联系，保障创新行为的质和量；设立作品的审核制度，对作品的创新程度进行评估，并结合奖惩制度，保证广告作品的创新性等。

2. 创业新手如何将创意变成产品

要将创意变成现实世界中的产品，首先是制造原型。创业新手与制造商进行合作的技巧是非常关键的。

1) 创业新手的沟通准备

在你拿起电话之前，要确保自己知道，并且能够尽可能详尽地向对方解释你到底想要什么。你还要在整个沟通的过程中对自己进行教育，确保你能够理解电话那一头的人在说些什么。你需要了解制造商所说的各种术语，这样才能够得到你想要的。

2) 创业新手的谈判

让制造商展示自己过往的产品，确定他们以前生产过什么及为哪些企业负责生产，确保他们的经验和能力能够满足你的要求。例如，起火报警器虽然不是什么复杂的产品，但是其内部也有一些复杂的结构。很多模型店都能够轻易做出起火报警器的外壳，但是他们却无法生产内部的电子元件或是不知道内部元件如何与外壳相适应。另外，你还要找到一个与你有着相同风格的设计人员。假如你要生产一个仿古风格的品牌，一个现代风格的设计师将很难让你感到满意。

3) 确认制造商能力

你可以先看看他们的介绍，然后给他们以前的客户拨打电话，询问该制造商的制造水平及他们是否能够按时完成工作；还可以在网络上对制造商进行查询，看看他们从事这个工作多长时间了，看看他们最近是否被新闻曝光过，以及其他人对这家制造商的评价如何。需要注意的是，网络信息只能作为参考，因为你无法确定这些信息的来源。最后，你要听从自己的直觉：当我们与他人进行互动的时候，我们内心都会有一个感受，你内心感觉如何，这也是一个重要的衡量标准。

4) 在原型制造时间和成本方面的预期

与制造商交易的具体进程很难确定，因为它受到多种因素的影响，你的准备程度也会影响到产品原型的制造时间和成本。产品原型制造商通常会根据工作时间或者项目设定收费标准。越复杂的产品所需要的时间越长，其生产费用也越高。不断与生产商进行沟通，告诉他们你的需要有助于节省时间和预算，因为你为他们提供了所有进行设计和生产的信息。另外，你的准备程度也会极大地影响到产品原型的设计和生产速度。

4.1.3 创意产业的具体运用

1. 创意性在产品中的应用

1) 既可吃又可玩的瓶子

这款由玩具设计师 SKET-ONE 设计的瓶子(见图4-1)，外形的可爱程度绝对可以迅速俘获小孩子的心，既能吃又能玩，还能摆在桌上做装饰，一举多得！

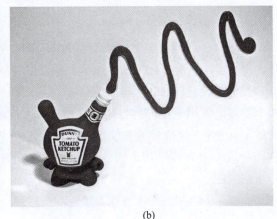

(a)　　　　　　　　　　　　　　　　(b)

图4-1　既可吃又可玩的瓶子

2) 猪鼻子插座

Art. Lebedev 设计工作室设计了一款布满猪鼻子的小猪插座(见图4-2)，三维空间的利用使得充电器再也不会拥挤不堪，造型也相当时尚。

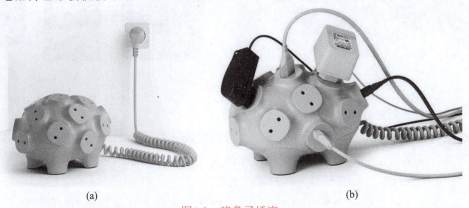

(a)　　　　　　　　　　　　　　　(b)

图4-2　猪鼻子插座

3) 猪鼻子存钱罐

我们知道存钱罐往往都喜欢用小猪做造型，原因不得而知，也许是因为猪的吞吐量比较大？这款存钱罐的设计师仅仅是在简单的瓶体上挖出两个投币口，瞧瞧这造型像什么(见图4-3)。

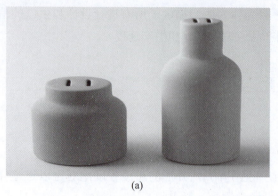 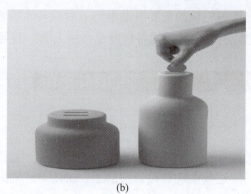

(a)　　　　　　　　　　　　　　(b)

图4-3　猪鼻子存钱罐

4) 内置紫外线杀菌装置的水瓶

这是由一名英国学生设计的名为Pure的"高科技"水瓶，有了它，外出时再也不用自带饮用水了，只需要在湖泊、池塘，甚至水沟里盛上一杯水，便可以直接饮用。

我们来看看Pure的原理(见图4-4)，水瓶在构造上类似于我们平时用的气筒，分为内外两个容器，先用外面的容器装水，然后插入内容器，以打气状向下做活塞运动，由于内壁采用了孔径只有4微米的微膜技术，那些污垢杂质等大分子被过滤掉，接着摇动顶部的手柄，会启动紫外线灭菌，大约90秒后就能拥有一杯清澈甘甜的水，据说该水瓶可以杀灭99.9%的细菌。

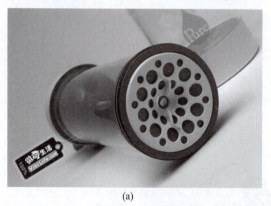 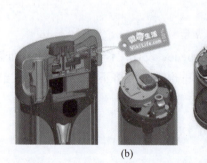

(a)　　　　　　　　　　　　　　(b)

图4-4　水瓶结构图

5) Curv一物两用多变家具

在现代居所价格昂贵、居所面积日益减少的情况下，人们对节省空间、功能多样的家具的需求日益增长。受到1960年太空时代家具设计的启发，Curv系列家具就是满足当今社会需求，适应现代社会经济形势发展的家具类型。

Curv系列家具提供一物两用的设计理念。例如，家具在横向放置的时候可以当桌子使用，如果需要凳子的时候，就可以将其纵向放置，一物两用(见图4-5)。

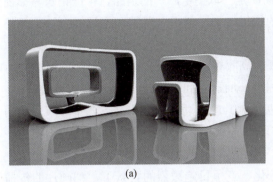 

(a) (b)

图4-5 Curv系列家具

2. 创意性营销策划

动画片《喜羊羊与灰太狼》，以羊和狼两大族群间妙趣横生的争斗为主线，情节爆笑，对白幽默，还巧妙地融入社会中的新鲜名词。这部超高人气的长篇动画以"童趣但不幼稚，启智却不教条"的鲜明特色，赢得众多粉丝，在国内各项动画比赛中更是屡获殊荣。《喜羊羊与灰太狼》成了中国原创动画片探索市场成功之路的"领头羊"，也为从受众的角度重视传播者的传播策略，树立"受众为本"的传播理念，探索动画产业真正从"以产定销"走向"以销定产"的道路，提供了一个很好的参考案例。

1) 受众定位策略与传播范围的最大化

(1) 受众定位。《喜羊羊与灰太狼》针对低幼观众，将受众定位为3~6岁的儿童。该片摒弃了纷繁的故事逻辑和人物关系，以羊和狼的争斗为主线，主题十分单纯，就是正义战胜邪恶。

《喜羊羊与灰太狼》以内容带动营销，努力把影视作品及作品中的卡通形象、服装、道具乃至影视的名字都转化为商品的品牌。《喜羊羊与灰太狼》陆续在全国40多个城市电视台热播，最高收视率曾达到17.3%，大大超过了同时段播出的境外动画片，成为家喻户晓的动漫品牌。

(2) 开发利用潜在受众群，力争传播范围的最大化。潜在受众群是一个巨大的经济资源，开发利用这个资源的程度，在物质生产层面决定着影视动画产业的兴衰与发展。

2) 整合营销传播策略

整合营销传播策略强调企业从受众的角度策划全部营销过程，综合协调地使用各种形式的传播方式，为受众和企业带来最大利益。

《喜羊羊与灰太狼》厂商运用了整合营销传播策略，电视版或电影版都只是整个动漫产业链中的一个环节，是产品终端之一。其最终目的是以影视为依托，最终衍生出一个庞大的企业王国。

(1) 厂商资源的整合。北京优扬文化传媒有限公司是电影《喜羊羊与灰太狼之牛气冲天》的出品方之一，它买断了全国几乎所有少儿动画频道的广告代理权，使得电影版的预告得以在全国少儿动画频道大面积投放；电影的发行史无前例地交由三家发行公司进行，三家公司的发行"竞赛"使得各地区票房竞相攀升,这都是整合营销的效应。

(2) 媒介资源的整合。首先是以市场为导向,走"以销定产"的道路,生产销售与影视形象相关的衍生产品。在角色、剧本、故事的构思之初,就引入营销和市场概念,刻意将所有角色的线条都做得非常简单,色彩鲜艳,使其形象可爱,令人一眼能分辨出不同的角色,以便于生产各种衍生产品。接着利用电视的高收视率吸引众多衍生品生产商,扩大衍生品授权所占的利润比例,带动周边产业,并推动动画作品的可持续发展和二次传播。

(3) 多元化的资源补偿方式。《喜羊羊与灰太狼》的成功有赖于出品方各个环节的营销策划,在明星邀请、广告投放、活动开展、市场布局等方面都力求精细。

要让中国原创动画片真正走出低迷状态,需要内容和营销的双赢。但从另外一个角度看,也预示着在资源日益丰富、市场日益细分化、竞争日趋激烈的背景下,动画片的传播策略将从内容为王的时代向营销制胜的时代转型。

3)《喜羊羊与灰太狼》的成功因素

(1) 借鉴好莱坞式表达,创造中国故事。《喜羊羊与灰太狼》里常见的让人捧腹的桥段,它的产生来自学习借鉴好莱坞式的表达。在学习国外经典的讲故事的手法的同时,"喜羊羊"还准确地找到了属于自己的语境,明确地找到了自己的目标受众。

(2) 迅速扩展产业链,开发后期衍生产品。随着《喜羊羊与灰太狼》收视率的一路走高,现在由"喜羊羊"衍生出来的产品已涵盖几大类数十个品种:主题音像图书、玩具礼品、文具服装等,都有了相应的授权合作商,产业链迅速延伸。

(3) 精心设计的原创卡通造型。卡通形象是动画片的一个关键因素,为了让小朋友喜欢"喜羊羊"的卡通形象,在创作之初,导演率领编剧、漫画师先将设计好的卡通形象在公司内部进行投票选择,再进行修改,然后又将设计好的卡通形象拿到中小学、幼儿园找学生来评议,最后拿到玩具制造商那里去征求意见。经过这三个环节的推敲、修改,才确定好每个卡通形象。

(4) 国家政策的大力扶持。"喜羊羊"的走红与国家支持动漫产业的政策不无关系。通过及时而恰当的产业政策来推动动画产业的快速发展,是许多发达国家的共同经验。

(5) 长期打造的品牌效应。《喜羊羊与灰太狼》自2005年开播以来,已陆续在全国近50家电视台热播近500集,长盛不衰。同名漫画书推出后,也立刻成为畅销书,销量超过百万册。这些品牌化、系列化、持续化、高产量、低成本的设计制作,为《喜羊羊与灰太狼》品牌的滚动传播打下了深厚基础。

(6) 颇具创意的营销策略。《喜羊羊与灰太狼》在短短几年内,与众多知名商家结成了策略伙伴,开发生产了音像图书、毛绒公仔、玩具礼品、文具、服装、食品、日用品,还包括QQ表情、手机桌布、屏保、多媒体等动漫衍生品。

4.2 知识产权保护

创意产业的核心是灵感、创意。当创意被抄袭,企业就可能瞬间被扼杀。不解决知识产权问题,创意设计产业不可能发展壮大。

4.2.1 知识产权概述

1. 知识产权的定义

知识产权,指"权利人对其所创作的智力劳动成果所享有的专有权利",一般只在有限时间内有效。各种智力创造比如发明、文学和艺术作品,以及在商业中使用的标志、名称、图像及外观设计,都可被认为是某一个人或组织所拥有的知识产权。

创意产业知识产权是指对文化创意的智力劳动成果所享有的占有、使用、处分和收益的权利,是获得法律保护的知识资产。

2. 知识产权的内容

知识产权的内容主要分为两类:一类是工业产权,主要包括专利权和商标权;一类是著作权,也称为版权、文学产权。

专利权,包括发明专利权、实用新型权和外观设计权。

商标权,商标是由文字、图形、字母、数字、颜色或其组合而成的标志。

著作权,对象是作品,是具有独创性并能以某种有形形式复制的智力成果。

随着科学技术的不断发展和经济技术的不断进步,知识产权保护对象的范围不断扩大,不断涌现新型的智力成果,除了工业产权和著作权之外,还有生物工程技术、计算机软件技术、遗传基因技术、植物新品种和地理标志等,这些也是当今世界各国公认的知识产权的重要内容。

3. 知识产权的特征

1) 专有性

专有性又称独占性或垄断性,即除权利人同意或法律规定外,权利人以外的任何人不得享有或使用该项权利。这表明权利人独占或垄断的专有权利受严格保护,不受他人侵犯。只有通过"强制许可""征用"等法律程序,才能变更权利人的专有权。

2) 地域性

地域性是指只在所确认和保护的地域内有效,即除签有国际公约或双边互惠协定外,经一国法律所保护的某项权利只在该国范围内发生法律效力。所以知识产权既具有地域性,在一定条件下又具有国际性。

3) 时间性

时间性即只在规定期限内保护。法律对各项权利的保护,都规定有一定的有效期,各国法律对保护期限的长短的规定可能一致,也可能不完全相同,只有参加国际协定或进行国际申请时,才对某项权利有统一的保护期限。

4) 属于绝对权

属于绝对权在某些方面类似于物权中的所有权,具有排他性和移转性(包括继承)等特征。

4. 知识产权的法律限制

知识产权虽然是私权,法律也承认其具有排他的独占性,但因人的智力成果具有高度的公共性，与社会文化和产业的发展有密切关系，不宜为任何人长期独占，所以法律对知识产权规定了很多限制。

创意产业的产品创造成本高、投入大，但易复制，复制成本低，在网络传播技术飞速发展的条件下，这个特征就更加显著。这一特性使得创意产业成为很容易受到侵权的产业，没有知识产权保护，创意主体的合法权益就得不到保障。没有收益，创意主体也就不会有动力，没有创意，也就不会有文化创意产业。

创意产业的知识产权根据自身的产品特点，分别以著作权、商标专用权、专利权或商业秘密及全面知识产权管理的方式进行有效的知识产权保护。具体包括并不限于：打造自身品牌并申报商标注册，基于品牌创新的创意企业尤其要有企业商标战略策划与管理；开发符合市场需要的创意产品，积极申请专利，实施适合企业自身特点的专利战略；实用艺术礼品、动漫产品、工艺礼品也可以主动进行著作权登记；增加知识产权管理的意识，建立知识产权管理部门；与创新型人才签订合理的劳动合同，尤其要避免企业员工离职后泄露文化企业核心商业秘密，给企业造成致命损害。

减少知识产权市场交易过程中的各类纠纷，特别是强化对新创作的创意产品和服务的有效保护，保障高质量、高层次的创意产品和服务进入市场流通，是最为关键的。总体而言，我国创意产业急需加强知识产权保护，完善相关法律，提高知识产权保护水平，减少侵权事件的发生。

4.2.2 发明创造与专利

专利是受法律规范保护的发明创造。它是指一项发明创造向国家审批机关提出专利申请，经依法审查合格后向专利申请人授予的在规定的时间内对该项发明创造享有的专有权。

1. 专利技术的基本特点

1) 独占性

独占性亦称垄断性或专有性。专利权是由政府主管部门根据发明人或申请人的申请，认为其发明成果符合专利法规定的条件，而授予申请人或其合法受让人的一种专有权。它归专利权人所有，专利权人对其权利的客体(即发明创造)享有占有、使用、收益和处分的权利。

2) 地域性

地域性就是对专利权的空间限制。它是指一个国家或一个地区授予和保护的专利权仅在该国或该地区的范围内有效，对其他国家和地区不发生法律效力，其专利权是不被确认与保护的。如果专利权人希望在其他国家或地区享有专利权，那么，必须依照其他国家或地区的法律另行提出专利申请。除非加入国际条约及双边协定另有规定之外，任何国家或地区都不承认其他国家或地区或国际性知识产权机构所授予的专利权。

3) 时间性

专利权的时间性即指专利权具有一定的时间限制，也就是法律规定的保护期限。各国的专利法对于专利权的有效保护期均有各自的规定，而且计算保护期限的起始时间也各不相同。

《中华人民共和国专利法》(以下简称《专利法》)第四十二条规定,发明专利权的期限为二十年,实用新型专利权的期限为十年,外观设计专利权的期限为十五年,均自申请日起计算。

2. 中国专利制度的特点

1) 申请专利的原则

专利申请是获得专利权的必须程序。专利权的获得,要由申请人向国家专利机关提出申请,经国家专利机关批准并颁发证书。在专利的申请方面,世界各国专利法的规定基本一致。申请专利的原则有两个:一个是先发明原则,另一个是先申请原则。先发明原则是指几个人就同一发明创造向专利行政部门申请专利,专利行政部门将专利权授予最先完成发明创造的人。先申请原则,是指同样的发明创造只能授予一项专利权,两个以上的申请人分别就同样的发明创造申请专利的,专利权授予最先申请的人。

2) 专利类型

专利的种类在不同的国家有不同的规定,我国《专利法》明确规定,受其保护的中国专利类型包括"发明专利、实用新型专利,以及外观设计专利"三种类型(见表4-1)。其中,发明专利和实用新型专利主要保护新的技术方案,外观设计专利主要保护新的设计。

表4-1　技术类型对照表

专利类型	客体所属技术类型	表现载体
发明专利	产品、方法及其技术改进	产品、工艺方法
实用新型专利	产品	占据一定空间的宏观产品
外观设计专利	产品的外观	产品的具有美感的外观表现

(1) 发明专利。根据《专利法》第二条第二款的规定,发明,是指对产品、方法或者其改进所提出的新的技术方案。从这一概念角度出发,我们可以知道发明专利保护的对象涵盖了"产品""工艺方法"及"对产品和工艺方法提出的改进型的技术方案"。也就是说,发明专利对于产品的保护不限于产品的尺寸大小,不限于是定形产品还是无定形产品,只要是符合公理并且客观存在的产品新技术都可以被纳入发明专利对于产品的保护范围。同时,发明专利对于工艺方法的保护,同样不限于该工艺方法是否属于对一个产品整个生产加工阶段的整体创新。其保护对象涵盖较广,保护期限为二十年。授予发明专利前需要进行实质审查,审查时日较长,费用也相对较高。相对而言,经过实质审查的发明专利有较好的法律稳定性,有较高的创造性和商业价值。

(2) 实用新型专利。根据《专利法》第二条第三款的规定,实用新型,是指对产品的形状、构造或者其结合所提出的适于实用的新的技术方案。与发明专利所保护的产品不同的是,实用新型专利所保护的产品必须是一种具有一定的形状并且占据一定空间的实体产品,这种产品也是可以通过特定的工业方法大规模制备获得的。既然这种产品是具有特定的形状并且占据特定的空间的实体产品,那么该产品的各个部件组成之间必然具有相对稳定或者固定的连接关系,这种连接关系就某一特定的产品而言是固定且唯一的。这种关系同样属于实用新型专利所要保护并用于限定该产品的范畴。授予实用新型专利只需要进行形式审查,手续比较简单,费用较低。实用新型专利保护期限为十年。

(3) 外观设计专利。根据《专利法》第二条第四款的规定，外观设计，是指对产品的整体或者局部的形状、图案或者其结合以及色彩与形状、图案的结合所作出的富有美感并适于工业应用的新设计。通过这个概念可以知道，外观设计针对的并非产品或者实现该产品的技术方法本身，而是产品的外在表现——产品通过其外在直接向消费者视觉呈现的具有美感的艺术性设计。需要注意的是，这里的产品也必须是可以通过工业化生产获得的，如家用电器的外形、汽车外观、床单的花样、手机外壳、各种商品的包装盒等。外观设计专利的保护期限为十五年，保护的重点是产品的装饰性或艺术性外表设计，这种设计可以是平面图案，也可以是立体造型，更常见的是二者的结合。

3) 专利审查制度

我国的专利审查制度包括初步审查制和实质审查制。对发明专利实行实质审查制；对实用新型专利和外观设计专利实行初步审查制。

(1) 专利初步审查也称为"形式审查"或"格式审查"，是国务院专利行政部门对发明、实用新型和外观设计专利申请是否具备形式条件进行的审查。初步审查的主要目的，是查明申请专利的发明是否符合《专利法》关于形式要求的规定，为以后的公开和实质审查做准备；查明申请专利的实用新型和外观设计是否符合《专利法》关于授予专利权的规定，对符合授权条件的实用新型和外观设计依法授予专利权。

(2) 专利实质审查是指专利局在对申请案进行审查时，不仅要对申请案的形式要件进行审查，还要对申请案中的发明创造是否符合新颖性、创造性和实用性等实质性要件进行审查，对发明是否具备授予专利权的条件进行审查。

4) 行政保护与司法保护双轨制

自我国1984年确立了专利行政权保护制和司法保护并行的方式开始，这样的双轨制模式一直沿用至今。

(1) 专利权行政保护，是指国家专利行政机关按照相关法律程序，运用行政权力调解专利权归属纠纷和查处专利违法行为、维护专利权人合法权益的制度。

(2) 专利权司法保护，是指专利权人因专利权受到侵害而向法院提起诉讼，以及当事人对专利复审机构的决定不服向法院提起行政诉讼，寻求司法救济的法律保护制度。

3. 申请专利的权利

1) 发明人或设计人的概念

《中华人民共和国专利法实施细则》(以下简称《专利法实施细则》)第十四条规定，专利法所称发明人或者设计人，是指对发明创造的实质性特点作出创造性贡献的人。在完成发明创造过程中，只负责组织工作的人、为物质技术条件的利用提供方便的人或者从事其他辅助工作的人，不是发明人或者设计人。

2) 申请人的概念

专利申请人是向专利局提出就某一发明或设计取得专利请求的当事人。各国均规定，并非任何人都可向专利局提出专利申请。我国《专利法》规定，专利申请人应具备两个条件：一是具有专利权利能力的公民或法人；二是具有专利申请的申请权。享有申请权的民事主体一旦向专利局提出专利申请后，便在专利申请和审查阶段享受权利并承担义务，并有可能在将来成为专利权人。

我国《专利法》第十七条规定，在中国没有经常居所或者营业所的外国人、外国企业或者外国其他组织在中国申请专利的，依照其所属国同中国签订的协议或者共同参加的国际条约，或者依照互惠原则，根据本法办理。

根据《专利法》第十八条的规定，在中国没有经常居所或者营业所的外国人、外国企业或者外国其他组织在中国申请专利和办理其他专利事务的，应当委托依法设立的专利代理机构办理。中国单位或者个人在国内申请专利和办理其他专利事务的，可以委托依法设立的专利代理机构办理。专利代理机构应当遵守法律、行政法规，按照被代理人的委托办理专利申请或者其他专利事务；对被代理人发明创造的内容，除专利申请已经公布或者公告的以外，负有保密责任。专利代理机构的具体管理办法由国务院规定。

3) 专利权人的概念

专利权人是享有专利权的主体。专利权人包括专利权所有人和持有人，前者可以是公民、集体所有制单位、外贸企业、中外合资企业，后者是全民所有制单位。专利权人又包括原始取得专利权的原始主体和继受取得专利权的继受主体。专利权人享有法律所赋予的权利和承担法律所规定的义务。专利权人包括以下三种类型。

(1) 发明人、设计人所在的单位。企事业单位、社会团体、国家机关的工作人员执行本单位的任务或者主要是利用本单位物质条件所完成的职务发明创造，申请专利的权利属于该单位。

(2) 发明人、设计人。发明人或者设计人所完成的非职务发明创造，申请专利的权利属于发明人或者设计人所有。专利法所称发明人或者设计人，是指对发明创造的实质性特点做出创造性贡献的人。在完成发明创造过程中，只负责组织工作的人、为物质技术条件的利用提供方便的人或者从事其他辅助工作的人，不是发明人或者设计人。

(3) 共同发明人、设计人。由两个或者两个以上的人共同完成的非职务发明，申请专利的权利由共同发明人共同提出，专利申请被批准后，专利权属于共同发明人。对于两个以上单位协作或者一个单位接受其他单位委托的研究、设计任务所完成的职务发明创造，申请专利的权利属于完成或共同完成发明、设计任务的单位，申请被批准后，专利权归申请单位所有或持有。

4) 共有权利的行使

根据《专利法》第十四条的规定，专利申请权或者专利权的共有人对权利的行使有约定的，从其约定。没有约定的，共有人可以单独实施或者以普通许可方式许可他人实施该专利；许可他人实施该专利的，收取的使用费应当在共有人之间分配……行使共有的专利申请权或者专利权应当取得全体共有人的同意。

4. 专利申请文件提交形式及内容

专利申请文件的概念：专利申请文件是个人或单位为申请取得专利权向国家专利局提交的一系列文件的总称。

1) 专利申请的提交形式

申请人应当以电子形式或者书面形式提交专利申请。

(1) 申请人以电子文件形式申请专利的，应当事先办理电子申请用户注册手续，通过专利局专利电子申请系统向专利局提交申请文件及其他文件。

(2) 申请人以书面形式申请专利的，可以将申请文件及其他文件当面交到专利局的受理窗口或寄交至"国家知识产权局专利局受理处"，也可以当面交到设在地方的专利局代办处的受理窗口或寄交至"国家知识产权局专利局×××代办处"。

国防知识产权局专门受理国防专利申请。

2) 申请专利提交申请文件要求

对于申请发明专利、实用新型专利和外观设计专利这三种专利需提交的文件略有不同。

申请发明专利的，申请文件应当包括：发明专利请求书、摘要、摘要附图(适用时)、说明书、权利要求书、说明书附图(适用时)。涉及氨基酸或者核苷酸序列的发明专利申请，说明书中应当包括该序列表，把该序列表作为说明书的一个单独部分提交，并单独编写页码，同时还应提交符合国家知识产权局专利局规定的记载有该序列表的光盘或软盘。依赖遗传资源完成的发明创造申请专利的，申请人应当在请求书中对遗传资源的来源予以说明，并填写遗传资源来源披露登记表，写明该遗传资源的直接来源和原始来源。申请人无法说明原始来源的，应当陈述理由。

申请实用新型专利的，申请文件应当包括：实用新型专利请求书、摘要、摘要附图(适用时)、说明书、权利要求书、说明书附图。

申请外观设计专利的，申请文件应当包括：外观设计专利请求书、图片或者照片(要求保护色彩的，应当提交彩色图片或者照片)以及对该外观设计的简要说明。

5. 权利的归属

1) 职务发明创造

根据《专利法》第六条的规定，执行本单位的任务或者主要是利用本单位的物质技术条件所完成的发明创造为职务发明创造。职务发明创造申请专利的权利属于该单位，申请被批准后，该单位为专利权人……利用本单位的物质技术条件所完成的发明创造，单位与发明人或者设计人订有合同，对申请专利的权利和专利权的归属作出约定的，从其约定。

根据《专利法实施细则》第十三条的规定，《专利法》第六条所称执行本单位的任务所完成的职务发明创造，是指：①在本职工作中作出的发明创造；②履行本单位交付的本职工作之外的任务所作出的发明创造；③退休、调离原单位后或者劳动、人事关系终止后一年内作出的，与其在原单位承担的本职工作或者原单位分配的任务有关的发明创造。《专利法》第六条所称本单位，包括临时工作单位；《专利法》第六条所称本单位的物质技术条件，是指本单位的资金、设备、零部件、原材料或者不对外公开的技术资料等。

被授予专利权的单位可以与发明人、设计人约定奖励的方式和数额，也可依照《专利法》第十五条规定的奖励、报酬方式和数额。企业、事业单位给予发明人或者设计人的奖励、报酬，按照国家有关财务、会计制度的规定进行处理。被授予专利权的单位与发明人、设计人约定奖励的方式和数额的，应当自专利权公告之日起三个月内发给发明人或者设计人奖金。一项发明专利的奖金最低不少于3 000元；一项实用新型专利或者外观设计专利的奖金最低不少于1 000元。

对于发明人或者设计人的建议被其所居单位采纳而完成的发明创造，被授予专利权的单位应当从优发给奖金。被授予专利权的单位未与发明人、设计人约定，也未在其依法制定的规章制度中规定《专利法》第十五条规定的报酬方式和数额的，在专利权有效期限内、实施发明创造专利后，每年应当从实施该项发明或者实用新型专利的营业利润中提取不低于2%，或者从实施该项外观设计专利的营业利润中提取不低于0.2%，作为报酬给予发明人或者设计人，或者参照上述比例，给予发明人或者设计人一次性报酬；被授予专利权的单位许可其他单位或者个人实施其专利的，应当从收取的使用费中提取不低于10%，作为报酬给予发明人或者设计人。

另外，非职务发明创造，申请专利的权利属于发明人或者设计人；申请被批准后，该发明人或者设计人为专利权人。

2) 合作开发完成的发明创造

合作开发完成的发明创造，是指两个或两个以上的单位或者个人互相配合，共同进行研究和开发形成的发明创造。

根据《专利法》的相关规定，对于合作完成的发明创造，其申请专利的权利归属分为两个方面：当事人有约定的从其约定，也就是当事人对申请专利的权利做出事先约定的，就依照约定来执行。申请被批准后，约定的申请单位或者个人为专利权人。当事人没有约定的，申请专利的权利属于完成或者共同完成的单位或个人。申请被批准后，申请的单位或者个人为专利权人。

此外，根据《中华人民共和国民法典》第八百六十条的规定，合作开发完成的发明创造，申请专利的权利属于合作开发的当事人共有；当事人一方转让其共有的专利申请权的，其他各方享有以同等条件优先受让的权利。但是，当事人另有约定的除外。合作开发的当事人一方声明放弃其共有的专利申请权的，除当事人另有约定外，可以由另一方单独申请或者由其他各方共同申请。申请人取得专利权的，放弃专利申请权的一方可以免费实施该专利。合作开发的当事人一方不同意申请专利的，另一方或者其他各方不得申请专利。

3) 委托开发完成的发明创造

《专利法》第八条规定，两个以上单位或者个人合作完成的发明创造、一个单位或者个人接受其他单位或者个人委托所完成的发明创造，除另有协议的以外，申请专利的权利属于完成或者共同完成的单位或者个人；申请被批准后，申请的单位或者个人为专利权人。

6. 专利申请一般策略

专利申请策略是专利战略中最为重要的一部分，它涉及一系列复杂的决策分析因素，包括经济考量、地区选择、申请类型等众多问题，通过对该项技术的经济价值、市场前景和技术本身的特点决定是否申请专利。

1) 专利申请策略类型

(1) 基本专利策略。基本专利是指开拓了一个新的技术领域的专利。例如，世界上第一件晶体管专利、第一件录音机专利、第一台打印机专利等。所谓基本专利策略是指将在研究开发活动中取得的奠基性、首创性的发明创造申请专利，依法取得专利保护。基本专利除了向本国提出外，还应选择若干市场前景看好的外国提出专利申请。企业取得了基本技术专利权，就可以主导该技术的发展方向，掌握主动权。

(2) 外围专利策略。外围专利是指围绕基本专利技术所做出的改进发明创造专利。外围专利策略具有两方面的内容：其一是指在自己的基本专利周围设置许多原理相同的小专利组成专利网，防御他人对该基本专利的进攻；其二是指对他人的基本专利进行研究，发现缺陷，做出改进，然后提出专利申请，利用外围专利技术同基本专利权人进行对抗。企业可以利用外围专利策略延长专利保护期限。例如，美国菲利浦石油公司在取得耐热性能出类拔萃的热塑性树脂聚苯硫醚的基本专利之后，又不断改进，陆续取得了从制造、应用到加工等外围技术专利300余件。因此，尽管基本专利于1984年11月到期，但大量的外围专利在那之后仍在有效期内，使得基本专利可以继续得到有效保护。中小型高科技企业可以利用外围专利策略后来居上。

(3) 抢先申请策略。世界上绝大多数国家在专利确权上都实行申请在先原则。因此及时申请专利是十分重要的，否则可能会让竞争对手捷足先登，使自己反而受他人约束。但申请专利的时间也不宜过早，过早申请可能因技术成果尚未成熟影响专利权的获得。同时，企业如果认为有些发明创造没有必要取得独占权，或者实现独占后将得不偿失，但万一被他人抢先获得专利权会妨碍本企业实施该技术时，可以将发明内容在报刊上公开发表，以阻止他人获得专利权。

(4) 专利申请类型策略。企业在进行专利申请时还应该考虑专利申请种类的选择。在我国，专利的种类有发明、实用新型和外观设计三种。这三种类型的专利不仅保护内容不同，保护期限、收费标准、申请文件种类也不同。因此申请专利前，应当根据自己发明创造的特点，先确定申请哪类专利，以便针对性地进行准备。

发明专利保护的特点是，创造性程度要求高、保护期较长、审批周期较长、申请费用较高。实用新型专利不包括方法，因而凡涉及生产方法、加工方法、配方等方法方面的发明创造，均不能申请实用新型专利。实用新型涉及的只是产品，而且这种产品必须是有一定固定形状的产品。外观设计实际上是对产品的外表所做的设计，它必须与产品有关并与使用该外观设计的产品结为一体。

我国《专利法》规定发明专利的期限为二十年，实用新型专利权的期限为十年，外观设计专利权的期限为十五年，均自申请日起计算。

在具体的申请实践中，企业可以同时申请两种或两种以上专利保护形式，以使各种专利申请形式取长补短。例如，一种发明创造可以同时申请发明专利与实用新型专利。这样做的优点在于利用实用新型专利审批周期较短的特点，尽快获得专利保护。

2) 专利申请具体策略

专利申请策略的制定要考虑专利与技术秘密相结合，基本专利与外围专利相结合，专利申请和国际投资、贸易相结合等。

(1) 制定专利申请策略时，要注意权利的选择。专利保护具有地域性，申请专利也必然涉及技术内容公开，且发明专利的有效期自申请日起只有二十年。采用有效的保密措施，通过技术秘密保护，则既无保护期限的限制，又无地域性、技术公开等瓶颈导致被放置的担忧。对于一项技术成果,若作为技术秘密来保护比专利保护更为有利,就不申请专利。如美国的"可口可乐"饮料配方,作为企业的技术秘密,至今已有100多年。然而,由于当今科技发展迅速,仿制手段更是层出不穷,无论保密手段如何高明,都会存在泄密的风险,这种权利选择策略也将面临较大的挑战。企业必须对专利保护与技术秘密保护的有效性进行博弈,选择风险最小,能够最大限度保护核心技术的手段。

(2) 制定专利申请策略时,要注重基本专利与外围专利相结合。基本专利,是指开拓了一个新的技术领域的专利,往往是指企业那些划时代的、先导性的核心技术或主体技术,具有广泛的应用价值和获取巨大经济利益的前景。在研发活动中取得的开拓性、首创性的发明创造,一般都应当申请基本专利,依法取得专利保护。除申请本国专利,还应向市场前景看好的外国提出专利申请。基本专利是企业专利策略的核心,取得了基本专利权,就等于占领了该产品市场的"制高点",取得了主动权。所谓外围专利,是指围绕基本专利技术所做出的改进发明创造,也即对他人的基本专利进行研究,发现缺陷,做出改进,然后提出专利申请。实践中,企业在制定专利申请策略时,要将基本专利与外围专利相结合,做到有攻有守。

(3) 制定专利申请策略时,要将专利申请和国际投资、贸易相结合。专利策略的制定要立足于企业自身实际,与企业发展、运营环节相适应。专利申请策略的制定亦是如此,要紧密联系企业投资、贸易发展的动态。例如,如果明确了某市场对企业来说极有发展前景,是未来投资的方向,就要做到专利先行,用专利技术为企业投资、贸易开拓市场。

(4) 是否申请专利保护,还要根据对技术本身的评价和对竞争对手及市场的分析做出决定。对于基本专利,一般要等到其应用研究和周边研究大体成熟后,再提出专利申请,防止其他企业在基本专利的基础上,做继续改进研究,或抢先申请应用发明专利,而造成对自己基本发明的封锁;对于面临的竞争对手多,或市场需求强的技术成果,应尽快申请专利;对本企业领先的但又易被模仿的技术,可以在先期采取技术秘密保护,在竞争对手快要追上时再申请专利,一方面延长了保护期,另一方面也避免了技术过早地公开而给竞争对手可乘之机。并且,在申请专利之前应先了解一下社会对发明创造的需求情况,选择有利的申请时机,以免获取有效专利权后得不到及时实施或有效运营而带来损失。

7. 专利侵权的判定

专利是法律赋予发明人的一种合法权利,保护其发明的利益不受侵害。其他仿效者很容易侵犯发明人的权利。掌握侵权的判断原则,了解侵权判定的法规与逻辑,为进行专利的规避设计提供宏观指导。专利侵权的判定原则主要包括以下原则:全面覆盖原则、等同原则、禁止反悔原则、多余指定原则、逆等同原则。下面利用A、B、C、D……代表专利当中的技术特征进行说明。

1) 全面覆盖原则

全面覆盖是指被控侵权物(产品或方法)将专利权利要求中记载的技术方案的必要技术特征全部再现;被控侵权物(产品或方法)与专利独立权利要求中记载的全部必要技术特征一一对应并且相同。全面覆盖原则,即全部技术特征覆盖原则或字面侵权原则。

(1) 字面侵权,即被控侵权对象完全对应等同于专利权利要求中的全部必要技术特征,虽然文字表达有所变化但无任何实质的修改添加和删减(见图4-6)。

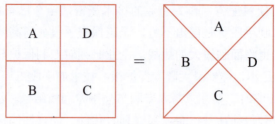

图4-6 字面侵权图示

(2) 从属侵权，即被控侵权对象除了包含专利的全部必要技术特征之外，又添加了其他技术特征(见图4-7)。

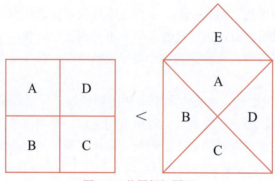

图4-7 从属侵权图示

2) 等同原则

等同原则是指被控侵权物(产品或方法)中有一个或者一个以上技术特征经与专利独立权利要求保护的技术特征相比，从字面上看不相同，但经过分析可以认定两者是相等同的技术特征。这种情况下，应当认定被控侵权物(产品或方法)落入了专利权的保护范围。在专利侵权判定中，当适用全面覆盖原则判定被控侵权物(产品或方法)不构成侵犯专利权的情况下，才适用等同原则进行侵权判定(见图4-8)。等同特征又称为等同物，被控侵权物(产品或方法)中，同时满足以下两个条件的技术特征时，可以认定为专利权利要求中相应技术特征的等同物。

(1) 被控侵权物中的技术特征与专利权利要求中的相应技术特征相比，以基本相同的手段，实现基本相同的功能，产生了基本相同的效果。

(2) 对该专利所属领域普通技术人员来说，通过阅读专利权利要求和说明书，无须经过创造性劳动就能够联想到的技术特征。

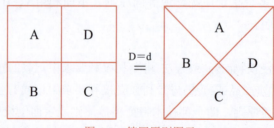

图4-8 等同原则图示

3) 禁止反悔原则

禁止反悔原则是指在专利审批、撤销或无效程序中，专利权人为确定其专利具备新颖性和创造性，通过书面声明或者修改专利文件的方式，对专利权利要求的保护范围做了限制承诺或者部分放弃了保护，并因此获得了专利权。而在专利侵权诉讼中，法院利用等同原则确定专利权的保护范围时，应当禁止专利权人将已被限制、排除或者已经放弃的内容重新纳入专利权保护范围。当等同原则与禁止反悔原则在适用上发生冲突时，即原告主张适用等同原则判定被告侵犯其专利权，而被告主张适用禁止反悔原则判定自己不构成侵犯专利权的情况下，应当优先适用禁止反悔原则(见图4-9)。

图4-9　禁止反悔原则图示

图4-9右端被控对象采用了图4-9左端专利技术在申请阶段放弃的部分技术特征E来实现了技术要求，因此适用于禁止反悔原则，不构成专利侵权。

4) 多余指定原则

多余指定原则是指在专利侵权判定中，在解释专利独立权利要求和确定专利权保护范围时，将记载在专利独立权利要求中的明显附加技术特征(即多余特征)略去，仅以专利独立权利要求中的必要技术特征来确定专利权保护范围，判定被控侵权物(产品或方法)是否覆盖专利权保护范围的原则。这个原则实际上不是一个判断上的标准，而只是在判断前确定专利保护范围的一个准则而已(见图4-10)。随着2009年最高人民法院《关于审理侵犯专利权纠纷案件应用法律若干问题的解释》明文确立了"全部技术特征原则"(即"全面覆盖原则")，由此宣告了"多余指定原则"在实践上的终结。

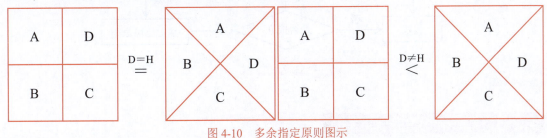

图4-10　多余指定原则图示

当附加技术特征D被"指定"为"多余的技术特征"时，专利保护范围为A+B+C。侵权判定时存在两种情况：

(1) 若被控对象包含此多余技术特征(D=H)时，构成专利侵权；

(2) 若被控对象不包含此多余技术特征时，属于该专利的从属专利，同样构成从属专利侵权。

5) 逆等同原则

当被控侵权物完全落入全面覆盖中的字面侵害时或满足申请专利范围的所有限制条件，但其技术特征的手段、功能或结果截然不同，则尽管落入字面侵权但不涉及侵权(见图4-11)。逆等同原则是美国联邦最高法院在专利侵权案件审判中确立的平衡原则，用于对等同比较的结果进行修正。从侵权判定的角度而言，逆等同原则是被告针对相同侵权指控的一种抗辩手段。

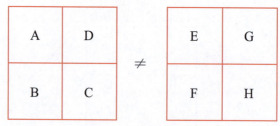

图4-11　逆等同原则图示

6) 专利侵权的判定流程

法律侵权判定原则优先适用全面覆盖原则，如果技术方案涵盖了原专利权利要求所记载的全部技术特征应用逆等同原则进行判断，如果不同则不侵权，如果相同，则为侵权；如未涵盖全部技术特征，则适用等同原则，判断两者的区别技术特征是否在特征、功能和效果三方面实质相等同。若特征实质等同，则适用禁止反悔原则，判断是否该等同技术特征已经贡献给社会公众，成为现有技术。专利侵权判断流程如图4-12所示。

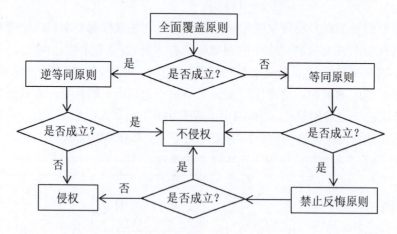

图4-12　专利侵权判断流程

4.2.3　知识产权的法律保护

知识就是力量，这句话在知识产权中体现得淋漓尽致。知识产权越来越成为企业的核心竞争力，在企业竞争中的重要性不言而喻。在互联网时代更是这样，因此网络知识产权保护是一个热点问题。

1. 知识产权的专项保护内容

1) 专利

(1) 以国家战略需求为导向，掌握一批核心技术的专利。

(2) 制定和完善与标准有关的政策，规范将专利纳入标准的行为。

(3) 正确处理专利保护和公共利益的关系。

2) 商标

(1) 切实保护商标权人和消费者的合法权益。

(2) 加强商标管理。提高商标审查效率，缩短审查周期，保证审查质量。

3) 版权

(1) 完善制度，促进版权市场化。进一步完善版权质押、作品登记和转让合同备案等制度，拓展版权利用方式，降低版权交易成本和风险。

(2) 依法处置盗版行为，加大盗版行为处罚力度。重点打击大规模制售、传播盗版产品的行为，遏制盗版现象。

(3) 有效应对互联网等新技术发展对版权保护的挑战。

4) 商业秘密

引导市场主体依法建立商业秘密管理制度。依法打击窃取他人商业秘密的行为。妥善处理保护商业秘密与自由择业、涉密者竞业限制与人才合理流动的关系，维护职工合法权益。

5) 植物新品种

(1) 建立激励机制，扶持新品种培育，推动育种创新成果转化为植物新品种权，支持形成一批拥有植物新品种权的种苗单位。

(2) 合理调节资源提供者、育种者、生产者和经营者之间的利益关系，注重对农民合法权益的保护。

6) 特定领域知识产权

(1) 完善地理标志保护制度。建立、健全地理标志的技术标准体系、质量保证体系与检测体系。

(2) 完善遗传资源保护、开发和利用制度，防止遗传资源流失和无序利用。

(3) 建立、健全传统知识保护制度。扶持传统知识的整理和传承，促进传统知识发展。完善传统医药知识产权管理、保护和利用协调机制，加强对传统工艺的保护、开发和利用。

(4) 加强民间文艺保护，促进民间文艺发展。深入发掘民间文艺作品，建立民间文艺保存人与后续创作人之间合理分享利益的机制，维护相关个人、群体的合法权益。

7) 国防知识产权

(1) 建立国防知识产权的统一协调管理机制，着力解决权利归属与利益分配、有偿使用、激励机制，以及紧急状态下技术有效实施等重大问题。

(2) 加强国防知识产权管理，将知识产权管理纳入国防科研、生产、经营及装备采购、保障和项目管理各环节，增强对重大国防知识产权的掌控能力。

(3) 促进国防知识产权有效运用，完善国防知识产权保密解密制度，在确保国家安全和国防利益基础上，促进国防知识产权向民用领域转移。

> **案例分享** | 关于"路虎"商标侵权纠纷案
>
> 路虎公司在陆地机动车辆等商品上，具有较高的知名度。广州市奋力食品有限公司(以下简称"奋力公司")在网站、实体店中宣传销售其"路虎维生素饮料"，相关产品、包装盒及网页宣传上使用的被诉标识包括"路虎"。路虎公司以奋力公司的行为构成侵权为由，提起诉讼。一审法院判令奋力公司停止侵权并向路虎公司赔偿经济损失与合理维权开支人民币120万元。二审法院驳回上诉，维持原判。
>
> 本案是驰名商标跨类保护、加大知识产权保护力度的典型案例。本案裁决除体现了在驰名商标保护案件中应秉持的"按需认定""个案认定"等基本原则外，其特殊之处在于，除本案被诉侵权标识外，奋力公司还实施了大量涉知名企业与知名人物的商标抢注行为，侵权行为的主观恶意明显。
>
> 本案裁判在关于赔偿数额确定一节中，全面、详尽论述了确定120万元赔偿数额的事实与法律依据，彰显了制止恶意囤积商标行为的司法态度。本案在加大驰名商标保护力度、规制商标恶意抢注行为、引导社会公众尊重知识产权等方面，具有良好的裁判导向与示范效果。

2. 创意产业的知识产权战略决策分析

1) 知识产权投资战略

知识产权投资战略的目标是在更大程度、更广层面上实现知识产权的间接价值、主动价值和动态价值，从而最终实现企业价值最大化。知识产权投资亦称知识产权资本化，是指将现有知识产权的价值和使用价值折算成股份或出资比例，使之成为资本，用以提升单位核心竞争力并以此获取经济收益。因此，可以说，知识产权资本化，就是将知识产权作为一种出资方式，以其可能实现的价值和使用价值折算成一定股份或出资比例，与其他资本一起参与公司经营，并参与收益分配的一种投资方式。

(1) 知识产权投资战略，是集知识产权、投资、战略三个特征为一体的概念。从三者既可分化又可组合看，知识产权投资战略的特征如下。

① 战略性特征。知识产权投资战略既是知识产权战略的组成部分，也是一般投资战略的特定形式，因此其既具有知识产权战略和投资战略的一般特征，又因集合性具有了自身的独有特征。

② 投资性特征。知识产权投资战略除具有战略所共有的特征外，还具有投资性特征，具体包括：代价性——投资是以让渡其他资产而换取的另一项资产；风险性——投资是一种具有风险的资产；资产性——投资总会物化为资产，哪怕是负资产。

③ 知识产权性特征。作为知识产权战略的组成部分，知识产权投资战略无疑具有知识产权战略的一般特征，但由于知识产权投资战略侧重于投资方面，因此相对于知识产权战略而言，其特征又具有投资性。

(2) 知识产权投资战略的分类如下。

① 劳动密集型企业的知识产权投资战略——防御型战略。劳动密集型企业是指产品成本中劳动量消耗占比较大，而资本和技术装备占比较小的企业。纺织业、食品业、日用百货等轻工企业，以及服务型企业等是此类企业的典型。这类企业资本和技术水平低的特征决定了它不可能采用进攻型的投资战略，因为一方面是它没有足够的资金用于纯粹的知识产权投资，另一方面是它对技术装备的水平要求不高。虽然劳动密集型企业没必要也不可能制定和实施纯粹的知识产权投资战略，但是它应该制定和实施与自身特征相适应的攻守兼备的知识产权投资战略，而品牌投资则是攻守兼备的投资战略之一。

② 资本密集型企业的知识产权投资战略——攻防兼备型战略。资本密集型企业是指资本占企业成本比重相对较高的企业。它集中在汽车、石化、钢铁、装备、房地产等产业中。按照马克思主义的观点，资本是能带来剩余价值的价值，由于资本具有这一特性，决定了资本密集型企业的知识产权投资战略首先是遵循资本的本性——逐利性。即资本密集型企业必须依据投资的基础原则来制定和实施知识产权投资战略。

③ 技术创新型企业的知识产权投资战略——进攻型战略。就进攻型知识产权投资战略来说，主要包括专利技术领先投资、专利使用许可投资、专利控股投资、专利技术标准化投资等。这就要求这类企业必须是技术创新型企业。

2) 企业主动管理战略

创意产业的知识产权投资战略首先需要企业管理层的有效沟通和合作。一般情况下，知识产权管理部门对于知识产权的科技文化属性相对更为了解，但对于其经济属性和市场层面的了解不够，这在一定程度上阻碍了实现知识产权价值的空间。因此，知识产权管理部门需要长期有效地同企业领导及财务管理、产品营销等部门进行沟通，从知识产权的开发、投入生产、产品营销，到衍生交易，以及知识产权的对外投资等方面进行配合，平衡畅通的管理有助于实现知识产权的可持续价值。企业主动管理战略的实施方法如下。

(1) 重视技术研发，不断开发适应市场和客户的新产品。通过设立技术中心和研发机构，加大技术开发投入力度，增强自主创新能力，努力形成自主的知识产权和核心技术。

(2) 实施技术标准战略，着力提高品牌的技术附加值和质量水平。作为衡量一个国家生产能力的重要指标，标准在规范质量水平、引导技术发展上举足轻重，没有好的标准就不可能有好的产品。

(3) 实施品牌战略，完善企业专利、商标管理制度建设，建立有效的人才激励机制。加强人才队伍建设，健全品牌建设的人才支撑体系；进一步完善人才政策，通过培养、引进和聘请品牌经营、技术创新等方面的高级人才，充分发挥专业人才在品牌创造、品牌经营、品牌提升方面的重要作用；通过与大专院校和有关机构组织合作，开展品牌知识、品牌经营和相关法律法规等方面的培训，提高企业创牌能力和品牌运作水平。

3) 知识产权纳入企业资产

专利、商标、版权、商业秘密等以知识产权为主的无形资产，正发挥着越来越大的作用，成为当今世界企业的核心战略资源。然而，知识产权为企业带来了巨大的利润，却无法作为资产充分反映出来，以至于公司的市场价值与账面价值越来越不相符。

在企业资产管理中，知识产权被纳入无形资产管理的范畴。"无形资产"是指企业拥有或者控制的、没有实物形态的、可辨认的非货币性资产，包括专利权、非专利技术、商标权、著作权、土地使用权、特许权等。在会计准则中，只有对无形资产和商誉的会计处理，缺乏对知识产权资产的单项管理。

事实上，要通过会计报表反映一个企业所拥有的知识产权与收入的关系，特别是那些由企业内部开发出来的知识产权与公司收入的关系，几乎是不可能的。由于自创知识产权通常不会明确反映在资产负债表上，开发知识产权所需的投入又随时发生，因此会计模式会低估盈利和股本的票面价值。在实际工作中，大量的知识产权因此无法"自然"地进入公司资产，而长期漂流在账外，知识产权资产很难通过简单的财务手段进行管理与增值。随着科技进步对经济增长贡献率越来越高，企业所拥有的知识产权价值越来越大，将知识产权作为资产加以管理的呼声也越来越高。如果解决企业知识产权资产会计化这一基本问题，将从根本上解决我国知识产权对经济贡献的测度问题，有利于企业加强知识产权资产管理，运用知识产权获得收益。

4) 知识产权许可战略

在诸多知识产权战略中，知识产权许可战略是至关重要的一项，它包括对外许可知识产权使用和获取其他企业的知识产权许可使用权两个不同的方向。

对外许可知识产权使用，企业实施的这一知识产权战略包括输赢战略和双赢战略。前者是知识产权所有者在一定时间内控制知识产权的使用，垄断知识产权的市场收益，独自获取相关价值；后者则是企业主动将知识产权许可其他企业使用，甚至提供相关技术和人员帮助其他企业使用知识产权，从中获取价值。从表面上看，双赢战略是知识产权的所有者将知识产权的价值转移给了其他企业，但是从长远来看，它实际上是视野更为广阔的公司战略，即公司最有价值的知识产权资产得到了更充分有效的利用，因为竞争者即使没有获得该项知识产权的许可，同样也会在一段时间后发现或发明相关的知识产权，找到类似的解决方案，这样，该知识产权的价值就会毫无疑问地大打折扣。因此，知识产权作为文化创意产业最有价值的资产，应当采取双赢战略，互惠互利，从长远的视角和更为广阔的视野实现企业价值的创造。

获取知识产权许可使用权，这和对外许可使用知识产权的方向相反，是获取其他企业的知识产权许可使用权，是企业依靠知识产权创造价值的捷径。企业需要支付相关的许可费用，通过估算知识产权的未来收益和支付的许可费用，企业可以决策是采取外来知识产权许可策略，还是自行研发知识产权。很多时候，前者更为快捷有效。

知识产权许可战略的作用主要如下。

(1) 实施知识产权许可战略有利于消除经济社会发展不平衡的根源。在知识经济时代，促进经济社会发展的一个极其重要的动力源泉就是知识主体创造的专利技术，有效利用知识产权制度，是迅速提升国家整体和地区竞争力的一项基础建设，是实现中国整体和不同区域均衡协调发展的一条重要捷径。全球化竞争既提高了地方参与竞争的门槛，同时也开辟了参与竞争的广阔天地。尤其是现代信息技术的开发、利用、传播、转化，为竞争提供了坚实的技术保障，只要中国各地认真实施科学的知识产权战略，就一定能够逐步彻底消除各地经济社会发展不平衡，从而尽快实现整体的和谐发展。

(2) 实施知识产权许可战略有利于调动创造和运用知识产权的积极性。明晰而稳定的产权,既是最持久的投资激励机制,同时也是最有效的投资约束机制。如今,在经济高度全球化、知识化的新形势下,知识产权的竞争已成为迄今为止人类社会最高级别的竞争,知识产权的创造水平和保护水平正在成为衡量一个国家综合国力和持续发展力的根本尺度和标志性依据。知识产权在推动当代经济和社会发展中的地位与作用得到了空前的提升,它不仅是现代企业进军世界市场的利器,同时也是保护企业权益的坚强盾牌。

(3) 实施知识产权战略许可有助于促进中国经济超越式发展。在知识经济时代,一个国家和企业单纯依靠制造业是很难得以成功立足和实现其可持续发展的。按照当前世界产业利润链评估,约80%的工业产品利润集中在以知识产权为核心的商标、专利许可上;知识产权的高回报率在信息、生物、材料等高科技产业尤为明显。知识产权、规模、收益已经成为高技术企业生存的三大要素。

5) 知识产权衍生交易战略

创意产业的知识产权具有的文化特征,使得产品的市场辐射力较强,产品中包含的文化艺术、价值观念使得知识产权在相关的消费领域和消费层次里辐射和增值。同时,由于文化创意产业的产业关联度较大,渗透性较强,发展文化创意产业可以形成多层次的多元盈利模式,知识产权的价值也能在衍生交易中获得较大提升。例如,迪士尼公司是衍生交易领域的典范,据统计,其营业收入主要包括动画制作、主题公园和衍生交易。其中,衍生交易的收入大致占其总营业收入的40%,主要包括各种卡通形象的知识产权交易,涉及图书、杂志、玩具、礼品、家具、文具等,迪士尼公司从批发和零售商品的销售定价中提取固定比例的使用费。可见,成功的知识产权衍生交易可以给文化创意企业带来丰厚的利润。

促进我国知识产权衍生品产业发展的对策,主要包括以下几方面。

(1) 建立完善的授权制度。鼓励制造企业积极依法获得知识产权衍生品专用权,并运用法律的途径保护自身的合法权益。可采取分类授权的方式,将不同类型知识产权衍生品的生产和销售权授予不同商家,使得不同被授权方在产品品类和地域上具有排他性。这一方面加大了授权方的获利空间,同时也避免了被授权方因为产品的同质性而产生的恶性竞争。此外,在电子商务快速发展的今天,知识产权衍生品版权人可加大与电商平台的合作,既拓展了衍生品的销售渠道,又可以掌握较为真实的销售数据,有助于双方在相互信赖的基础上建立互利共赢的合作关系。

(2) 完善知识产权法律法规,实现对衍生品的全面保护。确立商品化权是促进知识产权衍生品产业发展的重要途径。设立商品化权,已成为世界各国的法律趋势。尚未正式入法的"商品化权"常常处于"非此即彼"的模糊地带,故而当衍生品侵权纠纷发生时,由于无法可依而得不到有效的救济。为突破这样的窘境,我们应该在现有的知识产权制度框架下,寻求将商品化权作为一种独立权利加以保护的路径。

(3) 打击盗版,提高消费者的知识产权保护意识。建立衍生品制造行业的行业自律规则,实行对盗版产品更严厉的制裁措施,在行政执法和司法裁判中加强处罚的力度,提高罚款的数额。注意净化网络销售渠道,阻断盗版衍生品的网络销售。通过法律宣传加强消费者的知识产权保护意识,设立相关制度鼓励消费者举报盗版产品的生产、销售商,规范市场秩序。

6) 知识产权融资战略

在文化创意产业目前的发展中,对于企业而言,一个重要的瓶颈是融资难。文化创意企业中很多企业都处于初创期,资金问题限制了企业的发展,在向金融机构融资的过程中,涉及资产的抵押问题,而这些企业通常没有太多的有形资产可以抵押,如银行所青睐的不动产。因此,针对这些企业,金融机构也逐渐拓展了无形资产如知识产权的质押融资业务,如著作权质押,可以让金融和文化创意产业进行对接。

但是,基于文化创意产业的高风险性、知识产权价值的不确定性和变现能力弱的特征,金融机构在知识产权质押融资业务中相对比较谨慎和保守,在知识产权质押融资战略中需要提出一些应对策略。

(1) 发掘知识产权质押融资优势。文化创意企业首先需要正确认识知识产权的价值现状和价值潜力,发掘知识产权在质押融资中的优势,如定位具有法律状况良好、市场需求充分、预期现金流稳定、市场风险较低、变现能力较强等特征的知识产权,委托相关资产评估机构对知识产权的价值进行客观估算,增强金融机构对知识产权质押融资的信心。

金融机构发放贷款时,一方面关注抵押资产的价值;另一方面,更为关注的是企业的还款能力。因此,对于知识产权的价值评估,应当结合文化创意企业本身的价值进行判断,对评估知识产权的质押价值提供辅助参考。

(2) 组合知识产权质押融资策略。由于企业单项知识产权存在一定的风险,通过知识产权的组合融资,将文化创意企业所拥有的多项知识产权进行组合,打包成一个质押资产包,相对来说,风险会得到控制和减弱。例如,图书出版企业,可以将企业所持有的多项图书著作权组合质押,在此基础上整体预测著作权组合的未来收益前景,判断其融资价值。组合质押贷款有效地降低了融资风险,无论从企业角度,还是从金融机构角度,都是双赢的选择。

7) 创意产品的知识产权保护战略

自20世纪80年代以来,创意产业作为一种知识密集型的新兴产业,已经成为各国经济发展的重要领域。创意产业的发展,以文化艺术创作为基础,以个体的创新能力为助力,创造出各种各样的新的创意产品和服务。知识产权作为一种无形财产权,其保护对象主要是创造性智力成果及经营性标记等内容,即无形的创新知识、技术与品牌等。文化创意产业的发展依赖于个体的创造力,源于知识的积累和升华,来自智慧的运用所形成的智力成果,如果缺乏创新的创意,或者新创意没有得到及时有力的保护,那么文化创意产业的发展如无源之水、无本之木。可见,知识产权保护的重要性。

目前,我国创意产业的大部分企业,还未建立自己的知识产权管理部门或者知识产权岗位,知识产权的管理水平还有待提高。文化创意企业应结合文化创意产业集聚区的区域优势,结成知识产权同盟,联合加强知识产权的利用和防御。

此外,社会公众的知识产权保护意识还较弱,侵权行为很普遍。因此,还应该加大宣传和教育,在社会上营造良好的知识产权氛围。同时,加强知识产权人才的培养,提高全社会的知识产权利用与服务水平。

(1) 企业对于知识产权的管理应该突破传统的被动管理方式,延伸到知识产权的积极主动管理,首先,拓展知识产权的价值内涵,关注并实现知识产权的间接价值、主动价值及动态价值。其次，在对创意产业的知识产权价值管理中，需要建立以知识产权价值评估为基础的价值管理体系，包括价值判断、价值维护和价值创造。对知识产权的价值评估，可以结合传统的现金流折现思路和期权定价思路，以真实体现知识产权的主动管理的动态价值。最后，在价值管理思路的基础上，企业应当积极运用知识产权实现投资、融资价值，通过知识产权主动管理战略、知识产权许可战略及衍生交易战略，积极为企业创造投资价值；通过挖掘知识产权融资优势，实施组合知识产权质押融资策略，为企业创造融资价值。通过知识产权价值管理和战略决策，从根本上实现长远推动文化创意企业增值和文化创意产业发展的战略目标。

(2) 知识产权行政部门应当尽快完善行政执法体制，加强知识产权日常管理工作，建立、健全知识产权监控系统，联合专门知识产权机构和广大的社会力量打击知识产权侵权行为。在准入和退出机制方面，要建立和完善质量认证体系，完善相关登记和年检制度，最大限度地减少不合格的创意产品和服务进入市场，同时建立和完善文化市场综合执法机构，理顺和健全互联网管理体制。

创意产品知识产权保护战略的相关内容包括：①著作权战略；②商标权战略；③专利权战略；④商业秘密权战略。

案例分享 | "米老鼠"与美国版权产业

"米老鼠"是迪士尼公司经典的卡通形象。20世纪90年代以来，迪士尼公司成功实施了演绎作品战略，对"米老鼠"系列作品进行了一系列改编、翻译、汇编，以求推陈出新，在版权产业领域赚取了数以亿计的利润。其具体做法如下。

1. 拥有版权

迪士尼公司对于"米老鼠"系列作品拥有原始版权或买断版权，进而建立了自己的作品库，从而保证了有权将作品进行演绎，不断组合各种素材来综合利用。可以说，正是对版权的绝对占有，才使得迪士尼公司规避了繁杂的版权纠纷，进而缔造了这一当今全球传媒集团中的巨擘。当然，迪士尼公司演绎战略的根基还在于美国版权法对版权产业者而非雇员或委托者的庇护传统，它使得迪士尼公司的雇员参与或独立创作所得的版权都归迪士尼公司所有。

迪士尼一般分5步提取最大盈利：
- 票房收入；
- 发行录像带、DVD；
- 迪士尼主题公园的推广；
- 特许经营和品牌专卖；
- 电视媒体。

据统计，在迪士尼的全部收入中，电影发行加上后续的电影和电视收入只占30%，主题公园的收入占20%，其余的50%则全部来自品牌销售。

2. 横向演绎

迪士尼公司对"米老鼠"主要采取了"业内演绎"和"开拓渠道"两大横向策略。

业内演绎的主要手段有：

- 无声变有声、卡通变电视、给米奇搭配女朋友等；
- 注册"米奇""米老鼠"等商标，以求得商标法的无限保护；
- 将"米老鼠"等产品及其制作方法申请专利，以求得专利法的保护。

开拓渠道的主要手段有：
- 从影院到杂志、从唱片到网络、从制片到传媒；
- 特许授权与特许加盟；
- 业界合作联合、兼并收购。

3. 纵向演绎

首先，创作演绎作品是纵向演绎的基础，"米老鼠"诞生至今，不同版本与汇编满足了消费者不同的需求，另外，迪士尼公司也不断更新变化自身巨大的作品库，形成新的组合型作品。

其次，紧跟新技术是纵向演绎的发展方向。例如，将《威利汽船》《疯狂飞机》等"米老鼠"无声电影果断改为有声电影上映发行，而今则利用先进的数字技术将作品不断演绎发展。

演绎作品是原作的发展，同时也是原作的替代，通过这种创新活动，一方面形成了版权产业的基础，另一方面也为衍生产品和其他市场运作提供了广阔的空间。

思考练习题

1. 创意产业化训练

四川省自贡市，现已有三大独家特色：盐井为古代人工奇观，恐龙为史前自然奇观，恐龙国际灯会为现代文化奇观。恐龙国际灯会略感不足之处是缺乏超精度的发掘、组合性的开发、大手笔的创新和高科技的运用。

龙，在中国是一个威力无穷、魅力无穷的字，中国人自称龙的传人。龙是中华民族综合性创造思维方式的最初结晶，是中华民族丰富的想象力、强大的创作力的最初展示……只要有中华民族存在，龙的形象就存在。这个"龙"字，应该紧紧抓住，深深发掘，全方位开发。闻名中外的自贡国际恐龙灯会，不过是自贡人创造力大演出的一个小小序幕而已。

战略目标：自贡将借中华龙园的创办重塑形象——世界龙文化之城。

核心理念：深掘自然之龙，开发文化之龙，两龙交相辉映，特色旅游兴市。

创意背景：每一个旅游名城都需要有自己的独家特色，方能笑傲天下。这特色不在于多而在于精、在于绝，如大连的草坪与服装节、青岛的啤酒节、香港的海洋公园、纽约的自由女神像、巴黎的埃菲尔铁塔、悉尼的歌剧院、维也纳的森林和新年音乐会等。

要求：请为自贡市恐龙国际灯会进行创意筹划，形式不限。

2. 创意产品设计训练

(1) 便携式健身车。它的设计灵感源自公园晨练的健身车。当下的上班族因为工作的限制，根本没有时间和精力去锻炼身体，身体素质下滑严重，一天大部分的时间都坐在办公室里，显得枯燥无味，左手键盘右手鼠标，两条腿一直闲着，坐的时间久了总想出去走走，但又离不开岗位。这时候特制的便携式健身车就是一个完美的选择，将它放置在办公桌下，不管是工作还是休息随时随地可以运动健身，既不会影响工作，又能增添一份乐趣。

(2) 自带警笛的灭火器。将警笛和标准的灭火器结合起来，目的是向救援人员和被困的受害者通知方位，从而形成一条便捷的疏散路线。这是实现简单却非常实际和实用的创新。

(3) 载人飞行。飞翔一直是人类不断靠近的梦想。载人飞行器要求能够带人垂直上升，在空中停留五分钟，再降落。飞行员可以控制它的俯仰、滚动和转弯。

要求：请根据以上这些产品的提示发挥想象，进行创意产品设计训练。

第 5 章

创业、创业精神和创业者

> 企业发展就是要发展一批狼。狼有三大特性：一是敏锐的嗅觉；二是不屈不挠、奋不顾身的进攻精神；三是群体奋斗的意识。
> ——华为技术有限公司总裁 任正非

本章知识点

- 创业精神的本质和来源是什么？
- 怎样培养大学生的创业能力？
- 创业能力的知识技能包括几方面？
- 组建和管理创业团队的基本方法是什么？

5.1 创业与创业精神

5.1.1 创业概述

1. 创业的定义

创业是一种创新性活动，它的本质是独立地开创并经营一种事业，使该事业得以稳健发展、快速成长的思维和行为的活动。走上创业之路，是人生的一个大转折，它是成就自己事业的过程，是自我价值和能力的体现。创业，要直接面向社会，直接对顾客负责，个人的收入直接与经营利润连在一起。其实，创业的过程就是解决一个接一个矛盾的过程。

创业被学者们从不同的方面进行定义。例如：创业是新颖的、创新的、灵活的、有活力的、有创造性的，以及能承担风险的过程，发现并把握机会是创业的一个重要部分；创业是包括创造价值、创建并经营一家新的营利性企业的过程，通过个人或一个群体投资组建公司，提供新产品或服务，以及有意识地创造价值的过程；创业是创造不同的价值的过程，这种价值的创造需要投入必要的时间和付出一定的努力，承担相应的金融、心理和社会风险，并能在金钱和个人成就感方面得到回报。

综上所述，创业的定义可以归结为：创业是这样的一种过程，在这个过程中，某一个人或一个团队，使用组织力量去寻求机会，去创造价值和谋求发展，并通过创新和特立独行来满足愿望和需求，而不管创业者手中此时有什么样的资源。

2. 创业的要素

1) 商机

从经验中找到知识，从经验的否定中找到知识的肯定，这就是商机。商机具有几个特点：创业过程的核心是商机问题，新企业得以成功创建的起始点是商机，而不是其他任何要素；商机的最重要特征是设想中的产品或服务具备潜在的市场需求；一个好的思路未必是一个好的商机；商机的评价标准可以应用到对商机的寻找和评价中。

2) 资源

创业资源是创业过程中的各种投入，包括人、财、物、技术和信息。创业资源不仅包括有形资产，如厂房、机器设备，也包括无形资产，如技术、专利；不仅包括个人资源，如个人技能、经营才能，也包括社会资源，如信息传递、权力影响、情感支持。其中，技术、人力和资金是创业资源要素中最为关键的3方面。

3) 团队

创业团队是由创业带头人与创业成员组成的。创业团队是协调创业活动的系统，是资源整合的平台，是创业实践的载体。创业者在创业过程中，要努力构建创业型团队，形成以创业者为核心的组织架构及相关的社会关系网络。

在社会关系网络中，不仅包括新创企业或组织内的人，也包括新创企业或组织之外的人，既有顾客、供应商、经销商、投资者、合作伙伴，也有政府官员、社区工作人员等。

创业团队是企业成功的关键因素。优秀的团队总是由一位非常有能力的创业带头人建立和领导。团队的业绩记录不仅向人们展示了成就，也展示了一个团队拥有的高贵品质。

4) 创业精神

创业精神，也称为企业家精神，是指创业者的思想、观念、个性、意志、作风和品质等。创业精神的本质特征就是将创业意识、创业思维与创业实践结合起来，通过追求商业机会，借助创新来满足社会需求，并产生结果和价值。

创业需要创业精神，没有创业精神的创业缺乏动力，没有支撑，更不会成功，也不能称之为创业。

在创业过程中，商机的形式、大小、深度决定了资源与团队所需的形式、大小、深度。创业过程本身是动态的，商机、资源、团队这3个因素是循环的，并且它们之间的平衡是动态的。而将这三者紧密连接在一起，并推动创业过程持续向更高层次发展的关键因素则是创业者与创业团队所具有的创业精神。由于外界环境的不确定性、机会模糊性、创业活动的动态性、风险性等因素对创业活动的冲击，原有的机会、资源和创业团队三者的平衡被破坏，出现失衡现象。这时候，在创业精神的激励下，创业者通过创业团队来调整机会和资源，努力实现这三个方面的再次平衡。由此可见，这一模型中的创业过程是"平衡—失衡—平衡"的动态过程，创业团队是保持三者平衡的关键因素，而创业精神是引领创业团队前行的灵魂。

3. 创业的类型

按照不同的标准，可以从动机、项目、风险等不同的角度对创业进行分类。

1) 机会型创业和生存型创业

按照创业的动机，可以将创业分为机会型创业和生存型创业。

(1) 机会型创业是指创业者把创业作为其职业生涯的一种选择，看到有比目前工作机会更好的创业机会而选择创业。这类创业活动是以市场机会为目标，创造出新的市场需要或满足潜在的市场需求。机会型创业是一种主动型创业，产品或服务有较高的科技含量，创建的新企业往往属于成长型企业，发展潜力较大。

(2) 生存型创业是指创业者把创业作为其不得不做出的选择，因为其他选择不是没有就是不满意，创业者必须依靠创业为自己的生存和发展谋求出路。例如，一些下岗工人创业，一些因找不到工作的大学毕业生创业等。这类创业活动是在现有市场上寻找创业机会，没有创造新的市场需求，反而加剧了现有市场的竞争。

2) 独立型创业和合伙型创业

按照创业者的数量，创业可以分为独立型创业和合伙型创业。

(1) 独立型创业是指创业者独自创办企业或组织，表现为独立决策、产权清晰、利润独享、自担风险。如个体工商户、个人独资企业等，就属于独立型创业。这类创业活动的特点在于企业或组织由创业者自主掌控，按自己的思路经营管理。由于创业资源准备相对比较困难，也受创业者个人能力的制约，独立型创业的风险很大。

(2) 合伙型创业是指创业者与他人合作，或由团队共同创办企业或组织，表现为集体决策、共同出资、共享收益、共担风险。如同学或朋友之间合作创办一家有限责任公司，就属于合伙型创业。这类创业活动的特点就是形成了团队合力，降低了创业风险。但由于合作者在经营管理过程中容易产生分歧，也极易发生利益冲突，导致内部管理成本提高。

3) 传统技能型创业、高新技术型创业和知识服务型创业

按照创业的项目，创业可以分为传统技能型创业、高新技术型创业和知识服务型创业。

(1) 传统技能型创业是指采用传统的技术和工艺进行的创业，如酿酒、饮食、工艺美术、服装等传统技能项目。这类创业活动由于具有独特的技术、工艺或配方，拥有一定的市场优势。至今，许多的传统手工生产方式在国内外仍然保留着。

(2) 高新技术型创业是指借助带有前沿性、研发性的新技术、新产品进行的创业。如创办软件公司、生物制药企业等就属于高新技术型创业。这类创业活动具有知识密集、技术密集、拥有自主的知识产权等特点，产品或服务具有很强的市场潜力和利润空间。

(3) 知识服务型创业是指创业者为社会提供知识、信息服务的创业活动，如律师事务所、会计事务所、管理咨询公司等。这类创业具有投资少、见效快、易于转型等特点。当今社会，信息量越来越大，知识更新越来越快，为了满足人们节省精力、提高效率的需求，各类知识性咨询服务机构不断细化并增加。

4) 依附型创业和独创型创业

按照创业的风险，创业可以分为依附型创业和独创型创业。

(1) 依附型创业可以分为两种情况：一种是依附于大企业或产业链而生存，主要是创办小企业，为大企业提供配套服务或在产业链中专门为某个或某类企业生产零配件、包装材料等；另一种是加盟连锁，使用特许经营权，充分利用品牌优势和成熟的经营模式，以减少创业企业的经营风险，如利用麦当劳、肯德基等的品牌效应和成熟的经营管理模式，减少经营风险。

(2) 独创型创业是指创业者通过提供有创造性的产品或服务，来填补市场需求的空白。这类创业活动的特点是独创性，这种独创性既有内容，也有形式，大到商品整体，小到某种技术，也可以是某类服务等。由于消费者对新事物(新产品、新技术或新服务)都有一个接受的过程，因此独创型创业具有一定的风险性。

5) 自主型创业和岗位型创业

按创业者身份，创业可以分为自主型创业和岗位型创业。

(1) 自主型创业是指创业者是企业的创始人或事业的发起者，创业者从策划到实施，从企业或组织的组建到运行管理都担负起主要或领导责任。自主型创业者一般都是企业或组织的法人代表，是直接创造劳动岗位的人。自主型创业者是创业大军中的中坚力量，是促进经济社会发展的先锋。

(2) 岗位型创业是指在本职岗位上进行工作创新、管理创新、技术创新或新产品开发。岗位型创业与自主型创业的区别在于它不创造劳动岗位，但能使已有劳动岗位变得更有价值。岗位型创业者构成了创业大军的主体，是人数最多的创业队伍。

5.1.2 创业的过程及各阶段分析

创业是创建一个新企业的过程。作为创业者，要创建新的企业或者发展新的经营方向，通常要经历4个阶段：发现和评估市场机会、准备和撰写创业计划、确定并获取创业所需资源、管理新创事业。这4个阶段有着明确的次序，但各个阶段相互之间并不是完全隔绝的，也不是一定要在前一阶段全部完成之后才进入下一个阶段。

1. 发现和评估市场机会

发现和评估市场机会是创业过程的起点，也是创业过程中具有关键意义的一个阶段。

创业者初创企业的动力往往是发现了一个新的市场需求或发现市场需求能力大于市场的供给能力，或者认为新产品能够开发新的市场需求。但并不是每个市场机会都需要付出行动去实现它，而是要评估这个机会所能带来的回报和风险，评估这个市场机会所创造的服务周期或产品生命周期，它能否支持企业长期获利，或者让企业能够在适当的时候及时退出。

对于一位目光敏锐的创业者来说，市场机会每时每刻都在出现。在发现市场机会后，对市场机会进行客观的评估，以理性的方式来决定下一步的行动，是一名优秀的创业者必须具备的能力。一般来说，市场机会评估有如下步骤。

(1) 对市场的了解与把握。企业要生存，要在市场中占据一定的地位，要保持一定的市场优势，就必须把握市场的消费形态、市场特征等。特别是在产品研究方面，不管新旧产品，需要及时了解消费者和市场的反应，需要经常进行与产品有关的各种调查研究来为产品技术与销售服务注入新的元素。

(2) 对竞争者的了解与分析。除了极少数的垄断性行业之外，世界上不存在没有竞争的生意。竞争者暂时没有出现，不代表以后也不会出现。企业要了解谁是竞争对手、谁是潜在竞争对手，才能在竞争中处于优势地位。对竞争对手的了解及应对策略分为6个层次：①能够找出谁是竞争对手；②描述竞争对手的状况；③分析竞争对手的状况；④掌握竞争对手的方向；⑤洞悉竞争对手的战略意图；⑥引导竞争对手的行动和战略。

2. 准备和撰写创业计划

如何撰写创业计划书呢？要视目的(即看计划书的对象)的不同而有所不同，是要写给投资者看，还是要拿去申请银行贷款，目的不同，计划书的重点也会有所不同。就像盖房子之前要画蓝图，才知道第一步要做什么，第二步要做什么，或是同步要做些什么，别人也才知道你想要做什么。而且大环境和创业的条件都会变动，事业经营也不止两三年，有这份计划书在手上，当环境条件变动时，就可以逐项修改，不断地更新。

创业计划是说服自己，更是说服投资者的重要文件。不仅如此，创业计划书也将使创业者深入地分析目标市场的各种影响因素，并能够得到基本客观的认识和评价。使创业者在创业之前，能够对整个创业过程进行有效的把握，对市场机会的变化有所预警，从而降低进入新领域所面临的各种风险，提高创业成功的可能性。

3. 确定并获取创业所需资源

创业企业需要对创业资源区别对待，对创业十分关键的资源要严格地控制使用，使其发挥最大价值。而且对于创业企业来说，掌握尽可能多的资源有益无害。当然还有一个问题，那就是如何在适当的时机获得适当的所需资源。创业者应有效地组织交易，以最低的成本和最少的时间获取所需的资源。

4. 管理新创事业

从企业发展的生命周期来说，新创企业需要经过初创期、早期成长期、快速成长期和成熟期。在不同的阶段，企业的工作重心有所不同，创业者需要根据企业成长时期的不同采取不同的管理方式和方法，以有效地帮助企业成长，保持企业的健康发展。例如，在初创时期和早期成长期，创业者直接影响着创业企业的命运，在这一时期，集权的管理方式灵活而富有效率；而到快速成长期和成熟期，分权的管理方式才能使企业获得稳定的发展。

5.1.3 创业精神的本质与来源

创业精神是一种突破资源限制,通过创新来把握机会、创造价值的行为,而不是简单地体现在创造新企业上。因此,可以将创业精神概括为:"没有资源创造资源,没有条件创造条件,用有限资源去创造更大资源。"

1. 创业精神的本质

创业精神是创业者的本质,创业者是参与企业组织和管理的具有创业精神的人。创业精神的本质主要包括冒险精神、诚信守法、创新精神、实干精神,以及社会责任感。

1) 冒险精神

创业者是风险承担者。企业的盈利,正是企业主承担风险所获得的回报。

2) 诚信守法

诚信守法是创业者应具备的基本精神素质。诚信是市场经济的基本信条,只有诚信守法、注重声誉的企业,才能在激烈的市场竞争中获得最大的利益。

3) 创新精神

创业精神的本质就是创新,创新是企业持续发展的根本。创新精神主要是指创造新的生产经营手段和方法、新的资源配置方式,以及新的符合消费者需求的产品和劳务。在这种创新概念下,创新首先能使企业开辟一个更广阔的生存发展空间,不断地领先,不断地发展,使企业在发展中不断扬弃陈旧事物,以非常规的方式配置企业的有效资源,推动企业的运行,从而获得巨大的成功。事实上,任何企业,不论其效益如何显著,或在行业中如何成绩斐然,都需要不断创新、变革,这样才能使企业在市场竞争中立于不败之地。具有锐意进取创新精神、推出新产品或改进生产方式等的人,才是真正意义上的创业者。一个企业可以暂时没有核心技术、核心人才,也可以没有雄厚的资本,但必须具备勇往直前、披荆斩棘的探索精神,见人所未见、做人所不做的创造精神。

4) 实干精神

创业者需要具有决断力、信心、说服力,以及坚定不移的品质;执着的不懈努力,身先士卒,全力以赴。

5) 社会责任感

一般认为企业社会责任就是企业要创造利润,企业在对股东利益负责的同时,还要承担对员工、对消费者、对社区和环境的社会责任,包括遵守商业道德、保障生产安全和职业健康、保护劳动者的合法权益、保护环境、支持慈善事业、捐助社会公益事业和保护弱势群体等。

2. 创业精神的来源

创业精神是每个人身上都具备的一种潜在品质,只是有些人的这种潜能没有被发现或没有被激发。影响创业精神的因素很多,包括主观和客观两个方面。主观上表现为个人自身的特质因素,客观上则表现为外部的环境因素。

影响创业精神形成与发展的主要外部环境因素包括:文化环境、产业环境和生存环境等。

1) 文化环境

创业者是生活在现实文化环境中的学习者。作为学习者，其生活所在区域的文化价值观是其学习的重要内容之一，因此在一个商业文化氛围浓厚的地方，潜在的创业者容易培养创业精神。独特的区域文化传统，会孕育创业者的创业精神，如浙商、徽商和闽商等。

2) 产业环境

不同的产业环境会对创业精神产生不同的影响。对于垄断行业而言，企业缺少竞争，就容易抑制创业精神的产生。而在一个完全竞争的市场结构中，由于企业间的优胜劣汰，竞争激烈，往往能够激发创业精神。

3) 生存环境

在资源匮乏的地方，人们为了改善生存状况而寻求发展机会，整合外界资源，更容易激发和形成创业精神。如我国历史上晋商的形成，最初就是源于生存环境的艰难，导致很多人"走西口"寻求生存与发展。

3. 创业精神的作用

创业精神能够激发人们创业的欲望，是一种内在的动力机制。它在很大程度上决定着一个人是否敢于投身创业实践活动，支配着人们对创业实践的态度和行为，并影响着态度和行为的方向及强度。

创业精神能够渗透到3个层面上产生作用：第一，个人成就的取得，即个人如何创建自己的企业；第二，组织的成长，也就是一个组织如何重新焕发创业精神，从而具有更强的竞争力；第三，国家的发展，也就是如何实施创新驱动发展战略，全面建成小康社会，使国家更富强，人民更幸福，社会更和谐。创业者必须拥有创业精神，才会有创业的要求和动机，才会有创业的意识和观念，才会有创业的动力和行为，也才会有创业的成果和收获。

4. 创业精神的培养

良好的精神品质是创业成功的前提和条件，一个人对于创业的理解和追求是在后天的生活实践中陶冶训练出来的，只要通过正确的途径，创建和培养良好的环境氛围，对于大学生创业精神的培养就会起到很好的促进作用。

1) 开设创业思想教育课程

通过广泛深入地开展创业教育，使大学生树立创业理想，增强大学生的创业意识，使他们愿意创业、乐于创业。学校可以通过创业思想教育帮助大学生端正创业态度，树立正确的人生观、价值观；通过创业理论教育使学生明确创业的目的和意义，从而将创业理想转化为自觉的行动，积极主动地投身于创业实践；通过创业典型教育激发大学生的创业欲望，让他们创业有动力，学习有典型，追赶有目标。

2) 建设有利于创业的环境

学校要广泛利用广播、电视、校刊、校报、板报等宣传工具，大力宣传创业的重要意义，宣传创业的经验，宣传成功创业的典型，树立勇于创业的榜样，弘扬创业精神，在校园形成讲创业、想创业、崇尚创业，以创业为荣的校园舆论氛围，引导形成鼓励创新、开拓进取、宽容失败、团结合作、乐于奉献的校园创业文化氛围。

3) 树立创业榜样进行引导

古往今来，创业成功者具有一些共同的精神品质：自信，心态积极，喜欢独立思考，具有寻根究底的好奇心和探索精神，敢于创新，敢于竞争和冒风险，热情，专注，意志坚定，不怕挫折，情绪稳定等。榜样的力量是无穷的，他人的创业行为和成就是一部宝贵的创业秘籍。

(1) 借鉴历史上的创业榜样，编选他们创业成功的案例，通过他们明确创业目标，激发创业热情，树立创业志向。

(2) 要学习现实生活中的创业榜样，各行各业的创业典型是大学生学习的活教材，通过"请进来、走出去"的方式，让大学生们耳濡目染，受到熏陶。

(3) 教师应成为创业的榜样，教师具有创业的成功经历，不但对学生起到示范作用，还可以转换至教学之中，这会给大学生创业者以莫大的启示和感染。

4) 提供创业实践锻炼的机会

良好创业精神品质的形成重在实践训练，积极的实践能带来及时的反馈和成就感，也能带来节节成功的喜悦。大学生如果能够切切实实地投入创业实践中去，定能磨炼出坚强的创业心理品质。

(1) 学校要构建创业实践基地，为学生提供创业实践的便利，如创业见习基地、创业实习基地和创业园等，实现产、学、研一体化。

(2) 社会要为大学生提供更多的创业岗位供学生选择，如勤工俭学岗位、社区服务岗位等，使其经受创业实践熔炉的考验。

(3) 大学生可以在课余时间主动参与创业实践，从小商品推销到饭店洗盘子，从为人打工到自己开店，熟悉各种职业特点和自己的能力特点，积累创业经验，增长创业才干，减少将来创业的盲目性。

只有经受了创业实践的锻炼，创业目标才会更加明晰，创业信念才会更加强烈，才会形成良好的创业习惯和人格。

5) 创业心理指导

心理指导是在专业人员的指导下，参与者自己练习、实践、锻炼的方法，实质上是一种特殊的教育过程。

(1) 应开设心理课程，如《心理与情商教育》《心理训练》《大学生创业心理品质的陶冶》等，传授心理知识，将心理知识内化为大学生的心理品质。

(2) 开展心理咨询活动，帮助大学生分析创业过程中出现的心理问题，进行咨询指导。

(3) 进行自我修养指导。如何挖掘和开发自己的创业潜能，如何培养自己的创业心理品质，最关键的还是要通过自我修养才能达到。古人曾强调要"吾日三省吾身"，就是要对照标准，经常看看自己的心理品质是否符合要求，就是要有一面镜子，时时端正自己，这样持之以恒地坚持下去，终会形成良好的创业心理品质。

5.2 创业者与创业能力

📖 案例分享 | 创业者汪滔——7年时间做到无人机销量占全球一半

如今，汪滔(大疆创新科技有限公司创始人兼CEO)研发的小型无人机，销量占全球总销量的一半，令"中国制造"在高科技领域崭露头角，他的身价也达到了279亿元。

汪滔对天空的痴迷始于小学，求学阶段一直没找到自己的人生目标，但在大四的时候他开发了一套直升机飞行控制系统，他的人生从此改变。

汪滔最初在大学宿舍中制造飞行控制器的原型，2006年他与自己的两位同学来到深圳开始了创业。他们在一套三居室的公寓中办公，汪滔将他在大学获得的奖学金的剩余部分全部拿出来搞研究。这期间，大疆科技向中国高校和国有电力公司等客户售出了价值6 000美元的零部件，这些零部件被焊接在他们的DIY无人机支架上。

由于缺乏早期愿景，加之汪滔个性很强，导致大疆科技内部纷争不断。大疆科技开始不断流失员工，有些人觉得老板很苛刻，在股权分配上很小气。在创立两年后，大疆科技创始团队的所有成员几乎全部离开了。汪滔坦言，他可能是一个"不招人待见的完美主义者""当时也让员工们伤透了心"。

创业之路很艰辛，大疆科技在最初的每个月只能销售大约20套飞行控制系统，企业资金严重匮乏。幸而由于汪滔的朋友陆迪慷慨解囊，大疆科技才得以渡过难关。2006年后期，陆迪向大疆科技投资约9万美元。汪滔说，这是大疆科技历史上唯一一次需要外部资金的时刻。

在融资后，汪滔继续开发产品，并开始向国外业余爱好者销售，这些人从德国和新西兰等国家给他发来电子邮件。到2011年，飞行控制器的制造成本已从2006年的2 000美元降到不足400美元。

到2012年后期，大疆科技已经拥有了一款完整无人机所需要的一切元素：软件、螺旋桨、支架、平衡环，以及遥控器。最终，该公司在2013年1月份发布了"幻影"无人机，这是第一款随时可以起飞的预装四旋翼飞行器：它在开箱一小时内就能飞行，而且第一次坠落不会造成解体。得益于简洁和易用的特性，"幻影"撬动了非专业无人机市场。"幻影"无人机不久即成为大疆科技最畅销的产品，令公司的收入增长了4倍，而且这一成绩还是在几乎没有任何市场投入的情况下取得的。

更为重要的是，这款产品还被销往全世界：在大疆科技的总营收当中，美国、欧洲和亚洲3个地区各占30%，剩余10%则由拉美和非洲地区贡献。这种趋势一直延续到今天。

目前无人机正在向农业、建筑业和地图等商业应用领域扩展，但汪滔并不想与他人分享天空，他下定决心要保持大疆科技的市场主导地位，他说："我们当前面临的主要发展瓶颈是如何快速解决各类技术难题，不能满足于眼前的成绩！"

现如今，大疆科技已经发展成为2020中国十大高科技公司中排名第四的创新科技公司。

5.2.1 创业者

创业者，就是善于发现和把握机会并由此创造出新颖的产品或服务以满足社会需要和实现其潜在价值的人。创业者是主导劳动方式的领导者，是具有使命、荣誉、责任能力的人，是组织和运用服务、技术、器物作业的人，是具有思考、推理、判断能力的人，是能使人追随并在追随的过程中使人获得利益的人，是具有完全权利能力和行为能力的人。

1. 创业者的含义

创业者英文为entrepreneur，和企业家为同一词，是指在没有拥有多少资源的情况下，锐意创新，发掘并实现潜在机会的价值的个体。创业者是指"将经济资源从生产力较低的领域转移到较高领域"的人，不仅包括那些已经成功创业或正在创业的一般意义上的创业者，还包括那些具有创新精神的潜在创业者。

创业的主体是创业者，创业者可以是个体，也可以是团队。经济发展依赖于企业发展，而企业发展的关键在于有一大批具有创业精神的创业者。创业者对生产要素的重新组合是经济增长的基本动力和内在因素，所以现代经济在某种意义上说就是创业经济。

创业者可以分为传统创业者和技术创业者。传统创业者是指那些对传统的行业(如餐饮、房地产、服装等)筹集资金投资，建立工厂，生产产品，为顾客提供产品或服务的创业者。而技术创业者以突出技术为主，创办的企业一般比较小，产品的技术含量高、附加值高，利润空间比较大。

2. 创业者的类型

随着经济的发展，投身创业的人越来越多，据我国《科学投资》杂志对国内上千例创业者案例的研究，发现国内创业者基本上可以分成以下几种类型。

1) 生存型创业者

生存型创业者大多为下岗工人、失去土地或因为种种原因不愿困守乡村的农民，以及刚刚毕业找不到工作的大学生。这是中国数量最大的创业人群。

2) 主动型创业者

主动型创业者又可以分为两种：一种是盲动型创业者；另一种是冷静型创业者。前一种创业者大多极为自信，做事冲动，很容易失败，但一旦成功，往往能成就一番大事业。冷静型创业者是创业者中的精华，其特点是谋定而后动，不打无准备之仗，或是掌握资源，或是拥有技术，一旦行动，成功的概率通常很高。

3) 赚钱型创业者

赚钱型创业者除了赚钱，没有什么明确的目标。他们就是喜欢创业，喜欢做老板的感觉。他们不计较自己能做什么，会做什么。他们可能今天在做这样一件事，明天又在做那样一件事，所做的事情之间可以完全不相干，目的只是赚取收益。甚至其中有一些人，连对赚钱都没有明显的兴趣，也从来不考虑自己创业的成败得失。这一类创业者大多过得很快乐。

5.2.2 创业能力及创业能力的培养

素质是人们为达到某一目标,实现某一目的所必须具备的最基本、最一般的区别性特征和品质。创业素质,是指创业者所具有的独特品质。对于成功的创业者应具备的品质,可谓仁者见仁,智者见智。总体来看,成功创业者所具有的创业素质及特征可以从以下几个方面来概括分析。

1. 创业能力的心理品质方面

健康的体魄是个体生存和发展的基础,同时,良好的心理品质更是创业实践活动的重要保障。对于创业者而言,其心理品质是在创业实践活动中对创业者心理和行为起调节作用的个性意识特征,是先天和后天相结合的产物。它包括个体在认知、情感和意志方面表现出来的动机、态度、性格及意志品质。

1) 强烈、积极的创业动机

创业动机也称创业内驱力,是直接推动人们实现一定创业目标的内部动力,是激励人们创业行动的主观因素和推动人们产生创业行为的直接原因。其表现形式有创业愿望、创业信念、创业理想等。创业动机,作为一股强烈而积极的心理动力,使创业者进入了一种十分关注、十分投入的动机状态之中,这对创业活动的深入具有十分积极的作用。对于当代大学生来说,创业要从实际出发、志存高远,在脚踏实地的前提下,不断激发实现自身价值的成长动力,不断培养开拓创新的成长激情,树立积极远大的创业目标,通过不断奋斗实现创业理想。

2) 果敢、执着的创业意志

意志是有意识地确立目标,调节和支配行动,并通过克服困难和挫折,实现预定目的的心理过程。受意志支配的行动称为意志行动。人的行动丰富多样,有的行动是习惯性的,不受意识支配,如习惯性眨眼、有节奏地抖动自己的腿等;有些行动虽有意识,但在一般情况下可以自然完成,无须克服困难,如喝水、散步等。而意志行动是受意志力支配,具有一定目的,需要克服困难和挫折的行动过程。创业的路途并非一帆风顺,往往需要面对很多困难和挑战。成功的创业者往往是坚定执着的强者,他们努力地工作,被强烈的责任感驱动,有果断的决策、有坚定的毅力。面对竞争、风险,他们能够保持理性,不随波逐流。

创业者进入创业市场并与竞争对手角逐是必然的,但众多创业成功事例表明,创业者的成功往往是在与竞争对手进行竞争的情况下,激发出强烈的斗志,奋力拼搏而获得的。对于当代大学生创业,需要的是百折不挠的勇气和迎接挑战的信心,积极协作、参与竞争,勇敢地去搏击、去挑战,直至走向成功。

3) 自律、开放的创业情感

自律是创业者必须具备的最基本的品质之一,它包括对自我情绪和情感的有效控制,对社会道德、法律等社会规则的自觉遵守。具有强大的自律性,才能甘于平淡枯燥的创业过程,才能将激情豪迈的创业梦想通过踏实艰苦的奋斗和付出,转化成最终的事业。成功的创业者具有积极开放的心态,他们能够在创业的过程中包容异己、正视缺陷,在他人的质疑中发现成长的空间,能够从失败中发现成功的希望。

2. 创业能力的知识技能方面

创业是一个需要大量投入、艰辛而复杂的过程，必要的创业知识和技能为成功创业提供了智力支持和实践准备。创业的行业选择多种多样，创业所涉及的事务纷繁复杂，这都对创业者的知识结构和能力素质提出了很高的要求。

1) 创业知识结构方面

创业基础知识是指在创业实践活动过程中个体应具有的知识系统及其构成，是个体创业素质的基础要素。创业知识范围十分广泛，可以将创业的基本知识结构从产品、组织、市场、融资、企业管理等相对具体的角度进行归纳。

(1) 产品相关的知识，创业者必须学习技术知识、生产知识及与服务相关的知识。

(2) 市场相关的知识，包括销售、促销、一般市场知识等。

(3) 组织相关的知识，包括人力资本知识、社会资本知识、公司结构与系统知识、管理知识等。

(4) 融资相关的知识，包括资金资助、内部金融管理、纳税计划等。

(5) 创办企业相关的知识，包括识别机会、评估机会、开办新企业；为新企业筹措资金，获得企业的关键资源；新企业的营销；新企业的管理与稳定、创造与创新等知识。

(6) 新企业扩张与成长相关的知识，包括为成长中的企业注入资金，企业联合，成长管理，推销策略，发展预算控制系统与信息控制系统，人力资源管理，组织文化，组织中的角色，组织结构与员工安排，吸收与采购，运作管理与技术管理，企业的国际化层面，供给连锁管理，企业模式与规范，纳税问题等。

创业的基本知识结构也可以从经济学、社会学、管理学及行业专业知识等相对宏观的角度进行概括。归纳起来，成功的创业者不但应具有某个行业必要的专业知识，还需要掌握现代自然科学、人文社会科学、社会管理科学等方面的基本常识，并且具有不盲目崇拜、实事求是、与时俱进、敢于质疑、敢于挑战传统的科学精神。

2) 技术能力结构方面

创业者除了需要具备创业基本知识外，还需要具有一定的创业技能。创业技能是创业者所具有的创业素质的能力表现。国际劳工组织对创业技能做了如下界定："创业和自我谋职技能……包括工作中的创业态度，创造和革新能力，把握机遇与创造机遇的能力等。"通常可将技术能力分为硬件能力和软件能力两大类。硬件能力主要包括人力、财力和物力；软件能力是指个人能力，这里主要是指个人的创业技能，包括创新能力、沟通能力、理财能力、资源整合能力等。

创业过程既是一个勇于创新、迎接挑战的过程，也是一个追求新知、不断学习的过程，创业知识、技能结构的完善和丰富需要创业者在创业实践中善于学习思考，善于总结提炼，并通过创业实践过程不断提高知识和技能水平。当代大学生面临经济全球化的发展趋势，企业竞争更加激烈，其创业实践中更要有意识并积极主动地积累创业经验和创业理论，了解并掌握经营管理、法律、工商、税收、保险等知识，以及其他社会综合知识，锻炼和培养自身在企业经营、行业竞争等过程中的实践能力。

3. 培养大学生创业能力的途径

1) 以项目和社团为载体，增强创新意识和创业精神

要教育和引导大学生增强创新意识和创业精神，凭借知识、智慧和胆识去开创能发挥个人所长的事业。鼓励学生创造性地投身于各种社会实践活动和社会公益活动中，通过开展创业教育讲座，以及各种竞赛、活动等方式，形成以专业为依托，以项目和社团为组织形式的"创业教育"实践群体，激发大学生的创新意识和创业精神。以社团为载体充分发挥大学生的主体作用，组织开展创业沙龙、创业技能技巧大赛等活动，培养学生的创业能力。

2) 加强创业教育师资队伍建设，培养创新创业品质

创业品质有着丰富的内涵，包括敢于竞争、敢于冒险的精神；脚踏实地、勤奋求实的务实态度；锲而不舍、坚定执着的顽强意志；不畏艰难、艰苦创业的心理准备；良好的心态自控能力、团队精神与协作意识等多方面的品质。

3) 构建创业教育课程体系，培养学生创业能力

(1) 建立渗透创业教育内容的教育课程。高校必须改革传统的教学模式，增设创业教育课程，将其列为必选科目，采取多种形式的教学方式，丰富学生的创业知识，让他们了解和熟悉有关创办及管理小企业的知识和技能。

(2) 开设根据创业教育的具体目标专门设计的教育活动课程。在课外通过开展创业计划大赛、创业交流，开设创业教育讲座等丰富多彩的形式实施创业教育，包括"网络教学""实地考察""企业家论坛""创业计划(设计)"等，以拓宽学生学习的范围和视野，使课程更具启发性和实践性。定期举办对话交流论坛，请创业成功人士直接与学生进行面对面交流，解答其在课堂学习中和实际创业中的疑难问题。

(3) 创业环境类课程。创业环境建设分为硬环境和软环境两方面，硬环境如校园创业园区、小企业孵化器等。在校园内设立"创业园区"，学生可以提出项目申请，方案获通过后的学生根据自己的能力开办一些校内公司或在校内经商等。软环境如职业指导等，院系应成立由创业经验丰富的教师、企业管理人员和风险投资专家组成的创业指导小组，为学生在创业过程中提供适当的建议，从而避免学生盲目创业。

4) 构建合理的知识结构，提高创业能力

(1) 大学课堂、图书馆与社团。创业者如果能够通过课堂学习拥有过硬的专业知识，在创业过程中将受益无穷；在图书馆通常能找到创业指导方面的报刊和图书，广泛阅读能增加对创业市场的认识；社团活动能锻炼各种综合能力，这是创业者积累经验必不可少的实践过程。

(2) 媒体资讯。有创业意愿的大学生，可以多注意财经类媒体资讯。一是纸质媒体，人才类、经济类媒体是首要选择。例如，比较出名的《21世纪人才报》《21世纪经济报道》《IT经理人世界》等。二是网络媒体，管理类、人才类、专业创业类网站是必要选择。

(3) 与商界人士广泛交流。学校可不定期地邀请校内专家学者为学生开设更多的人文科学、自然科学讲座，邀请社会各界知名人士、校外专家学者来校举办讲座和报告，开阔学生的视野，完善学生的知识结构。

5) 加强创业实践活动环节，培养学生的创业能力

(1) 组织学生参加科研活动和各种专业竞赛活动。大学生通过参加各种专业竞赛和科研活动，如"挑战杯"中国大学生课外科技作品竞赛和创业计划大赛，对于增强创新意识，锻炼和提高观察力、思维力、想象力和动手操作能力都是十分有益的。

(2) 以校内外创业基地为载体，组织学生参加创业实践。创业教育的落脚点在社会实践，学校要建立多种形式的校内外创业基地，以此为载体组织学生参加创业实践。一方面通过实习环节开展创业实践。另一方面，创业基地与社会建立广泛的外部联系网络，包括各种孵化器和科技园、风险投资机构、创业培训机构、创业资质评定机构、小企业开发中心、创业者校友联合会、创业者协会等，形成一个高校、社区、企业良性互动式发展的创业教育生态系统，有效地开发和整合社会各类创业资源。

总之，创业素质是创业者开始创业实践前所经历的物质与精神力量的聚集过程。它不仅有助于创业者明确创业目标，积极把握创业机遇，进行有效的创业决策和将创业计划付诸实施，而且有助于创业者在创业过程中克服各种困难、战胜各种挫折、解决各种问题、增强心理素质。因此，创业素质对创业者的成败起着决定作用。对大学生进行创业教育，切实加强对大学生创业素质的培养势在必行。

5.3 创业团队的组建与管理

案例分享 | 任正非与他的创业团队

华为的发展史，就是一群精英不断成长的故事。任正非是当之无愧的华为领导者。

"我相信由于我的不聪明，引出来的集体奋斗与集体智慧，若能为公司的强大，为祖国、为世界做出一点贡献，二十多年的辛苦就值得了。我知识的底蕴不够，也并不够聪明，但我容得了优秀的员工与我一起工作，与他们在一起，我也被熏陶得优秀了。他们出类拔萃，夹着我前进，我又没有什么退路，不得不被'绑'着、'架'着往前走，不小心就让他们抬到了峨眉山顶。我也体会到团结合作的力量。这些年来进步最大的是我，从一个'土民'，被精英们抬成了一个体面的小老头。"

华为成长发展的历史，就是一个自我培训出来的领导与一群之字形成长起来的精英长期艰苦奋斗的故事。

1. 一个自我培训的领导

任正非伴随华为的发展而不断成长，一步一步地成为华为乃至中国企业界的领军人物，这主要归因于他持续不断地自我培训，因为他坚持认为最优秀、最杰出的人都是靠自我培训出来的。

"接受培训是重要的，但自我培训更重要。如果你真正想成为一个强者，就只有自己培训自己。人生苦短，青春宝贵，不要蹉跎了岁月！你梦想成大事，就一定要有头悬梁、锥刺股的精神。"任正非能够坚持自我培训、不断进步，是因为他在青年时期就养成了并一直保持至今的读书、交流和思考等良好的习惯。20多年前的任正非在许多华为人眼中的形象是动不动撸袖子、挽裤腿，口气很大，意志坚定，斩钉截铁。随着华为的全球触角越来越广，任正非走世界的里程越来越长，与地球上最顶尖的企业家、科学家、思想家，以及形形色色的人物的交流越来越多，阅读量也越来越大——走万里路，读万卷书，他的思维的广度与深度也在产生质的变化。

但无论是阅读还是纵议天下事，他的思考始终有一个焦点：围绕着华为而展开。理想主义为旗帜，实用主义为纲领，拿来主义为原则。

2. 一群之字形成长的精英

华为在高速成长发展过程中，干部人才辈出、精英不断涌现，不仅得益于任正非任人唯贤的心胸，更是得益于华为之字形的干部培养方式。

"如果这个人是好苗子，有可能上'航母'当舰长，可以对他'之'字形培养，当他进入一定阶段后，你才开始分析，给他循环赋能。"高层管理人员无一不是具有跨领域、跨区域的成功实战经验，通过之字形方式培养成长起来的。

郭平先生：历任产品开发部项目经理、供应链总经理、总裁办主任、首席法务官、流程与IT管理部总裁、企业发展部总裁、华为终端公司董事长兼总裁、公司轮值CEO、财经委员会主任等。

徐直军先生：历任公司无线产品线总裁、战略与Marketing总裁、产品与解决方案总裁、产品投资评审委员会主任、公司轮值CEO、战略与发展委员会主任等。

胡厚崑先生：历任公司中国市场部总裁、拉美地区总裁、全球销售部总裁、销售与服务总裁、战略与Marketing总裁、全球网络安全与用户隐私保护委员会主席、美国华为董事长、公司副董事长、公司轮值CEO及人力资源委员会主任等。

3. 华为"双金字塔模型"人才结构

华为30多年的成长发展，沉淀出了一个分层分类的人才序列——双金字塔模型。

任正非和三位轮值董事长是华为的思想领袖，其余董事会成员则是华为的战略领袖。十多万华为人在思想领袖的指引下、在战略领袖的带领下，不断地从胜利走向胜利，创造出了一个又一个的商业奇迹。

"双金字塔最上面的人叫思想领袖，他们要不断思考公司未来面临的机会与挑战；他们要创造思想，并对思想进行自省；他们要与宇宙对话、与哲学家对话、与自己的灵魂对话。"任正非这样说。

一个企业的成功，本质上是企业家自己的心灵觉醒。在双金字塔顶层思想领袖下面的是战略领袖。战略领袖的作用是把思想领袖创造的思想翻译成业务语言，再通过战略规划与执行使战略落地。位于思想领袖和战略领袖下面的是商业管理者、职能管理者和业务专家，这些人构成了金字塔的内部结构。

作为华为领导者的任正非，不仅带领华为人实现了从"一无所有"到"三分天下"、从"积极跟随者"到"行业领先者"的跨越式发展，更重要的是培养出了一大批精英人才、建立起了在循环更替中自然会产生接班人的制度，为华为的基业长青与可持续发展打下了坚实的基础。

5.3.1 创业团队及其重要性

1. 创业团队的内涵

创业团队是指在创业初期(包括企业成立前和成立早期),由一群才能互补、责任共担、愿为共同的创业目标而奋斗的人所组成的特殊群体。

1) 创业团队的特征

创业团队应具有如下特征:

(1) 团队拥有一个共同的任务和目标;
(2) 成员同舟共济,共同承担风险与责任;
(3) 成员间知识技能具有互补性;
(4) 成员之间信息共享,彼此尊重、诚信;
(5) 对团队的事务尽心竭力,全方位奉献。

2) 创业团队的类型

按照创业团队的组建形式及团队成员的角色,可以将其分为以下两种类型。

(1) 核心主导创业团队。核心主导创业团队一般是有一个核心主导人物想到了一个商业创意或有了一个商业机会,然后自己充当领军角色,去物色和招募创业伙伴,组成所需的创业团队。

(2) 群体性创业团队。群体性创业团队的建立主要来自因为经验、友谊和共同兴趣的关系而结缘的伙伴。其在交往过程中,一起发现某一商机,共同认可某一创业想法,并就创业达成共识后,开始共同进行创业。

3) 创业团队的要素

一般而言,创业团队由四大要素组成。

(1) 目标。目标是将人们的努力凝聚起来的要素,从本质上来说创业团队的根本目标都在于创造新价值。

(2) 人员。任何计划的实施最终还是要落实到人的身上去。人作为知识的载体,所拥有的知识对创业团队的贡献程度将决定企业在市场中的命运。

(3) 团队成员的角色分配。明确每个人在新创企业中担任的职务和承担的责任。

(4) 创业计划。制订团队成员在不同阶段分别要做的工作,以及怎样做的指导计划。

2. 创业团队的作用

一个好的创业团队对新创企业的成功起着举足轻重的作用。新创企业的发展潜力与企业管理团队的素质之间有着十分紧密的联系。一个喜欢独立奋斗的创业者固然可以谋生,然而一个团队的营造者却能够创建出一个组织或一个公司,而且是一个能够创造重要价值并有收益选择权的公司。创业团队的凝聚力、合作精神、立足长远目标的敬业精神会帮助新创企业度过危难时刻,加快成长步伐。另外,团队成员之间的互补、协调及与创业者之间的补充和平衡,对新创科技型企业起到了降低管理风险、提高管理水平的作用。

1) 能力互补

每个人的能力都有欠缺和不足的地方,但是可以通过团队的组建达到团队能力的完备。比如一个软件公司的创业团队，往往有人负责前台页面开发，有人负责后台技术实现，有人负责财务，有人负责销售。一个人具备方方面面的能力是不现实的，但是通过团队的组建，整个团队具备这样的能力是可能的。创业者需要从创业整体规划出发，明确哪些方面的技能和资源是自己所欠缺的，再以此来寻找相关具备此类技能的合作者，整合每个人的技能，以达到公司与个人的共同发展。

2) 工作分担

一辆汽车如果想要前进，必然有轮子、发动机、传送带等部件互相协作。创业是一个系统工程，有大量的工作需要完成，分担工作成为团队协作的一个基本功能。公司运营涉及人力资源、财务、行政、产品控制、市场推广等不同的角色，需要多岗位协同工作，共同参与、共同推进、相互配合，借助团队的力量来完成工作。

3) 科学决策

通过科学决策可以保证最小的决策偏差，换句话说就是最大限度保证决策的正确性。大型企业为什么决策失败的概率很小，一个很重要的原因就是科学的决策流程。决策不能是一个人拍拍脑门，重大事项的决策流程应该是先提出一个初步可行的方案，再经过头脑风暴、集体讨论进而确定决策结果。

4) 资源整合

组建创业团队还有一个很重要的原因，即可以实现资源互补。一个人所能协调的资源是有限的，而通过拥有不同资源的人组成团队可以更好地解决创业过程中遇到的困难。在组建创业团队时，除了要考虑资金，更需要考虑市场资源、客户资源、公共关系、行业经验、渠道等隐性的资源。

总之，一个高绩效创业团队往往具备以下几个显著的特征：①明确可行的目标；②致力于企业价值的创造；③对企业的长期承诺；④互补的技能；⑤良好的沟通；⑥高度的凝聚力；⑦公平合理的股权分配机制；⑧合理分享经营成果。

5.3.2　创业团队的组建与管理

1. 创业团队的组建

1) 创业团队组建的基本原则

(1) 目标明确合理原则。目标必须明确，这样才能使团队成员清楚地认识到共同的奋斗方向是什么。与此同时，目标也必须是合理的、切实可行的，这样才能真正达到激励的目的。

(2) 互补原则。创业者之所以寻求团队合作，其目的就在于弥补创业目标与自身能力间的差距。只有当团队成员相互间在知识、技能、经验等方面实现互补时，才有可能通过相互协作发挥出"1+1>2"的协同效应。

(3) 精简高效原则。为了减少创业期的运作成本、最大比例地分享成果，创业团队人员构成应在保证企业能高效运作的前提下尽量精简。

(4) 动态开放原则。创业过程是一个充满了不确定性的过程，团队中可能因为能力、观念等多种原因不断有人离开，同时也有人要求加入。因此，在组建创业团队时，应注意保持团队的动态性和开放性，使真正完美匹配的人员能被吸纳到创业团队中来。

2) 创业团队组建的主要影响因素

创业团队的组建受多种因素的影响，这些因素相互作用，共同影响着组建过程并进一步影响着团队建成后的运行效率。

(1) 创业者。创业者的能力和思想意识从根本上决定了是否要组建创业团队，以及团队组建的时间表和由哪些人组成团队。创业者只有在意识到组建团队可以弥补自身能力与创业目标之间存在的差距，才有可能考虑是否需要组建创业团队，以及对什么时候需要引进什么样的人员才能和自己形成互补做出准确判断。

(2) 商机。不同类型的商机需要不同类型的创业团队。创业者应根据创业者与商机间的匹配程度，决定是否要组建团队及何时、如何组建团队。

(3) 团队目标与价值观。共同的价值观、统一的目标是组建创业团队的前提，团队成员若不认可团队目标，就不可能全心全意为此目标的实现而与其他团队成员相互合作、共同奋斗。而不同的价值观将直接导致团队成员在创业过程中脱离团队，进而削弱创业团队作用的发挥。没有一致的目标和共同的价值观，创业团队即使组建起来了，也无法有效发挥协同作用，缺乏战斗力。

(4) 团队成员。团队成员的能力总和决定了创业团队的整体能力和发展潜力。创业团队成员的才能互补是组建创业团队的必要条件，而团队成员间的互信是形成团队的基础。互信的缺乏，将直接导致团队成员间协作障碍的出现。

(5) 外部环境。创业团队的生存和发展直接受到制度环境、基础设施服务、经济环境、社会环境、市场环境、资源环境等多种外部因素的影响。

3) 创业团队组建的程序及主要工作

创业团队的组建是一个相当复杂的过程，不同类型的创业项目所需的团队不一样，创建步骤也不完全相同。概括来讲，大致的组建程序及主要工作如下。

(1) 明确创业目标。创业团队的总目标就是要通过完成创业阶段的技术、市场、规划、组织、管理等各项工作实现企业从无到有、从起步到成熟。总目标确定之后，为了推动团队最终实现创业目标，再将总目标加以分解，设定若干可行的、阶段性的子目标。

(2) 制订创业计划。在确定了一个个阶段性子目标及总目标之后，紧接着就要研究如何实现这些目标，这就需要制订周密的创业计划。创业计划是在对创业目标进行具体分解的基础上，以团队为整体来考虑的计划，创业计划确定了在不同的创业阶段需要完成的阶段性任务，通过逐步实现这些阶段性目标来最终实现创业目标。

(3) 招募合适的人员。招募合适的人员也是创业团队组建最关键的一步。关于创业团队成员的招募，主要应考虑两个方面。一是考虑互补性，即考虑其能否与其他成员在能力或技术上形成互补。这种互补性的形成既有助于强化团队成员间彼此的合作，又能保证整个团队的战斗力，更好地发挥团队的作用。二是考虑适度规模，适度的团队规模是保证团队高效运转的重要条件，团队成员太少则无法实现团队的功能和优势，而团队成员过多又可能会产生交流的障碍，团队很可能会分裂成许多较小的团体，进而大大削弱团队的凝聚力。一般认为，创业团队的规模控制在2～12人最佳。

(4) 职权划分。根据执行创业计划的需要，具体确定每个团队成员所要担负的职责，以及相应所享有的权限。团队成员间职权的划分必须明确,既要避免职权的重叠和交叉,也要避免无人承担造成工作上的疏漏。此外,由于创业团队还处于创业过程中,面临的创业环境又是动态复杂的,新的问题会不断出现,团队成员可能也会经常更换,因此创业团队成员的职权也应根据需要相应进行调整。

(5) 构建创业团队制度体系。创业团队制度体系体现了创业团队对成员的控制和激励能力,主要包括了团队的各种约束制度和各种激励制度。一方面,创业团队通过各种约束制度(主要包括纪律条例、组织条例、财务条例、保密条例等)指导其成员避免做出不利于团队发展的行为,实现对其行为的约束,保证团队的稳定秩序。另一方面,创业团队想实现高效运作就要具备有效的激励机制(主要包括利益分配方案、奖惩制度、考核标准、激励措施等),使团队成员看到随着创业目标的实现,其自身利益将会得到怎样的改变,从而达到充分调动成员的积极性、最大限度发挥团队成员作用的目的。要实现有效的激励,必须先把成员的收益模式界定清楚,尤其是关于股权、奖惩等与团队成员利益密切相关的事宜。需要注意的是,创业团队的制度体系应以规范化的书面形式确定下来,以免责权模糊不清。

(6) 团队的调整融合。完美组合的创业团队并非创业一开始就能建立起来,很多时候是在企业创立一定时间以后随着企业的发展逐步形成的。随着团队的运作,团队组建时在人员匹配、制度设计、职权划分等方面的不合理之处会逐渐暴露出来,这时就需要对团队进行调整融合。由于问题的暴露需要一个过程,因此团队调整融合也应是一个动态持续的过程。在完成了前面的工作步骤之后,团队调整融合工作专门针对运行中出现的问题不断对前面的步骤进行调整直至满足实践需要为止。在进行团队调整融合的过程中,最为重要的是要保证团队成员间经常进行有效的沟通与协调,培养强化团队精神,提升成员士气。

2. 创业团队的管理

(1) 造成团队冲突分裂的原因:①过分追求民主,没有形成创业领袖人物;②创业团队盲目自信;③团队成员中个别成员有畏惧心理;④创业团队成员搭配不尽合理;⑤因为性格、个性、兴趣不合,导致磨合出现问题;⑥团队成员之间缺乏共同的创业目标、利益、思路、纲领、规则等;⑦团队成员中有些人的能力不适应企业发展的需要;⑧没有明确的利润分配方案。

(2) 加强团队建设的主要方法:①明确努力目标;②坚持公平原则;③理性角色定位;④积极有效沟通;⑤建章立制;⑥扩充团队。

5.3.3 创业团队的风险与风险控制

1. 创业团队构建的风险

1) 盲目照搬成功的组建模式

创业团队的组建基本可以分成3种模式:关系驱动、要素驱动和价值驱动。关系驱动是指以创业领导者为核心的人际关系圈的圈内成员构成团队。他们因为经验、友谊和共同兴趣结成合作伙伴,彼此发现商业机会后共同创业。关系驱动模式比较符合中国文化的特点,其团队的稳定性相对较高,但这种模式下,关系的远近亲疏经常会成为制约团队发展的因素。要素驱动是指创业团队成员分别贡献创业所需的创意、资源和操作技能等要素。由于这些要素完全互补，团队成员之间处于相对平等的地位。要素驱动模式比较符合西方文化的特点，现在的互联网创业团队大多属于这种模式，如果成员之间磨合顺利，可以缩短企业成功所需的时间，但是如果磨合不顺利，就很容易发生解散风险。价值驱动是指创业成员将创业视为一种实现自我价值的手段，他们的使命感很强，成功的冲动也很强。价值驱动模式中的团队成员虽然是为了追求自我实现组合在一起的，但是一旦产生分歧，基本没有妥协的余地。

不同的组建模式适用的条件不尽相同，如果盲目照搬照套某种组建模式，会给企业带来巨大的风险。

2) 团队成员选择具有随意性和偶然性

创业团队是要将个体的力量整合为集聚的攻击力，并保持这种攻击力的持久性。理想创业团队的构成，通常包含9种不同角色的人：提出创新观点并做出决策的创新者；将思想语言转化为行动的实干者；将目标分类，进行角色职责与义务分配的协调者；促进决策实施的推进者；引进信息与外部谈判的信息者；分析问题与看法并评估别人贡献的监督者；给予个人支持并帮助他人的凝聚者；强调任务的时效性并完成任务的完美主义者；具有专业技能和知识的专家。

在团队组建初期，由于规模和人数的限制，创业团队在成员选择方面考虑不够全面，过于随意和偶然，甚至只是因为碰巧谈到创业问题而一拍即合，所以不可能具备所有这九种角色，之后又没有进行及时的补充，或是在团队中承担某种角色的人才过多，团队成员之间角色和优势重复，这些都会引发各种矛盾，最终导致整个创业团队的解体。

3) 缺乏明确和一致的团队目标

杰出团队的显著特征是具有共同的愿景与目标，凝聚人心的愿景与经营理念是团队合作的基础。目标则是共同愿景在客观环境中的具体化，能够为团队成员指明方向，是团队运行的核心动力。

事实上，在创业初期，创业团队的目标一般并不十分清晰和明确，可能只是一个朦胧的发展方向，有些人甚至不明白自己为什么会走上创业的道路。而且即使创业领导者的目标明确，也不能保证其他成员都能够准确理解团队目标的含义。随着创业进程的推进及外界环境的变化，团队成员可能会发现原先确定的目标和现实之间存在差距，必须对目标进行适当调整，此时如果团队成员之间意见难以调和，或是个人目标与组织目标出现较大的不一致，那么团队就会面临解散的风险。

4) 激励机制尤其是利润分配方式不完善

有效激励是企业长期保持团队士气的关键。如果缺乏有效的激励，团队或者组织的生命都难以长久，有效激励的重点是给予团队成员合理的"利益补偿"。利益分配对于创业团队的持续长期发展有着重要的意义。

实际上，在团队组建初期，由于企业前途未卜，各成员在创业企业中的作用和贡献无法准确衡量，因此团队无法给出一个明确的利润分配方案，可能只是简单地采取平均主义的做法，这样，随着企业的发展和利润的增加，团队成员在利润分配时就会出现争议，从而导致创业团队人心浮动。

2. 创业团队的风险控制

1) 选择合适的团队成员

建立优势互补的创业团队是保持团队稳定性的关键，也是规避和降低团队组建模式风险的有效手段。在团队创建初期，人数不宜过多，能满足基本的要求即可。在成员选择上，要综合考虑成员在能力和技术上的互补性，基本保证具备理想团队所需的九种角色。而且，成员的能力和技术应该处于同一等级，不宜差距过大。如果团队成员在理解能力、表达能力、执行能力、社会资源能力、思维创新能力等方面存在较大的差异，就会产生严重的沟通和执行障碍。

此外，在选择成员时还要考虑创业激情的影响。在企业初创期，所有成员每天都需要超负荷工作，如果缺乏创业激情和对事业的信心，不管其专业水平多高，都可能成为团队中的消极因素，对其他成员产生负面影响。

2) 确定清晰的创业目标

创业团队在实践中要不断总结和吸取教训，形成一致的创业思路，勾画出共同的目标，以此作为团队努力的目标和方向，鼓励团队成员尽快掌握工作内容和了解职责，竭诚与他人合作交流，贡献个人能力。

创业团队的目标必须清晰明确，能够集中体现出团队成员的利益与团队成员的价值取向一致，并保证所有团队成员都能正确理解，这样才能发挥鼓励和激励团队成员的作用。此外，创业团队的目标还必须切实可行，既不应太高，也不能太低，而且能够跟着环境和组织的变化及时更新和调整。

3) 制定有效的激励机制

正确判断团队成员的"利益需求"是有效激励的前提。实际上，不同类型的人员对于利益的需求并不完全一样，有些成员将物质追求放在第一位，而有些成员则是希望能够获得荣誉、发展机会、能力提高等其他利益。因此，创业团队的领导者必须加强与团队成员的交流，针对各成员的情况采取合理的激励措施。

创业团队的利润分配体系必须体现出个人贡献价值的差异，而且要以团队成员在整个创业过程中的表现为依据，而不仅是某一阶段的业绩。其具体分配方式要具有灵活性，既包括股权、工资、奖金等物质利益，也包括个人成长机会和相关技能培训等内容，并且能够根据团队成员的期望进行适时调整。

思考练习题

(1) 什么是创业？

(2) 你想创业吗？列举一下你身边的创业机会。

(3) 试列举成功的创业者应该具备的素质，谈谈你应该怎样去培养自己的这些素质。

(4) 为什么创业需要组建创业团队？谈一谈你有哪些管理创业团队的好办法。

(5) 简述创业型经济的概念与内涵，并列举创业经济能给社会带来的改变。

第 6 章

创业机会

> 好花盛开，就该尽先摘，慎莫待美景难再，否则一瞬间，它就要凋零萎谢，落在尘埃。
>
> ——莎士比亚

本章知识点

- 什么是创业机会？
- 如何分析创业机会？
- 怎样分析创业项目？
- 我国的创业环境是怎样的？
- 什么是适合大学生创业的项目？

6.1 创业机会概述

案例分享 | 从汶川地震到卫星通信

宋哲，北理工博士，她既是第六届中国国际"互联网+"大学生创新创业大赛冠军项目的负责人，也是国家技术发明奖二等奖最年轻的获得者之一。她和团队成员共同研制了我国首套卫星通信阵列参数矩阵并行测量仪，申请了36项国家发明专利(授权21项)，拥有4项软件著作权……

"选择卫星通信这条道路并为之奋斗12年是有一个故事的，一切起源于2008年的汶川地震。"在第六届中国国际"互联网+"大学生创新创业大赛冠军争夺赛的现场，宋哲这样介绍自己和团队12年深耕不辍的奋斗故事："2008年汶川地震发生后，当地地面通信全部被损毁，重灾区和外面的联系只能依靠解放军战士背着卫星电话以非常危险的'盲跳'方式伞降进入重灾区，这个事情深深震撼到了我。在本科毕业选择设计的题目时，我义无反顾地选择了卫星通信这个方向。"从那时起，宋哲就在心中种下了一个梦想："希望能为建立和保障国家卫星通信链路贡献力量，这是作为一个卫星通信人的梦想和骄傲。"时至今日，宋哲在这条道路上努力奋斗了12年，并且希望能够走得更远更高。

目前，宋哲团队的"星网测通"项目用B2B模式为商业航天用户提供一体化解决方案，团队已与航天科工集团、航天科技集团等行业顶尖设备制造商达成了合作意向，意向总金额超过2.7亿元。

6.1.1 创业机会的概念及特征

1. 创业机会的概念

机会，顾名思义即恰好的时候、时机。创业机会，又称商业机会或者市场机会，是指在市场经济条件下，社会的经济活动过程中形成和产生的一种有利于企业经营成功的因素，是一种带有偶然性并能被经营者认识和利用的契机。创业是建立在机会的基础上。

2. 创业机会的特征

创业机会如同沙中的黄金，其稀缺性和难以捕捉性显而易见，需用独特的创业视角和方法才能发现，创业机会具有如下特征。

(1) 模糊性。商机是隐藏于模糊的环境中还未清晰显现的市场需求，即创业具有模糊性。模糊性隐藏着商机的风险性，创业机会与创业陷阱只有一步之遥。

(2) 风险性。所有的创业机会均具有风险性，创业机会中的利益与风险永远是对等的。创业者通过承担风险获得剩余价值，而工人通过转嫁风险获得工资。适度挑战风险但不做冒险家，看重结果而不计较损失，善于捕获那些"铤而走险"的机会而获得高价值收入，是创业家的三大人格特征。

(3) 适时性。创业机会产生于一个特定时间，同时在特定的时间才有效用，所以要善于在有效的机会时效内抓住和利用机会。

(4) 普遍性。凡是有市场、有经营的地方，客观上就存在着创业机会。创业机会普遍存在于各种经营活动之中。

(5) 较高回报性。商机是一种潜在的高价值回报的市场需求。商机所蕴含的潜在的高价值是令人激动的，对商机高价值的发现和期待是激情创业的主要诱因和原动力。

(6) 潜在增长性。创业机会是外部环境因素中一种尚未明显的，具有足够潜在增长空间的正向市场需求趋势。

(7) 存在于未被发现和未被满足的市场需求中。商业机会是未被发现和未被满足的市场需求，它往往隐藏于市场的夹缝中。创业活动不仅要满足市场的需求，更是要发现市场的需求。

6.1.2 创业机会的类型

当我们发现一个潜在的创业机会后,需要进一步明确这个创业机会的类型。对于同一个问题,因为创业机会的类型不同,需要的资源、知识产权保护方式、产品研发投入、承担的风险都不同。重要的是,了解创业机会的类型,能够帮助我们准确分析这个机会是不是真正的商机,是不是真正值得投资。

1. 复制型创业机会

复制型创业机会,是在市场和产品都很明确的情况下,复制已有的创业模式。这样的创业机会比较容易识别,属于一种显性的创业机会。复制型创业机会的特点是进入门槛低,竞争激烈。所以,创业者必须找到供需之间确实存在问题的行业,这样才能够盈利和持久。复制型创业机会主要包括网店、连锁店和加盟店等。

2. 模仿型创业机会

模仿型创业机会,是指对一种已经成功的创业模式进行改良,从一个市场移植到新的市场,或者从一个地方移植到另一个地方,所以这样的机会也称移植型机会。比如,QQ最初模仿了国外的ICQ,再结合中国人的习惯和市场进行改进和完善。其他类似的例子包括搜索引擎、网上支付、电商平台、电视广告、手机叫车等大都是复制后进行了一定的改进。

3. 增值型创业机会

增值型创业机会,是通过一种全新的或者大幅度改进的产品来满足已知的用户需求。创新的产品会比原有的旧产品提供更高价值或更高性价比。增值型创业既需要坚实的专业技术知识和创新能力,也需要敏锐的观察力和发现所在市场的各种问题和需求的能力。

4. 风险型创业机会

风险型创业机会,往往是利用某种技术或社会发展趋势带来的创业机遇而创造出全新的产品、全新的市场甚至全新的行业。风险型创业机会属于典型的机遇型创业。准确来说,是借助新趋势而开拓的新的创业机会。这样的趋势包括技术变革、政治和制度变革、社会变革、人口结构变化和产业结构变革等。风险型创业机会的市场、产品都是不确定和高度创新的,所以风险高,失败概率大。风险型创业必须借助一个大的趋势,不然很难达到一定的规模。所以关注某个领域的重大进步,深入学习和参与某个行业的技术发展,关注新闻和时事报道,有利于发现潜在的创业机会。风险型创业不是发现机会,而是创造机会。例如,中国新城镇发展、老龄化、纳米技术、航天技术、新能源技术等都可能带来新的创业机会。

以上4种创业机会的比较,如表6-1所示。

表6-1　4种创业机会的比较

项目	类型			
	复制型创业机会	模仿型创业机会	增值型创业机会	风险型创业机会
机会特征	高度显性	中度显性	中度隐性	高度隐性
识别难度	低	比较低	比较高	很高
创业风险	低	比较低	比较高	很高
自主创新程度	很低	比较低	比较高	比较高

6.1.3　创业机会的意义

我们之所以关注创业机会，是因为创业活动的本质是发现和把握商机。创业机会的意义主要体现在以下方面。

1. 获得商机中的潜在价值

商机的本质是利用机会获得价值，高价值商机是大学生创业者的首要资源。从资源角度看，大学生是创业的弱势群体，他们缺少创业的人、财、物、经验、社会关系等资源，但当代大学生并不缺少对价值商机的发现能力和把握商机的设计能力，只要发现和把握住了这一关键资源，就能以股份制方式，组织到创业所需要的资金、人员等其他资源。

2. 帮助企业把握商机

在多变的市场环境下，企业若要获得长期的商业利润，就要不断地发现环境机会，把握创新的时机，不断创造价值和谋求成长。

在商机管理时代，创业是科学，也是艺术，但更是实践。有志创业的大学生，首先要建立起没有商机不创业的原则；其次要学专业、想创业，学习发现商机的方法，做发现商机的有心人；最后要积极参与大学生创新训练项目、创业训练项目，从中发现商机，领悟创业精神，积累创业资源，等待时机。

6.2　创业机会分析

6.2.1　创业机会的识别

创业机会的识别是创业领域的关键问题之一。创业过程就是对机会进行识别、开发、利用的过程。识别正确的创业机会是创业者应当具备的重要技能。现有的创业机会存在于：不完全竞争下的市场空隙、规模经济下的市场空间、企业集群下的市场空缺等。

1. 有价值的创业机会的基本特征

一般而言,有价值的创业机会有以下特征。

(1) 在前景市场中,前5年中的市场需求会稳步增长。

(2) 创业者能够获得利用该机会所需的关键资源。

(3) 创业者不会被锁定在"刚性的创业路径"上,而是可以从中途调整创业的"技术路径"。

(4) 创业者有可能创造新的市场需求。

(5) 商业风险是明朗的,而且至少有部分创业者能够承受相应风险。

2. 创业机会的识别过程

创业者从复杂和梦幻般的创意中选择了其心目中的创业机会,接下来是组织资源着力开发这一机会,直至最终取得成功。这一过程中,机会的潜在预期价值及创业者的自身能力得到反复权衡,创业者对创业机会的战略定位也越来越明确,这一过程称为机会的识别过程。

创业机会的识别是创业领域的关键问题之一。创业机会识别过程主要分为3个阶段:机会搜寻阶段、机会识别阶段、机会评价阶段(见图6-1)。

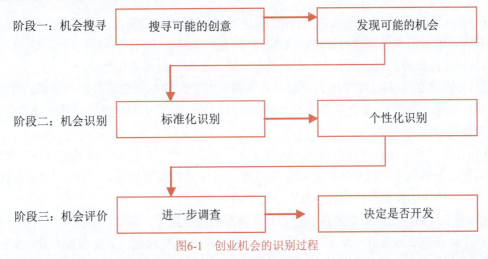

图6-1 创业机会的识别过程

(1) 机会搜寻阶段。在这一阶段创业者对整个经济系统中的创意展开搜索,根据创意,明确研究的目的或目标。例如,创业者可能会认为他们的产品或服务存在市场需求,但他们不能确信产品或服务如果以某种形式出现,谁将是顾客。这样,研究目标便是向人们询问他们如何看待该产品或该服务,是否愿意购买,并了解有关人口统计的背景资料和消费者个人的态度。当然,还有其他目标,如了解有多少潜在顾客愿意购买该产品或该服务,潜在的顾客愿意在哪里购买,以及预期会在哪里听说或了解该产品或该服务等。此外,创业者还可以从已有数据或二手资料中收集信息,这些信息主要来自商贸杂志、图书馆、政府机构、大学或专门的咨询机构及互联网等。如果创业者意识到某一创意可能是潜在的商业机会,具有潜在的发展价值,就将进入下一阶段机会识别阶段。

(2) 机会识别阶段。识别创业机会是思考和探索互动反复,并将创意进行转变的过程。

这里的机会识别是指从创意中选择合适的机会。这一过程包括两个步骤：首先是通过对整体市场环境的考察及一般的行业分析，来判断该机会是否在广泛意义上属于有利的商业机会；其次是考察对于特定的创业者和投资者来说，这一机会是否有价值，也就是个性化的机会识别阶段。

(3) 机会评价阶段。评价是仔细审查创意并分析其是否可行的阶段，其内容主要包括各项财务指标的预测分析、技术方案评价、市场潜力评价、创业团队和资源的酝酿等，通过机会的评价，创业者决定是否正式组建企业和吸引投资。

6.2.2 创业机会的评价

创业本身是一种高风险行为，即使失败也可能成为下一次创业成功的基础。不过，一些先天条件不好，市场进入时机不对，或者具有致命瑕疵的创业构想，创业者如果能先以较客观的方式进行评估，那么许多悲剧式的结局就不至于一再发生，创业成功的概率也可以大幅度提升。因此，创业者需要借助"机会选择漏斗"，经过一层又一层筛选，在众多机会中筛选出真正适合自己的创业机会。创业机会评价是创业的重要环节。

1. 创业机会的评价内容

(1) 行业和市场。创业想法是否有市场，这个市场是否有购买力、是否存在有购买意愿的消费者，满足消费者需求的价格、地点和时间是什么等。

(2) 机会的把握。机会的大小、时间长度，以及能否把握和抓住机会。

(3) 创业者的个人目标和能力。创业者是否具备坚定的创业意愿及创业必需的能力(包括知识、技能和特质)，是否能够学习并提高这些能力，这对于创业是否能够成功具有非常重要的作用。

(4) 团队管理。在许多风险投资尤其是在涉及大量资金、高风险、成熟的市场、激烈的竞争等特点的投资中，管理团队是一个衡量投资吸引力的重要指标。该团队在相同或者相关行业和市场中的技能和经验通常决定了企业的成败。

(5) 竞争优势。一个吸引人的机会必须具备某些竞争优势。例如，与市场中同类产品相比，该产品成本更低或者质量更好。另外，进入市场的壁垒问题，如资金投入量、保护(专利权)、合同优势等，是决定投资与否的重要因素。

(6) 资源。创业是否掌握可用的资金、技术和其他必备资源，将决定是否可以利用某个机会。

(7) 环境。企业的外部环境对于机会的吸引力有着深远的影响。环境不仅包括自然环境，还包括政治、经济、地理、法律等社会环境。

(8) 可行性研究和创业计划。投资者和贷款人都要考虑以上相关问题并以创业计划书的形式展现出来。一个市场论证严格、文字表述清晰、内容简洁有效的创业计划书也在评估范围内。

2. 创业机会的评价准则

针对创业机会的市场与效益，评估准则有如下两种。

1) 市场评估准则

市场评估准则包括如下6个方面。

(1) 市场定位。从市场定位是否明确、顾客需求分析是否清晰、顾客接触通道是否流畅、产品是否持续衍生等方面，来判断创业机会可能创造的市场价值。

(2) 市场结构。对创业机会的市场结构进行分析，如进入障碍、供货商、顾客、经销商的谈判能力、替代产品的威胁和市场内部竞争对手的反击程度等。

(3) 市场规模。市场规模大，进入障碍相对较低，市场竞争激烈程度也会略微下降。若要进入的是一个十分成熟的市场，那么利润空间会很小；若要进入的是一个成长中的市场，只要时机正确，必然会有获利空间。

(4) 市场渗透力。对于一个具有巨大市场潜力的创业机会，市场渗透力评估将是非常重要的。创业者应该选择在最佳的时机进入市场，也就是市场需求正要大幅增长之际。

(5) 市场占有率。一般而言，要成为的市场领导者，至少需要拥有20%的市场占有率，若市场占有率低于5%，则这个企业的市场竞争力不强，不具有投资价值。

(6) 产品的成本结构。从物料与人工成本所占比重之高低、变动成本与固定成本的比重，以及经营规模的大小，可以判断企业创造附加价值的幅度和未来可能的获利空间。

2) 效益评估准则

效益评估准则包括如下4个方面。

(1) 合理的税后净利。一般而言，具有吸引力的创业机会，需要能够创造15%以上的税后净利。如果创业预期的税后净利在5%以下，那么这就不是一个很好的投资机会。

(2) 达到损益平衡所需时间。创业后，应该在两年之内达到损益平衡，如果预计三年还达不到平衡，通常评价为不值得投资项目。

(3) 投资回报率。考虑到创业面临的各种风险，合理的投资回报率应该在25%以上，而15%以下的投资回报率通常评价为不值得投资项目。

(4) 资本需求。资本需求量较低的创业机会，投资者一般会比较欢迎。通常，知识越密集的创业机会，对资金的需求量越低，投资回报反而越高。

3. 创业机会的评价方法

通过循环反复的"识别—评价—开发—识别"步骤，一个最初的商业概念或创意就会逐步完善起来。创业机会的主要评价方法如下。

1) 定量分析方法

(1) 蒂蒙斯机会评估法。著名的创业学家杰弗里·蒂蒙斯(Jeffry Timmons)总结概括了一个评价创业机会的模型，其中涉及八大类分项指标，该模型是目前包含评价指标比较完全的一个体系。通过量化的方式，创业者可以利用这个体系模型对行业和市场、竞争优势、经济因素和收获条件、管理团队、致命缺陷等问题做出判断，以及判断这些要素加起来是否可以组成一个有足够吸引力的商机。一些风险投资商和创业大赛也都借用该模型对创业项目进行评价。蒂蒙斯机会评估标准，如表6-2所示。

表6-2 蒂蒙斯机会评估标准表

评价要素	评价指标
行业与市场	1. 市场容易识别，可以带来持续收入 2. 顾客可以接受产品或服务，愿意为此付费 3. 产品的附加价值高 4. 产品对市场的影响力大 5. 将要开发的产品生命周期长 6. 项目所在的行业是新兴行业，竞争不完善 7. 市场规模大，销售潜力达到1000元~10亿元 8. 市场成长率在30%~50%，甚至更高 9. 现有厂商的生产能力几乎完全饱和 10. 在5年内能占据市场的领导地位，达到20%以上 11. 拥有低成本的供货商，具有成本优势
经济因素	1. 达到盈亏平衡点所需要的时间在1.5~2年以下 2. 盈亏平衡点不会逐渐提高 3. 投资回报率在25%以上 4. 项目对资金的要求不是很高，能够获得融资 5. 销售额的年增长率高于15% 6. 有良好的现金流量，能占到销售额的20%以上 7. 能获得持久的毛利，毛利率要达到40%以上 8. 能获得持久的税后利润，税后利润率要超过10% 9. 资产集中程度低 10. 运营资金不多，需求量是逐渐增加的 11. 研究开发工作对资金的要求不高
收获条件	1. 项目带来的附加价值具有较高的战略意义 2. 存在现有的或可预料的退出方式 3. 资本市场环境有利，可以实现资本的流动
竞争优势	1. 固定成本和可变成本低 2. 对成本、价格和销售的控制较好 3. 已经获得或可以获得对专利所有权的保护 4. 竞争对手尚未觉醒，竞争较弱 5. 拥有专利或具有某种独占性 6. 拥有发展良好的网络关系 7. 拥有杰出的关键人员和管理团队
管理团队	1. 创业者团队是一个优秀管理者的组合 2. 行业和技术经验达到了本行业内的最高水平 3. 管理团队的正直廉洁程度能达到最高水准 4. 管理团队知道自己缺乏哪方面的知识
致命缺陷	不存在任何致命缺陷问题

(续表)

评价要素	评价指标
个人标准	1. 个人目标与创业活动相符合 2. 创业者可以做到在有限的风险下实现成功 3. 创业者能接受薪水减少等损失 4. 创业者渴望进行创业,而不仅是为了赚钱 5. 创业者可以承受适当的风险 6. 创业者在压力下状态依然良好
理想与现实的战略性差异	1. 理想与现实情况相吻合 2. 管理团队已经是最好的 3. 在客户服务管理方面有很好的服务理念 4. 所创办的事业顺应时代潮流 5. 所采取的技术具有突破性,不存在许多替代品或竞争对手 6. 具备灵活的适应能力,能快速地进行取舍 7. 始终在寻找新的机会 8. 定价与市场领先者几乎持平 9. 能够获得销售渠道,或已经拥有现成的网络 10. 能够允许失败

以上评价要素,应根据具体的创业机会特性进行选用,在评价运用时都设有机会的最高和最低吸引力,通常大多创业机会都是处于最高与最低之间,运用者根据具体情况对每一项进行打分,然后根据得分高低来判断该创业机会的潜在价值。

(2) 温斯丁豪斯法。该方法是通过技术成功概率、商业成功概率、单位产品毛收入和投资生命周期收入的乘积与总成本相除,得出该创业机会的优先级别。公式为

$$机会优先级 = \frac{技术成功概率 \times 商业成功概率 \times (价格-成本) \times 投资生命周期收入}{总成本}$$

在该公式中,技术和商业成功的概率是以百分比(0~100%)表示,成本是以单位产品成本计算,投资生命周期收入是指可以预期的所有收入,总成本是指预期的所有投入(如研究、设计、制造和营销费用)。对于不同的创业机会将具体数值代入计算,特定机会的优先级越高,该机会越有可能成功。例如:假设一个创业机会的技术成功概率为50%,市场上的商业成功概率为50%,净销售价格为18元,每个产品的全部成本为8元,在5年的投资生命周期中总收入为100 000元,总成本为50 000元,把这些数字代入公式中,可以计算得出机会优先级等于5。

(3) 贝蒂的选择因素法。该方法是通过对11个选择因素的设定来对创业机会进行判断。如果某个创业机会只符合其中的6个或更少的因素,这个创业机会就很可能不可取;相反,如果某个创业机会符合其中的7个或者7个以上的因素,那么这个创业机会将大有希望。贝蒂的选择因素法判断表,如表6-3所示。

表6-3 贝蒂的选择因素法判断表

选择因素	是	否
1. 这个创业机会在现阶段是否只有你一个人发现了		
2. 初始的产品生产成本是否可以接受		
3. 初始的市场开发成本是否可以接受		
4. 产品是否具有高利润回报的潜力		
5. 是否可以预期产品投放市场和达到盈亏平衡点的时间		
6. 潜在的市场是否巨大		
7. 你的产品是否是一个高速成长的产品家族中的第一个成员		
8. 你是否拥有一些现存的初始用户		
9. 你是否可以预期产品的开发成本和开发周期		
10. 你是否处于一个成长的行业中		
11. 金融界是否能够理解你的产品和顾客对它的需求		
总 分		

2) 定性分析方法

(1) 哈佛大学商学院教授霍华德·史蒂文森(Howard Stevenson)等人认为，对创业机会的充分评价需要考虑如下几个重要问题。

① 机会的大小、存在的时间跨度和随时间成长的速度如何。

② 潜在的利润是否足够弥补资本、时间和机会成本的投资而带来令人满意的收益。

③ 机会是否开辟了额外的、多样化的或综合的商业机会选择。

④ 在可能的障碍面前，收益是否会持久。

⑤ 产品或服务是否真正满足了真实的需求。

(2) 隆杰内克(Longenecker)指出了评价创业机会的5项基本标准，具体如下。

① 对产品有明确界定的市场需求，推出的时机也是恰当的。

② 投资的项目必须能够维持持久的竞争优势。

③ 投资必须具有一定程度的高回报，从而允许一些投资中的失误。

④ 创业者和机会之间必须适合。

⑤ 机会中不存在致命的缺陷。

(3) 我国学者雷家骏等也提出了具有5个特征的机会评价方法。

① 机会的原始市场规模。市场越大越好，但大市场可能会吸引强大有力的竞争对手，因此小市场可能会更友善。

② 机会存在的时间跨度。一切机会都只存在于一段有限的时间内，这段时间的长短差别很大，由商业性质决定。

③ 一个机会可能带来的市场规模将随时间变化，一个机会可能带来的风险和利润也会随时间变化，机会存在的某些时期可能比其他时期更有商业潜力。

④ 好机会的5个特点：前景市场可明确界定；前景市场中前5～7年销售额稳步且快速增长；创业者能够获得利用机会所需的关键资源；创业者不被锁定在刚性的技术路线上；

创业者可以用不同的方式创造额外的机会和利润。

⑤ 特定机会对特定创业者的可行性。创业者是否拥有某个创业机会所需的资源；是否能跨越缺口；对于可能遇到的竞争力量，是否可以与之抗衡；是否存在可以占有的前景市场份额，甚至创造市场。

4. 个人特质与创业机会的匹配理论

创业活动是创业者与创业机会的结合，影响创业机会识别的既有主观因素，也有客观因素，由于创业者个性特质的差异，更由于各个创业者所面临的创业环境和资源约束条件的不同。学者们普遍认同，一方面，创业者识别并开发创业机会；另一方面，创业机会也在选择创业者。只有当创业者和创业机会之间存在着恰当的匹配关系时，创业活动才最有可能发生，也最有可能取得成功。因此，在创业活动中我们应该认真审视自己，了解创业过程中必须要经历的几个阶段，然后衡量自己的性格、爱好、特点，看是否适合创业。

1) 是否为创业做好了心理准备

创业开始的最初3年，也称为创业的初创期，这一时期创业者不仅要有实现创业梦想的强烈愿望，还要能忍受创业初期的寂寞。要知道不论多好的项目，都要经历一个阶段的积累才能盈利，所以创业者必须做好忍耐的心理准备。创业时期的自由和自我决策，是与寂寞紧密联系的。创业者要有危机意识，时刻准备承受困难和坎坷，也要有良好的心理素质，保持平和心态，用坚强的毅力坚持下去。

2) 是否为创业做好了能力准备

创业是一个漫长的实践过程，创业之初的创业者一定是一个多面手。创业者要明确自己是否具有团队协调能力，是否会识人、用人，是否善于了解和发现市场。

3) 是否为创业做好了不断学习的准备

创业也是分阶段的，不同时期对经营者有不同的要求。因此，企业的盈利模式需要不断调整，这就要求创业者不断学习，不断提高自己的知识水平。

6.3 创业项目分析

案例分享 | 海尔在美国成功的奥妙

1999年4月30日，在美国南卡罗来纳州一个人口只有8 000人的小镇坎姆登，举行了海尔生产中心的奠基仪式。一年多以后，第一台带有"美国制造"标签的海尔冰箱从生产线上走下来，海尔从此开始了在美国制造冰箱的历史，也成为中国第一家在美国制造和销售产品的公司。

1. 下棋找高手

在海尔集团首席执行官张瑞敏眼中，海尔国际化就像一盘棋，而要提高棋艺，最好的办法就是与高手对弈，张瑞敏找的"高手"是欧洲和美国。在美国本土，家用电器早已是处于成熟期的产品。通用(GE)、惠而浦(Whirlpool)和美泰克(Maytag)这三大美国电器生产商对于外来品牌自然不会坐视不管,一场商业激战在所难免。那么,海尔靠什么来同这些美国著名企业叫板呢?

2. 美国市场调研

1) 需求能力

1998年、1999年,中国出口美国的冰箱价值分别为4 718万美元、6 081万美元,其中海尔冰箱分别占1 700多万美元、3 100多万美元。据统计,在美国建一个冰箱厂的盈亏平衡点是28万台,海尔当时的冰箱出口量已经远远超过这个数字。据统计,海尔在美国180L以上小冰箱市场中,已占到超过30%的市场份额;但海尔大规格冰箱长期因远隔重洋而无法批量进军美国市场。因此海尔投资3 000万美元在美国建设生产线,项目见效后,海尔公司在美国市场的产品结构将更加合理,市场占有率将进一步提高。

2) 消费者的需求结构

在美国,200L以上的大型冰箱市场被通用、惠而浦等企业所垄断;160L以下的冰箱销量较小,厂商认为这是一个需求量不大的产品市场,没有投入精力去开发市场的必要。但海尔发现,美国的家庭人口正在变少,小型冰箱将会越来越受欢迎,单身者和留学生就很喜欢小型冰箱。美国营销专家菲利普·科特勒(Philip Kotler)说:"海尔对消费者群体的定位很正确,它针对的是年轻人。老一代人习惯于选用像GE这样的老品牌,年轻人对家电还没有形成任何习惯性的购买行为,因为他们刚有自己的公寓或者正在建立自己的第一个家,买自己的第一台电冰箱。所以,我认为定位于年轻人是明智的决策。"根据以上调查分析,海尔决定在美国市场开发从60L～160L的各种类型的小型冰箱,这些冰箱的需求潜力很大。

在短短几年时间里,海尔就成功在美国市场建立了自己的冰箱品牌。2003年海尔在"零售巨人"沃尔玛连锁店开始销售海尔的两种小型电冰箱和两种小型冷柜,并与沃尔玛签订了购买10万台冰箱的协议。海尔在美国最受欢迎的产品是学生宿舍和办公场所使用的小型电冰箱。目前,这类产品的市场占有率是该型号冰箱的25%,在赢得新的连锁店客户之后可望增至40%。海尔在卧室冷柜方面也取得了成功,该产品在美国同类型号中的市场占有率超过30%。海尔的窗式空调机也有广阔的市场前景,该产品已占美国市场的3%。

在现代市场营销观念的指引下,企业要想在市场中获得竞争优势,取得合理的利润,发现企业产品的不足及营销中的缺点,便于企业及时加以纠正,修改企业的经营策略,使企业在竞争中保持清醒的头脑,永远立于不败之地,就必须从研究市场出发,掌握及时、准确、可靠的市场信息。而要得到可靠的市场信息就必须进行全方位、多侧面的市场调研。

总结海尔在美国成功的奥妙:首先,海尔公司在调研过程中有明确的目标消费群,充分了解该地区的人口结构和消费习惯,具有较高的针对性;其次,明确的市场定位,充分考虑竞争者的优劣势,并不断自我提高,采用以优制胜的方式将产品成功推向市场,在电器行业站稳脚跟;最后,通过市场的调研发现新的机会和新的需求,开发新的产品去满足这些需求,如小型冰箱的开发。

6.3.1 创业环境分析

创业环境是指那些与创业活动相关联的因素的集合,即对创业者创业思想的形成和创业活动的开展能够产生影响和发生作用的各种因素和条件的综合。创业环境对创业活动的决定性作用在于它能够为人们的创业活动提供各种精神或者物质条件,从各个方面影响活动的进程,决定创业活动的成效。

1. 创业环境的内容

1) 政治环境

政治环境包含一个国家的社会制度,执政党的性质,政府的方针、政策、法令等。由于不同的国家有着不同的社会性质,不同的社会制度对组织有着不同的限制和要求。

政治环境因素包括政治体制、经济体制、专利数量、环境保护法、产业政策、投资政策、政府补贴水平、反垄断法规等。

2) 经济环境

经济环境主要包括宏观和微观两个方面的内容:宏观经济环境主要是指一个国家的人口数量及其增长趋势,国民收入、国内生产总值及其变化情况,以及通过这些指标能够反映的国民经济发展水平和发展速度;而微观经济环境主要是指企业所在地区或所服务地区的消费者的收入水平、消费偏好、储蓄情况、就业程度等因素。这些因素直接决定着企业的市场规模。

经济环境因素包括GDP及其增长率、贷款可能性、利率、通货膨胀率、消费模式、失业趋势、汇率、进出口因素、货币及财政政策等。

3) 社会文化环境

社会文化环境包括一个国家或地区的居民的教育程度和文化水平、宗教信仰、风俗习惯、审美观点、价值观念等。

社会文化环境因素包括人口结构比例、社会保障计划、平均可支配收入、购买习惯、储蓄倾向、城市和农村人口的变化、宗教信仰状况等。

4) 技术环境

技术环境除了要考虑与企业所处领域的活动直接相关的技术手段的发展变化外,还应及时了解:国家对于科技开发的投资和支持重点;该领域技术发展动态和研究开发费用总额;技术转移和技术商品化速度等。

2. 创业环境的分析方法

1) SWOT分析法

SWOT分析法是将企业内外部的各种条件进行综合概括,从而分析组织的优劣势及面临的机会和威胁,它关注企业自身情况及其与竞争对手的比较,如图6-2所示。其中,S表示优势(strength)、W表示劣势(weakness)、O表示机会(opportunity)、T表示威胁(threat)。

内部环境

优势(S)	劣势(W)
指组织的内部因素,可以是有利的竞争地位、充足的资金来源、雄厚的技术实力、较大的经济规模、较好的产品质量、领先的市场份额、成本优势等	指组织的内部因素,可以是设备陈旧、经营管理不善、没有关键技术、技术研发落后、资金缺乏等
机会(O)	威胁(T)
指组织的外部因素,可以是更有竞争力的新产品、新兴市场、新需求及竞争对手的错误等	指组织的外部因素,可以是新进入的竞争者、产业政策变化、财政紧缩、客户流失等

外部环境

图6-2　SWOT分析法

SWOT模型可分为两部分:第一部分为SW,主要用来分析内部条件;第二部分为OT,主要用来分析外部条件。利用SWOT模型分析方法,企业可以从中找出对自己有利的、值得发扬的因素,以及对自己不利的、要避开的因素,发现存在的问题,找出解决方法,并明确以后的发展方向。根据分析结果,可以将问题按轻重缓急分类,明确哪些是急需解决的问题,哪些属于可以稍微拖后一点的事情,哪些属于战略目标上的障碍,哪些属于战术上的问题,把各种因素相互匹配起来加以分析,从而得出一系列结论,有利于领导者和管理者做出较正确的决策和规划。

2) PEST分析法

PEST分析法是战略外部环境分析的基本工具,它是对政治、经济、社会和技术4个方面的因素进行分析,简单而言是指对宏观环境的分析,即对一切影响行业和企业的宏观因素的分析。利用这个模型能有效了解市场的成长或者衰退,以及企业所处的环境、潜力与运营方向。

(1) P:政治(political),是指对组织经营活动具有实际与潜在影响的政治力量和有关的法律、法规等因素。

(2) E:经济(economic),是指一个国家的经济制度、经济结构、产业布局、资源状况、经济发展水平,以及未来的经济走势等。

(3) S:社会(social),是指组织所在社会中成员的民族特征、文化传统、价值观念、宗教信仰、教育水平,以及风俗习惯等因素。

(4) T:技术(technological),不仅包括那些引起革命性变化的发明,还包括与企业生产有关的新技术、新工艺、新材料的出现和发展趋势,以及应用前景。

3) GEM分析法

全球创业观察(Global Entrepreneurship Monitor,GEM),是由英国伦敦商学院和美国百森学院共同发起成立的国际创业研究项目。该项目在创业研究和教育上享有盛誉。中国加入GEM项目后,参加该项目的国家和地区人口总数已经占世界人口总数的62%,GDP占世界总数的92%。GEM研究报告受到了广泛的关注,已成为世界各国人士认识创业活动、环境、政策等创业问题的重要信息来源。

"全球创业观察"研究的"创业"是指创业者投资兴办实业及相关的经济活动,研究的对象是影响创业活动的各种环境因素,以及创业与经济增长的关系。其研究的目的是回答以下广受关注的问题:创业活动率在不同的国家和地区存在什么差别;创业活动与国民经济增长有什么联系;为什么有些国家的创业活动率比其他国家高;采取哪些措施可以提高创业活动率?

GEM分析模型从社会、文化、政治3个方面进行分析,将促进国家经济增长的条件分为一般条件和创业条件两类。GEM的研究方法是通过3类主要数据对地区创业活动进行分析,这些数据是电话抽样调查、专家访谈、第三者收集的标准经济数据。GEM分析模型如图6-3所示。

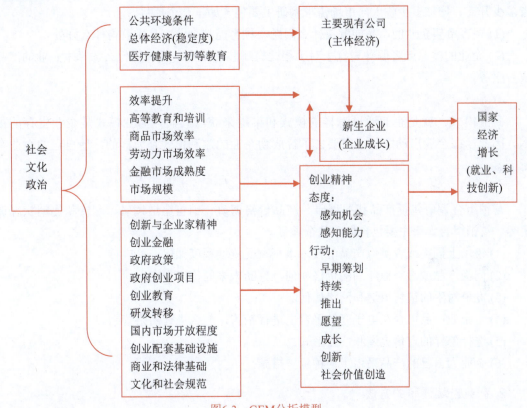

图6-3　GEM分析模型

6.3.2 创业市场调研

1. 创业市场调研的内容

1) 市场环境调研

市场环境调研包括政治与法律环境的变化调研、经济和科技的发展调研、人口状况调研、社会时尚变化和竞争状况调研,以及最重要的行业现状与需求调研。在行业分析中,我们应该正确评价所选行业的基本特点、竞争状况,以及未来的发展趋势等内容。市场环境调研主要包含如下几个项目。

(1) 该行业的发展程度如何，现在的发展动态如何。

(2) 经济发展对该行业的影响程度如何，政府是如何影响该行业的。

(3) 是什么因素决定该行业的发展，过去十年的价格趋势如何。

(4) 该行业竞争的本质是什么。

(5) 进入该行业的障碍是什么，你将如何克服。

2) 市场需求调研

市场需求调研包括市场需求总量及构成的调研、各细分市场及目标市场需求的调研、市场份额构成及变化情况的调研。需求调研就是通过调研搞清楚创业者所选项目的产品及服务在多大程度上可以解决顾客现实生活中的问题和困难；或者产品、服务可以为顾客节省多少开支、增加多少收入。市场需求调研主要包含如下几个项目。

(1) 顾客希望企业的产品能解决什么问题，顾客能从企业产品中获得什么好处。

(2) 企业的产品或者服务与竞争对手相比有哪些优缺点，顾客为什么选择本企业的产品或者服务。

3) 商业模式调研

商业模式，就是企业通过怎样的模式和渠道来获取利润，商业模式是企业生存的根本。因此，在企业启动之前，需要去了解成功企业的盈利模式是怎样的，使自己的企业有所借鉴。

4) 营销组合调研

营销组合调研包括产品状况调研、产品价格调研、销售渠道调研、广告和促销状况调研等。营销组合调研主要包含如下几个项目。

(1) 市场上同类或者类似产品的技术水平和受欢迎程度如何。

(2) 同类产品或者类似产品的价格如何，判断未来的价格走向。

(3) 竞争对手的销售渠道和网络如何。

(4) 本企业产品可否在电子商务平台上进行销售，怎么进行网络营销。

(5) 选择怎样的宣传渠道和广告形式。

(6) 企业为自己的产品采用了何种保护措施。

2. 创业市场调研的方法

1) 调查问卷法

调查问卷法又称调查表或询问表，它是市场调查的一种重要工具，是用以记载和反映调查内容和调查项目的表格。通过让被调查者填写调查表的方式可以获得所调查对象的信息。在调查中将调查的内容设计成问卷后，让被调查者将自己的意见或者答案填入问卷中。在一般的调查中，问答卷方式采用最广，同时问卷调查法在网络市场调查中运用得较为普遍。

2) 实验法

由调查人员根据调查的需求，用实验的方式，将调查的对象控制在特定的环境条件下，对其进行观察以获得相应的信息。控制对象可以是产品的价格、品质、包装等，在可控制的条件下观察市场现象，揭示在自然条件下不易发生的市场规律，这种方法主要用于市场销售实验和消费者使用实验。

3) 观察法

观察法是社会调查和市场调查研究的最基本方法，它是由调查人员根据调查研究的对象，利用眼睛、耳朵等感官以直接观察的方式对其进行观察并搜集资料。例如，市场调查人员到被访问者的销售场所去观察商品的品牌及包装情况。

4) 面谈访问法

如果要进入一个行业，可以先找到一位在此行业工作10年以上的专家进行访谈。可以和他了解一下过去十年里这个行业的发展状况，并听他叙述对未来10年此行业发展的看法。如果要进入的是一个新兴的行业或者以新产品替代原有产品，可以访问一下原来产品的使用者，如在使用中有哪些不便之处、对新产品有什么要求等，以此获得新产品的研发思路。

6.4 市场调研方法的应用——以问卷调查法为例

1. 问卷调查的设计

1) 问卷设计的基本程序

问卷设计是由一系列相关工作所构成的，为使问卷具有科学性和可行性，需要按照一定的程序进行，问卷设计大致有如下几个步骤。

(1) 准备阶段。根据调查主题的范围和调查项目，将所需问卷资料一一列出，分析哪些是主要资料，哪些是次要资料，哪些是调查的必备资料，哪些是可要可不要的资料，并分析哪些资料需要通过问卷来取得，需要向谁调查等，对必要资料加以收集。同时要分析调查对象的各种特征，即分析了解各被调查对象的社会阶层、行为规范、社会环境等社会特征；文化程度、知识水平、理解能力等文化特征；需求动机、行为动机等心理特征，以此作为拟订问卷的基础。在此阶段，应充分征求有关各类人员的意见，以了解问卷中可能出现的问题，力求使问卷切合实际，能够充分满足各方面分析研究的需要。可以说，问卷设计的准备阶段是整个问卷设计的基础，是问卷调查能否成功的前提条件。

(2) 初步设计。在准备工作基础上，设计者就可以根据收集到的资料，按照设计原则设计问卷初稿。初稿的目的主要是确定问卷结构，拟订并编排问题。在初步设计中，首先要标明每项资料需要采用何种方式提问，并尽量详尽地列出各种问题，然后对问题进行检查、筛选、编排，设计每个项目。对提出的每个问题，都要充分考虑是否有必要，能否得到答案。同时，要考虑问卷是否需要编码，或需要向被调查者说明调查目的、要求、基本注意事项等。这些都是设计调查问卷时十分重要的工作，必须精心研究，反复推敲。

(3) 试答和修改。一般来说，所有设计出来的问卷都存在一些问题，因此需要将初步设计出来的问卷，在小范围内进行试验性调查，以便弄清问卷初稿存在的问题，了解被调查者是否乐意回答和能够回答所有的问题，哪些语句不清、多余或遗漏，问题的顺序是否符合逻辑，回答的时间是否过长等。如果发现问题，应做必要的修改，使问卷更加完善。试调查与正式调查的目的是不一样的，它并非要获得完整的问卷答案，而是要求回答者对问卷各方面提出意见，以便于修改。

(4) 付印。付印就是将最后定稿的问卷，按照调查工作的需要打印复制，制成正式问卷。

2) 问卷的基本结构

一份正式的调查问卷，一般包括3个组成部分：前言、正文和附录。

(1) 前言主要包括如下内容。

① 自我介绍(让调查对象明白调查的主办单位)。

② 调查的主题、调查的目的、调查的意义，以及向被调查者表示感谢。

③ 回收问卷的时间、方式及其他事项(如告诉对方本次调查的匿名性和保密性原则，调查不会对被调查者产生不利的影响，真诚地感谢受调查者的合作，答卷的注意事项等)。

(2) 正文。这是调查问卷的主体部分，一般设计若干个问题要求被调查者回答(通常有开放式和封闭式两种)。

① 开放式问题，是调查者不提供任何可供选择的答案，由被调查者自由答题，这类问题能自然地充分反映调查对象的观点、态度，因而所获得的材料比较丰富、生动，但统计和处理所获得的信息的难度较大。开放式问题可分为填空式和问答式。

② 封闭式问题，是在问题后面同时提供调查者设计的几种不同的答案，这些答案既可能相互排斥，也可能彼此共存，让调查对象根据自己的实际情况在答案中选择。它是一种快速有效的调查问卷，便于统计分析，但提供选择答案本身限制了问题回答的范围和方式，这类问卷所获得的信息的价值很大程度上取决于问卷设计自身的科学性、全面性的程度。封闭式问题又可分为是否式、选择式和评判式。

- 是否式：把问题的可能性答案列出两种相矛盾的情况，请被调查人员从中选择其一，比如"是"或"否"，以及"同意"或"不同意"。
- 选择式：每个问题后列出多个答案，请被调查人员从答案中选择自己认为最合适的一个或几个答案并做上记号。
- 评判式：每个问题后列有多个答案，请被调查人员依据其重要性评判等级。

(3) 附录。这部分可以将被调查者的有关情况加以登记，为进一步的统计分析收集资料。

3) 问卷设计注意事项

为了提高问卷的信度和效度，在设计问卷时需要注意以下问题。

(1) 问卷中所提的问题应围绕研究目的来编制，力求简单、明了，含义准确，不要出现双关语，避免片面和暗示性的语言。例如，"太阳底下最光辉的职业是教师，你喜欢教师这个职业吗？"

(2) 问题不要超过被调查者的知识、能力范围。例如，在小学生的问卷中不要出现"你认为哪家商场的营销比较疲软"等问题。

(3) 问题排列要有一定的逻辑次序，层次分明。这就要求对问卷的目的、内容、数据、卷面安排等都进行认真的推敲和设计。

(4) 调查表上应留有供人填写答案的足够空间，并编有填写调查单位的名称、填表人的姓名和填表年月日的栏目。

(5) 问卷形式可以为封闭式和开放式相结合，问题数量要适度，一般应控制在30个问题以内，最好能在20分钟内答完。

(6) 为了使调查结果更为客观、真实，问卷最好采用匿名回答的方式。

(7) 设计问卷的内容要符合实际情况。一般来说，问卷设计前要摸底，对组内全体成员进行培训，并在小范围内进行测试，反复修改设计的问卷，以期与实际情况相符合，并便于对结果进行处理。

2. 问卷调查的发放

1) 入户访问

入户访问是指访问员按照研究项目规定的抽样原则到被调查者的家中或工作单位，找到符合条件的受访者，直接与受访者进行面对面的交流，获取受访者对于特定事物、现象的意愿或行为等多方面的一手资料与信息的调查方式。

2) E-mail问卷调查

通过E-mail方式将问卷发送给被调查者，被调查者完成后将结果通过E-mail返回。这种方式的优点是可以选择被调查者，可直接向潜在客户发送调查问卷，方式比较简单直接，而且费用非常低廉；缺点是容易遭到被访问者的反感，有侵犯个人隐私之嫌，要求企业必须积累有效的客户E-mail地址，而且顾客的反馈率一般不会太高。

3) 定性小组座谈会

座谈会是市场调研中非常实用和有效的定性调研方法。它从所要研究的目标市场中慎重选择8~12人组成一个焦点小组，由一名经验丰富、训练有素的主持人以一种无结构的自然的形式与小组中的被调查者进行交谈，从而获取被调查者对产品、服务、广告、品牌的感知及看法，这种方法的价值在于常常可以从自由进行的小组讨论中得到一些意想不到的结果。焦点小组座谈会是帮助企业和咨询公司深入了解消费者内心想法的最有效的工具，这是一般的问卷调查等方法所无法比拟的。如今，小组座谈会在产品概念、产品测试、产品包装测试、广告概念、顾客满意度、用户购买行为等研究中得到广泛应用。

4) 电话访问

电话访问就是选取一定的受访者样本，通过拨打电话的方式，提出问卷上所列出的一系列问题，在访问过程中记录下答案。访问员集中在某个场所或专门的电话访问间，在固定的时间内开始数据收集工作，现场有督导员对访问员进行访问监督和抽样控制。

5) 网络调查

网络问卷调查系统是基于界面的跨平台应用系统，能向互联网用户提供交互式、个性化的问卷调查服务，是开展互联网问卷调查服务、提高企业自身网站内容及访问量的一个软件平台。通过开展各行各业的问卷调查，可以迅速了解社会不同层次、不同行业的人员需求，客观地收集需求信息，调整产品营销策略，满足不同的需求，促进公司产品销售，同时也吸引了更多的长期用户群。

3. 问卷的回收

对回收的问卷，在剔除废卷的同时要统计有效问卷的回收率。保持一个较高的问卷回答率(即有效问卷率)，也是企业获得真实可靠资料的保证。一般来说，调查一类专业人群，最低回答率大致为70%。当调查一般民众时，因为不回答的原因可能是缺乏兴趣，所以允许出现更高的不回答率。比如，一项关于学校工作的调查研究，教师的回答率为70%～90%，学生父母的回答率为60%以下，毕业生的回答率为60%～70%。如果回答率过低，则需要补充调查和追踪调查。一般来说，回收率如果仅为30%左右，资料只能作为参考；回收率为50%以上，可以采纳建议；当回收率达到70%以上时，方可作为研究依据。因此，问卷的回收率一般不应少于70%。如果有效问卷的回收率低于70%，可再发一封信及问卷进行补充调查。另外，如有可能，可以做小范围内的跟踪调查或访谈调查，了解未回答问题那部分被试者的真实看法，以防止问卷结果分析的片面性。

4. 数据的处理与分析

1) 数据处理的程序

数据处理的程序，如图6-4所示。

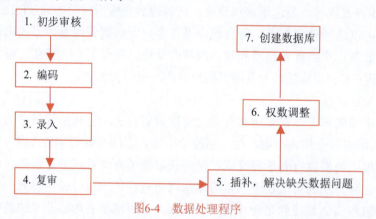

图6-4　数据处理程序

2) 常用的统计分析方法

(1) 多元统计分析，主要包括判别分析、因子分析、聚类分析等。

(2) 参数估计，用样本数据对总体参数进行推断。

(3) 列联分析，对多个变量的相互关系进行分析的方法。

(4) 相关和回归分析，包括计算相关系数，建立回归模型，揭示变量之间相互影响的关系。

5. 拟写调查报告

1) 调查报告的类型

(1) 数据型报告，只提供调查结果的数据，对数据呈现进行简单说明。

(2) 分析型报告，在数据型报告的基础上进行深入分析，是调研报告的常见形式。

(3) 咨询型报告，更深入和细致的调研，报告内容更为丰富，提供咨询建议。

2) 调查报告的内容

调查报告的内容包括：标题、目录、表格和插图清单、概要、引言、主报告、参考文献、附录、其他文档等。其中，报告的概要(摘要)和主报告是调查报告的核心。

6. 具体调查问卷实例

1) 问卷样本

隐形眼镜在大学生中的市场前景调查书

首先感谢各位同学的协助。本调查的目的在于了解隐形眼镜在大学生中的使用情况，以此对这一市场的发展前景做出初步预测。耽误您宝贵的时间，再次向您致谢！

请您就以下问题在您认为合适的选项前打"√"。

1. 请问您现在戴的眼镜是：
   □框架眼镜 □隐形眼镜 □未配眼镜 □视力好，不需要眼镜
2. 假如您已经近视但是尚未配眼镜，您准备：
   □配框架眼镜 □配隐形眼镜 □不配眼镜
3. 您选择框架眼镜是因为：
   □价格适中 □方便 □一般近视者都戴 □其他
4. 您未配隐形眼镜是因为：
   □价格过高 □怕伤眼睛 □未听说过 □其他
5. 戴眼镜给体育运动带来了一些不便，对此您认为：
   □无所谓 □无可奈何，不戴不行 □运动时少戴 □换成隐形眼镜
6. 长期戴框架眼镜，会使眼睛产生不同程度的变形，对此您的态度是：
   □无所谓 □无可奈何 □尽量少戴 □换成隐形眼镜
7. 您现在戴的眼镜价格大约为：
   □框架眼镜，300元 □隐形眼镜，200元 □未配 □其他价格_____
8. 如果您想购买隐形眼镜，请问您最高能接受的价格为：
   □100元左右(普通) □200元左右(精品) □300元左右(定制)
9. 您购买眼镜的经济需求，家里是否会予以满足：
   □是 □否 □其他
10. 请您将所知道的隐形眼镜的品牌写下来：
    (1)_____ (2)_____ (3)_____
    (4)_____ (5)_____ (6)_____

2) 调查样本的选择

调查样本是××市重点大学的大学生。

3) 调查方法

以校为单位发放问卷，然后统一收回。

4) 调查结果分析

(1) 隐形眼镜目前的市场占有率仍然很低，有很大的市场发展潜力。大学二年级的学

生，经过14年的苦读，大多与眼镜结下不解之缘。所调查的对象中，近视率为66.7%，其中有一个班的近视率高达86.7%。在近视患者中，戴框架眼镜的人员占80.6%；戴隐形眼镜的人员占9.7%；尚未戴眼镜的人员占9.7%。隐形眼镜目前的市场占有率较低，主要有3个原因。一是怕伤眼睛，50%以上的调查者都持这种态度。二是价格过高，有35%的人持这种看法。框架眼镜的价格在80元左右，也有少数人的框架眼镜在200元左右，而隐形眼镜的价格大多在100元以上，还需要眼镜清洗液、药片、隐形眼镜片盒等费用。三是怕麻烦，有12.9%的人认为隐形眼镜每天至少得取下来清洗一次，比较麻烦。从以上原因来看，大学生的隐形眼镜市场是有潜力的，关键在于厂家的宣传促销活动，因为在50%以上的怕伤眼睛的人中，大部分人都是听亲戚、好友说戴隐形眼镜会伤眼睛，就信以为真，并不知道为什么会伤眼睛及如何预防。所以，只要厂家科学地宣传戴隐形眼镜的优点及注意事项，消除人们对它的误解，就可以争取这一部分人的市场。

(2) 大学生有购买隐形眼镜的需求和经济能力。由于大学生受教育程度高，对个人形象的要求也相对较高。对于"长期戴框架眼镜，会使眼睛产生不同程度的变形，对此您的态度是"这一问题，有58.8%的人选择"尽量少戴"的答案，16.1%的人选择了"无可奈何"的答案。这说明大学生也意识到了框架眼镜的弊端，而隐形眼镜正好能弥补框架眼镜的这一弊端。因此，只要宣传及时，隐形眼镜可以满足大学生们注重个人形象的需求。大学生们虽没有独立的经济收入，但现如今学生还多为独生子女，考上大学尤其是一些进入名牌大学的学生，家里更是引以为荣，因而对大学生的需求家长都会尽量满足。在"您购买眼镜的经济需求，家里是否会予以满足"的问题中，回答"是"的人占93.5%。由于有"经济后盾"，74.2%的人表示能够承受200元左右的隐形眼镜价格，22.6%的人表示能够承受100~200元的价格，极少数人愿意承受300元左右的价格。这说明，只要隐形眼镜的价格能保持在中等偏下的水平，市场潜力将会非常大。

6.5 我国大学生创业环境分析及适合大学生创业的项目

据不完全统计，目前我国大学生创业的成功率只有2%~3%，即有97%~98%的大学生创业失败。专业人士分析，缺乏相关的创业教育和实战经验、缺乏"第一桶金"等都是大学生创业失败的重要原因之一。那么，对于大学生来说，如何才能快速积累经验，找到适合自己的创业项目，以及利用客观环境赚得"第一桶金"呢？本节为同学们进行简单的介绍。

> **案例分享** 从北大学子到"猪肉大王"
>
> 陈生，曾经的北大学子，现在被人们称为广州"猪肉大王"。
> 陈生进入养猪行业不过两年，就已经在广州开设了近100家猪肉连锁店，营业额达2亿元。陈生之所以能在很短的时间里取得这样骄人的成绩，成为拥有数千名员工的集团董事长，还在于他此前就经历的几次创业的"实战经验"。
> 在进入养猪行业以前，陈生卖过菜、卖过酒、卖过房子、卖过饮料，这使他有了独到

的见解：很多事情不是具备条件、做好了调查才去做就能做好，而是在条件不充分的时候就要开始做，这样才能抓住机会。

然而，"条件不充分"时到底怎么才能"抓住机会"呢？我们来看一下陈生的做法：他卖酒时，根本没有能力投资数千万元设立厂房，于是他直接从农户那里收购散装米酒，不需要在固定设施上投入一分钱便可以使产能达到投资5 000万元的工厂的数倍。此后，他利用积累起来的资金开始租用厂房和设施，打造自己的品牌，迅速地进入和占领了市场，这让他在白酒市场上打了个漂亮仗。而当许多人"跟风"学习用陈醋兑雪碧当饮料的饮食方法时，善于"抓住机会"的陈生想到了如何将这种饮料生产出来。经过多次尝试，著名的"天地壹号"苹果醋就此诞生。

在经济飞速发展的年代，无数企业"抓破脑袋"寻求发展良机。在这样的情况下，只有技高一筹者才能够取得成功，而一些企业运用精细化营销，就是一种技高一筹的做法。从传统的中国猪肉行业里，陈生分析到了其中的巨大商机。因为中国每年的猪肉消费约500亿公斤，按每公斤20元算，年销售额就高达上万亿元。而与其他行业相比，猪肉这个行业一直没有得到很好的整合，基本上没有形成像样的产业化，竞争不强，档次不高，机会很多。更重要的是，进入这一行业的陈生，机智地率先推出了绿色环保猪肉——"壹号土猪"，开始经营自己的猪肉品牌。虽然他走的还是"公司+农户合作"的路子，但针对学生、部队等不同人群，却能够选择不同的农户，提出不同的饲养要求。比如，为部队定制的猪肉最好肥一点，学生吃的猪肉可以瘦一点。这样的生产方式，使陈生公司的生猪产品质量与普通猪肉"和而不同"。在这样的"精细化营销"战略下，陈生终于在很短的时间内叫响了"壹号土猪"品牌，成为广州知名的"猪肉大王"。

陈生的创业经历，有三点经验值得学习。第一，从小做起，生命力往往会更强大。任何行业，表面上看简简单单，其实里面的门道不少。做企业，慢慢做，生命力往往会更强大。比如养猪，先养一点点试验，之后发现还行，再慢慢扩大规模。第二，要有核心竞争力。己所不食，勿卖于人。要有核心竞争力，必须考虑凭什么能在99%死亡率的行业里生存下来。第三，不要怕失败。成功可能有很多种路径，但你若没有失败，没有试错，可能就触摸不到正确的方向。

陈生说："我现在更多的是希望，创业者一代能比一代强，并有勇气去迎头超越。青春是拿来浪费的，浪费在这些有意义的事情上不可惜。"不得不说，成功并不是只有一种模式。只要坚持创新，勇于追求，三百六十行，行行出状元，坚持奔跑，最终赢的将是我们。

6.5.1 我国大学生创业环境的分析

1. 大学生创业环境的现状

1) 法律环境进一步规范

(1) 私营经济得到法律保护。1999年，修改后的《中华人民共和国宪法》中规定，国家保护个体经济、私营经济等非公有制经济的合法权利和利益。这为私营经济的存在和发展从法律上提供保障。随着社会主义法治建设的推进，私营经济已经进入了一个良性发展的轨道。

(2) 创业准入门槛不断降低。随着社会主义市场经济体制的建立与完善，国家对私营经济在市场进入方面的限制逐步取消，更多的行业、领域允许民营资本介入。大学生创业有多种选择形式，办理企业登记手续的程序得到简化，企业自主经营范围更为宽泛和自由。例如，可以建立一人有限责任公司，对于有限责任公司没有最低资本限额要求，出资形式更为宽泛。

2) 经济和社会环境得到优化

(1) 资本市场日趋健全和活跃。在融资方面，银行贷款、融资担保、风险投资、产权交易等更多的业务不断推出。为解决中小企业创业过程中融资难的问题，有关机构还启动了为大学生创业者提供贷款担保和贴息的业务。

(2) 企业载体和创业服务机构发展加快。各类企业孵化器、高新科技园区、企业服务中心、创业指导机构等载体不断建立与完善，风险投资机构、担保服务机构、信用评价机构、顾问咨询机构等服务机构得到快速发展，这些都有利于大学生创业的启动与发展。

(3) 传统观念正在逐步改变。改革开放几十年，人们对私营经济的看法和态度已经发生了根本性的改变，创业改变人生已经成为社会的共识，一种鼓励创业的社会环境，尤其是对大学生创业的关注与支持的社会环境正在形成。

3) 创业的扶持政策不断完善

为了鼓励和支持大学生自主创业，中央和地方各级政府纷纷出台相关优惠政策，给予创业者更多支持。通过开展免费创业培训、强化创业指导、优化创业环境、培育创业文化、进行创业激励等途径，重点扶持大学生创办企业。

各地人民政府也创造性地开展工作，积极推动大学生创业工作。例如，辽宁省制定地方规章，明确其法律地位，大学生创业可享受减免税费等一系列扶持政策；建立大学生创业资金超过13亿元，为大学生创业提供资金扶持；全省高校普遍开展创业教育，评选创业示范校，开展师资培训和创业带头人培训；建立面积1.1万平方米的省级大学生创业教育培训基地，沈阳、大连等市建立大学生创业孵化基地等。

4) 创业的空间更加广阔

时代需要大学生创业，为大学生创业者提供了前所未有的机遇和展示的舞台。知识经济时代最重大、最根本的变化无疑是资金让位于知识，知识成为最宝贵的资源、最重要的资本，为一切富有知识与智慧的人提供了前所未有的机遇。随着高科技的发展，大量的新兴行业不断涌现，这为受过良好教育并具有一定专业知识的人才提供了无穷的机会。随着知识更新速度的加快，"继续教育"成为人们的终生行为，文化教育、信息传播也由此成为大学生创业者大有前途的创业领域。

随着我国社会经济的发展，第三产业将成为一个极具魅力的投资领域。由于第三产业尤其是服务业需要的投资少、见效快，十分适合大学毕业生创业，将为大学生创业者提供广阔的空间。

5) 创业教育纳入教育体系

随着政府、学校和社会对创业型经济的认同不断升级，创业教育的开展将会成为一种必然选择。国家已经出台相关政策，明确要求在高等学校中开展创新创业教育，将创新创业教育纳入高等教育体系中。一些高校还成立了创新创业学院，专门培养创新创业人才，为大学生创业营造了良好的学习氛围。

2. 大学生创业存在的问题

1) 创业政策扶持力度尚显不足

目前，大学生创业者对国家的创业扶持政策知晓率不高，受益率也不高，政策扶持力度尚显不足。

2) 外部资源的支持力度有限

目前，大学生创业主要还是依靠内部资源的支持，外部资源的支持力度有限。尤其是在创业资金方面，亲友投资和个人积蓄是大学生首次创业最主要的两大资金来源。民间借贷、银行贷款、信用卡透支、政府创业基金支持、风险投资等对大学生创业的支持有限。在创业载体方面，选择在产业园区、大学生创业园、创业孵化器、大学科技园等各类园区创业的人员比例不高，超过80%的大学生创业者还是在各类园区以外进行创业。

3) 大学生创业能力有待加强

尽管近年来国家出台了一系列政策推进大学生创新创业教育，但在课程设置、师资建设、实践活动等方面，尤其是在创业文化建设方面依然存在问题，没有发挥出教育的传承、引领作用。

3. 大学生创业环境的优化

1) 增强大学生创业政策的普惠性

明确促进大学生创业的政策定位，将促进大学生创业提升到国家发展高度。调整政策关注点，提高政策受益率，加大政策扶持力度，将鼓励生存型创业逐步转向鼓励自主型创业与生存型创业并重，扩大政策受益面，逐步建立普惠性的大学生创业扶持政策体系。

2) 构建全方位大学生创业服务

加强宣传，提高大学生对创业政策的知晓率。充分发挥公共就业服务机构的作用，逐步建立并完善创业信息发布服务机制，建立创业项目征集与开发机制；加强创业教育，逐步完善大学生创业的价值评估、实践模拟、政策与管理咨询等方面的创业指导服务体系；加强大学生孵化基地建设；培育大学生创业中介服务市场，鼓励有关市场组织开展大学生创业信息咨询、创业培训与指导活动。

3) 提高大学生创业工作质量

加强宏观管理，强化大学生创业工作领导机制和部门协调机制，将大学生创业工作绩效纳入就业工作绩效考核范围，并适当提高大学生创业工作在绩效考核中的权重。设立大学生创业专项资金，加大政府投入，为大学生创业者提供融资、贴息、补贴等方面的支持，形成大学生创业投入引导效应。同时，发挥市场机制作用，加大大学生创业投入补偿政策力度，通过强化政策性间接投入，建立并不断完善大学生创业扶持资金投入补偿机制，调动各类主体对大学生创业资金投入的积极性。

4) 将大学生创业教育视为一项培养高素质人才的系统工程

学校应该把普及创业知识、提高综合实践能力作为人才培养的目标，培养学生树立"大创业"观念。教育理念应从专业教育、就业教育转向创新创业教育，努力实现创新创业教育与专业教育、自我教育相结合。学校应将创业教育纳入学校人才培养体系之中，构建科学合理的创业教育教学体系,通过教学主渠道对学生进行创业理论与知识的教育,借助实训、实践环节使学生进行创业体验,并形成专职教师、指导教师和专家队伍相结合的师资队伍。学校也可充分利用校内资源建设创业实践基地,组织学生进行创业体验,也可以建立校外创业实践基地,形成多元化模式的实践平台体系。同时,学校应发挥学科优势,充分调动学生参与专业型创新创业的热情,培养大学生创新意识、创业精神和创业能力。学校应该充分利用校内宣传阵地,广泛宣传各级政府出台的一系列创业政策,宣传大学生创新明星和自主创业的典型,营造一个良好的创业文化氛围。

6.5.2 适合大学生创业的项目

对于想创业的大学生来说,最好是依托自身的优势,以此起步,进而逐渐提高创业活动的层次。大学生创业者了解年轻人市场,有较强的信息搜集能力和丰富的创意等,这些都能帮助大学生创业者找到适合自己的创业机会。这里总结出大学生创业的几种典型的商业机会。

1. 满足大学生学习和生活需求的产品和服务

大学生创业者对于学生市场的需求是最为了解的,这是多数大学生开始创业的时候首先考虑的方向。创业者可以通过回顾自己在大学生活中遇到的问题或不满的地方,也可以通过访谈在校大学生,了解大学生的各种重要需求,然后从中挑选出最适合自身资源的创业机会。

2. 特色零售模式或服务项目

零售和服务行业的进入门槛不高,对资金、技术和团队的要求较低,服务的对象又非常的广泛,随着消费需求的持续变化,商业机会层出不穷,每年都会有新的模式和新的企业迅速崛起,这一行业适合多数大学生进行创业。零售和服务行业最需要的就是商业模式和服务的创新,创业者把自己的独特创意融入其中,就有可能开创出新的零售模式或特色服务项目。

3. 网上开店或网络服务

"00后"的大学生对于互联网非常熟悉,互联网上的创业机会也异常丰富。最普通的网上创业就是开网店,在淘宝网上注册账户销售自有产品或代销、在平台上直播,主要通过理解网上购物行为、合理规划产品的品类、高水平地展示产品、积极管理客户评价等方面来提高网店的利润。大学生还可以创造出有特色的网络服务,以低成本实现客户价值。

4. 处于同质商品阶段的小产品的品牌化经营

成熟行业给大学生的创业机会比较少,毕竟行业格局已经形成,只有一些零散型的产业才有创业的机会,如那些处于商品化阶段的日常用品或农产品。这些小产品的行业内竞争层次很低,同质化的产品相同的价格很难做大企业和打造品牌,企业的利润也很微薄。创业者需要转换经营思路,进行品牌化运作,将产品的档次提升,甚至加入一些创意元素。创业者可以从杯子、镜子、梳子、玩具等日用品,以及农产品中选择创业项目,将小产品打造成特色品牌。这类创业的进入门槛比较低，风险也不高，需要大学生以高端化或回归自然的品牌运作方式来从小产品中开发出大市场。

5. 提供个性化的产品或服务

现代消费者对于产品或服务的个性化程度要求越来越高，收入水平的提高和市场需求的多样化为个性产品或服务的需求提供了坚实的购买基础。"90后""00后"消费者对个性化产品或服务的需求更高、更敏感，而这类产品创业成功的关键在于准确和快速掌握市场需求的能力，这为大学生开展个性化产品或服务的创业提供了天然的优势。

6. 开发具有技术含量的新产品

大学生创业者(尤其是理工科专业的研究生和博士生)可以开发出新产品，以创新技术作为创业的关键资源，组建公司来生产和销售创新产品(或提供技术服务)。新产品的开发是很难靠某个人就成功的，它需要一个团队来协作开发，一般以导师为核心的研究团队有可能开发出更高技术含量的新产品。创业者如果自身无法开发新产品，那么就要寻找可以合作创业的新产品开发者，这需要创业者与研发人员的能力互补。这种创业可以获得政府相关机构的大力支持，尤其是与政府产业扶持政策相关的战略性新兴产业和其他重点产业，更是有可能成为政府关注与扶持的重点对象。

思考练习题

1. 案例分析题

亏损的内衣加盟店

陈晓燕是某纺织大学的本科毕业生，大学毕业后在一家纺织服装出口贸易企业工作，所以陈晓燕对纺织服装类的产品比较熟悉。一次偶然的机会，陈晓燕到开发区的大学城看望表妹，发现离市区很远的大学城服装店较少，内衣店更是一家都没有。她随后马上上网搜索有关大学城的情况，了解到大学城内有二十多所大学，还有一所中学，现有学生约12万人，今后几年学生人数还将增加，大学的教职员工有3万多人，大学城旁边有很多的企业，员工人数接近10万人。陈晓燕认为这是一个巨大的市场，结合熟悉的纺织服装业，她酝酿在大学城开设一家内衣店。一年后，陈晓燕经过各方面的考察，选择了一家不是很有名、刚刚起步的内衣品牌加盟，她曾经与该内衣品牌有过接触，知道该品牌内衣质量不错，生产的内衣主要用于出口。为了节省费用，陈晓燕将店址选择在大学城东区某一学院的生活区，东区离市区较远，而且是后建的，商业气氛不太浓厚，店铺租金便宜。考虑到新生和学院开学等方面的因素后，陈晓燕选择在9月1日开业。开业前几天，内衣店的广告已经分发到各邻近学院的每一个角落，提供了开业一个月内满200元赠100元券，实付满300另赠VIP卡，凭VIP卡购内衣可以打8折等优惠措施。

开业当天和随后几天，光顾内衣店的学生和老师都很少。陈晓燕有点急了，但她很快找到了原因：首先，她认为可能优惠让利幅度不够，一般的大商场优惠让利的幅度更大；其次，新生还没有到校，新生对内衣需求量可能更大；还有，该市的9月还相当热，绝大部分的学生和老师都穿夏装,还没有穿贴身内衣,现在需求量没有释放出来。陈晓燕耐心地等待着,同时,她也积极地搜集附近各个大学新生入学的日期,在各大学新生入学的当天到新生报到处分发广告单,同时加大优惠让利幅度,从9月15日到国庆节止,满200元减100元,其他优惠措施照旧。但遗憾的是,一直到国庆节,内衣销售额还是没有多少。10月1日到10月7日,由于学生和老师都回家了,大学城人数寥寥,内衣店干脆关门不营业。10月8日开门重新营业,天气渐渐变冷,到了该穿贴身内衣的季节,内衣店每天的顾客人数还是寥寥无几,大多数学生和老师经常散步进来看看,但买内衣的顾客依旧很少。

问题:

1. 案例中,陈晓燕在创业时缺少哪些环节?
2. 作为一名创业者,在创业过程中应该怎么做?
3. 讨论在校园内开设内衣店是否可行?你作为一名消费者,你的内衣消费观念和购买习惯是怎样的?
4. 分析陈晓燕的店销营业额低的原因,应该如何调整经营思路?

2. 创业思维练习

(1) 将班级同学分成4~6组,和小组的其他成员设计一份简单的调查问卷。调查问卷用于访问创业者,调查的主要问题包括:

① 创业者如何产生他的创业想法?
② 创业者如何识别和认识创业机会?
③ 创业者如何筛选和评估创业机会?
④ 创业者如何创建一个企业?

要求:调查问卷不超过两页,在访问创业者之后,分析他们的答案,提交一个简短的报告。

(2) 将班级同学分成4~6组,每个小组成员说出4个兴趣爱好。根据兴趣爱好,每个小组必须列举一个能发展成企业的创业想法。小组成员对这个想法进行讨论,包括这个创业想法能够产生的产品和服务,以及谁有可能成为企业的客户。

要求:每个小组从报纸或者杂志的商业部分中确定7个创业想法(商业部分包括产品或者服务的广告、销售信息、关于流行趋势或者消费需求变化的报道等内容)。然后,说明对这些想法感兴趣的原因。

3. 问卷调查设计

(1) 某同学想在高校校园内代理快递业务。请你根据校内学生使用快递的实际情况设计调查问卷。

(2) 某同学想在校园内开一家咖啡店。请你就选址、环境、价格等方面设计一个调查问卷。

第 7 章

创业中的商业模式构建与资源获取

> 当今企业之间的竞争，不是产品之间的竞争，而是商业模式之间的竞争，所谓的商业模式主要是指顾客价值的定义、传递、获取的整个过程。
>
> ——管理学大师　彼得·德鲁克

本章知识点

- 何为商业模式？其构成要素是什么？
- 商业模式的样式有哪些？如何设计？
- 如何评估和识别关键资源？
- 作为商业模式模块中的重要组成部分——关键资源该如何获取？

7.1 商业模式构建

案例分享 | 苹果iPod/iTunes 商业模式

2001年，苹果公司发布了其标志性的便携式媒体播放器iPod，这款播放器需要与iTunes软件结合，这样用户可以将音乐和其他内容从iPod同步到电脑中。同时，iTunes软件还提供了与苹果在线商店的无缝连接，用户可以从这个商店里购买和下载所需要的内容。这种设备、软件和在线商店的完美有效结合，很快颠覆了音乐产业，并给苹果公司带来了市场的主导地位。然而苹果公司不是第一家推出便携式媒体播放器的公司，竞争对手如帝盟多媒体公司的Rio品牌便携式媒体播放器曾经在市场上同样成功。那么，iPod是如何胜出的呢？使用MP3播放器存在这样一个问题：在网上下载歌曲涉足文件分享和盗版服务的灰色地带。因此，苹果公司希望给iPod用户提供一个简单、安全且合法的下载音乐的方式。

苹果公司说服SONY音乐公司提供音乐版权，并以0.99美元的价格出售歌曲，这一举动完全实现了iTunes音乐播放软件与iPod的无缝连接，建立了世界上最大的在线音乐库。

这样，苹果公司实现了让用户轻松地搜索、购买和享受(无缝)数字音乐的价值主张。苹果公司通过销售iPod赚取了大量与其音乐相关的收入，同时利用iPod设备与在线音乐商店的整合，有效地把竞争对手挡在了门外。苹果公司通过整合iPod/iTunes和在线音乐商店等资源，打造了在线的音乐分享平台，为客户创造了良好的音乐体验。可以说，苹果公司成功的关键是其商业模式的创新。苹果iPod/iTunes商业模式，如图7-1所示。

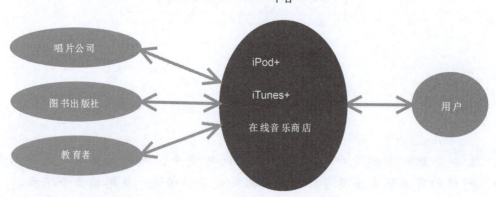

图7-1　苹果iPod/iTunes商业模式

7.1.1　商业模式的定义

商业模式是一种包含了一系列要素及其关系的概念性工具，用以阐明某个特定实体的商业逻辑。它描述了公司所能为客户提供的价值，以及公司的内部结构、合作伙伴网络和关系资本等用以实现(创造、推销和交付)这一价值并产生可持续盈利收入的要素。

泰莫斯公司对商业模式的定义为：一个完整的产品、服务和信息流体系，包括每一个参与者和其在其中起到的作用，以及每一个参与者的潜在利益、相应的收益和来源方式。在分析商业模式过程中，主要关注一类企业在市场中与用户、供应商、其他合作方的关系，尤其是彼此间的物流、信息流和资金流。

管理学大师彼得·德鲁克(Peter Drucker)认为，所谓的商业模式主要是指顾客价值的定义、传递、获取的整个过程。这个全新的商业模式和我们以往所熟悉的商业模式最大的不同在于，它不再是关于成本和规模的讨论，而是关于重新定义顾客价值的讨论，关注顾客价值及其持有成本。

我国学者认为，商业模式是为了实现客户价值最大化，把能使企业运行的内外各要素整合起来，形成高效率的、具有独特核心竞争力的运行系统，并通过提供产品和服务，达到持续盈利目标而组织设计的整体解决方案。其中，"整合""高效率""系统"是基础或先决条件，"核心竞争力"是手段，"客户价值最大化"是主观目的，"持续盈利"是客观结果，也是检验一个商业模式是否成功的唯一的外在标准。

本书采用的定义是：商业模式描述了企业如何创造价值、传递价值和获取价值的基本原理。商业模式的创新贯穿企业经营整个过程，贯穿企业资源开发、研发模式、制造方式、营销体系、流通体系等各个环节。每个环节的创新都可能塑造一种崭新的、成功的商业模式。

7.1.2 商业模式画布

商业模式画布由9个商业模式模块组成,分别为客户细分、价值主张、渠道通路、客户关系、收入来源、核心资源、关键业务、重要合作和成本结构。这个工具类似于画家的画布,其中预设了9个空格,你可以在上面画上相关模块,来描绘现有的商业模式或设计新的商业模式。

商业模式画布最好的用法是在大的背景上投影出来,这样一群人便可以便利贴或马克笔共同绘制、讨论商业模式的不同组成部分。这是一种可以促进理解、讨论、创新和分析的实操工具。商业模式画布如图7-2所示。

图7-2 商业模式画布

1. 客户细分

1) 客户细分的概念

客户细分(customer segments)模块,是指企业或机构所服务的一个或多个客户分类群体。客户构成了商业模式的核心,没有(可获益的)客户,就没有企业的长治久安。为了更好地满足客户需求,企业可以把客户进行细分,每个细分市场中的客户具有共同的需求、共同的行为和其他共同的属性。企业必须决定服务哪些细分市场,忽略掉哪些细分市场,一旦确定了所要服务的客户群,企业就可以凭借对特定客户群体需求的深刻理解,仔细设计相应的商业模式。客户群可以按照不同的标准来划分,如可以按照不同的提供物(产品或服务)、不同的分销渠道、不同类型的关系、不同的盈利能力(收益性),以及客户对产品和服务不同方面的购买意向等来进行分类。

2) 客户细分的类型

(1) 大众市场。聚焦于大众市场的商业模式在不同客户细分群体之间没有多大区别。价值主张、渠道通路和客户关系全都聚焦于一个大范围的客户群组,在这个群组中,客户具有大致相同的需求和问题,这类商业模式经常能在消费类电子行业中找到,比如个人电脑、手机等。

(2) 利基市场。以利基市场为目标的商业模式迎合特定的客户细分群体。价值主张、渠道通路和客户关系都针对某一利基市场的特定需求定制。这样的商业模式常常可以在供应商—采购商的关系中找到。例如，很多汽车零部件厂商严重依赖主要汽车生产企业的采购。

(3) 区隔化市场。有些商业模式在略有不同的市场细分群体间会有所区别。例如，瑞士信贷的银行零售业务，在拥有超过10万美元资产的大客户群体与拥有超过50万美元资产的更为富有的群体之间的市场区隔就有所不同。这些客户细分有很多相似之处，但又有不同的需求和困扰。这样的客户细分群体影响了瑞士信贷商业模式的其他构造块，诸如价值主张、渠道通路、客户关系和收入来源等。瑞士微型精密系统公司，其专门提供外包微型机械设计和生产解决方案业务，服务于3个不同的客户细分群体——钟表行业、医疗行业和工业自动化行业，而为这些行业所提供的价值主张略有不同。

(4) 多元化市场。具有多元化客户商业模式的企业可以服务于两个具有不同需求和困扰的客户细分群体。例如，2006年亚马逊决定通过销售云计算服务而使其零售业务多样化，即在线存储空间业务与按需服务器使用业务。因此亚马逊开始以完全不同的价值主张迎合完全不同的客户细分群体——网站公司。这个策略可以实施的根本原因是亚马逊强大的IT基础设施经营的多样化，其基础设施能被零售业务运营和新的云计算服务所共享。

(5) 多边平台或多边市场。有些企业服务于两个或更多的相互依存的客户细分群体。例如，信用卡公司需要大范围的信用卡持有者，同时也需要大范围可以受理这些信用卡的商家。同样，百度推广需要大范围的用户以便吸引广告，还需要广告商为其产品及分销提供资金。需要双边细分群体才能让这个商业模式运转起来。

2. 价值主张

1) 价值主张的概念

价值主张(value propositions)模块，用来描绘为特定客户细分群体创造价值的系列产品和服务。价值主张是客户转向一个公司而非另一个公司的原因，它解决了客户困扰或者满足了客户需求。每个价值主张都包含可选系列产品或服务，以迎合特定客户细分群体的需求。在这个意义上，价值主张是公司提供给客户的受益集合或受益系列。有些价值主张可能是创新的，并表现为一个全新的或破坏性的提供物(产品或服务)，而另一些可能与现存市场提供物(产品或服务)类似，只是增加了功能和特性。

2) 价值主张的内容

价值主张通过迎合细分群体需求的独特组合来创造价值。价值可以是定量的(如价格、服务速度)或定性的(如设计、客户体验)。下面这些简要要素有助于为客户创造价值。

(1) 新颖。有些价值主张能满足客户从未感受和体验过的全新需求，因为以前从来没有类似的产品或服务。这通常但不总是与技术有关，举例来说，移动电话围绕移动通信开创了一个全新的行业，智能手机在移动的场景中又带来了电脑的应用体验。

(2) 性能。改善产品和服务性能是一个传统意义上创造价值的普遍方法。个人计算机行业有依赖于这个因素的传统，向市场推出更强劲的机型，但性能的改善似乎也有它的局限。例如，近几年更快速的计算机、更大的磁盘存储空间和更好的图形显示都未能在用户需求方面促成对应的增长。

(3) 定制化。定制产品和服务以满足个别客户或客户细分群体的特定需求来创造价值。

近几年来，大规模定制和客户参与制作的概念显得尤为重要。这个方法允许定制化产品和服务，同时还可以利用规模经济优势。

(4) 设计。设计是一个重要但又很难衡量的要素。产品可以因为优秀的设计脱颖而出，在时尚和消费电子产品领域，设计是价值主张中一个特别重要的部分。例如，小米的设计师经常去参加设计界的奥斯卡——红点设计大赛。

(5) 品牌/身份地位。客户可以通过使用和显示某一特定品牌而发现价值。例如，佩戴一块劳力士手表、开宾利汽车，象征着财富。

(6) 价格。以更低的价格提供同质化的价值是满足价格敏感客户细分群体的通常做法，低价价值主张对于商业模式的其余部分有更重要的含义。经济型航空公司，诸如春秋航空公司、西南航空公司、易捷航空公司、瑞安航空公司都设计了全新的商业模式，以便使低价航空旅行成为可能。

(7) 成本削减。帮助客户削减成本是创造价值的重要方法。例如，Salesforce公司销售的在线客户关系管理系统(CRM)的应用，这项服务减少了购买者的开销并免除了用户自行购买、安装和管理CRM软件的麻烦。

(8) 风险抑制。当客户购买产品和服务的时候，帮助客户抑制风险也可以创造价值。例如，对于二手汽车买家来说，为期一年的服务担保降低了在购买后短期内发生故障和修理的风险；而服务品质级别担保书，降低了由买方承担外包IT服务所要承担的风险。

(9) 可达性。把产品和服务提供给以前接触不到的客户是另一个创造价值的方法。这既可能是商业模式创新的结果，也可能是新技术的结果，或者兼而有之。例如，奈特捷航空公司以普及私人飞机拥有权概念而著称。通过应用创新的商业模式，奈特捷航空提供私人及企业拥有私人飞机的权限，在此之前这项服务对于绝大部分客户来说都很难支付得起。同样，共同基金是通过提升可达性来创造价值的另一个例子，这种创新的金融产品使那些小康微富的人建立多元化的投资组合成为可能。

(10) 便利性/可用性。使事情更方便或易于使用可以创造可观的价值。例如，苹果公司的iPod和iTunes为用户提供了在搜索、购买、下载和收听数字音乐方面前所未有的便捷体验。

3. 渠道通路

1) 渠道通路的定义

渠道通路(channels)模块，用来描绘公司是如何沟通、接触其客户细分群体而传递自身价值主张的。沟通、分销和销售这些渠道构成了公司相对客户的接口界面。渠道通路是客户接触点，它在客户体验中扮演着重要的角色。

2) 渠道通路的功能

渠道依次具有认知、评估、购买、传递、售后5个不同的阶段，具体为：

(1) 提升公司产品和服务在客户中的认知；

(2) 帮助客户评估公司价值主张；

(3) 协助客户购买特定产品和服务；

(4) 向客户传递价值主张；

(5) 提供售后支持。

每个渠道都能经历上述部分或全部阶段。我们可以区分直销渠道与非直销渠道，也可以区分自有渠道和合作伙伴渠道。

在把价值主张推向市场期间，发现如何接触客户的正确渠道组合是至关重要的。企业组织可以选择通过其自有渠道、合作伙伴渠道或两者混合来接触客户。自有渠道可以是直销的，如内部销售团队或网站；也可以是间接的，如团体组织拥有或运营的零售商店渠道。合作伙伴渠道是间接的，同时有很大范围可供选择，如分销批发、零售或者合作伙伴的网站。

虽然合作伙伴渠道导致更低的利润，但企业可凭借合作伙伴的强项，扩展企业接触客户的范围和收益。自有渠道和部分直销渠道有更高的利润，但是其建立和运营成本都很高。渠道管理的诀窍是在不同类型渠道之间找到适当的平衡，并整合它们来创造令人满意的客户体验，同时使收入最大化。

4. 客户关系

1) 客户关系的概念

客户关系(customer relationships)模块，用来描绘公司与特定客户细分群体建立的关系类型。企业应该弄清楚希望和每个客户细分群体建立的关系类型。客户关系范围可以从个人到自动化。客户关系可以被以下几个动机所驱动：客户获取、客户维系、提升销售额(追加销售)。例如，早期移动网络运营商的客户关系由积极的客户获取策略所驱动，包括免费移动电话。当市场饱和后，运营商转而聚焦客户保留及提升单客户的平均收入。商业模式所要求的客户关系深刻地影响着全面的客户体验。

2) 客户关系的类型

(1) 个人助理。这种关系类型基于人与人之间的互动。在销售过程中或者售后阶段，客户可以与客户代表交流并获取帮助。

(2) 专用个人助理。这种关系类型包含了为单一客户安排的专门的客户代表。它是层次最深、最亲密的关系类型，通常需要较长时间来建立。例如，私人银行服务会指派银行经理向高净值个人客户提供服务。在其他商业领域也能看到类似的关系类型，关键客户经理与重要客户保持着私人联系。

(3) 自助服务。在这种关系类型中，一家公司与客户之间不存在直接的关系，而是为客户提供自助服务所需要的所有条件。

(4) 自动化服务。这种关系类型整合了更加精细的自动化过程，用于实现客户自助服务。例如，客户可以通过在线档案来定制个性化服务。自动化服务可以识别不同客户及其特点，并提供与客户订单或交易相关的信息。最佳情况下，良好的自动化服务可以模拟个人助理服务的体验(如提供图书或电影推荐)。

(5) 社区。目前各公司正越来越多地利用用户社区与客户/潜在客户建立更为深入的联系，并促进社区成员之间的互动。许多公司都建立了在线社区，让其用户交流知识和经验，解决彼此的问题。社区还可以帮助公司更好地理解客户需求。

(6) 共同创作。许多公司超越了与客户之间传统的客户—供应商关系，而倾向于和客户共同创造价值。豆瓣就邀请影迷来撰写影评,从而为其他电影爱好者提供价值。有的公司还鼓励客户参与到全新和创新产品的设计过程中来。还有一些公司,如抖音短视频,请用户来创作视频供其他用户观看。

5. 收入来源

1) 收入来源的概念

收入来源(revenue streams)模块,用来描绘公司从每个客户群体中获取的现金收入(需要从创收中扣除成本)。如果客户是商业模式的心脏,那么收入来源就是动脉。

企业必须问自己,什么样的价值能够让各客户细分群体真正愿意付款?只有回答了这个问题,企业才能在各客户细分群体上发掘一个或多个收入来源。每个收入来源的定价机制可能不同,如固定标价、谈判议价、拍卖定价、市场定价、数量定价或收益管理定价等。

一个商业模式通常包含两种不同类型的收入来源:

(1) 通过客户一次性支付获得的交易收入;

(2) 经常性收入,其来自客户为获得价值主张与售后服务而持续支付的费用。

2) 收入来源的方式

(1) 资产销售。最为人熟知的收入来源方式是销售实体产品的所有权,如亚马逊在线销售图书、音乐、消费类电子产品和其他产品。

(2) 使用收费。这种收入来源于通过特定的服务收费。客户使用的服务越多,付费越多。例如,电信运营商可以按照客户通话时长来计费,旅馆可以按照客户入住天数来计费,快递公司可以按照运送地点的距离来计费。

(3) 订阅收费。这种收入来自销售重复使用的服务。例如,健身房可以按月或按年以会员制来销售健身设备的使用权,网络游戏允许用户使用按月订阅的付费方式,视频网站也可以让用户通过按月订阅付费的方式来观看会员视频。

(4) 租赁收费。这种收入来源于针对某个特定资产在固定时间内的暂时性排他使用权的授权。对于出借方而言,租赁收费可以带来经常性收入的优势。另一方面,租用方或承租方可以仅支付限时租期内的费用,而无须承担购买所有权的全部费用。神州租车提供了一个很好的例证,该公司可以让客户在各大城市按天租车。

(5) 授权收费。这种收入来自将受保护的知识产权授权给客户使用,并换取授权费用。授权方式可以让版权持有者不必将产品制造出来或者将服务商业化,仅靠知识产权本身即可产生收入。授权方式在媒体行业非常普遍,内容所有者保留版权,但是可以将使用权销售给第三方。同样,在技术行业,专利持有人可以授权其他公司使用专利技术,并收取授权费作为回报。例如,微软就是采取授权的方式,允许个人电脑制造商使用Windows操作系统,并快速进入市场的。

(6) 经纪收入。这种收入来自为了双方或多方之间的利益所提供的中介服务而收取的佣金。例如,信用卡提供商作为信用卡商户和顾客的中间人,从每笔销售交易中抽取一定比例的金额作为佣金。同样,股票经纪人、保险经纪人和房地产经纪人通过成功匹配卖家和买家来赚取佣金。

(7) 广告收入。这种收入来源于为特定的产品、服务或品牌提供广告宣传服务。传统上，媒体行业和会展行业均以此作为主要收入来源。近些年，在其他行业包括软件、服务行业和社交媒体网站，也逐渐向广告收入倾斜。

每种收入来源都可能有不同的定价机制，定价机制类型的选择就产生收入而言会有很大的差异。定价机制有两种主要的形式：固定定价和动态定价。不同收入来源的定价机制，如表7-1所示。

表7-1　不同收入来源的定价机制

固定定价		动态定价	
根据静态变量而预设价格的定价		根据市场情况变化而调整的定价	
标价	单独产品、服务或其他价值主张的固定价格	协商定价(谈判定价)	双方或多方商定价格，最终的价格取决于谈判能力或谈判技巧
基于产品特性的定价	基于价值主张特性的数量或质量定价	收益管理定价	基于库存量和购买时间的定价(通常用于易损资源，如旅馆的房间或飞机的座位)
基于客户细分群体的定价	基于客户细分群体的类型和特点定价	实时市场定价	价格根据市场供求的动态关系决定
数量定价	基于客户购买的数量定价	拍卖定价	价格根据竞拍结果决定

6. 核心资源

1) 核心资源的概念

核心资源(key resources)模块，用来描绘让商业模式有效运转所必需的重要因素。每个商业模式都需要核心资源，这些资源使得企业组织能够创造和提供价值主张、接触市场、与客户细分群体建立关系并赚取收入。不同的商业模式所需要的核心资源也有所不同。芯片制造商需要资本集约型的生产设施，而芯片设计商则需要更加关注人力资源。

核心资源可以是实体资产、知识资产、人力资源或金融资产。核心资源既可以是自有的，也可以是公司租借的或从重要伙伴那里获得的。

2) 核心资源的分类

(1) 实体资产。实体资产是指具有实体形态的资产，如生产设施、不动产、汽车、机器、系统、销售网点和分销网络等。沃尔玛和京东等零售企业的核心资产就是实体资产，且均为资本集约型资产。沃尔玛拥有庞大的全球店面网络和与之配套的物流基础设施。京东拥有大规模的IT系统、仓库和物流体系。

(2) 知识资产。知识资产包括品牌、专有知识、专利和版权、合作关系和客户数据库，这类资产日益成为商业模式中的重要组成部分。知识资产的开发很难，但成功建立后可以带来巨大的价值。微软和SAP的核心资源是通过多年开发所获得的软件和相关的知识产权。宽带移动设备芯片设计商和供应商高通是围绕芯片设计专利来构建其商业模式的，这些核心资源为该公司带来了大量的授权收入。

(3) 人力资源。任何一家企业都需要人力资源，但是在某些商业模式中，人力资源更加重要。例如，在知识密集产业和创意产业中人力资源是至关重要的，制药企业，如诺华公司，在很大程度上依赖于人力资源，其商业模式基于一批经验丰富的科学家和一支强大娴熟的销售队伍。

(4) 金融资产。有些商业模式需要金融资源或财务担保，如现金、信贷额度或用来雇用关键雇员的股票期权池。电信设备制造商爱立信提供了一个在商业模式中利用金融资产的案例。爱立信可以选择从银行和资本市场筹资，然后使用其中的一部分为其客户提供卖方融资服务，以确保是爱立信而不是竞争对手赢得订单。

7. 关键业务

1) 关键业务的概念

关键业务(key activities)模块，用来描绘为了确保其商业模式可行，企业必须做的最重要的事情。任何商业模式都需要多种关键业务活动，这些业务是企业得以成功运营所必须实施的最重要的动作。正如核心资源一样，关键业务也是创造和提供价值主张、接触市场、维系客户关系并获取收入的基础，而关键业务也会因商业模式的不同而有所区别。例如，对于微软等软件制造商而言，其关键业务包括软件开发；对于戴尔等电脑制造商来说，其关键业务包括供应链管理。

2) 关键业务的内容

(1) 制造产品。这类业务活动涉及生产一定数量或满足一定质量的产品，与设计、制造及发送产品有关。制造产品这一业务活动是企业商业模式的核心。

(2) 问题解决。这类业务指的是为个别客户的问题提供新的解决方案。咨询公司、医院和其他服务机构的关键业务是问题解决，它们的商业模式需要知识管理和持续培训等业务。人工智能的应用可以帮助这些公司更好地为用户解决问题，如人工智能在医疗诊断中的应用。

(3) 平台/网络。以平台为核心资源的商业模式，其关键业务都是与平台或网络有关的。网络服务、交易平台、软件甚至品牌都可以看成是平台。银联的商业模式需要为商业客户、消费者和银行服务的银联信用卡交易平台提供相关的业务活动；微软的商业模式则是要求管理其他厂商软件与其Windows操作系统平台之间的接口。此类商业模式的关键业务与平台管理、服务提供和平台推广相关。

8. 重要合作

1) 重要合作的概念

重要合作(key partnerships)模块，用来描述让商业模式有效运作所需的供应商与合作伙伴的网络。企业会基于多种原因打造合作关系，合作关系正日益成为许多商业模式的基石。很多公司创建联盟来优化其商业模式、降低风险或获取资源。

2) 重要合作的类型

我们可以把合作关系分为以下4种类型：
(1) 在非竞争者之间的战略联盟关系；

(2) 在竞争者之间的战略合作关系；

(3) 为开发新业务而构建的合资关系；

(4) 为确保可靠供应的购买方—供应商关系。

3) 重要合作的动机

(1) 商业模式的优化和规模经济的运用。伙伴关系或购买方—供应商关系的最基本的形式，是设计用来优化资源和业务的配置。公司拥有所有资源或自己执行每项业务活动是不合逻辑的。优化的伙伴关系和规模经济的伙伴关系通常会降低成本，而且往往涉及外包或基础设施共享。

(2) 风险和不确定性的降低。伙伴关系可以帮助减少以不确定性为特征的竞争环境的风险。竞争对手在某一领域形成了战略联盟而在另一个领域展开竞争的现象很常见。

(3) 特定资源和业务的获取。很少有企业拥有所有的资源或执行所有商业模式所要求的业务活动。相反，它们依靠其他企业提供特定资源或执行某些业务活动来扩展自身能力。这种伙伴关系可以根据需要，主动地获取知识、许可或接触客户。例如，移动电话制造商可以使用安卓系统而不用自己开发，保险公司可以选择依靠独立经纪人销售其保险。

9. 成本结构

1) 成本结构的概念

成本结构(cost structure)模块，用来描绘运营一个商业模式所引发的所有成本。创建价值和提供价值、维系客户关系，以及产生收入都会引发成本。这些成本在确定关键资源、关键业务与重要合作后可以相对容易地计算出来。然而，有些商业模式，相比其他商业模式更多是由成本驱动的。例如，那些号称"不提供非必要服务"的航空公司，是完全围绕低成本结构来构建其商业模式的。

2) 成本结构的类型

(1) 成本驱动。成本驱动的商业模式侧重于在每个地方尽可能地降低成本。这种做法的目的是创造和维持最经济的成本结构，采用低价的价值主张、最大程度自动化和广泛外包。廉价航空公司，如春秋航空、西南航空等就是以成本驱动商业模式为特征的。

(2) 价值驱动。有些公司不太关注特定商业模式设计对成本的影响，而是专注于创造价值。增值型的价值主张和高度个性化的服务通常是以价值驱动型商业模式为特征的。苹果智能手机的开发和豪华酒店的设施及其独到的服务都属于这一类。

3) 成本结构的特点

(1) 固定成本。不受产品或服务的产出量变动影响而能保持不变的成本，如薪金、租金、实体制造设施。有些企业，比如制造业公司，是以高比例固定成本为特征的。

(2) 可变成本。伴随产品或服务产出量变化而按比例变化的成本。有些业务，如音乐节，是以高比例可变成本为特征的。

(3) 规模经济。企业享有产量扩充所带来的成本优势。例如，规模较大的公司从更低的大宗购买费用中受益。随着产量的提升，这个因素和其他因素一起，可以使得平均单位成本下降，具有规模经济的项目具有可扩展性，能够实现非线性增长。

(4) 范围经济。企业由于享有较大的经营范围而具有的成本优势。例如，在大型企业，同样的营销活动或渠道通路可支持多种产品；社区便利店会增加生鲜、送水等服务来扩大其经营范围。

7.1.3 商业模式的基本式样

1. 非绑定式商业模式

案例分享｜瑞士私人银行的三种业务合一

瑞士的私人银行为非常富有的人群提供银行服务，私人银行业一直以来被认为是一个保守、缺乏活力的行业。然而过去的10多年间，瑞士的私人银行业却发生了翻天覆地的变化。从传统上来讲，私人银行机构都是垂直整合的，且工作范围涵盖资产管理、投资和金融产品设计等。选择紧密垂直整合的方式是有充足理由的，因为外包的成本很高，加上出于保密性考虑，私人银行宁愿将所有的业务都放在自己的体系内部也不外包。

但是行业环境正在发生着变化，瑞士私人银行业的运作方式已不再是秘密，保密已经变得不那么重要了。由于特殊服务提供商的涌现导致银行价值链的分裂，使得外包变得越来越有吸引力，这些特殊服务提供商包括交易银行和金融产品专营机构。交易银行专注处理银行交易，而金融产品供应商则专注于设计新的金融产品。

总部位于苏黎世的私人银行机构Maerki Baumann就是采取非绑定式商业模式的典范。它们将面向交易的平台业务分拆成驻内银行的独立实体，这些实体为其他银行和证券商提供银行服务。而机构本身则专注于建立良好的客户关系，并提供咨询服务。

位于日内瓦的Pictet银行是瑞士最大的私人银行，该银行更喜欢坚持整合的模式。这家有着200年历史的金融机构拥有良好的客户关系，处理大量客户的交易，并且自己设计金融产品。

虽然银行以这种模式取得了成功，但是仍然需要小心翼翼地权衡管理这3类有着根本性差异的业务。私人银行业中的一个"绑定"商业模式引发了很多的冲突和不利的权衡妥协。

(1) 银行用两种不同的逻辑为两个不同的市场服务：咨询业务和销售金融产品。咨询业务是一种长期、基于关系的业务，而销售金融产品是复杂且快速变化的业务。

(2) 该银行的目标是出售其产品给竞争银行增加收入，但是这会产生利益冲突。

(3) 银行的产品部门强迫咨询师向客户销售银行自家产品，这与客户希望有"中立的建议"有所冲突。客户希望购买投资市场上最好的产品，而不管这些产品来自哪家。

(4) 以成本和效率为焦点的交易平台业务和薪酬敏感的咨询与金融产品业务相冲突，后者需要吸引昂贵的人才。

(5) 交易平台业务需要一定的规模来压低成本，单独一家银行很难做到。

(6) 产品创新业务由快速研发和迅速进入市场所驱动，而这与需要长期维持的咨询业务相冲突。

为了解决以上的冲突和问题，可以把私人银行绑定在一起的业务拆分为3种基本业务：关系管理、产品创新和基础设施管理。私人银行商业模式，如图7-3所示。

重要合作	关键业务	价值主张	客户关系	客户细分
■其他产品供应商	■咨询 ○产品研发 ■营销 ※平台管理	■量身定制的资产管理服务 ○金融产品 ※交易管理	■亲密的个人关系 ※关键客户管理	■富有的个人与家庭 ※私人银行 ○独立财务咨询师
	核心资源 ■品牌/信任 ○产品专利 ※交易平台		渠道通路 ■个人网络 ○销售团队 ※交易平台	
成本结构			收入来源	
※平台管理 ○研发人力成本 ■私人银行经理人力成本			■管理与咨询费 ○产品与绩效收费 ※交易费用	

关系管理■　　　产品创新○　　　基础设施管理※

图7-3　私人银行商业模式

1) "非绑定式"商业模式的定义与式样

约翰·哈格尔(John Hagel)和马克·辛格(Marc Singer)提出了"非绑定式公司"的概念，他们认为企业是由具有不同经济驱动因素、竞争驱动因素和文化驱动因素等的完全不同类型的业务组成，可分为产品创新型业务、客户关系型业务、基础设施型业务，如表7-2所示。

表7-2　核心业务类型

驱动因素	企业业务		
	产品创新型业务	客户关系型业务	基础设施型业务
经济	更早地进入市场可以保证索要溢价价格，并获取巨大的市场份额；速度是关键	获取客户的高昂成本决定了必须获取大规模的客户份额；范围经济是关键	高昂的固定成本决定了通过大规模生产达到单位成本降低的必要性；规模是关键
竞争	针对人才而竞争；进入门槛低；许多小公司繁荣兴旺	针对范围而竞争；快速巩固；寡头占领市场	针对范围而竞争；快速巩固；寡头占领市场
文化	以员工为中心；鼓励创新人才	高度重视服务；客户至上心态	关注成本；统一标准；可预测和有效性

哈格尔和辛格阐述客户关系型业务的职责是寻找和获取客户并与他们建立关系。同样，产品创新型业务的职责是开发新的和有吸引力的产品和服务，而基础设施型业务的职责是构建和管理平台，以支持大量重复性的工作。哈格尔和辛格认为企业应该分离这3种业务，并在企业内部聚焦到这3种业务类型之一，因为每一种业务类型都是由不同的因素所驱动，在同一组织中，这些业务类型可能彼此之间冲突，或者可能产生不利的权衡妥协。

图7-4展示了"非绑定式"商业模式是如何分拆(非绑定)并聚焦新业务核心的。

客户关系业务模块

重要合作	关键业务	价值主张	客户关系	客户细分
从第三方获得产品、服务创新和基础设施	获得和保留客户	高度的服务导向	亲密的个人关系 客户的获得和保留	以客户为中心
	核心资源 核心资产和核心资源是客户基数及长时间积累的已获得的客户信任		渠道通路 强有力的渠道	

成本结构	收入来源
客户获取和保有成本占了主要部分（包括品牌和营销开销）	大规模的客户份额产生的收入

产品创新模块

重要合作	关键业务	价值主张	客户关系	客户细分
	利用研发为市场带来新产品和新服务	产品和服务创新		通过聚焦客户关系的B2B中间商交付
	核心资源 强有力的人力资源		渠道通路	

成本结构	收入来源
研发人力成本	高额溢价费

基础设施管理模块

重要合作	关键业务	价值主张	客户关系	客户细分
	交付基础设施服务	基础设施服务		商业客户
	核心资源 规模经济和范围经济		渠道通路	

成本结构	收入来源
高固定成本	大规模的低边际利润获得

图7-4 "非绑定式"商业模式

2) 案例分享与讨论：移动电信行业的业务分拆

移动电信企业已经将其业务分拆。以前，传统的电信运营商之间的竞争围绕着网络质量，但是现在其更倾向于与竞争者共享网络，或将网络运营全部外包给设备制造商。因为其意识到自己的核心资产不再是网络，而是品牌及客户关系。

第一，电信设备制造商。诸如法国电信、荷兰皇家电信、沃达丰等电信运营商已经将其一部分网络的运营和维护工作外包给像诺基亚西门子网络公司、阿尔卡特-朗讯和爱立信等电信设备制造商。电信设备制造商可以在同一时间服务多家电信运营商，并以此从规模经济中获益，以更低的成本运营网络。

第二，业务分拆的电信运营商。在将基础设施业务拆分后，电信运营商可以改进自己对品牌和区隔客户及服务的关注。客户关系则成为核心资产与核心业务。通过专注客户并提高现有客户的单客户贡献率，电信运营商可以改善多年来花费在获取和维持客户上的投资。而最先采取这种战略分拆的运营商中有一家是巴蒂电信，它现在已经是印度电信行业的领先企业之一。该公司将网络运营外包给爱立信和诺基亚西门子网络公司，将IT基础设施外包给IBM，这使得其可以专注于自身的核心能力——构建客户关系。

第三，内容供应商。对于产品和服务创新而言，分拆业务的电信运营商可以转变成规模更小、更具创新性的公司。创新需要创意人才，而更活跃的小型公司具有独特的吸引力。电信运营商与大量第三方在创新技术、新服务和媒体内容上合作，诸如地图、游戏、视频和音乐等。

请根据以上案例，回答下列问题：
(1) 请画出移动电信行业的商业模式画布；
(2) 请画出拆分（"非绑定"）后的商业模式画布。

2. 长尾式商业模式

案例分享 | **图书出版行业的变革**

传统的模式

我们都听说过有抱负的作家们用心写作并提交手稿给出版商，希望看到自己的作品被出版，但还是经常被拒绝。这种老套的情景，出版商和作者都已经习以为常了。传统的图书出版模式建立在选择过程基础上，出版商审查许多作者和稿件，然后选择那些似乎最有可能达到销售目标的作者和稿件。与此相反，希望不大的作者及其作品将会被拒绝，因为经过编辑、设计、印刷、推广流程却卖得不好的图书可能无利可图。出版商们最感兴趣的是那些出版后针对广大读者可以热卖的图书。传统图书出版行业商业模式画布，如图7-5所示。

重要合作	关键业务 内容购买 出版 销售	价值主张 品牌内容(理想的 热点图书)	客户关系	客户细分 广泛的读者
	核心资源 出版知识 内容		渠道通路 零售网络	
成本结构 出版/营销			收入来源 批发收入	

图7-5 传统图书出版行业商业模式画布

新的模式

如今，传统的以畅销书为中心的出版模式已转变为提供让每个人都能出版作品的服务。新的商业模式是基于帮助利基和业余作者在市场上推出作品。通过为作者提供清样、出版和在线商场分销作品的工具消除了传统模式的高进入门槛，这与选择"市场—价值"的传统模式形成了强烈的对比。

实际上，吸引的作者越多，就越有可能成功，因为这些作者同时也会成为消费者。简单来说，通过用户自主生成利基内容所形成的长尾来连接和服务作者与读者。作者可以出版和销售自己的书籍。新的图书出版行业商业模式画布，如图7-6所示。

重要合作	关键业务 平台开发 物流	价值主张 自助出版服务 利基内容市场	客户关系 兴趣社区 在线资料	客户细分 利基作者 利基读者
	核心资源 平台 按需印刷 基础设施		渠道通路	
成本结构 平台管理与开发		收入来源 销售提成(低) 发行服务收费		

图7-6　新的图书出版行业商业模式画布

1) 长尾式商业模式的定义与式样

长尾概念由克里斯·安德森(Chris Andersen)提出，这个概念描述了媒体行业从面向大量用户销售少数拳头产品，到销售庞大数量的利基产品的转变，而每种利基产品都只产生小额销售量。安德森描述了很多非经常销售所产生的销售总额等于甚至超过由拳头产品所产生的收入。长尾模式需要低库存成本和强大的平台，并使得利基产品对于兴趣买家来说容易获得。长尾式商业模式画布，如图7-7所示。

重要合作 利基内容供应商 (专业的或用户自生成的)	关键业务 平台开发和维护 利基内容的获取和生产	价值主张 提供宽泛非拳头产品 这些产品可以和拳头产品共存 促进用户自生成内容	客户关系 互联网	客户细分 利基客户
	核心资源 平台		渠道通路 互联网	
成本结构 平台开发与维护		收入来源 大量产品带来小额收入的集合 广告、销售或订阅		

图7-7　长尾式商业模式画布

安德森认为，有以下几个经济触发因素在媒体行业引发了这种现象。

(1) 生产工具的大众化。不断降低的技术成本使得个人可以接触到就在几年前还昂贵得吓人的工具，例如，若有兴趣，任何人现在都可以录制唱片、拍摄小电影或者设计简单的软件。

(2) 分销渠道的大众化。互联网使得数字化的内容分发成为商品，而且能以极低的库存、沟通成本和交易费用，为利基产品开拓新市场。

(3) 连接供需双方的搜索成本不断下降。销售利基内容真正的挑战是找到感兴趣的潜在买家。现在强大的搜索和推荐引擎、用户评分和兴趣社区,已经让这些容易得多了。

安德森的研究主要集中在媒体行业上。例如,他展示了在线视频租赁公司是如何转向发放大量利基影片授权的。虽然每部利基影片被租赁的次数相对很少,但累计收入却可以与大片电影的租赁收入匹敌。与此同时,安德森也证明了长尾理论在媒体行业以外的其他行业也同样有效,如在线拍卖网站eBay就是基于数量庞大的拍卖者交易小额非热点商品而成功的。

2) 案例分享与讨论:乐高的新长尾

1949年,丹麦玩具厂商乐高就已经开始生产现在已闻名于世的积木玩具。一代又一代的孩子都在玩它们的产品,而乐高也推出了围绕各种主题的成千上万的玩具套件,例如空间站、海盗、中世纪等。但是随着时间的推移,玩具行业竞争的加剧迫使乐高寻找新的增长路径。乐高开始通过许可使用来自诸如《星球大战》《蝙蝠侠》《夺宝奇兵》等大片的角色。虽然这种许可很昂贵,但事实证明这一决定为其带来了可观的收入。

2005年,乐高开始尝试用户创造内容的模式。它们推出了乐高工厂,让客户组装他们自己的乐高套件并在线订购。使用称为乐高数码设计师的软件,客户可以发明和设计自己的建筑物、汽车、主题和人物,其间可以从数千种组件和颜色中选择搭配。客户甚至可以设计用来包装定制玩具套件的包装盒。通过乐高工厂,公司把被动的客户变成了主动设计者,让他们参与到乐高的设计体验中来。

就商业模式而言,乐高已经通过进入长尾领域迈出了跨越大规模定制的一步。除了帮助用户设计他们自己的乐高(玩具)套件外,现在乐高工厂也在线销售用户设计的(玩具)套件了,有些确实卖得不错,有些卖得很少或者根本没卖出去。对乐高来讲重要的是用户设计(玩具)套件扩展了先前卖得最好而品种数量有限的产品线。现在,乐高业务中这个部分的收入仅占到乐高总收入的一小部分,这却是乐高实现长尾模式作为补充模式的第一步,其甚至还会替换传统大众市场模式。

请根据以上案例,回答下列问题:
(1) 乐高工厂的商业模式属于哪一种式样?
(2) 请画出乐高工厂的商业模式画布。

3. 多边平台式商业模式

案例分享 | 谷歌的商业模式

谷歌商业模式的核心价值主张,是其在全球网络提供极具针对性的文字广告,广告主可以在谷歌搜索页面上发布广告和赞助商链接。当人们使用谷歌的搜索引擎时,这些广告会显示在搜索结果的旁边。

谷歌确保仅与搜索关键字相关的广告被显示。该服务对于广告客户非常有吸引力,这允许广告主针对具体的搜索和特定人口统计目标定制在线广告营销活动。但是该模式只有在很多人使用谷歌的搜索引擎时才能运转起来。使用谷歌搜索引擎的人越多,谷歌就能显示更多的广告并为广告主创造更大的价值。

谷歌针对广告主的价值主张很大程度上依赖它吸引到网站的客户数量,所以谷歌使用了一个强大的搜索引擎来迎合这个消费客户的第二群体(网民)，同时还有越来越多的诸如Gmail(基于Web的电子邮件)、谷歌地图和在线相册等工具。为了进一步扩大其覆盖面，谷歌还设计了一款第三方服务，使自己的广告可以显示在其他非谷歌的网站上。这项被称为AdSense的服务，允许第三方网站通过在自己网站上显示谷歌广告来赚取部分谷歌的广告收入。AdSense自动分析网站的内容并显示相关文字和图片广告给访问者。对于那些第三方站长，即谷歌的第三个客户细分群体(内容创作者)而言，谷歌的价值主张就是能让其从内容(流量)中赚钱。

作为一个多边平台，谷歌有非常独特的收入模式。它从广告商客户细分群体那一边赚钱，而同时免费补贴另外两边的客户群体：网民和内容所有者(站长)。这是合乎逻辑的，因为谷歌显示给网民的广告越多，它从广告主那里赚得就越多。反过来，已增加的广告收入，愈加刺激了更多内容拥有者(站长)成为AdSense的合作伙伴。广告主不会直接从谷歌购买广告位，而是竞标广告关键字，无论关键字与搜索关键字关联还是与第三方网站内容关联。竞标是通过AdWords拍卖服务进行的：越受欢迎的关键字，广告客户就要为它付出越高的价格。谷歌从AdWords赚取的可观收入允许它持续改进自己针对搜索引擎用户和AdSense用户提供的免费服务。

谷歌的核心资源是搜索平台，这个平台支撑着3种不同的服务：网页搜索、广告投放和第三方内容货币化。这些服务都是建立在由大规模IT基础设施支持的高度复杂专有搜索和匹配算法基础上的。谷歌的关键业务可以定义如下：建设和维护搜索基础设施；管理3个主要客户细分群体(新用户、内容拥有者及广告主)；向新用户、内容拥有者和广告主推广其搜索平台。

1) 多边平台式商业模式的定义与式样

多边平台被经济学家称为多边市场，是一个重要的商业现象。这种现象已经存在了很长时间，但是随着信息技术的发展，这种平台得以迅速兴起。

多边平台到底是什么？其是将两个或者更多有明显区别但又相互依赖的客户群体集合在一起的平台。其作为连接这些客户群体的中介来创造价值。例如，信用卡连接了商家和持卡人；计算机操作系统连接了硬件生产商、应用开发商和用户；报纸连接了读者和广告主；家用视频游戏机连接了游戏开发商和游戏玩家。这里的关键是多边平台必须能同时吸引和服务所有的客户群体并以此来创造价值。

多边平台对于某个特定用户群体的价值本质上依赖于这个平台"其他边"的用户数量。一方面，如果有足够多的游戏，一款家用游戏机平台就能吸引足够多的玩家；另一方面，如果有足够的游戏玩家已经在玩游戏了，游戏开发商也会为新的视频游戏机开发(更多的)游戏。所以，多边平台经常会面临一个"先有鸡还是先有蛋"左右为难的困境。解决这个问题的方法是针对一个群体，尽管多边平台的运营商最主要的成本是运营费用，但是他们经常会通过为一个群体提供低价甚至免费的服务来吸引他们，并依靠这个群体来吸引与之相对的另一个群体。多边平台的运营商所面临的困难是选择哪个群体，以及以什么价格来吸引他们。

多边平台的运营商必须要问自己几个关键问题：能否为平台各边吸引到足够数量的客户、哪边(客户)对价格更加敏感、能否通过补贴吸引价格敏感一边的用户、平台另一边是否可以产生充足的收入来支付这些补贴等。多边平台式商业模式画布，如图7-8所示。

重要合作	关键业务 平台管理 服务提供和平台推广	价值主张 吸引用户群组作为客户细分群体的媒介 在平台上通过渠道化的交易降低成本	客户关系	客户细分 多个客户细分群体
	核心资源 平台		渠道通路	
成本结构 平台开发与维护			收入来源 一个或多个客户细分群体会通过享受免费提供物或通过来自其他客户群体的收入补贴来降低价格。选择哪边来补贴是关键的定价决策	

图7-8　多边平台式商业模式画布

2) 案例分享与讨论：苹果的平台运营商演变

苹果公司从iPod到iPhone的产品线演进突出了该公司向强大平台商业模式的转型。iPod是一款独立的设备，相反，iPhone演变成了一个强大的多边平台，通过其应用商店(App Store)，苹果公司可以控制在这个平台上的第三方应用程序。

苹果公司在2001年推出了一款独立产品iPod，用户可以将CD中的音乐和互联网上下载的音乐复制到iPod中，iPod成了用于存储不同来源的音乐的技术平台。不过，在这一点上，苹果公司还没有在其商业模式中把iPod当作平台来开发。

2003年，苹果推出了iTunes音乐商店，并将其与iPod紧密集成到一起。该音乐商店允许用户以一种非常方便的方式购买和下载数字音乐，它是苹果公司在开拓平台效应上的第一次尝试，iTunes本质上把"音乐版权商"和听众直接连接在一起。这个战略使苹果公司跃升成为当今全球最大的在线音乐零售商。

2008年，苹果公司为十分流行的iPhone手机推出了自有应用商店(App Store)，巩固了自己的平台战略。应用商店允许用户直接从iTunes商店里浏览、购买和下载应用程序，然后把它们安装到自己的iPhone上。所有应用程序开发商的应用程序都必须通过应用商店渠道来销售，苹果公司在每单应用程序的销售上提取30%的版税。

请根据以上案例，回答下列问题：

(1) 苹果的平台运营商商业模式属于哪一种式样？

(2) 请画出2008年苹果平台运营商的商业模式画布。

4. 免费式商业模式

1) 免费式商业模式的定义

免费式商业模式是指至少有一个庞大的客户细分群体可以享受持续的免费服务。免费服务可以有多种模式。通过该商业模式的其他部分或其他客户细分群体，给非付费客户细分群体提供财务支持。

近年来，免费产品或服务呈现爆炸式增长，特别是在互联网上。问题是系统性地供应某种免费产品或服务的时候,如何还能赚取可观的收入?

机构团体在提供免费产品或服务的同时,必须以某种形式产生收入。有一些方式可以将免费产品或服务整合到可接受的商业模式中。有些传统的免费商业模式式样已经广为人知了,例如广告,就是基于我们前面提到的多边平台式样。有些商业模式式样,如所谓的免费增收式样,提供免费的基础服务,并通过增值服务收费,这种商业模式式样已经与日益增长的通过互联网提供数字化产品和服务而同步流行开来。例如,创作和录制一首歌需要耗费艺术家的时间和金钱,但是数字化复制并通过网络传播歌曲的成本几乎为零。因此,艺术家可以通过互联网向全球听众推广和传播音乐,只要他找到了其他收入来源,如举办音乐会或广告推销来收回成本即可。

2) 免费式商业模式的式样

每种商业模式式样都有不同的潜在经济特征,但是它们都有一个共同的特点:至少有一个客户细分群体持续从免费的产品或服务中受益。

(1) 基于多边平台(基于广告)式样。免费的产品或服务带来大量平台流量,同时提升了对于广告主的吸引力。有了合适的产品或服务,还有巨大的流量,广告主就会变得对平台感兴趣,反过来,平台允许通过收费补贴免费产品和服务。这种模式的主要成本涉及开发和维护平台;可能也会出现流量生成和流量保持的成本。基于多边平台式样的商业模式画布,如图7-9所示。

重要合作	关键业务 平台开发与维护	价值主张 广告位 产品或服务 提升访问量	客户关系	客户细分 广告主 客户
	核心资源 平台		渠道通路	
成本结构 平台开发与维护			收入来源 广告收入	

图7-9 基于多边平台式样的商业模式画布

案例分享 | 新闻报纸——免费还是不免费

Metro,一份在斯德哥尔摩市创办的免费报纸,现在在全球许多城市都可以看到同类型的报纸。Metro的本质就在于它是如何改变传统日报模式的。首先,这份报纸本身是免费的;其次,这份报纸集中在人流量大的通勤区和公共交通网络,通过人工和自助服务架分发。这就需要Metro建立自己的分销网络,让该报纸快速地实现广泛流通。

很快,竞争对手采用相同模式跟进了,但是Metro通过一系列举措使它们陷入了困境。例如,Metro控制了在火车站和汽车站的大多数新闻报纸货架,迫使竞争对手在一些重要区域只能采用昂贵的手工分发方式。

通过裁减编辑团队,以最大限度地削减成本的方式制作报纸,品质刚好可以满足通勤阅读。通过免费供应和集中在人流量大的公共区域与交通网络发放来确保高流动性。Metro的商业模式,如图7-10所示。

重要合作	关键业务	价值主张	客户关系	客户细分
公共交通场所 分销协议	日报的编写和印刷	高人流的广告位 免费报纸 免费全市通勤报纸	读者获取 读者保有	广告主 通勤乘客
	核心资源 品牌 分发网络及物流		渠道通路 广告销售队伍 公共交通 公交车站	
成本结构 日报的内容、设计及打印		收入来源 免费报纸 报纸上广告位收费		

图7-10　Metro的商业模式

传统上，报纸和杂志依赖的收入有3个来源：报摊销售、订阅费和广告。当读者可以在网站上看到类似的免费内容时，就很难再对他们收取费用。只有很少的报纸成功地促成了读者为访问在线收费内容而付费。尽管许多报纸增加了网上在线读者，但没有对应地带来更大的广告收入。同时，确保高质量新闻消息采集和编辑队伍的高昂固定成本却没有发生变化。有几家报纸已经尝试了在线付费订阅，结果好坏参半。而在印刷品方面，传统报纸也受到了来自诸如Metro等免费出版物的冲击。尽管Metro提供完全不同的格式和新闻质量，并且主要关注那些以前不看报纸的年轻读者，但其对有偿服务的新闻供应商仍造成了越来越大的压力，对新闻收费将越来越难。

一些传媒企业家正在尝试利用在线空间提供新颖的新闻形式。例如，新闻提供商True/Slant在一个网站上汇总了超过60名作者的文章，每名作者都是特定领域的专家。这些作者的酬劳由True/Slant获取的广告收入和赞助商收入分成来支付。收取一定费用后，广告主可以在并列新闻内容的网页内发布自己的广告内容。

(2) 带有可选收费服务(所谓的"免费增收"模式)的式样。免费增收的模式是以少量付费用户补贴大量免费服务用户为特征的。用户可以享受免费的基础服务，也可以为提供额外利益的增值服务付费。在免费增收模式中，平台是最关键的资产，因为它允许以很低的边际成本提供免费的基础服务。这种式样的成本结构由3方面构成：大量的固定成本、极低的针对免费用户提供服务的边际成本和(单独的)针对增值账户的成本。客户关系必须实现自动化和低成本，同时，能处理大量免费用户。免费增收式样商业模式画布，如图7-11所示。

重要合作	关键业务	价值主张	客户关系	客户细分
	平台开发与维护	基础的免费服务 付费的服务	自动化的 大规模定制	大规模的基础免费用户 小范围的付费用户
	核心资源 平台		渠道通路	
成本结构 固定成本 提供增值服务的成本 提供免费服务的成本		收入来源 免费基础服务带来的增值付费服务的收入		

图7-11　免费增收式样商业模式画布

在免费增收商业模式中,又包括3种商业模式:基础免费,增值收费;变形的免费增收模式;保险模式。

① 基础免费,增值收费。免费增收主要代表了基于网络的商业模式,混合了免费的基础服务和收费的增值服务。免费增收模式中有大量基础用户受益于没有任何附加条件的免费产品或服务。大部分免费用户永远不会变成付费用户,只有一小部分,通常不超过所有用户的10%的用户会订阅收费的增值服务。这一小部分付费用户群体所支付的费用将用来补贴免费用户。只有在服务额外免费用户的边际成本极低的时候这种模式才成为可能。在免费增收模式中,关键的指标是为单位用户提供免费服务的成本和免费用户变成付费用户的转化率。

案例分享 | Flickr免费商业模式

Flickr是被雅虎(Yahoo!)在2005年收购的流行照片共享网站,其提供了一个很好的免费增收商业模式的案例。

Flickr的用户可以免费注册允许他们上传和共享照片的账户。这种免费服务有一定限制,诸如受限的存储空间和每月上传照片的最大数量。而那一小部分年费用户可以购买"高级"账户从而享受无限上传和不限量的存储空间,外加额外功能。Flickr的商业模式,如图7-12所示。

重要合作	关键业务	价值主张	客户关系	客户细分
雅虎	平台管理	免费基本照片共享 额外付费的照片共享	规模定制 转换成本	非正式用户 大量用户
	核心资源 Flickr平台 品牌		渠道通路 Flickr网站 雅虎网站	
成本结构 平台开发费用 存储成本			收入来源 免费受限的基本账号 年订阅付费的高级账号	

图7-12 Flickr的商业模式

② 变形的免费增收模式。典型的免费增收商业模式中,公司的主要业务是网络平台的开发与管理,但在变形的免费增收模式中,公司的主要业务则与网络平台无关。有些软件公司通过提供软件支持服务、版本化和测试来为付费用户服务。付费版的用户可以通过每年支付少量的订阅费,获得软件的持续升级、无限制的支持服务和合法拥有软件使用权的好处。

案例分享 | Red Hat的开源模式

软件行业内的商业模式通常有3个特点:第一,支撑打造产品的专业软件开发团队的高固定成本;第二,软件专家和产品开发的高固定成本;第三,构建在各种各样用户许可证和定期软件升级收费基础上的收入模型。

Red Hat是一家美国软件公司,它把传统软件行业的商业模式完全颠倒了过来。这家公司没有从零开始开发软件，而是在所谓开源软件之上构建了自己的产品，这些开源软件是由成千上万名世界各地的软件工程师自愿开发的。Red Hat知道，企业对耐用的、免费授权的开源软件感兴趣，但是却不愿意真正部署这些软件，因为没有单一的实体在法律上对这些软件的开发和维护负责。Red Hat填补了这个空白，并为企业用户提供稳定的、经过测试的、服务就绪的开源软件的各种免费版本。

Red Hat为每一个发行版都提供7年的支持。客户从这个方式中受益，因为这个方式让他们在享受开源软件低成本和稳定的好处的同时，还能保护他们免受未"官方拥有"某一软件的不确定风险，Red Hat帮助他们减少了不确定性。Red Hat也因为开源社区持续不断地免费改进其软件内核而受益，这显著地降低了Red Hat公司的开发成本。

Red Hat并没有因为每个主要新版本的发布而向客户收费。而对于年费用户，每个客户都可以享受持续获得最新Red Hat发行版本、无限制的服务支持并与产品的合法拥有者互动的安全保障。尽管有许多免费的Linux版本和其他开源软件，企业用户还是愿意为这些好处付费。Red Hat的商业模式，如图7-13所示。

重要合作	关键业务	价值主张	客户关系	客户细分
开源开发社区	软件支持服务 软件版本化和测试	基于开源的免费软件 持续升级，服务和有保障的软件	自助服务 直接接触工程师	自助用户 企业客户
	核心资源 Red Hat软件		渠道通路 Red Hat网站 Red Hat全球分支	
成本结构 服务类公司的成本结构			收入来源 专业订阅	

图7-13　Red Hat的商业模式

③ 保险模式，即颠倒的免费增收。在免费增收模式中，少量为高级服务付费的客户补贴大量非付费客户。而保险模式则正好相反，将免费增收模式完全颠倒过来。在保险模式中，大量用户定期支付小额费用，来保护自己预防那些一旦发生在财务上就是毁灭性的小概率事件。简而言之，大量付费客户补贴有实际需求的少量客户，而且付费客户可以在任何时间成为受益客户群中的一员(即获赔客户)。

案例分享 | REGA的商业模式

REGA是瑞士的一家非营利性组织，通过直升机和飞机将医疗人员运送到事故现场，特别是瑞士的山区。超过200万名叫作"赞助人"的客户资助了这家机构，作为回报，赞助人在被REGA营救过程中无须支付任何费用。山区救援行动可能非常昂贵，所以REGA的赞助人认为该服务在保障他们免受在滑雪假期、夏季远足或山地驾驶发生事故时的高额花销等方面很有吸引力。REGA的商业模式，如图7-14所示。

重要合作	关键业务	价值主张	客户关系	客户细分
保险公司 提供资助的赞助人	救援行动	救援行动	赞助人会员	提供资助的赞助人 其他需要救援的遇难者
	核心资源 直升机和飞机编队		渠道通路 网络出版社	
成本结构 直升机和飞机编队救援			收入来源 赞助费 来自保险公司的支付费用 免费救援行动	

图7-14　REGA的商业模式

(3)"诱钓"模式式样。诱钓指的是通过廉价的、有吸引力的甚至是免费的初始产品或服务，来促进相关产品或服务未来的重复购买的商业模式式样。这种模式也被称为"亏损特价品"或者"剃刀与刀片"模式。"亏损特价品"指的是最初补贴甚至亏本提供，目的是从客户后续购买的产品或服务中获得利润。

案例分享　"剃刀与刀片"——吉列

美国商人金·吉列(King Gillette)是一次性剃须刀片的发明者。1904年，吉列公司将第一款可替换刀片剃须刀推向市场，并决定以极低的折扣销售剃须刀架，甚至作为其他产品的赠品来销售，以此创造一次性刀片的需求。通过专利限制，吉列保证了竞争对手无法为吉列刀架提供更便宜的刀片。事实上，剃须刀是当今世界上专利保护最完善的消费产品，有超过1 000种专利，覆盖了从润滑条到"刀头"系统的方方面面。

今天，吉列仍是剃须产品中的杰出品牌。这种模式的关键是找到便宜甚至免费的初始产品和后续重复消费产品之间的紧密联系——通常是一次性的，企业可以基于此赚取高额利润。控制这种"锁定"的关系是这种模式能够成功的关键。吉列的商业模式，如图7-15所示。

重要合作	关键业务	价值主张	客户关系	客户细分
制造商 零售商	营销 研发 物流	剃须刀架 刀片	内建"锁定"	客户
	核心资源 品牌 专利		渠道通路 零售	
成本结构 营销 制造 物流 研发			收入来源 刀架购买 频繁更换刀片	

图7-15　吉列的商业模式

这种式样在商界很流行，并已被应用到许多行业，包括喷墨式打印机行业。诸如惠普、爱普生和佳能等生产商通常都以很低的价格销售打印机，之后通过墨盒的销售产生良好的利润。

"诱钓"模式关注提供后续的产品和服务的交付。该模式通常需要强大的品牌。重要的成本结构元素包括初始产品的补贴和后续产品及服务的生产成本。该模式通过便宜甚至免费的诱饵吸引用户,并与(一次性的)后续产品和服务紧密联系。这种式样以在初始产品和后续产品之间的强连接或"锁定关系"为特征。客户被廉价或免费产品或服务的瞬间愉悦所吸引,起初的一次性消费企业很少或不产生收入,但通过客户后续重复性购买高利润产品或服务,企业可以产生收入。

5. 开放式商业模式

1) 开放式商业模式的定义

开放式创新和开放式商业模式是由哈斯商学院教授亨利·切萨布鲁夫(Henry Chesbrough)创造的两个术语。二者都是指将公司内部的研究流程开放给外部伙伴。切萨布鲁夫认为,在一个知识分散为特征的世界里,组织可以通过对外部知识、智力资产和产品的整合创造更多价值,并能更好地利用自己的研究。此外,他还展示了闲置于企业内部的产品、技术、知识和智力资产,可以通过授权、合资或分拆的方式向外部伙伴开放,并变现。切萨布鲁夫区分了"由外到内"和"由内到外"两种创新模式。当组织将外部的创意、技术和智力资产引入其开发和商业化流程中时,就是"由外到内"创新。

开放式商业模式可以用于那些通过与外部伙伴系统性合作,来创造和捕捉价值的企业。这种模式可以是"由外到内",将外部的创意引入公司内部,也可以是"由内到外",将企业内部闲置的创意和资产提供给外部伙伴。

2) 开放式商业模式的式样

(1) 由外到内商业模式。来自完全不同行业的外部组织可能会提供有价值的见解、知识、专利,或者对内部开发团队来说现成的产品。要借助外部知识,需要将外部实体和内部业务流程和研发团队联系在一起的专门的业务活动。要借助外部创新的优势,需要构建与外部网络连接的特定资源。从外部资源获取来的创新需要花费成本,但是通过在外部已创建的知识和高级研究项目基础上的研发,企业可以缩短产品上市前的时间,并提高内部研发的效率。拥有强势品牌、强大分销渠道和良好客户关系的知名老字号公司,非常适合由外到内的开放式商业模式。这种方式可以让这类公司通过构建外部资源创新来挖掘现有客户关系的价值。由外到内商业模式的式样,如图7-16所示。

重要合作	关键业务	价值主张	客户关系	客户细分
创新伙伴 研究社区	扫描 管理网络 开发二级市场	购买创新		
	核心资源 扫描 获得 接入创新网络		渠道通路	
成本结构 外部研发成本			收入来源	

图7-16 由外到内商业模式的式样

案例分享 | 宝洁的连接与发展

2000年6月,宝洁的股价不断下滑,长期担任宝洁高管的阿兰·乔治·雷富礼(A.G.Lafley)临危受命,成为这家消费品巨头的新任CEO。为了振兴宝洁,雷富礼再次将"创新"作为公司的核心。但是他没有对研发部门大力投资,而是建立了一种新的创新文化:从关注内部研发到关注开放式研发过程的转变。

雷富礼制定了一个雄心勃勃的目标:通过外部伙伴关系来促进内部的研发工作,在现有的接近15%的基础上,将公司与外部伙伴的创新工作提高到总研发量的50%。2007年,公司完成了这个目标。与此同时,研发生产率大幅提升了85%,而研发成本仅略微提高。

为了连接企业内部资源和外部世界的研发活动,宝洁在其商业模式中建立了3个"桥梁":技术创业家、互联网平台和退休专家。技术创业家是来自宝洁内部业务部门的高级科学家,他们与外部的大学和其他公司的研究人员建立了良好的关系。他们还扮演了"猎人"的角色,不断寻找外部世界的解决方案以解决宝洁的内部挑战。通过互联网平台,宝洁与世界各地的问题求解专家建立了联系,把一些自己研究上的难题暴露给了全球各地的宝洁以外的科学家,提出适合的解决方案即可获得现金奖励。宝洁通过网站从退休专家那里学得知识,这一平台是由宝洁公司专门推出的作为连接外部世界开放创新的桥梁。

(2) 由内到外商业模式。由内到外的开放式创新方法通常专注于将内部闲置资产变现,主要是专利和技术。有些研发成果因为战略或运营层面的原因而变得对企业没有价值,但是可能对于外部其他行业的组织有巨大的价值。在内部投入大量精力进行研发的组织,通常产生许多无法实用化的知识、技术和智力资产。由于明确聚焦在核心业务上,一部分本来很有价值的智力资产就闲置了下来。这种组织很适合采用由内到外的开放式商业模式。允许其他公司利用自己闲置的创意,企业可以轻松地增加额外的收入来源。由内到外商业模式的式样,如图7-17所示。

重要合作	关键业务	价值主张	客户关系	客户细分
	研究与开发 未使用的智力 资产		二级市场 被授权者 创新客户
	核心资源		渠道通路 互联网平台	
成本结构			收入来源 销售的多样化 授权费用 闲置的内部创意收入	

图7-17 由内到外商业模式的式样

案例分享 | 葛兰素史克的专利池

葛兰素史克(GSK)公司是以研发为基础的药品和保健品公司。这家企业的目标是让药物在世界上最贫穷的国家更容易获得,并促进疑难病症的研究。为达到此目标,该公司采取的方法之一是把开发这些疑难杂症药物相关知识产权的权利放入对外开放的专利池,供外部的其他研究者使用。

因为制药公司主要专注于研发畅销药物,所以未被深入研究的疾病的相关知识产权往往被闲置。专利池汇集了来自不同专利持有者的知识产权,并让它更容易获得。这个做法可以防止研发进度被某个专利持有者所阻碍。那些与贫穷国家疾病相关的闲置的内部创意、研发成果和知识产权放入专利池后,产生了更多的价值。

7.1.4 商业模式设计的流程

在本节中,我们将结合本书中提到的概念和工具来简化商业模式设计的工作,建立一种通用式的商业模式设计流程,以应对公司的不同需求。

每个商业模式设计项目都是独特的,都会遇到挑战、阻碍,也都有关键的成功因素。在处理类似商业模式这样的重要的问题上,每个公司的起点不一样,行业背景和公司目标也不同。一些公司可能正在对危急局势做出响应,一些公司可能在寻找新的增长潜力,一些公司可能还处在创业期,还有一些公司可能正计划将新产品和新技术推向市场。

这里提供一个良好的设计流程供参考,流程有5个阶段,分别为动员、理解、设计、实施和管理,如图7-18所示。各公司可根据自身实际情况在该流程基础上进行改进和创新。

项目	阶段				
	动员	理解	设计	实施	管理
目标	为一个成功的商业模式设计项目做好准备工作	研究和分析商业模式设计所需要的元素	构建和测试可行的商业模式可选方案,并挑选最佳的方案	在实际环境中实施商业模式原型	结合市场反馈来调整和修改商业模式
焦点	搭建舞台	全情投入	调研探索	实际执行	演化发展
描述	为成功的商业模式设计聚集所有需要的元素。营造出一个亟须新商业模式的环境,说明创新项目的动机,并且建立一套描述、设计和分析讨论商业模式的公共语言	商业模式设计团队需要全情投入相关信息中:客户、技术和环境。收集信息,访谈专家,研究潜在的客户,发现需求和问题	把前一阶段中获得的信息和想法转化为商业模式原型,并进行不断的探索和测试。在反复密集的商业模式探究后,选出最符合要求的商业模式设计	实施挑选出来的商业模式设计	建立起管理架构来持续不断地监督、评估、调整和改变你的商业模式

图7-18 商业模式设计流程

7.2 创业资源获取

📖 案例分享 | 头号奢侈品——钻石的诞生

"钻石恒久远，一颗永留传"，这句广告语的内在含义是什么？是让你把钻石存着，不要轻易抛售。这也成就了钻石市场的价格稳定。

100多年前，钻石仅能在少数几条印度河流和巴西丛林中找到，每年宝石级的钻石产量也就几公斤。然而，1870年在南非的奥兰治河发现了巨大的钻石矿，产量可以用吨计。一夜之间，市场上充斥着钻石。南非矿背后的英国投资人害怕了，钻石没有使用价值，高价完全是因为其稀有，随着南非新矿的开发，钻石早晚会掉价为一般的宝石。

当时，英国商人赛西尔·罗德斯(Cecil Rhodes)得到罗斯柴尔德家族资助，在南非北开普省的金佰利不断收购钻石矿。1880年，他成立了戴比尔斯矿业公司(De Beers Mining Company)，也就是其后垄断90%钻石供应的De Beers。

其后，他又在英国成立钻石财团(Diamond Syndicate)，联合所有的商家一起决定钻石的价格和供应数量，并且打击不参与托价的钻石商人，从而令市场不会有太多的钻石，维持高价格。

当赛西尔于1902年逝世时，De Beers已控制世界上90%的钻石供应，而后被奥本海默家族所控制。

直至"二战"后，随着其他钻石矿被发现，加上经济衰退，供应量却有增无减，严重影响De Beers的收益。De Beers为了稳定钻石价格，要想一套方法让消费者购买钻石后不再拿到市场出售，因此，他们聘请了美国的一家广告公司——艾耶父子(N.W. Ayer & Son)。借助明星、广告、电影、电视、报章、杂志、媒体等的渲染，其将钻石重新定位为贵重、稀有，被誉为爱情的礼物，这导致购买后，钻石绝少像其他贵金属般出售。1941年钻石的销售量增加了55%。

De Beers 不但控制着供应，也控制着需求。到了1947年，其设计了"A Diamond is Forever"即"钻石恒久远，一颗永留传"的广告语。这革新了人类对钻石的价值观，大众被灌输钻石不是一种可交易的商品宝石，而是求爱和婚姻生活不可分割的一部分，将钻石塑造成象征爱情的奢侈品。为了稳定市场，De Beers赋予了钻石神圣的感觉，是永远的，永远意味着不应该被转售。钻石的头号奢侈品地位从此诞生！

反观市场上其他商品的价格，无论黄金、白银、铜、翡翠还是玉石，都会随着经济状况大幅波动，而只有钻石，从20世纪30年代以来基本都能够稳步上行。20世纪70年代美国高通胀时期，甚至有人拿钻石保值。而钻石的"点石成金"案例，已经成为21世纪营销学上全球最经典的案例之一！

7.2.1 创业资源概述

1. 创业资源的含义

创业资源是指新创企业在创造价值的过程中所需要的特定资源的总称。

从广义上看，创业资源可界定为能够支持创业者进行创业活动的一切东西。它既包括可见的物质资源，如厂房、设备、资金等，也包括不可见的无形资源，如创业战略、创业方案、知识、技术、创业团队等；既包括创业者实际拥有的资源，也包括创业者可间接获取的资源，如广泛的社会关系等；既包括体现创业者个性特征的个体资源，也包括组织性、社会性的资源；既包括国内各种资源，也包括国外提供的资源。总而言之，广义上的创业资源是涵盖使创业者创业活动顺利进行的一切支持性资源，包括有形与无形的资产。它是新创企业创立和运营的必要条件，主要表现形式为创业人才、创业资本、创业机会、创业技术和创业管理等。创业的过程实际上是创业者建立、整合和拓展资源的过程。

从狭义上看，创业资源是促使创业者启动创业活动的关键优势资源。关键优势资源是指建立企业盈利模式的业务系统所必需的和重要的资源与能力，如麦当劳的标准化资源与能力、海尔的创新资源与能力、沃尔玛的低成本战略资源与能力。并不是企业现有的所有资源和能力都同等珍贵，也不是企业每一种资源和能力都是企业所必需的，只有和企业定位、盈利模式、整个业务系统流程、现金流结构相契合并且能互相强化的资源和能力才是企业真正需要的。

从资源的角度看，创业者是否具备业务系统所需的关键资源和能力是其能否成功创业的核心问题。创业者对关键优势资源和能力识别得越清晰，利用得越充分，在激烈的市场竞争中保持创业后的竞争优势也就越持久。创业者对创业资源管理的原则是：必要资源要齐备适量，关键优势资源要多聚集并不断追求。

创业者要么根据自己的关键优势资源选择创业项目，要么根据创业项目整合关键优势资源，才能保证创业的成功。

2. 创业资源的类型

不同的创业活动具有不同的创业资源需求。我们把创业资源分为有形资源和无形资源两大类，而其中无形资源往往是撬动有形资源的重要杠杆。

1) 有形资源

有形资源包含金融资源、实物资源和组织资源3大类。

(1) 金融资源。金融资源是企业物质要素和非物质要素的货币体现，具体表现为已经发生的能用会计方式记录在账的，能以货币计量的各种经济资源，包括资金、债权和其他。

(2) 实物资源。实物资源是企业从事生产经营活动所需要的一切生产资料，其构成状况可按实物资源在生产经营过程的作用划分为劳动对象和劳动手段。

(3) 组织资源。组织资源是为了实现既定的目标，按一定规则和程序而设置的多层次岗位及相应人员的权责角色结构，包括企业的战略规划、员工开发、评价和报酬系统等。

2) 无形资源

无形资源包含人力资源、科技资源、品牌资源、市场资源、政策资源、信息资源6大类。

(1) 人力资源。人力资源是存在于企业组织系统内部的有经验的、掌握特殊技能的、被激励起来的员工和可供企业利用的外部人员的总和。人力资源是企业资源结构中最重要的关键性资源，是企业技术资源和信息资源的载体，是其他资源的操作者，决定着所有资源效力的发挥水平。

(2) 科技资源。科技资源包括两方面：第一，与解决实际问题有关的软件方面的资源；第二，为解决这些实际问题而使用的设备、工具等硬件方面的资源。科技资源的专有性主要体现在与企业相关的专门知识、商业秘密、专利和版权等方面，其又是有形资源。

(3) 品牌资源。品牌是一个名称、名词、符号或设计，或是它们的组合，其目的是识别某个销售者或某群销售者的产品或服务，并使之同竞争对手的产品或服务区别开来。品牌资源又可细分为产品品牌、服务品牌和企业品牌。

(4) 市场资源。市场资源包括营销网络与客户资源、行业经验资源、人际关系。即企业凭什么进入这个行业，这个行业的特点、盈利模式，企业是否有起码的商业人脉，企业的市场和客户，销售的途径分别有哪些等。

(5) 政策资源。近年来，政府会采取一系列系统的创业扶植政策，支持创业教育与培训，通过资金扶持、减免税费、财政补贴、社会保障等鼓励创业，为创业者提供信息与管理咨询及专业化服务，提供金融支持、项目支持等。

(6) 信息资源。信息资源即企业获得创业资源信息、决策信息的途径。

无形资源是撬动有形资源的重要杠杆。由于企业新创，企业的战略规划、员工开发、评价和报酬系统等制度安排还不完善，因此有形资源中的组织资源无疑是较为薄弱的部分，从而无形资源中的人力资源在很大程度上承担着组织资源的功能，成为创业时期最为关键的因素，创业者及其团队的洞察力、知识、能力、经验及社会关系将影响到整个创业过程的开始与成功。同时，在企业新创时期，专门的知识技能往往掌握在创业者等少数人手中，因而此时的技术资源在事实上和人力资源紧密结合，并且上述两种资源可能成为企业竞争优势的重要来源。在有形资源中，创业时期的资源最初主要为金融资源和少量的厂房、设备等实物资源。然而，这些资源的取得(如风险投资)，很大程度上取决于创业者及其团队的能力、经验、社会关系及其掌握的关键技术资源，以及信息资源、政策资源等无形资源。同时，在企业新创过程中对所需要的厂房、设施、原材料等有形资源的组织与运作也有赖于创业者及其团队的能力与经验。

7.2.2 资源基础理论

1. 资源基础理论的内涵

资源基础理论认为，企业是各种资源的集合体。由于各种不同的原因，企业拥有的资源各不相同，具有异质性，这种异质性决定了企业竞争力的差异。概括来讲，资源基础理论主要包括如下3方面的内容。

1) 企业竞争优势的来源：特殊的异质资源

资源基础理论认为，各种资源具有多种用途，其中又以货币资金为最。企业的经营决策是指定各种资源的特定用途，且决策一旦实施就不可还原。因此，在任何一个时点上，企业都会拥有在先前资源配置基础上进行决策后带来的资源储备，这种资源储备将限制、影响企业下一步的决策。

一般来说，企业决策具有以下特点：不确定性，即决策者对社会、经济、产业、技术等外部环境不可能完全清楚，对竞争者的竞争行为、消费者的偏好把握不可能绝对准确；复杂性，即影响企业外部环境的各种因素的相互作用具有复杂性，竞争者之间基于对外部环境的不同感受而发生的互相作用具有复杂性；组织内部冲突，即决策制定者、执行者、相关利益者在目标上并不一致，各人都将从最大化自己的效用出发影响决策行为。这些特点决定了任何决策都具有较大范围的自由裁量，结果也会各不相同。因此，经过一段时间的运作，企业拥有的资源将会因为企业复杂的经历及难以计数的小决策的作用表现出巨大差异，企业一旦陷入偏差，就可能走入越来越难以纠正的境地。

资源基础理论认为，企业在资源方面的差异是其获利能力不同的重要原因，也是拥有优势资源的企业能够获取经济租金的原因。作为竞争优势源泉的资源应当具备几个条件：有价值；稀缺；不能完全被仿制；其他资源无法替代；以低于价值的价格为企业所取得。

2) 竞争优势的持续性：资源的不可模仿性

企业竞争优势来源于企业的特殊资源，这种特殊资源能够给企业带来经济租金。在经济利益的驱动下，没有获得经济租金的企业肯定会模仿优势企业，其结果则是企业趋同，租金消散。因此，企业竞争优势及经济租金的存在说明优势企业的特殊资源肯定能被其他企业模仿。资源基础理论的研究者们对这一问题进行了广泛的探讨，他们认为至少有三大因素阻碍了企业之间的互相模仿。

(1) 因果关系含糊。企业面临的环境变化具有不确定性，企业的日常活动具有高度的复杂性，而经济租金是企业所有活动的综合结果，即使是专业的研究人员也很难说出各项活动与企业经济租金的关系，劣势企业更是不知该模仿什么。并且，劣势企业对优势企业的观察是有成本的，劣势企业观察得越全面、越仔细，观察成本就越高，即使能够通过模仿获得少量经济租金，也可能被观察成本所抵消。

(2) 路径依赖性。企业可能因为远见或者偶然拥有某种资源，占据某种优势，但这种资源或优势的价值在事前或当时并不被大家所认识，也没有人去模仿。后来环境发生变化，形势日渐明朗，资源或优势的价值日渐显露出来，成为企业追逐的对象。然而，由于时过境迁，其他企业再也不可能获得那种资源或优势，或者再也不可能以那么低的成本获得资源或优势，而拥有那种资源或优势的企业则可稳定地获得租金。

(3) 模仿成本。企业的模仿行为存在成本，模仿成本主要包括时间成本和资金成本。如果企业的模仿行为需要花费较长的时间才能达到预期的目标，在这段时间内完全可能因为环境的变化而使优势资源丧失价值，使企业的模仿行为毫无意义。在这样一种威慑下，很多企业选择放弃模仿。即使模仿时间较短，优势资源不会丧失价值，企业的模仿行为也会耗费大量的资金，且资金的消耗量具有不确定性，如果模仿行为带来的收益不足以补偿成本，企业也不会选择模仿行为。

3) 特殊资源的获取与管理

资源基础理论为企业的长远发展指明了方向，即培育、获取能给企业带来竞争优势的特殊资源。由于资源基础理论还处于发展之中，企业决策总是面临着诸多不确定性和复杂性，资源基础理论不可能给企业提供一套获取特殊资源的具体操作方法，仅能提供一些方向性的建议。具体来说，企业可从以下几方面着手发展企业独特的优势资源。

(1) 组织学习。资源基础理论的研究人员几乎毫不例外地把企业特殊的资源指向了企业的知识和能力，而获取知识和能力的基本途径是学习。由于企业的知识和能力不是每一个员工知识和能力的简单加总，而是员工知识和能力的有机结合，通过有组织的学习不仅可以提高个人的知识和能力，而且可以促进个人知识和能力向组织的知识和能力转化，使知识和能力聚焦，产生更大的合力。

(2) 知识管理。知识只有被特定工作岗位上的人掌握才能发挥相应的作用，企业的知识最终只有通过员工的活动才能体现出来。企业在经营活动中需要不断地从外界吸收知识，需要不断地对员工创造的知识进行加工整理，需要将特定的知识传递给特定工作岗位的人，企业处置知识的效率和速度将影响企业的竞争优势。因此，对知识微观活动过程进行管理，有助于企业获取特殊的资源，增强竞争优势。

(3) 建立外部网络。对于弱势企业来说，仅仅依靠自己的力量来发展其需要的全部知识和能力是一件花费大、效果差的事情，通过建立战略联盟、知识联盟来学习优势企业的知识和技能则要便捷得多。来自不同公司的员工在一起工作、学习，还可激发员工的创造力，促进知识的创造和能力的培养。

2. 资源基础理论的缺陷

资源基础理论同样存在缺陷。

首先，过分强调企业内部而对企业外部重视不够，因而由此产生的企业战略不能适应市场环境的变化。

其次，对企业不完全模仿和不完全模仿资源的确定过于模糊，操作起来非常困难，而且这种战略资源也极容易被其他企业所模仿。

7.2.3 影响创业资源获取的因素

1. 创业者

1) 创业者关系网络

创业网络是创业者或创业企业在创业活动中形成的。前人的研究指出，创业网络的类型包括社会网络、支持性网络和公司间网络。其中，社会网络中包括亲人、朋友及熟人；支持性网络由一些支持机构，如银行、政府及非政府组织组成；公司间网络包括其他所有企业。

大学生由于大部分的时间是在学校内读书学习，很少有机会接触社会，这就造成了大学生的创业网络中几乎没有政府网络和商业网络的存在。因此，大学生创业的网络形式是比较单一的。而大学生在校期间积累了一定的人力资本，所以在创业之初主要依靠的网络类型是个人网络。由于政府对于大学生创业的政策支持，他们会具有一定的支持性网络，例如银行等金融机构会为他们提供相应的小额贷款等。因此，大学生的创业网络类型主要有两种，即个人网络和支持性网络。

2) 创业者信息获取能力

信息获取能力是指创业者在社会生活或创业过程中捕捉、吸收和利用信息的一种潜在能力，包括信息接收、捕捉、判断、选择、加工、传递、吸收、利用、搜集与检索能力。

2. 创业团队

不管创业者在某个领域多么优秀，他都不可能具备所有的知识和经营管理经验，而借助团队就可能拥有创业所需要的各种知识和经验，创业团队本身就是一项极为重要的创业资源。

团队创业较个人创业能产生更好的绩效，其内在逻辑在于创业团队是一个特殊的群体，群体能够建立在各个成员不同的资源与能力基础之上，贡献并且整合差异化的知识、技能、能力、资金及关系等各类资源，这些资源及群体协作、集体创新、知识共享与共担风险产生的乘数效应，能够帮助新创企业更好地克服创新的风险和资源的约束。

此外，创业团队的价值观、对商机的识别能力、对资源的获取与整合、领导能力等，都是极其重要的战略资源，会为企业带来持久的竞争优势。

3. 创业政策

创业政策可以通过多种途径和方式对创业活动产生正面影响：通过支持创业教育与培训、创业计划等方式，增强创业意识，培养创业精神，提升创业技能；资金扶持、减免税费、财政补贴、社会保障；为创业者提供信息与管理咨询及专业化服务，提供金融支持、项目支持、政府购买和基础设施等；通过新闻媒介、教育机构等正面宣传，引导人们关注创业，改变对创业的态度，培育先进的创业文化；法律保障、公平的市场竞争环境、知识产权保护政策、小企业扶持政策。这些都是政府干预创业资源的市场配置，有利于创业资源的获取。

7.2.4 新创企业资源整合路径

1. 新创企业资源识别路径

企业的创建过程通常是通过机会与资源的整合来实现的，然而具有不同创业动机的创业者其创业过程是不同的。新创企业的形成过程开始于创业者的创业决策。根据这种观点，创业者是先决定创办新企业，然后开始识别商业机会。与此持相反观点的学者认为，创业者在决定创业之前先要识别商业机会，根据基本的产品或服务理念来评估环境和创业者的能力及资源，以判断这种商业机会是否可行。一旦机会可行将进行企业的创建活动。

以上两种创业动机可以定义为决策驱动和机会驱动。我们根据创业者的不同驱动因素将新创企业资源识别过程分为决策驱动型资源识别过程和机会驱动型资源识别过程。

(1) 决策驱动型资源识别过程。在这种资源识别方式中，创业者首先形成创业决策，目的在于满足其自身的成就需要，然后再通过开发商业机会得以实现。形成新企业是其创业目标，而机会是实现这一目标的手段。由于这类创业者只拥有一种愿景，因此创业者将努力地挖掘自身现有的资源禀赋，并从中发现可以实现其创业目的的可行性商业机会。这一过程是一种自上而下的过程，创业者首先将建立企业作为其创业目标，因此创业者的初始资源将决定其能够识别的商业机会，在这一过程中通过创业者对自身禀赋资源的反复评价，也将会对创业愿景进行不断修改。这是一个反复的过程，直到创业者找到适合自己创业的商业机会为止，通过这一过程确定的商业机会是以创业初始资源为基础的。

(2) 机会驱动型资源识别过程。这种资源识别过程是创业者已经发现了可行的商业机会，然后决定创建企业并进一步开发机会。与决策驱动型创业不同的是，这种创业类型是将创办企业作为机会实现的手段，其目的是提供一种产品或服务。虽然，从结果来看两种类型都实现了新企业的创建，但在资源识别过程中是具有差异的。在这种资源识别过程中，创业者对资源的识别和评价都是围绕商业机会来进行的，相对于决策驱动的识别过程来说，这种资源识别过程更注重机会开发所依赖的核心资源和独特能力，其他资源都是围绕这些基础资源来识别和利用的。创业者将从不同的驱动因素出发，对已掌握的禀赋资源进行识别，并加以归类，确定资源的不同用途，然后进入新创企业资源获取阶段。

2. 新创企业资源获取路径

新创企业要保证自身顺利发展，就需要广泛地获取外部资源。由于资源所有者有限的经验知识，再加上新创企业的技术和产品存在着不确定性和信息不对称问题，因此对于新创企业来说，在获得资源方面存在着很大的困难。新创企业将会面对由于其缺少法律和外部主体(如顾客、供应商和政府部门)在制度上的支持所导致的不确定性。因此，资源所有者倾向于延迟资源投入直到企业暴露更多的信息。除了不确定性，创业资源获取过程中也存在着复杂的信息不对称现象，因为相对于外部评估者来说，创业者占有较多的企业层面、产品技术层面和团队能力层面的信息，这种信息不对称使得资源所有者不愿对新创企业进行投资。首先，为了防止其他人利用同样的机会，创业者不愿意向资源所有者公开全部信息，因此用以评估的信息很可能是不完备的；其次，创业者可能采取机会主义行为，因为他们掌握资源所有者所不具备的信息。因此，面对以上的问题，新创企业在资源获取的过程中要灵活地利用资源获取方式来建立与外部资源所有者之间的联系。通过对创业资源分类的研究我们不难发现，创业者可以利用工具型资源来获得其他资源，需要指出的是对于资源的利用并不拘泥于这种分类，在资源获取过程中，创业者可以通过识别创业禀赋资源的价值，利用有形资源杠杆和无形资源杠杆来实现资源的获取。

1) 有形资源杠杆

新创企业获取资源的主要途径就是通过从外部资源所有者手中获得资源的使用权。基本的方式是通过工具型资源来获取所需资源(包括购买和租赁)，这种方式要求创业者掌握一定的资金或以所有权性资产作为抵押。同时，新创企业可能占有一定的生产型资源(如技术和市场资源等)，创业者可以通过暴露这部分资产的期权价值，利用实物(生产型资源)来吸引其他资源所有者，这种通过有形资产获取资源的方式称为有形资源杠杆。新创企业在利用有形资源杠杆时，通常与资源所有者进行直接交易或签订期权合约，这种资源杠杆一般通过出让占有的资源或暴露资源的期权价值来实现。

2) 无形资源杠杆

在资源获取阶段，创业者可以通过个人的网络关系和声誉等资源，与资源所有者建立联系，从而获得资源，我们称这种途径为无形资源杠杆。

创业者在资源获取阶段同时利用两种杠杆撬动其他资源，新创企业资源获取路径，如图7-19所示。其中箭头表示资源的转换过程。

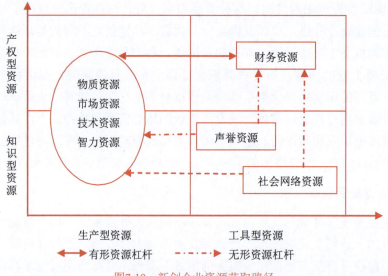

图7-19　新创企业资源获取路径

通过以上分析我们发现，有形资源杠杆是双向的，既可以通过工具型资源发挥杠杆作用获取生产型资源，也可以利用生产型资源来获得有形的工具型资源(如财务资源)，进而继续发挥工具型资源的杠杆作用。由于创业者个人声誉和社会网络的积累是一个长期的过程，因此无形资源杠杆只能发挥单向作用，即通过无形的工具型资源来获得生产型资源。因此，新创企业有效合理地利用这两类资源杠杆，能够提高新创企业的资源获取效率。

3. 新创企业资源开发路径

在创业者识别和获取资源之后，并不能保证企业的存活，创业者还需根据不同的创业理念将资源的价值和潜能加以整合转化为新创企业所特有的资源。基础资源的开发也就是配置和整合这些资源，获得特有的能力和功能，而非简单进行资源组合，经整合后的资源应该具有新颖性和柔性。资源开发过程不单单要将获得的资源加以整合，还要将创业(创业团队)的初始资源和其他资源一起转化为组织资源。新创企业资源开发过程，如图7-20所示。

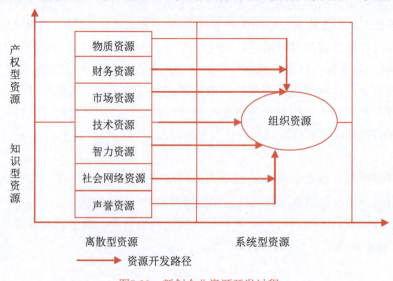

图7-20　新创企业资源开发过程

资源开发阶段包括资源的合并和转化两个环节。

1) 资源合并

对大多数新企业来说，组织资源不是立即形成的，而是通过逐渐演进，经过一定时间周期后形成的。创业者将各种离散的产权型资源和知识型资源进行整合，形成系统的资源，这一开发过程依赖于对组织资源的整合过程。这一过程可以建立在现有的资源和能力基础之上，对现有能力进行提升，也可以通过吸收新的资源，开发新的能力。但无论哪种方式，其最终结果都实现了资源的整合。

2) 资源转化

在对离散资源组织和整合的同时，创业者或创业团队还必须将个人的优势资源投入新创企业之中，或者将个人的能力与组织优势相结合，产生独特的竞争优势。创业者的知识和能力是实现新企业资源规模不断扩大、价值逐渐提高的必要基础。这种转化大多是通过资源整合过程完成的，这就要求创业者在进行资源整合的过程中将个人的初始资源用于建立企业的竞争优势。创业者要通过个人的能力来建立新企业这个学习系统，从而开发、管理和维持整个资源基础。

通过以上分析可以发现，新创企业的资源整合过程最终将新创企业的各种离散资源转化为组织资源，各个环节之间相互依赖，是一个动态的过程。新创企业资源整合路径如图7-21所示。

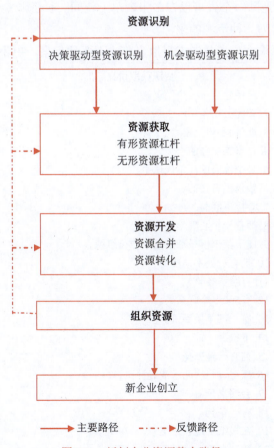

图7-21　新创企业资源整合路径

新创企业的形成过程也是一个资源不断积累的过程，每经历一次资源识别、资源获取和资源开发的过程后，在组织内部都会积淀一部分的组织资源，而这些组织资源又会进入下一资源整合过程中，并对每个环节产生影响。组织资源将作为下一环节的初始资源影响资源识别过程，还将作为创业者的资源杠杆用于获取其他资源。进而，组织资源还将作为资源开发的基础资源，用于整合新的资源，因此新创企业的资源整合过程是一个动态的反馈过程，而新创企业的组织资源是不断积累的结果。

7.2.5 应用训练：资源获取游戏

1. 训练任务描述

(1) 首先要求学生写下他们开创新企业时所需要的两种最重要的资源。

(2) 讨论如下问题。

① 当谈论资源时，是指什么？

② 如何定义资源？

(3) 你有3分钟的时间拿着资源清单讲义(见图7-22)完成下列任务。

① 在教室里找一个拥有清单上某种资源的人。

② 让那个人把他的名字写在资源清单上他所拥有的资源名称旁边。同一个人不能在表单上拥有多种资源，但是同一个人可以在多张表单上就同一种资源签名。

③ 你可以将自己作为一种资源的来源。

④ 在练习期间，要求一位参与者安静地坐着，不要站起来，更不能在教室里走动。

资源获取讲义

1. 已经建立了一个网页。
2. 曾因公出差。
3. 能讲4种以上语言。
4. 是家族企业的一员。
5. 是个优秀的高尔夫球手。
6. 钱包里有100元。
7. 有投资经验。
8. 拥有一个心理学学位。
9. 属于某个俱乐部或某个会员组织。
10. 拥有一处不动产。
11. 有融资经验。
12. 有500多个联系人。
13. 有一部苹果手机。
14. 下棋。
15. 拥有一辆摩托车。
16. 赢得过一次艺术或设计比赛。
17. 会演奏乐器。
18. 有一条狗。
19. 在报纸上发表过文章。
20. 跳过伞。

图7-22 资源获取讲义

2. 汇报总结

(1) 练习期间发生了什么?

(2) 是不是有些资源更易于获得,有的则更难?

① 哪些资源更难获得?为什么?

② 最易获得的是否是那些最普通的资源?

③ 最难获得的是否是那些有专长、有文化重要性、最有价值的资源?

(3) 哪些资源是有价值的或稀缺的?

① 你如何确定哪些资源有价值或稀缺?

② 有价值的资源是什么?

③ 稀缺的资源是什么?

④ "价值"是否明显?

(4) 你的资源获取战略是什么?

① 先易、先难,还是混合战略?

② 找哪些你所知晓的拥有资源的人?

③ 你是否交换签名?

④ 广告——通过高声喊叫?

⑤ 听别人喊?

⑥ 你将自己置于教室中的哪个位置?

(5) 本练习是否有病毒性特征(人们来回走动时,信息就传播开了)?

(6) 3分钟的时间限制影响了你的资源获取方法吗?

(7) 资源类型是什么?

① 在资源清单所有的名目中,哪些类型的资源是有代表性的?

② 你最先获取哪种类型的资源?最想获取哪种类型的资源?

(8) 获取的全部资源有哪些?

① 你共获取到多少资源?

② 如果这些资源都有标价,会有什么差异吗?

③ 那位被要求一直静坐的人,他获得了多少资源(这个人通常会获得很少的资源,因为他/她没有积极地去获取资源)?

(9) 资源开发战略是什么?

3. 课后作业

后续作业涉及群体工作,评估团队所拥有的与创业相关的资源,哪些资源是他们需要的及其来源。他们可以起草一份资源获取战略和资源获取时间表,应当考虑是借用、交易,还是采取组合型资源战略。

7.2.6 典型案例分析——大学毕业生创业中的资源获取与整合

1. 案例概况

富新种猪养殖基地的创业者小付毕业于山东大学威海分校商学院市场营销专业，在校期间曾担任班干部，性格外向，做事果敢干练，是个敢想敢干的大学生。她在大学三年级参加社会实践时，通过实地调研、分析行情，发现绿色、无公害猪肉具有广阔的市场前景，决心要搞无公害生猪养殖，产生了基层创业建立无公害养猪场的想法。大学毕业后，她主动放弃在城市里的就业机会，与男友结婚并一起回到家乡，建起了养猪场，从无到有，开始了艰辛的创业历程。

小付凡事好较真，只要认准的事就一定要做，但是万事开头难，养猪的第一件头疼事就是用地问题。村北有10亩涝洼地，需要找7户村民协调，但有两户怎么说也不同意，担心她搞砸了付不了租金。小付找到了村党支部书记，请他帮助做村民的工作。后来，村民们终于被她的诚心和决心打动了，在村干部的帮助下，终于有3户村民成功与她签了为期20年、每户每年每亩700元的租地合同。

解决了土地问题，资金又成了更大的难题。小付的公公原本不同意他们养猪创业的，但看到小付决心已定，便拿出了自己当建筑公司经理多年的积蓄30万元。可是，按照规模化、标准化养猪场的建设标准，这些启动资金很快就用完了。那段时间，小付急得像热锅上的蚂蚁。一个偶然的机会她联系到了当地市委组织部，在市委组织部和当地政府部门的协调下，通过活畜抵押贷款的方式她从农业银行和农村信用合作社贷了40万元，又通过民间贷款，借了10万元。2007年8月，投资90余万元、占地7 000平方米的富新种猪养殖基地正式挂牌了。

在饲养生猪的技术探索上，对于生在城市、刚走出大学校门的小付来说是一个巨大的考验。在养殖过程中，她边实践、边学习、边请教、边摸索，探索出了一条绿色生态养殖的路子：一是实行自然养猪法；二是发展循环利用链。

在兴办养猪场时，小付发动村民来养猪，并且她通过考试当选了大学生村官后，更是充分发挥养猪场的优势，向附近农民传授技术，分享市场信息，使附近的村庄都变成名副其实的生猪养殖专业村。

养殖场建成初期，饲养量较小，猪肉行情比较好，小付就主动与附近的屠宰场联系，采取包销的方式进行销售。目前，生猪已经卖到了双汇、金锣等国内一线加工企业。通过她的示范引导，周围群众也走上了致富的道路。

2. 创业的主要历程

第一阶段，在市场调查和社会实践的基础上发现创业机会。通过家庭自有资源和所在村的政策支持吸取和整合资金、土地等各种创业资源，初步创立生猪养殖场。

第二阶段，利用所学习的市场营销的相关知识，分析生猪价格运行规律，做出近几年生猪的价格将高位运行的判断。在此判断的基础上，积极利用政策和各种社会资源，通过银行抵押贷款融得资金，扩大再生产。

第三阶段，在进一步贷款的基础上投资90余万元，成立占地7 000平方米的生猪养殖场,并和附近农民成立了养猪合作社,带动更多的当地农民创业。

3. 创业的各种资源及整合

小付的创业资源及整合,如表7-3所示。

表7-3　小付的创业资源及整合

资源类型	获取途径及整合
政策资源	国家和地方鼓励大学生在农村基层创业,利用政策支持争取地方政府支持
资金资源	依靠少部分自有资金和银行贷款
技术资源	通过学习不断探索生态养猪法
市场资源	逐步建立自己的营销客户群体
人力资源	以家庭为核心形成创业核心团队
物质资源	土地、原材料、设备等物质资源在农村易于获得

4. 讨论及启示

(1) 从资源获取的途径和渠道看,大多数大学毕业生在返乡创业的最初阶段,创业资源获取的渠道主要是以自有资源为主。在创业过程中的启动资金来自家人,小付的创业团队以家庭成员为主。

(2) 巧借外力加快发展是大学生返乡创业成功的重要保障。对于在农村创业的大学毕业生来说,既缺乏社会经验,又缺乏资金和创业需要的相关技术,要想创业成功,最重要的是充分利用社会关系网,尽快融入当地农村,发展物质资源,在物质资源整合的过程中要因地制宜考虑到农村社会的大环境因素。

(3) 当地政府的政策支持是农村基层创业成功的重要保证。在创业过程中,企业发展到一定阶段,所需要的资源也日益增加,获取政府的政策支持对创业资源整合活动影响非常大。

(4) 盈利模式选择和市场开拓是企业能否存活下去的关键。有好的创意和想法不等于有好的市场和销售渠道,创业者特别是农村基层创业者必须对市场和行业进行有效分析。在市场调研的基础上利用市场机会获取养猪的利润,不仅取决于养殖成本和技术风险的控制,很大程度上还取决于对市场行情的准确分析和判断。

(5) 创业者的个性品质也是影响大学生基层创业成功与否的重要因素。机会识别是一种主观色彩相当浓厚的行为。事实上,即使某一机会已经表现出较好的预期价值,每个人也并非都能从事这一机会的开发,并且坚持到最后的成功。因此,创业者的个性特质对创业活动有重要的作用。

(6) 团结牢固的创业团队资源是创业成功的组织保证。返乡到农村创业面临的创业环境和创业压力要比城市复杂得多,在创业过程中单凭创业者个人的力量很难成就一个成功的企业,优秀的团队是基层创业成功的重要保证。在创业过程中,小付的丈夫是其创业过程中的重要成员,其创业成功和创业过程中所走的每一步,无论在物质还是在精神上都离不开他的关心与支持。

思考练习题

1. 思考题

(1) 请走访一家企业,绘制它的商业模式画布,并指出它所应用的商业模式式样。
(2) 假设你是一位创业者,请根据商业模式设计的流程对你的项目进行设计。
(3) 创业都需要哪些资源?
(4) 如果你想创业,请根据你所选择的行业盘点自己的资源并构想如何整合。

2. 测试题

创业资源包括的范围极其广泛,如创业者拥有的有形资产、无形资产、性别、年龄、民族、长相、体力、智力、经验、经历、技能、知识、社会关系等,还包括对这些有形和无形资源的整合。因此,创业者要从创业资源角度对自身重新认识、分析和整合。请利用表7-4中的资料对自身资源进行评估。

表7-4 获取创业资源能力自我评估表

我的有形资产资源(现金、房屋、设备、材料、运输工具、其他)	
我的有形资产的优势	
我的有形资产的劣势	
针对创业我拟采取的对策	
我的无形资产资源(特殊技能、经营权、秘方、口碑、声誉、其他)	
我的无形资产的优势	
我的无形资产的劣势	
针对创业我拟采取的对策	
我的社会关系资源(亲属、朋友、同学、其他)	
我的社会关系的优势	
我的社会关系的劣势	
针对创业我拟采取的对策	
我的人际交往资源(人缘、交际能力、其他)	
我的人际交往的优势	
我的人际交往的劣势	
针对创业我拟采取的对策	
我的体力资源(力量、速度、耐力、灵活、其他)	
我的体力资源的优势	
我的体力资源的劣势	
针对创业我拟采取的对策	
我的脑力资源(算术、语言、悟性、记忆、其他)	
我的脑力资源的优势	
我的脑力资源的劣势	
针对创业我拟采取的对策	

(续表)

我的技术资源(经营管理、销售、烹饪、修车、养鱼、品茶、其他)	
我的技术资源的优势	
我的技术资源的劣势	
针对创业我拟采取的对策	
我的知识资源(学历、阅历、社会知识、其他)	
我的知识资源的优势	
我的知识资源的劣势	
针对创业我拟采取的对策	
我的学习资源(手艺、语言、其他)	
我的学习资源的优势	
我的学习资源的劣势	
针对创业我拟采取的对策	
我的兴趣资源(花卉、汽车、其他)	
我的兴趣资源的优势	
我的兴趣资源的劣势	
针对创业我拟采取的对策	
我的经历资源(读书、务农、做工、参军、其他)	
我的经历资源的优势	
我的经历资源的劣势	
针对创业我拟采取的对策	
我的经验资源(销售经验、经商经验、管理经验、其他)	
我的经验资源的优势	
我的经验资源的劣势	
针对创业我拟采取的对策	
我的年龄资源(年轻、中年、老年、其他)	
我的年龄资源的优势	
我的年龄资源的劣势	
针对创业我拟采取的对策	
我的其他资源	
我的优势	
我的劣势	

按重要性排序，我的优势资源是：

1.
2.
3.
4.
5.
6.

(续表)

按重要性排序，我的劣势资源是：

1.
2.
3.
4.
5.
6.

扬长避短，总结资源，整合资源：

1.
2.
3.
4.
5.
6.

第 8 章

创业计划与财务评价

> 凡事预则立，不预则废。
>
> ——《礼记·中庸》

本章知识点

- 创业计划的作用是什么？
- 创业计划的基本结构是什么？
- 创业计划书应如何编写？
- 创业计划书的撰写方法是什么？
- 创业计划书的展示方法是什么？
- 创业计划书的财务评价是什么？

8.1 创业计划

创业计划又称为商业计划，它是一份对与创业项目有关的所有事项进行总体安排的书面文件。总体说来，一份创业计划包括商业前景展望，人员、资金、物质等各种资源的整合，以及经营思想、战略的确定等，是为创业项目制订的一份完整、具体、深入的行动计划。

一份好的创业计划通常有3方面的作用。

1. 寻求外部资源的支持

外部资源的支持主要是资金的支持，若想让投资人为这个项目投资，创业者必须把自己的想法用文字、图表等形式表现出来，接受层层考验。为了获得资金，为了通过重重关卡，申请者就必须在创业计划书上下功夫。同时，完善创业计划书的过程也是对创业团队的一种检验。

2. 有利于创业者明确创业的方向和目标

创业者将自己的创意以创业计划书的形式表现出来，可以冷静地分析自己的创业是否真正切实可行，清醒地认识自己的创业机会，明确自己的发展方向和目标，进而规划创业蓝图。

3. 周密安排创业活动

创业计划书的内容涉及创业的类型、资金规划、财务目标、营销策略、可能风险评估、内部管理规划等所有的创业活动。编制创业计划书，可以使创业者对产品开发、市场开拓、投资回收等一些重大的战略决策进行全面的思考，并在此基础上制订翔实清楚的营运计划，周密安排创业活动，为有效的日常管理提供科学依据。

根据创业动态跟踪调查项目针对多个国家创业者进行的大规模调查显示，制订创业计划已是创业者在创业时必须完成的23项关键活动之一。

案例分享 | 国际劳工组织的创业培训计划

国际劳工组织开发的创业培训计划，包含SYB项目和KAB项目，两个项目各有侧重点。

1. SYB项目

SYB的全称是start your business，意为"创办你的企业"，它是"创办和改善你的企业"（SIYB）系列培训教程的一个重要组成部分，由联合国国际劳工组织开发，是为有意愿开办自己的中小企业的朋友量身定制的培训项目。创业培训是国际劳工组织针对培养微小型企业经营者而开发的培训项目，引入我国后，部分省市进行试点运行，取得了良好的效果。创业培训不仅使学员的就业观念发生转变，更激发了他们的创业意识，帮助其掌握创业技能，增强了微小企业的抗风险能力，使学员在短时间内成为微型企业的老板。

我国从1998年开始实施SYB创业培训试点工作，随着创业培训的全面启动和小额贷款政策扶持，解决了有志创业者创业时遇到的创业知识欠缺和资金不足等问题，探索了以培训促就业，以创业带就业的就业促进模式。实践证明，SYB教材通俗易懂、简明实用，培训模式符合中国国情，部分创业者通过培训实现了创业成功，有效地促进了我国"创业行动"持续深入开展。

SYB培训课程具有针对性。培训主要针对两种人：一是想开办小企业的人；二是已经创办小企业，但经营时间不长，缺乏经营企业系统知识的人。

SYB培训具有系统性与循序渐进性。培训分为上下两部分，共10步，步步深入，环环相扣。通过创业意识培训，你可以知道自己是否适合创办企业、办什么样的企业。创业计划培训是根据你的企业构思分步学习，形成创业计划，制定行动方案。

SYB项目的后续服务：后续服务就是给具备创业条件(项目和资金)并通过创业培训取得合格证书的创业者提供专家专项指导、优惠政策咨询、办理小额贷款、明星现身说法、孵化基地实习等项目的后续服务支持，帮助创业者尽快实现创业成功。

该培训项目最大的特点是通俗易懂、运作规范、体系完整、小班授课、培训方法多样。

2. KAB项目

KAB，英文全称为know about business，意思是"了解企业"，是国际劳工组织为培养大学生的创业意识和创业能力而专门开发的教育项目。课程通过教授有关企业和创业的基本知识和技能，帮助学生对创业树立全面认识，普及创业意识和创业知识，培养有创新精神和创业能力的青年人才。该项目一般以选修课形式在大学开展，学生通过选修该课程可以获得相应的学分。KAB课程的一个很大的特点就是先让学员去体验，体验之后再回来讨论，而不是先学习若干理论知识。

KAB课程设置了8个教学模块，每个模块都有特定的主题，但各个模块之间又彼此联系。这样的课程结构设计有很大的灵活性，根据授课对象、授课学时的不同，有效做到"因材施教""因时施教"。其次，KAB的课程类型包括学科课程、活动课程，以及实践课程(商业模拟游戏)，学科课程侧重传授创业知识，活动课程侧重培养创业意识和技能，实践课程侧重提供创业模拟演练，三类课程彼此融合，在实现创业教育教学目标方面形成了互有侧重、互为补充的立体、综合对应关系。KAB课程组织的活动化是指课程的操作方式注重教学活动的设计，尽可能使学生在教学活动参与中实现"启发创业意识、体验创业过程、提升创业技能"的目的。比如，"商业模拟游戏"通过模拟企业运作，使学生在游戏中体验商业过程，感悟商业真谛。目前，KAB项目针对"KAB项目讲师""KAB项目培训师"及"KAB项目高级培训师"实施分层次的统一化培训标准。

针对高校和培训机构，KAB项目测评中心建立完善了两套不同的质量控制体系，通过10个质量控制工具来规范项目的监督和评估工作。其中，"高校授课质量控制工具包"设计了开课前使用的"教学计划表""学生情况调查表""学生创业知识测试"，课程进行中使用的"课后意见反馈表"和课程结束后使用的"学生培训绩效评价表"与"高效创业教育调查表"。"师资培训质量控制工具包"包括培训期间使用的"每日意见反馈表"和"培训学员模拟教学互评表"，以及培训结束时使用的"培训师授课质量评价表"和"培训班培训绩效评价表"。评估报告从"授课结构""授课内容""授课方法及手段""授课技巧"4个维度分别设计相关具体问题，了解学员对培训师的满意程度，每个问题有"非常好"(5分)、"好"(4分)、"一般"(3分)、"差"(2分)、"非常差"(1分)5个等级变量。

"大学生KAB创业基础"课程实行小班授课，突出以学生为中心的教学思想，教学中融入了情景模拟、分组讨论和分享、商业游戏、创业人物访谈、团体游戏、小组任务、案例讨论、头脑风暴等多种形式的教学方法，这种参与式、体验式的教育方法，让学生身临其境，不仅能提高学生的学习能力，而且对培养学生的创新能力，激发学生的学习潜能都具有重要作用。国内一些高校推广了这个项目，这对推动大学生的创业教育起到了较好的作用。

8.1.1 创业计划的作用

创业计划是创业的行动导向和路线图,既为创业者行动提供指导和规划,也为创业者与外界沟通提供基本依据。

1. 创业计划明确创业目标

制订创业计划的过程,就是帮助创业者明确创业目标、理清创业思路的过程。创业计划本质上是创业者对自身经营情况和能力的综合总结和展望,是企业全方位战略定位和战术执行能力的体现。

2. 创业计划体现创业行动

一个比较完善的创业计划,可以成为创业者的创业指南或行动大纲。创业计划与创业本身一样,是一个复杂的系统工程,它是企业对自身现状及未来发展战略全面思索和定位的过程。创业计划能反映创业者对项目的认识及取得成功的概率,它能展示出创业者的核心竞争力;最低限度反映创业者如何创造自己的竞争优势,如何在市场中脱颖而出,如何争取较大的市场份额,如何发展和扩张,种种"如何"会构成创业计划的说服力。若只有远景目标、期望而忽视"如何",则创业计划便只是"宣传口号"。

3. 创业计划募集外部资源

作为企业融资的必备条件,创业计划就如同预上市公司的招股说明书,是一份对项目进行陈述和剖析、便于投资商对投资对象进行全面了解和初步考察的文件。而好的创业计划不仅能吸引投资者,更能吸引高素质的创业伙伴。

4. 创业计划降低犯错概率

美国每年有300多万家新企业出现,但是这些新的企业失败率高得惊人,有30%的独立小公司在经营的头两年内倒闭。而导致如此高的失败率的一个重要原因就是"未能做好计划",很多创业者实际上并没有做好充分的准备工作就开始了一项新的事业。他们没有分析自己的实力、弱点和劣势。对于一个初创企业来说,制订创业计划可以更好地帮助其分析目标客户,规划市场范畴,形成定价策略,并对竞争性的环境做出界定。创业计划应保证这些方面的考虑能够协调一致。

8.1.2 创业计划的内容

不同行业的创业计划形式有所不同,但从总的结构来看,所有的创业计划都应包括摘要、主体和附录3部分。

1. 摘要

摘要是对整个计划最高度的概括,应使用最精练的语言,浓缩计划书的精华。计划摘要是"引路人",一般要在后面所有内容编制完毕后,再把主要结论性内容摘录于此,以求一目了然,在短时间内给阅读者留下深刻的印象。摘要如同推销产品的广告,编制人要反复推敲，力求精益求精，形式完美，语句清晰流畅而富有感染力，以引起投资人阅读创业计划书全文的兴趣。摘要特别要详细说明自身企业的不同之处，以及企业获取成功的市场因素。

2. 主体

创业计划书的主体部分是整个计划书的核心。主体部分的内容要翔实，在有限的篇幅之内充分展示创业者要说的全部内容，主体部分按照顺序一般包括以下几方面。

1) 企业(项目)介绍与战略

这一部分是向战略合伙人或者风险投资人介绍融资企业或项目的基本情况。如果企业处于种子期，现在也只有一个商业创意，应重点介绍创业者的成长经历及求学过程，并突出其性格、兴趣爱好与特长，创业者的追求，独立创业的原因，以及创意如何产生。如果企业处于成长期，应简明扼要地介绍公司过去的发展历史、现在的状况及未来的规划。在描述公司发展历史时，正反的经验都要写，特别是对以往的失误，不要回避。要对失误进行客观的描述，中肯地进行分析，反而能够赢得投资者的信任。

2) 技术产品(服务)介绍

投资人最关心的问题之一就是企业的产品、技术或服务能否及在多大程度上解决现实生活中的问题，或者企业的产品(服务)能否帮助顾客节约开支，增加收入，这是市场销售业绩的基础。在这一部分，要对产品(服务)做出详细的说明，说明要准确，也要通俗易懂，让不是专业人员的投资者也能看明白。例如，做产品介绍时必须包括如下内容。

(1) 顾客希望企业的产品能解决什么问题，顾客能从企业的产品中获得什么好处。

(2) 企业的产品与竞争对手的产品相比有哪些优缺点，顾客为什么会选择本企业的产品。

(3) 企业为自己的产品采取了何种保护措施，企业拥有哪些专利许可证，或与已申请专利的厂家达成了哪些协议。

(4) 为什么企业的产品定价可以使企业产生足够的利润，为什么用户会大批量地购买企业的产品。

(5) 企业采用何种方式去改进产品的质量、性能，企业对发展新产品有哪些计划等。

3) 行业与市场分析

行业与市场分析主要对企业所在行业的基本情况，企业的产品或服务的现有市场情况、未来市场前景进行分析，使投资者对产品或服务的市场销售状况有所了解。

4) 市场营销策略

企业的盈利和发展最终都要拿到市场上来检验，营销成败直接决定了企业的命运。营销策略的内容应包括如下内容。

(1) 营销机构和营销队伍的建立。

(2) 营销渠道的选择和营销网络的构建。

(3) 广告策略和促销策略。

(4) 价格策略。

(5) 市场渗透与开拓计划。

(6) 市场营销中意外情况的应急对策等。

5) 生产制造计划(运作分析)

生产制造计划旨在使投资者了解产品的生产经营状况。这一部分应尽可能把新产品的生产制造及经营过程展示给投资者。同时，为了增大企业的评估价值，企业家应尽量使生产制造计划更加详细、可靠。

6) 管理团队介绍

投资者非常看重管理团队，因此管理团队介绍部分的内容主要是向投资者展现团队的结构、管理水平和能力、职业道德与素质，使投资者了解管理团队的能力，增强投资信心。

7) 财务分析与预测

财务分析与预测部分包括公司过去若干年的财务状况分析，今后3年的发展预测，以及详细的投资计划。财务分析与预测旨在使投资者据此判断企业未来经营的财务状况，进而判断其投资能否获得理想的回报，因而它是决定投资决策的关键因素之一。

8) 融资计划

融资计划主要是根据企业的经营计划提出资金需求数量，融资的方式、工具，投资者的权益、财务收益及其资金安全保证、资金退出方式等，它是资金供求双方共同合作前景的计划分析。

9) 风险分析

风险分析部分主要向投资者分析企业可能面临的各种风险隐患、风险的大小，以及融资者将采取何种措施来降低或防范风险、增加收益等。

融资者最好采取客观、实事求是的态度，不能因为其产生的可能性小而忽略不计，也不能为了增大获得投资的机会而故意缩小、隐瞒风险因素，而应该对企业所面临的各种风险都认真地加以分析，并针对每一种可能发生的风险提出相应的防范措施，这样才能取得投资者的信任。

3. 附录

创业计划的附录应包括媒介关于公司产品的报道，公司产品的样品、图片及说明，有关公司及产品的其他资料。

以上是创业计划的全部内容。根据公司及项目具体情况的不同，创业者可以在此基础上结合实际情况增添或删改。一般来说，投资者最关心的问题主要有两点：创业者的商业创意、产品和服务是否具有唯一性；该公司管理阶层能否胜任。因此创业者在编写创业计划书时一定要对这两方面着力进行分析。另外，获取利益是投资者的根本目的，及早收回资金是其投资的前提，所以对于未来收益的预测和设计风险资金的退出之路也是计划书中的重点。

8.2 创业计划书

> **案例分享** 一页纸创业计划书

在一次天使投资见面会上,创业者李鹏的发酵罐气流能量回收项目引起了风投的兴趣。吸引风投目光的还有李鹏的那份一页纸计划书。

关键词:专利产品、国内空白、年节电100亿度、政府强力推广。

公司简介:我公司成立于2005年8月,从事节能节电业务,拥有自己的技术与知识产权,包括电机节电器技术、发酵罐排放气流压差发电等多项专利。

项目简介:发酵罐排放气流压差发电与能量回收。

发酵罐是药厂与化工企业普遍使用的生产工具,用量非常大,如华北制药、石药、哈药这样的企业,每家企业使用的大型(150吨以上)发酵罐均在200台以上。因生产需要,发酵罐前端需要压气机给罐内压气,压气机功率一般为2 000~10 000千瓦,必须24小时运转,每年电费为900万~4 000万元,要满足发酵罐生产,就需要多台压气机的工作。所以,压气机耗电通常是这些企业很大的一项费用支出。经发酵罐排放的气流仍含有大量的压力能,浪费在减压阀上。如安装我公司研制的"发酵罐排放气流压差发电与能量回收"装置,可以回收压气机耗费电能的三分之一左右。

同行简介:目前该技术国际统称TRT,应用于钢厂的高炉煤气压力能量回收。主要的供货商有日本的川崎重工、三井造船,德国的GHH,国内的陕西鼓风机厂。

进展简介:本项目关键技术成熟并已经掌握,我公司已经与某制药集团达成购买试装与推广协议,项目完成时,预计可以在该集团完成5 000万元以上的销售额。

优势简介:

(1) 我公司已申请该项目的多项专利。

(2) 市场中先行一步,属市场空白阶段。

(3) 符合国家产业政策。

(4) 各地方政府有节能奖励,如三电办有三分之一的投资补贴,制药集团可获得约1 600万元的政府补贴。

(5) 可以申请联合国CDM(清洁生产)资金(每减排一吨二氧化碳可以申请10美元国际资金,连续支付5年)。制药集团可每年节能6 000万度电,减排二氧化碳6万吨,可获得国际资金供给300万美元。

用户利益:

(1) 减少电力费用支出,以某制药集团为例,如全部安装该装置,一年可以节约电费3 000万~36 000万元。收回投资少于2年。

(2) 很少维护,无须增加人员,寿命在30年以上,可以为用户创造投资15倍以上的价值。

(3) 降低原有噪声20分贝以上,符合环保要求。

(4) 其他政府奖励。

目标用户与市场前景:

本项目目前主要针对国内药厂、化工厂。从和某集团达成的初步协议看,集团内需求量大约在100多套,而全国存在同样状况的有多家药厂,再加上许多的化工行业也采用了相同或类似的生产工艺,均为我公司的目标市场。市场前景总体预计在100亿元以上。

8.2.1 创业计划书的对象

1. 创业者和创业团队

创业计划书是创业者的策划文案,它使创业者对自己所有的资源、已知的市场情况和初步的竞争策略做尽可能详尽的分析,并提出一个初步的行动计划,使创业者心中有数。创业计划书是自己理清思路的操作文本,它可以帮助创业者记录很多有关创业的构想,帮助创业者规划创业蓝图。而整个运营计划如果翔实清楚,对创业者或者参与创业的伙伴而言,也就更容易达成共识,确保创业团队的分享与认同,这无疑对创业者的成功是有帮助的。

2. 创业融资对象

在面对创业融资对象的时候,创业计划书等同于商业计划书,当创业者面对风险投资及银行的时候,其都要求创业者提供创业计划书(或商业计划书),但需要明确一点,商业计划绝对不是一份销售计划,而是包含无数细节、无数人才的运营规划。

3. 新创企业

创业计划书通过描绘新创企业的发展前景和成长潜力,不但会增强创业者自己的信心,也会增强风险投资家、合作伙伴、员工、供应商对创业者的信心。创业计划书相当于新创企业的第一张名片,引起周围人的关注、信任、关心,而正是这第一张名片,成为企业走向成功的坚实基础。

案例分享 | 国内外创业计划书竞赛的起源

美国的巴布森学院(Babson College)从1919年建校开始,创业教育就相伴而生,在世界上第一个开设《创业学》课程;开办了世界上第一个创业本科生专业;美国的"创业教育之父"杰弗里·蒂蒙斯(Jeffry Timmons)也出自该校,在他的领导下,学校开发出了一套完整的创业教育课程体系;作为学术机构,它在全球第一个举办创业设计大赛;有循序渐进的本科生创业教育项目(基础、强化、热情);有MBA创业教育模块;有世界上阵容最强大的创业教育师资队伍;有多样化的外延拓展活动;有全球视野的创业教育研究。1983年,美国的两位MBA学生,参照模拟法庭的形式,举办了一次创业计划书竞赛,目的是演练企业策划过程。当他们历经千辛万苦,终于成功举办世界上第一次创业计划书竞赛时,也因此得到了风险投资家的关注。从此,越来越多的创业基金、风险投资基金、律师事务所、会计师事务所和投资咨询公司也都参与到这类活动中来。

我国首届"挑战杯"大学生创业计划书竞赛是于1999年2月10日在清华大学举办的,在这次大赛中，共收到了全国120所高校的400件作品，其中"美视乐"团队在这次竞赛中获得了上海第一百货股份有限公司5 250万元的风险投资，成为中国大学生创业获得风险投资的第一例。自2014年起开展的"创青春"全国大学生创业大赛，以挑战杯为基础，每两年举办一次。以"中国梦，创业梦，我的梦"为主题，以增强大学生创新、创意、创造、创业的意识和能力为重点，以深化大学生创业实践为导向，着力打造权威性高、影响面广、带动力大的全国大学生创业大赛。

"挑战杯"竞赛在中国共有两个并列项目：一个是"挑战杯"中国大学生创业计划竞赛(简称"小挑")；另一个则是"挑战杯"全国大学生课外学术科技作品竞赛(简称"大挑")。这两个项目的全国竞赛交叉轮流开展，每个项目每两年举办一届。

其中，大学生创业计划竞赛面向高等学校的在校学生，以商业计划书评审、现场答辩等作为参赛项目的主要评价内容。

8.2.2 创业计划书的执行摘要

创业计划书的执行摘要一般是2页，最多3页，无须涵盖所有创业计划中涉及的内容，但要确保每一个关键问题都应该提到。创业计划书的执行摘要应涵盖以下几个关键点。

1. 项目独特性

创业计划书应概括公司的亮点，通常可以直接、简练描述公司拟解决某个重大问题的方案或产品。例如，创业者可在第一段提到一些使人印象深刻的名字，如公司的知名顾问、已合作过的大公司、有名的投资公司等。

2. 问题和解决方案

用简要的话来介绍公司的产品和服务，以及它解决了用户的什么问题；企业给客户提供什么样的产品或服务来解决这个问题，软件、硬件、服务还是综合的。陈述产品(或服务)的价值定位、创意价值的合理性。这部分应用通俗的语言，不要用缩写或技术用语。

3. 面临的机会

通过描述公司行业、行业细分、巨大的市场规模、成长性和驱动因素，以及美好前景，来展示自己的市场机会。创业者最好能在一个环境良好并能有一定增长的市场中占有较大份额，而不是在一个超大的成熟市场中占有较小的份额。

4. 面临的问题

创业者需要清楚地描述当前或者是将会出现的某个重大问题。通过解决问题来提高利润、降低成本、加快速度、扩张市场范围、消除低效，以及提高效率等。

5. 企业的竞争优势

无论如何，企业都会有竞争对手，至少要和目标客户当前使用的产品或服务提供商竞争。因此，创业者必须明确自己真实的竞争优势，并写出竞争方案。

6. 企业的商业模式

清晰地描述企业的商业模式，即如何赚钱。创业者要阐述公司在产业链、价值链上的位置，合作伙伴是谁，他们为什么要跟自己的公司合作，如果已经有了收入，有多少，如果现在没有，什么时候会有。

7. 展示创业团队

在介绍创业团队时，不要只是简单地把每个团队成员的简历攒在一起，而是应该解释每个团队成员的背景、角色、经历，以及他们如何互补和为何有利于公司的发展。通过介绍使投资者了解创业者和核心管理团队的能力。

8. 预测财务回报

计划书可以用一个表格来展示公司的历史财务状况和未来的财务预测。这个财务预测需要展示3~5年的，这样才能看到企业持续的发展趋势。需要注意的是，数据要有来源和根据，不能为了获得投资而偏离真实的情况，更不能以虚假数据欺骗投资人。

案例分享 | 第四届"挑战杯"中国大学生创业计划竞赛金奖作品的执行摘要

1. 公司

上海盛旦科技股份有限公司秉承"应用科技"的经营理念，努力将高科技实用化，满足大众需求。公司目前拥有的一次性打印电池技术由复旦大学化学系研究开发，拥有完全的知识产权并已申请专利。

公司在一次性打印电池技术的基础上首先推出了"闪电贴"一次性超薄手机电池系列产品，填补了市场空白。目前手机已经成了人们生活中不可或缺的消费品之一，但手机的不便之处也逐渐暴露，比如关键时刻的电量不足，突然断电的现象常常给人们带来很多尴尬，特别是外出洽谈商务或结伴出游时手机的突然断电可能会给人们带来很大的损失。虽然一些大商场提供了临时充电器，但由于充电需要等候多时，且只有少数大商场提供此类服务，所以手机电量的及时补充问题还未得到根本解决。"闪电贴"一次性超薄手机电池正是针对这一市场空白而推出的最新产品。

2. 市场

"闪电贴"的目标群体主要定位于出差的商务人士、旅游群体，以及往来商旅等，一张1毫米厚、面积与传统电池板相仿的产品将提供约为12小时的电池电量，只需要将其贴于现有电池表面即可电力十足，轻便而快捷，既可以做应急使用，尽可能地降低短期断电造成的通信中断损失，也可省却外出携带充电器等麻烦。当然，由于其较高的性价比，其他普通消费者也可以接受。

在区域市场上，初期以国内市场为主，先大中城市后小城市，同时在适当的时间进入国际市场，利用全球化的市场需求获得规模竞争优势。

3. 生产与营销

公司准备在上海张江高科技园区设立加工基地，由于有成熟的技术(主体技术为现代喷墨打印技术和纳米材料技术)，产品的加工工艺并不复杂，主要设备为打印设备和电池材料配置设备。初期成本为1.2元/贴(大小类似普通手机电池,厚度为1mm,待机时间为12小时),售价为5元/贴,随着生产规模的扩大,成本将不断降低。由于其市场容量巨大且目前尚处于空白状态,因此市场前景良好。

由于"闪电贴"属于快速消费品的范畴,因此在营销上采用大规模铺货的方式占领便利店、超市、书报亭等主要的销售渠道,方便消费者及时方便地获取我们的产品。同时,第一年进行大量的派送试用,且投入一定资金做前期推广,通过各种媒体广告和各种促销活动提高产品知名度。在市场上采取先立足上海,后逐渐有计划、分步骤地推向全国。第一年销售37万片,第二年销售45万片,第三年开始销售额和利润都大幅上升。

4. 投资与财务

公司设立在张江高科技园区,属于国家支持的中小型高科技企业,税收上享受"两年免征所得税"的政策。公司成立初期需要资金720万元,其中风险投资520万元、盛旦公司投资(管理层和化学所投资)100万元、流动资金贷款100万元。资金情况为固定资产投资155万元、流动资金565万元。

股本规模及结构为公司注册资本800万元人民币。其中,外来风险投资入股520万元(65%);盛旦专利技术入股180万元(22.5%);资金入股100万元(12.5%)。

公司从第三年开始盈利,到第四年后利润开始大幅增长,内部收益率为50.1%。风险投资可通过分红和整体出让的形式收回投资。

5. 组织与人力资源

公司成立初期采用直线型的组织结构,由总经理直接向董事会负责;3~5年后随着新产品的推出开始采用事业部型组织结构。公司初期创业团队主要来自复旦大学管理学院,成员各司其职,都具有相关领域的专业知识和运作经验,且优势互补。同时,公司拥有复旦大学化学所技术人员作为技术支持,还邀请多位管理学院教授作为经营顾问。

8.2.3 创业计划书的撰写和展示技巧

当新创企业需要融资的时候,创业计划书就可以打动外部投资人。做一份引人注目的创业计划书并在有机会的时候展示出它的魅力,是创业者应做的基本准备之一。

1. 创业计划书的包装

1) 封面

一个好的封面会使阅读者产生良好的第一印象,因此封面的设计要有一定的审美艺术性,最好具有与众不同的特性。封面色彩应醒目,封面纸应坚挺,在封面上可以印有公司的名称、地址、联系电话和计划书撰写的日期。

2) 打印稿

创业计划书必须打印成正规的计划书文本,打印稿应排版工整、字迹清晰,有时为了醒目也可选用彩纸,但不宜给对方留下刺激性的视觉印象,也可以在每项内容的首页用彩纸,或每项内容的标题用醒目的颜色打印。

3) 图标和图形

在计划书中,如果有必要,可增加一些图标或表格来直接说明。一般来说,计划书应该采用高品质的图标和图形。需要注意的是,条形图没有表格的内容显示清晰。此外,也可采用部分产品图片和说明书,但只能作为计划书的附件,且要保证质量。

4)剪报

剪报不是计划书必不可少的内容,但如果有高质量的关于公司及产品的报纸文章,可能会更吸引人。剪报要少而精。

2. 创业计划书的篇幅

创业计划书并没有一个明确的页数要求,但有一些规律可以遵循。

(1) 一般计划书的篇幅为15~30页,对大部分企业来说,20页已经足够了。但如果这份计划书是供公司内部使用,则可以到40页或更长。

(2) 如果创业者开设的是一家小型、简单的企业,计划书最好不要超过15页,但不到10页会显得有些单薄。

3. 创业计划书中应注意的问题

创业计划书是吸引投资者的第一张名片,在初次撰写的时候,一定想写得真实、完美、动人。但其中也需要注意一些问题。

(1) 创业计划书应层次清晰、主次分明,让投资者能一下子抓住计划书的重点,有一个清楚的头绪。

(2) 创业计划书不要过于强调技术。投资者不是技术专家,技术只是创业的一方面,更重要的是创业者怎样将技术卖出去,也就是企业的商业模式。

(3) 创业计划书要体现团队和人的价值,创业团队往往是创业能否成功的关键。

(4) 创业计划书中的数据一定要准确,前后一致。

(5) 对创业公司自身和投资人应有不同的创业计划书。

(6) 大多数创业者的焦点都在利润方面,而不是现金。创业者要明确一点,我们平时支出的并不是经营利润,而是现金,所以了解现金流是至关重要的。

(7) 完全基于全新的商业思路的企业很少成功,一个新的商业创意往往比现有的产品更难实现好的销量。所以,不要对自己的商业创意估价过高。

4. 创业计划书的展示

当创业者有机会向投资者介绍自己的创业计划书时,演讲人的动作、表情、语言及幻灯片的制作水平都直接影响投资者对创业者的评价。

(1) 演讲的准备。演讲的时候要严格控制时间,通常一次演讲往往只有10分钟。在演讲的时候,演讲人要抓住演讲的重点,因为时间有限,演讲者还要尽可能地全面诠释计划书,必须有的放矢,尽量展现重点。保持演讲精彩的最重要一点,就是使演讲生动有趣、充满激情。

(2) 演讲幻灯片的制作。一些专家建议在制作幻灯片时可遵循6-6-6法则,即每行不要超过6个单词,每页不超过6行,连续6张纯文字幻灯片之后需要一个视觉停顿(采用带有图、表、插图的幻灯片)。一般20~30分钟的演讲最多不超过12张幻灯片。

案例分享 | 周鸿祎的10页完美计划书

360集团公司董事长周鸿祎有一个10页完美计划书的主张：对于早期融资的项目，一份好的计划书就是一个不超过10页的PPT，最重要的是要有"干货"。

第1页：目前市场上存在的问题。用几句话清楚说明你发现目前市场中存在一个什么空白点，或者存在一个什么问题，以及这个问题有多严重，几句话就够了。比如，现在网游市场里盗号严重，你有一个产品能解决这个问题，只需要一句话说清楚就可以。

第2页：问题的解决方案。你有什么样的解决方案，或者什么样的产品，能够解决这个问题。你的方案或者产品是什么，提供了怎样的功能，你是怎么解决这个问题的。很职业的投资人就会把自己假想成一个用户，想自己会不会用这个东西。解决的问题越具体、越实在，投资人才会觉得这个事越有价值。

第3页：产品的目标用户。你的产品面对什么样的用户群，是给全国老百姓使用，还是只给企业白领使用，或是只给学生使用。对初创企业，即使你说的这个想法10年以后可能会风靡世界，但这仍然只是一个想法，你说出来没有人会信。最开始找一个哪怕很小众的用户群精准定位，让人感觉你比较聚焦，这样对商业合作和融资更有利。

第4页：未来的市场有多大。你认为未来你所做的这件事市场有多大，可以做一个预测和估计。例如，在手纸上印数独游戏和广告，这个事情在中国做市场有多大，你通过中国有多少个厕所就能计算出来一个大概的量，告诉风投你准备进入一个多大的市场。

第5页：竞争对手。有其他人在做同样的事不可怕，重要的是你能不能对这个行业有一个基本了解和客观认识。要说实话、干实事，可以进行一些简单的优劣分析。掌握目前的竞争对手在做什么，他们做得怎么样，要实事求是，不要怕说别人比你强，这说明你做事之前会进行严谨的调查。

第6页：核心竞争力。为什么这件事情你能做，而别人不能做？投资者看重的关键不在于所干事情的大小，而在于你能在哪些点上比别人干得好，与别人干得不一样。你独门的绝技可以是营销手段、生意模式、推广模式等。

第7页：你的计划。可以做一个简单的财务分析。不要预测未来3年能挣多少钱，说说未来1年或者6个月需要多少钱，你大概准备拿多少钱，用这些钱干什么，在未来12个月里准备做哪几件事，千万不要列买电脑、招聘、订盒饭这种事，就给自己定出几个关键点，投资者有时候通过这些事情看你的思维能力。

第8页：盈利模式。知道自己是怎么挣钱的，我未来的收入模式是什么样的。完整的商业模式首先包括你的产品模式，是什么样的产品，你的市场定位，针对什么样的用户群，怎么推广，最后才是怎么挣钱，这才构成一个完整的商业模式。讲到营收挣钱，知道就写一个，不知道就不要写，就老老实实地告诉投资者：我还在早期阶段，不知道怎么挣钱，相信你们会帮我，但是我现在会先把产品做好，把用户数量做上去。这样是比较实事求是的做法。

第9页：团队介绍。团队的几个人简单做一下介绍，不要像写简历或者写三好学生评语一样把溢美之词写在自己头上。

第10页：投资人。列出投资人，对你的融资也许会有很大帮助。

对于创业者，学会写商业计划书，学会以一个良好的心态建立合作团队，完成第一个挑战——获得风险投资，这样创业就有了一个很好的开始。

8.3 创业计划的财务分析

财务分析是创业计划书中极其重要的组成部分，也是需要花费相当多的时间和精力来编写的部分，其专业性比较强。财务分析的主要目的是从经济维度评价创业计划的可行性，是对企业等经济组织过去和现在的有关筹资活动、投资活动、经营活动、分配活动的盈利能力、营运能力、偿债能力和增长能力状况等进行分析与评价的经济管理活动。

财务规划与企业的生产计划、人力资源计划、营销计划等都是密不可分的。围绕着公司所有的经营活动，在财务规划部分，需要告诉人们，创立公司的资金从哪来，资金将用于哪些方面，够不够用，不够怎么办，资金的使用效率如何，投资报酬率有多高，有没有投资风险，资金如何合理地退出企业，等等。

要完成财务规划，必须要明确下列问题。

(1) 产品在每一个时期的销售量有多大？
(2) 什么时候开始生产线扩张？
(3) 每件产品的生产费用是多少？
(4) 每件产品的销售定价是多少？
(5) 使用什么分销渠道，所预期的成本和利润各是多少？
(6) 需要雇用哪几种类型的人？
(7) 工资等费用的预算是多少？
……

本节以2003年挑战杯金奖得主——亿可利绿色科技公司(以下称为"某某绿色科技公司")为例，以其创业计划书中的投资估算及财务预测为模板，讲述创业计划中财务分析的有关知识点及应用。

8.3.1 创业项目筹资

1. 创业项目财务基础数据估算的假定

1) 财务管理的环境分析是前提

任何企业的运营都存在着其相应的环境，这些外部环境是财务预测假定的基础，包括法律环境、金融环境、经济环境等。

(1) 法律环境。企业设立、合并、分立是通过《公司法》《全民所有制工业企业法》《外商投资法》《合伙企业法》等进行约束的。企业破产清理是通过《企业破产法》进行约束的。企业生产经营活动方面的法律规定主要包括《民法典》《产品质量认证管理条例》《消费者权益保护法》《环境保护法》《反不正当竞争法》等。企业财务活动方面的法律包括《税法》《证券法》《票据法》《会计法》《企业财务通则》《企业会计准则》《小企业会计准则》等。

(2) 金融环境。按交易的期限，金融环境分为短期资金市场和长期资金市场；按交割时间，金融环境分为现货市场和期货市场；按交易的性质，金融环境分为发行市场和流通市场；按交易的对象，金融环境分为同业拆借市场、国债市场、企业债券市场、股票市场和金融期货市场等。

(3) 经济环境。财务管理的经济环境是指对企业财务管理有重大影响的一系列经济因素。市场经济的发展进程呈现明显的周期性，通常经历繁荣、衰退、萧条、复苏4个阶段；通货膨胀；市场竞争。企业所处的市场环境通常包括完全垄断市场、寡头垄断市场、不完全竞争市场和完全竞争市场；经济发展水平及政府的经济政策等。

2) 市场调研是财务预测的基础

在试算报表中要包括一套假定陈述作为预算报表的基础。这些假定是对预测数字的说明。假定的准确性非常关键，因为财务预测就建立在这些假定之上。而假定的准确性则取决于它们所依据的信息的准确性，最关键的因素是销售预测。根据市场调查获得的信息进行的销售预测，最好是基于实际情况得出的真实的数据，或者是根据行业协会或第三方商业咨询公司等提供的行业数据来预测的销售额及成本。对于成长型的创业计划，可以历史数据作为基础编制预算报表，但是新公司没有历史数据可供参照，要想编制预测报表，先要列出一系列假定条件，在此基础上编制预测报表，因此必须在开展了准确的市场调研的基础上才能够编制销售预测。

行业与市场调查分析的结果，是财务预测的基础。比如整个市场容量目前是多少；未来增长量是多少；根据我们选择的商业模式，在目前的市场份额条件下，初期市场占有率是多少，可期望达到多少销售额，未来3~5年的增长如何，未来成本的增加是多少(假定条件往往是成本(包括劳动力)随着总通货膨胀而增长)，但是，无论增加还是降低，应对其事实情况加以注明，并注明其理由。有些计划还需要包括最佳、最坏或最可能的情况。在编制预算报表时，最好的方法是实事求是，略带保守地对未来3~5年的情况做出预测，并根据实际运营月报表进行检验与修正。

2. 资金来源与使用分析

筹资是企业财务管理活动中重要的功能之一，是企业为了满足生产经营和资本经营的资金需求而筹措资金的过程。企业筹措的资金可分为两类：一是企业的主权资本，它是通过吸收直接投资、发行股票、留存收益等方式取得的；二是企业的债务资金，它是企业通过银行借款、发行债券、融资租赁、商业信用等方式取得的。这里的"资金"并不单纯指货币资金(现金)，也可以是实物或无形资产。资金筹集渠道包括国内资金及外资。国内资金筹集渠道包括：①银行贷款；②发行企业债券；③发行股票。资金来源与运用分为三大项，即资金来源、资金运用和盈余资金。三者的关系为

盈余资金=资金来源-资金运用

在创业计划书中，应注明企业注册资本、资本构成、无形资产作价入股比例；是否有借入资金、风投资金；资本结构如何；资金是如何运用的。

某某绿色科技公司创业计划书中的股本规模和结构

公司注册资本600万元,其中,某大学技术作价150万元入股,股本结构如表8-1和图8-1所示。

表8-1 股本结构表

实收资本	股本结构		
	风险投资	某大学技术入股	创办者资金入股
金额/万元	400	150	50
占总股本比例	66.67%	25%	8.33%

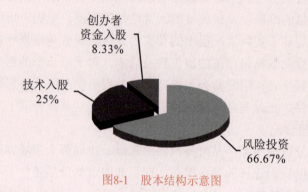

图8-1 股本结构示意图

8.3.2 创业项目财务基础数据估算

财务基础数据是指与项目寿命期内全部经济活动有关的数据,如利润、成本、税金等。财务基础数据评估是指在建设必要性、生产建设条件和技术评估的基础上,按照评估办法规定的要求和方法,调查、收集、鉴别、评审和测算一系列财务经济数据,并填列财务经济数据预测表的工作。财务基础数据评估是项目评估的中心环节,只有通过这个环节,才能对拟建项目进行财务效益和国民经济效益评估,从而进一步确定项目经济上的合理性,最后判断项目的可行性。可见,它是项目评估中一项承上启下的工作,是项目财务经济效益评估的基础和前提。它关系到项目评估结果的科学性、合理性和实际性,从而影响项目投资决策。因此,在评估项目财务基础数据时,必须实事求是、准确无误,严禁人为扩大或缩小。

1. 投资项目成本评估

资金是项目建设和生产的必不可少的资源。进行投资项目资金评估就是审查项目的筹资渠道是否畅通,资金结构是否合理,资金成本是否符合项目管理标准,对项目所需资金的规模、结构进行评价和估算。在创业计划书中,应该明确投资总额的估算方法;明确资金成本的概念及其构成;掌握各种不同的融资技巧。投资项目资金构成:建设项目所需要的资金总额中,根据来源渠道不同,可分为自有资金和借入资金两部分。项目基础财务数据估算的内容：项目寿命期、投资成本、产品成本、固定资产折旧、销售税金及附加、利润、贷款偿还期。

1) 项目总投资及其构成

项目总投资是指建设项目从施工建设起到项目报废为止所需的全部投资费用。具体又分为建设期和生产经营期两个阶段，主要由固定资产投资和流动资金投资两部分组成。

(1) 固定资产投资：由工程费用、工程其他费用、预备费用3部分构成。

① 工程费用，主要是指项目建设中所花费的构成工程实体的那部分费用。

② 工程其他费用，是指项目建设中所花费的其他费用。

③ 预备费用，包括基本预备费和涨价预备费。

(2) 建设期借款利息，这部分利息应作为资本化利息计入固定资产原值。

(3) 固定资产投资方向调节税。

(4) 流动资金，是指项目建成后企业在生产过程中处于生产和流通领域、供周转使用的资金。

企业为了维持正常的生产经营，增强抵御风险的能力，除了拥有一定的生产能力外，还需要配备一定数量的可自由支配的流动资金。

2) 固定资产投资估算

(1) 扩大指标估算法。扩大指标估算法是套用原有同类项目的固定资产投资额来进行拟建项目固定资产投资额估算的方法。

(2) 综合指标估算方法。综合指标估算法包含工程费用、工程其他费用、预备费用等几个要素。综合指标的估算公式为

$$基本预备费用 = (工程费用 + 工程其他费用) \times 基本预备费率$$

涨价预备费用通常要计算调价和涨价两部分的价差。

由上可知，固定资产投资额的估算数为

固定资产投资额 = 工程费用 + 工程其他费用 + 预备费用

固定资产投资总额 = 固定资产投资额 + 投资方向调节税 + 建设期利息

固定资产原值 = 工程费用 + 土地费用 + 预备费用 + 固定资产投资方向调节税 + 建设期利息

3) 流动资金估算

(1) 分项详细估算法。分项详细估算法的原理为

$$流动资金 = 流动资产 - 流动负债$$

$$流动资产 = 应收账款 + 存货 + 现金$$

$$流动负债 = 应付账款$$

$$流动资金本年增加额 = 本年流动资金 - 上年流动资金$$

流动资产和流动负债各项的计算公式为

$$应收账款 = \frac{年经营成本}{周转次数}$$

$$现金 = \frac{年工资及福利费 + 年其他费用}{周转次数}$$

$$存货 = 外购原材料 + 在产品 + 产成品$$

其中，

外购原材料、燃料＝年外购原材料、燃料费/周转次数

在产品＝(年外购原材料、燃料及动力费用＋年工资及福利费＋年修理费＋年其他制造费用)/周转次数

产成品＝年经营成本/周转次数

应付账款＝(年外购原材料、燃料及动力费用)/周转次数

这样，项目所需流动资金总额可计算为

流动资金＝现金＋存货＋应收账款－应付账款

(2) 扩大指标估算法。扩大指标估算法的基本原理为

流动资金＝拟建项目某项经济指标×流动资金与该指标的比例

按产值或销售收入的资金率估算，公式为

流动资金额＝年产值(或年销售收入额)×产值(或销售收入)资金率

按经营成本或总成本资金率估算，公式为

流动资金额＝年经营成本(或年总成本)×经营成本(或总成本)资金率

按固定资产价值资金率估算，公式为

流动资金额＝固定资产价值总额×固定资产价值资金率

按单位产量资金率估算，公式为

流动资金额＝年生产能力×单位产量资金率

上述两种估算法中，分项详细估算法工作量大，计算相对详细准确，适用于规模较小、品种比较单一的企业；扩大指标估算法又称概算法，算法相对简单，工作量较小，适用于规模较大、品种较多的企业。

某某绿色科技公司创业计划书中的投资估算表

某某绿色科技公司创业计划书中的投资估算表，如表8-2所示。

表8-2　某某绿色科技公司创业计划书中的投资估算表

类别	项目名称	合计/万元	备注
1	固定资产费用	462.00	
2	无形资产费用	180.00	其中30万元为土地使用费
3	开办费	65.00	
4	基本预备费用	65.30	
5	价格上涨预备费用		1年内建成，故不计
6	借款利息	10.62	
7	总投资	782.92	

2. 项目生产成本和费用估算

1) 单位产品生产成本预测

单位产品生产成本是指生产单位产品耗用的直接材料、直接人工和制造费用。

2) 总成本费用预测

(1) 外购原材料和燃料动力费用为

$$外购原材料和燃料动力费 = 单位产品制造成本中的相关成本项目 \times 标准产量$$

(2) 工资及职工福利费为

$$年工资总额 = 项目职工定员数 \times 人均年工资额$$

职工福利费按计提福利基金的工资总额基数的14%提取。

(3) 年折旧额为

$$年折旧额 = 固定资产原值 \times 年折旧率$$

$$年折旧率 = \frac{1 - 预计净残值率}{折旧年限}$$

机器的折旧年限一般不宜超过20年。修理费按照修理费占固定资产原值的比率(一般为3%~5%),或按占基本折旧费的比率(一般为50%)提取。

(4) 摊销费。

(5) 财务费用,包括固定资产投资借款在生产期的利息。

(6) 其他费用。

(7) 总成本费用。上述各项加总即为总成本费用。

3) 经营成本的预测

经营成本预测计算公式为

$$经营成本 = 总成本费用 - 折旧费 - 摊销费 - 利息支出$$
$$= 外购原材料、燃料动力费用 + 工资以及职工福利费 + 修理费 + 其他费用 + 汇兑损失$$

如果企业的类型为非生产型企业,以上的计算可以不计。

某某绿色科技公司创业计划书中的运营成本和费用估算依据及说明

(1) 燃料费、水费、电费及物耗费分别按其年耗量乘以相应价格测算,并考虑一定的损耗。其中,助燃用油价格按1.8元/千克计算,水费按2元/吨计算,物耗按250元/吨计算,电费按0.8元/度计算,达产后每年(工作日为300天)的燃料费、水费、电费、物耗费分别为21.57万元、1万元、23.04万元、10.8万元。

(2) 员工工资按岗位分为月薪4 000元、3 000元、2 500元、2 000元4个档次,并计提14%的福利费,2%的职工教育经费,2%的工会经费。

(3) 厂区建筑按期限20年残值率3%计提折旧;设备按期限10年残值率3%计提折旧;车辆及办公设备均按期限5年计提折旧,车辆残值率为3%,办公设备残值不计。

(4) 其他制造费用以直接工资的20%计算。

(5) 其他管理费用为不含折旧的制造成本的10%。

总成本费用表，如表8-3所示。

表8-3 总成本费用表

单位：万元

序号	项目名称	年份				
		1	2	3	4	5
1	生产成本	163.58	163.58	163.58	163.58	163.58
1.1	直接人工	44.40	44.40	44.40	44.40	44.40
1.2	运输费用	10.00	10.00	10.00	10.00	10.00
1.3	制造费用	109.18	109.18	109.18	109.18	109.18
1.3.1	燃料及动力	21.57	21.57	21.57	21.57	21.57
1.3.2	水电费	24.04	24.04	24.04	24.04	24.04
1.3.3	物耗	10.80	10.80	10.80	10.80	10.80
1.3.4	折旧	47.98	47.98	47.98	47.98	47.98
1.3.5	修理费	3.90	3.90	3.90	3.90	3.90
1.3.6	其他	0.89	0.89	0.89	0.89	0.89
2	管理费用	144.33	79.33	79.33	79.33	79.33
2.1	工资	35.40	35.40	35.40	35.40	35.40
2.2	福利费	11.17	11.17	11.17	11.17	11.17
2.3	职工教育经费	1.60	1.60	1.60	1.60	1.60
2.4	工会经费	1.60	1.60	1.60	1.60	1.60
2.5	摊销费	83.00	18.00	18.00	18.00	18.00
2.6	其他	11.56	11.56	11.56	11.56	11.56
3	财务费用	10.62	10.62			
4	总成本	318.53	253.53	242.91	242.91	242.91
4.1	固定成本	252.12	187.12	176.5	176.5	176.5
4.2	可变成本	66.41	66.41	66.41	66.41	66.41

注：考虑到管理费用中折旧金额较少，故折旧全部计入制造费用。

8.3.3 项目收益和利润的估算

1. 销售收入预测

销售收入预测的计算公式为

$$销售收入 = 产品销售量 \times 产品销售价格$$

(1) 销售量预测的计算公式为

$$一般正常年份的产品销售量 = 项目的设计生产能力 \times 生产能力利用率$$

(2) 销售价格预测：市场调查预测。

2. 税金预测

1) 增值税

增值税应纳税额的计算公式为

$$应纳增值税 = 当期销项税额 - 当期进项税额$$
$$销项税额 = 销售额 \times 税率$$

2) 消费税

消费税应纳税额的计算公式为

$$消费税应纳税额 = 销售数量 \times 单位税额$$
$$消费税应纳税额 = 销售额 \times 税率$$

3) 资源税

资源税应纳税额的计算公式为

$$资源税应纳税额 = 课税数量 \times 单位税额$$

4) 城市维护建设税

城市维护建设税是国家为了加强城市的维护和建设，征收的专用于城市维护建设的税种。城市维护建设税的计算公式为

$$城市维护建设税应纳税额 = (应缴增值税 + 应缴消费税) \times 税率$$

5) 教育费附加

教育费附加是专门用于发展地方教育事业的税费。教育费附加的计算公式为

$$应缴教育费附加 = 实际缴纳的税额 \times 3\%$$

6) 所得税

企业所得税是企业就其生产、经营所得和其他所得，依法缴纳的税收。所得税的计算公式为

$$所得税应纳税额 = 应纳税所得额 \times 所得税税率$$

项目评估中，利润总额即应纳税所得额，企业所得税税率一般为25%。

3. 利润总额预测

利润总额是企业在一定时期内实际盈亏的总额。其计算公式为

$$利润总额 = 销售利润 + 投资净收益 + 营业外净收入$$

新建项目的利润总额就是销售利润，销售利润的计算公式为

$$销售利润 = 销售收入 - 销售税金及附加 - 总成本费用$$

某某绿色科技公司创业计划书中的收益估算

公司的收入估算依据及说明如下。

1) 价格估算说明

目前,国内现行收费有两种计费方式:按照医院病床数收费和按照垃圾重量收费。它们的典型代表城市是广州和福州。广州市对每个病床每天收取2元处理费;福州市每处理1公斤医疗垃圾收取2.7元。文献的统计数据表明,每个病床每天产生医疗垃圾0.5~1公斤。因此,两种收费方式基本持平。但是考虑到实际病床利用率不是100%,如果按照病床数收费容易产生误差,以及忽略了门诊病人产生的医疗垃圾,同时容易造成原本应属于环卫清运部门负责的一般垃圾也混入医疗垃圾,我们采用按重量收费的方式,这样比较科学。

而目前,杭州市采用的也是按病床数收费的计费方式,即每个病床每天2元。但是在实际运行中遇到了很多困难,所以我们采用按垃圾重量计费的方式,更容易为公众所接受。

目前,浙江、广东和福建现行收费标准分别是2元/床位、2元/床位、2.7元/公斤,三地的居民收入水平及消费价格指数,如表8-4所示。

表8-4 三地居民收入水平和消费价格指数

项目	浙江	广东	福建
城镇居民人均可支配收入/元/月	844.24	826.99	689.21
居民消费价格指数	99.00	97.40	98.70

(数据来源:中华人民共和国国家统计局)

根据以上资料,本项目价格估算采用2元/公斤的保守收费标准。

2) 利润估算说明

因为运营期的第一年为试运行阶段,故按50%的处理能力估算。

本公司为高新技术环保企业,所以从投产期开始前2年的所得税税率为0,之后的所得税税率均为15%。

本公司适用的消费税税率为5%。

公积金取税后利润的10%。

公益金取税后利润的5%。

具体的利润估算情况可见损益表。

8.3.4 未来3~5年资产负债表、利润表、现金流量表的编制与分析

1. 资产负债表

资产负债表是反映企业某一特定日期资产、负债和所有者权益等财务状况的会计报表。资产负债表的主要功能是体现公司的资金从哪来、到哪去,公司的财务结构如何,公司的偿债能力如何,以及公司的营运能力如何。

1) 资产负债表的格式

资产负债表的格式包括：账户式和报告式(垂直式)，其中应用最多的就是账户式表格。账户式资产负债表左边列示资产；右边列示负债和所有者权益。很显然，其左、右方栏目余额是恰好相等的。

2) 资产负债表的编制方法

资产负债表中最重要的数据关系是"资产=负债+所有者权益"，它是会计恒等式。资产负债表的主要内容如下。

(1) 资产：一般分为流动资产和非流动资产。

(2) 负债：一般分为流动负债和非流动负债。

(3) 所有者权益：一般按照实收资本(或股本)、资本公积、盈余公积和未分配利润分项列示。资产负债表的项目列示顺序有其规律，其中，资产项目的报表顺序是按资产变现能力从大到小排列；负债项目按债务的偿还期限从短到长列示；权益项目则是按权益资本的稳定性水平，从高到低进行排列。

某某绿色科技公司创业计划书中的资产负债表

某某绿色科技公司创业计划书中的资产负债表，如表8-5所示。

表8-5 资产负债表

单位：万元

类别	项目名称	0	1	2	3	4	5
1	资产						
1.1	流动资产总额	17.08	112.89	256.88	598.10	939.31	1 280.52
1.1.1	应收账款	0.00	0.00	0.00	0.00	0.00	0.00
1.1.2	存货	0.00	0.00	0.00	0.00	0.00	0.00
1.1.3	现金	0.10	0.10	0.10	0.10	0.10	0.10
1.1.4	银行存款	16.98	112.79	256.78	598.00	939.21	1 280.42
1.2	在建工程	169.00					
1.3	固定资产净值	368.92	489.94	441.96	393.97	345.99	298.01
1.4	无形资产净值	180.00	162.00	144.00	126.00	108.00	90.00
1.5	待摊费用	65.00	0.00	0.00	0.00	0.00	0.00
	资产合计	800.00	764.83	842.84	1 118.07	1 393.30	1 668.53
2	负债						
2.1	流动负债总额						
2.1.1	应付账款						
2.1.2	短期贷款	200.00	200.00				
2.2	长期贷款						
	负债小计	200.00	200.00				
3	所有者权益						
3.1	实收资本	600.00	600.00	600.00	600.00	600.00	600.00
3.2	公积金及公益金	0.00	0.00	41.70	82.99	124.27	165.55
3.3	累计未分配利润	0.00	-35.17	201.14	435.08	669.03	902.98
	所有者权益小计	600.00	564.83	842.84	1 118.07	1 393.30	1 668.53
	负债及所有者权益合计	800.00	764.83	842.84	1 118.07	1 393.30	1 668.53

3) 填制资产负债表时应注意的事项

填制资产负债表时,有以下几点注意事项。

(1) 货币资金。分析时,重点把握货币资金规模是否适当。货币资金规模是否合理,由以下因素决定:①资金规模与业务量;②筹资能力;③运用货币资金的能力;④行业特点。

(2) 其他应收款。其他应收款与待摊费用通常是经营性流动资产的主要不良资产区域,其规模将直接影响企业经营活动的成效,该部分金额不应该出现过大或波动过于剧烈等异常情况。

(3) 交易性金融资产。企业持有债券投资、股票投资、基金投资等交易性金融资产,持有的目的是近期出售以便于在价格的短期波动中获利。

(4) 存货。存货是指企业在生产经营过程中为销售或耗用而储存的各种有形资产,包括各种原材料、包装物、低值易耗品、委托加工材料、产成品、库存商品,以及委托代销商品等。

2. 利润表

利润表又称损益表,是反映企业在一定会计期间经营成果的会计报表。损益表反映项目计算期内各年的利润额、所得税及税后利润的分配情况,用以计算投资利润率、投资利税率和资金本金利润率等指标。在创业计划书中利润表体现公司的经营实力、盈利能力和公司的经营成长性、发展趋势。通过对企业利润表的分析,有助于揭示企业经营成果,反映企业盈利能力,分析企业偿债能力;有助于企业进行合理经营决策;有助于考核评价企业经营者的经营业绩。

1) 利润表的基本格式

常见的利润表结构主要有单步式和多步式两种。在我国,利润表采用多步式的结构,对当期的收入、费用、支出项目按性质归类,按利润的形成列示一些中间性利润指标,分步计算净利润。损益表结构可用下列公式表示。

利润总额 = 产品销售(营业)收入 − 销售税金及附加 − 总成本费用

税后利润 = 利润总额 − 所得税

税后利润 = 可供分配利润 = 盈余公积金 + 应付利润 + 未分配利润

某某绿色科技公司创业计划书中的损益表

某某绿色科技公司创业计划书中的损益表,如表8-6所示。

表8-6 损益表

单位:万元

类别	项目名称	1	2	3	4	5
1	收入	300.00	600.00	600.00	600.00	600.00
2	生产成本	163.58	163.58	163.58	163.58	163.58
3	管理费用	144.32	79.32	79.32	79.32	79.32
4	财务费用	10.62	10.62			

(续表)

类别	项目名称	1	2	3	4	5
5	税金	16.65	33.30	33.30	33.30	33.30
5.1	消费税	15.00	30.00	30.00	30.00	30.00
5.2	城乡维护建设税	1.05	2.10	2.10	2.10	2.10
5.3	教育费附加	0.60	1.20	1.20	1.20	1.20
6	利润总额	−35.17	313.18	323.80	323.80	323.80
	弥补以前年度亏损		−35.17			
	应纳税所得额	0.00	278.01	323.80	323.80	323.80
7	适用税率	0.00	0.00	15%	15%	15%
	所得税	0.00	0.00	48.57	48.57	48.57
8	税后利润	−35.17	278.01	275.23	275.23	275.23
9	盈余公积金及公益金	0.00	41.70	41.28	41.28	41.28
10	可供分配利润	−35.17	236.31	233.95	233.95	233.95
11	累计未分配利润	−35.17	201.14	435.09	669.04	902.99

2) 利润表项目与企业基本活动的关系

(1) 主营业务收入——主要经营活动的收入

　　减：主营业务成本——主要业务生产成本

　　　　主营业务税金及附加——(消费税+城市维护建设税+教育费附加)

(2) 主营业务利润——主要经营活动毛利

　　加：其他业务利润——次要经营活动毛利

　　减：营业费用——营销费用

　　　　管理费用——管理费用

　　　　财务费用——筹资活动费用(债权人所得)

(3) 营业利润——全部经营活动利润(已扣债权人利息)

　　加：投资收益——投资活动收益(资本运营)

　　　　补贴收入——非经营活动收益(偶然性所得)

　　　　营业外收入——非经营活动收益

　　减：营业外支出——非经营活动损失

(4) 利润总额——全部活动利润(未扣除政府所得)

　　减：所得税——所得税费用(政府所得)

(5) 净利润——全部活动净利润(所有者所得)

3. 现金流量表

现金流量表是反映项目在计算期内的现金流入、现金流出和净现金流量的表格。现金流量表反映了项目在一个会计期间的规模、方向和结构，据此可以评估项目的财务实力和经济效益。编制现金流量表的主要作用是计算财务内部收益率、财务净现值和投资回收期等反映项目盈利能力的指标。现金流量表可以分为全部投资现金流量表和自有资金流量表。

全部投资现金流量表中的现金流入和现金流出的有关数据可依据"产品销售(营业)收入和销售税金及附加估算表"及"建设投资估算表""流动资金估算表""投资计划与资金筹措表""总成本费用估算表""损益表"等有关报表填列。自有资金现金流量表用以计算自有资金的财务内部收益率、财务净现值等评价指标，考察项目自有资金的盈利能力。

1) 现金流量表的原理

现金流量表是反映一个会计期间项目现金来源和现金运用情况的报表。编制现金流量表应先计算出当期现金增减数额，而后分析引起现金增减变动的原因。

$$资产 = 负债 + 股东权益$$

即

$$现金 + 非现金资产 = 负债 + 实收股本 + 留存收益$$
$$现金 = 负债 + 实收股本 + 留存收益 - 非现金资产$$

2) 现金流量表的编制

第一项：经营活动所提供的现金。

① 把权责发生制的本期销售收入调整为来自销售本期现金收入。

销售收入

加：应收账款期初余额

减：应收账款期末余额

等于：本期现金收入

② 把权责发生制基础上的本期销售成本调整为用于购货的本期现金支出。

销售成本

加：期末存货余额

减：期初存货余额

等于：本期购货成本

③ 把权责发生制基础上的本期营业费用调整为用于营业费用的本期现金支出。

第二项：投资和筹资活动所提供的现金。

① 投资所提供的现金。

固定资产期末数

减：固定资产期初净值

加：固定资产折旧

等于：购置固定资产支出现金

② 筹资所提供的现金。确定筹资所提供的现金应分析长期负债和股东权益等项目。

3) 资金时间价值的计算

资金时间价值的概念：资金的时间价值是指资金随着时间的推移而形成的增值。

资金的时间价值可以从两方面来理解：第一，将资金用作某项投资，由于资金的运动可获得一定的收益或利润，第二，如果放弃资金的使用权，相当于付出一定的代价。资金时间价值的意义：第一，它是衡量项目经济效益、考核项目经营成果的重要依据；第二，它是进行项目筹资和投资必不可少的依据。

资金时间价值的大小取决于本金的数量多少、占用时间的长短及利息率(或收益率)的高低等因素。

(1) 单利法。单利法指仅仅以本金计算利息的方法，终值为本金经过一段时间之后的本利和。单利终值的计算公式为

$$F = P + P \times i \times n = P \times (1 + n \times i)$$

式中，P 为本金，期初金额或现值；i 为利率，利息与本金的比例，通常指年利率；n 为计息期数(时间)，通常以年为单位；F 为终值，期末本金与利息之和，即本利和，又称期值。

【例8-1】借款1 000元，借期3年，年利率为10%，试用单利法计算其第三年年末的终值是多少？

解：P=1 000元，i=10%，n=3。第三年年末的终值为

$F = P \times (1 + n \times i)$

$= 1\,000 \times (1 + 3 \times 10\%) = 1\,300(元)$

(2) 复利法。复利法指用本金和前期累计利息总额之和为基数计算利息的方法，俗称"利滚利"。复利终值的计算公式为

$$F = P \times (1 + i)^n$$

式中，$(1+i)^n$ 是利率为 i，期数为 n 的1元的复利终值，称为复利终值系数，记作 $(F/P, i, n)$。为便于计算，其数值可查阅"复利终值系数表"。

【例8-2】某项目投资1 000元，年利率为10%，试用复利法计算第三年年末的终值是多少？

解：P=1 000元，i=10%，n=3，第三年年末的终值为

$F = P \times (1 + i)^n$

$= 1\,000(1 + 10\%)^3 = 1\,000 \times 1.331 = 1\,331(元)$

某某绿色科技公司创业计划书中的现金流量表

某某绿色科技公司创业计划书中的投资财务现金流量表,如表8-7所示。

表8-7 投资财务现金流量表

单位:万元

项目名称	0	1	2	3	4	5
现金流入						
收入		300.00	600.00	600.00	600.00	600.00
回收固定资产残值						
回收流动资金						
现金流入小计	0.00	300.00	600.00	600.00	600.00	600.00
现金流出						
建设投资	632.92					
项目前期费用						
流动资金			200.00			
税金及附加		16.65	33.30	33.30	33.30	33.30
经营成本		187.54	187.54	176.92	176.92	176.92
所得税		0.00	0.00	48.57	48.57	48.57
现金流出小计	632.92	204.19	420.84	258.79	258.79	258.79
净现金流量	-632.92	95.81	179.16	341.21	341.21	341.21
累计净现金流量	-632.92	-537.11	-357.95	-16.74	324.47	665.68

8.4 风险分析

8.4.1 风险及风险分析

风险,即不确定性,或者说是由于某种活动因素的不确定性引起活动结果的不确定性,表现为活动的实际结果偏离预期目标,从而给活动造成损失。风险一般可分为自然风险、社会风险、经营风险。产生风险的原因主要有市场供求变化的影响,技术变化的影响,经济环境变化的影响,社会、政治、法律、文化等方面的影响,自然条件和资源方面的影响,项目评价人员的影响。

对于一般项目的风险分析,需要进行以下几个步骤。

(1) 不确定性分析:盈亏平衡分析,确定盈利与亏损的临界点(仅财务评价时使用)。

(2) 敏感性分析:分析不确定因素可能导致的后果。

(3) 风险分析:概率树分析,根据分析的结果对项目或方案的风险予以评估,并提供决策的依据。对项目风险做直观的定量判断。

对于部分复杂或重要的项目，需要进行系统的专题经济风险分析，可采用专家调查法、层次分析法、记忆模型、蒙特卡罗模拟法等方法，进行风险识别、风险估计、风险评价和风险应对的研究。

风险分析的程序一般为：选择关键变量；估计不确定性因素的变化范围，进行初步分析；进行敏感性分析；进行概率分析。

8.4.2 盈亏平衡分析

盈亏平衡是指项目当年的销售收入等于其产品成本。

盈亏平衡分析是通过盈亏平衡点(break even point，BEP)分析项目成本与收益平衡关系的一种方法。盈亏平衡点通常是根据正常生产年份的产品产量或销售量、可变成本、固定成本、产品价格和销售税金及附加等数据计算出来的，用生产能力利用率或产量等表示。

1. 盈亏平衡分析的假定

(1) 将产品的生产成本划分成固定成本和变动成本。
(2) 产品销售量和生产量相等(即各年产品全部售出)。
(3) 项目生产的是单一产品，如果同时生产几种类似产品，则应把这几种产品组合折算为一种产品。
(4) 产品的销售价格，在不同的销售水平条件下保持不变。
(5) 所采用的数据均为正常生产年份(即达到设计能力生产期)的数据。

以线性盈亏平衡分析为例：线性盈亏平衡分析是指投资项目的销售收入和销售成本与产品销售量呈线性关系情况下的盈亏平衡分析。这种线性关系可表示为

$$S = P \times Q$$
$$C = F + V \times Q$$

2. 盈亏平衡分析方法

1) 图解法

收入或成本图解法主要是通过绘制盈亏平衡图的方法来分析产量、成本和盈利之间的关系，找出盈亏平衡点(保本点)，如图8-2中两条直线的交点就是盈亏平衡点。

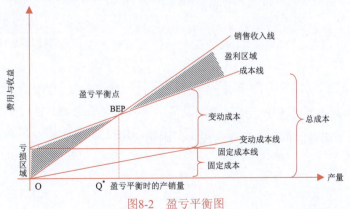

图8-2 盈亏平衡图

2) 代数法

产品产销量、生产能力利用率代数法是指通过求解方程，求得盈亏平衡点。即有

$$P \times Q = C_F + C_V = F + V \times Q$$

在这个基本平衡等式中没有包括税金因素，在实际分析中，应按财税制度规定考虑应缴纳的税金因素。设 T 为在盈亏平衡点处的单位产品销售税金，则公式变为

$$P \times Q = F + V \times Q + T \times Q$$

(1) 用产量表示的盈亏平衡点。

设 Q^* 为盈亏平衡时的产量(销售量)，则公式为

$$BEP(产量) = \frac{年固定总成本}{单位产品售价 - 单位产品可变成本 - 单位产品销售税金及附加}$$

$$Q^* = \frac{F}{P - V - T}$$

(2) 用销售收入表示的盈亏平衡点。

设 R^* 为盈亏平衡时的销售收入，则公式为

$$BEP(销售收入) = \frac{年固定总成本}{1 - (单位产品可变成本 + 单位产品销售税金及附加)/单位产品售价}$$

$$R^* = \frac{F}{1 - (V + T)/P}$$

(3) 用生产能力利用率表示的盈亏平衡点。

设 E^* 为盈亏平衡时的生产能力利用率，Q_0 为项目设计生产能力，则公式为

$$BEP(生产能力利用率) = \frac{年固定总成本}{(单位产品售价 - 单位产品可变成本 - 单位产品销售税金及附加) \times 项目设计生产能力}$$

$$E^* = \frac{F}{(P - V - T) \times Q_0} \times 100\%$$

(4) 用价格表示的盈亏平衡点。

设 P^* 为盈亏平衡时的产品价格，则公式为

$$BEP(价格) = 单位产品销售税金及附加 + 单位产品可变成本 + \frac{年固定总成本}{项目设计生产能力}$$

$$P^* = V + T + \frac{F}{Q_0}$$

(5) 用单位产品变动成本表示的盈亏平衡点。

设 V^* 为盈亏平衡时的单位产品变动成本，则公式为

$$\text{BEP(单位产品变动成本)} = \text{单位产品售价} - \text{单位产品销售税金及附加} - \frac{\text{年固定总成本}}{\text{项目设计生产能力}}$$

$$V^* = P - T - \frac{F}{Q_0}$$

【例8-3】 某项目生产某产品的年设计生产能力为50 000件，每件产品的售价为5 000元，该项目投产后年固定成本总额为3 000万元，单位产品变动成本为1 500元，单位产品所负担的税金为500元，若产销率为100%，试对该项目进行盈亏平衡分析。

解：该项目的盈亏平衡分析如下。

盈亏平衡时的产量为

$$Q^* = \frac{F}{P-V-T} = \frac{3\,000 \times 10^4}{5\,000 - 1\,500 - 500} = 10\,000(件)$$

盈亏平衡时的销售收入为

$$R^* = \frac{F}{1-(V+T)/P} = \frac{3\,000 \times 10^4}{1 - \frac{1\,500 + 500}{5\,000}} = 5\,000(万元)$$

盈亏平衡时的生产能力利用率为

$$E^* = \frac{F}{(P-V-T) \times Q_0} \times 100\% = \frac{3\,000 \times 10^4}{(5\,000 - 1\,500 - 500) \times 5 \times 10^4} \times 100\% = 20\%$$

盈亏平衡时的价格为

$$P^* = V + T + \frac{F}{Q_0} = 1\,500 + 500 + \frac{3\,000 \times 10^4}{5 \times 10^4} = 2\,600(元)$$

盈亏平衡时的单位产品变动成本为

$$V^* = P - T - \frac{F}{Q_0} = 5\,000 - 500 - \frac{3\,000 \times 10^4}{5 \times 10^4} = 3\,900(元)$$

8.4.3 敏感性分析

敏感性分析是研究影响项目建设的主要因素发生变化时，所导致的项目经济指标的变化幅度，从而判断外部条件发生变化时，投资项目的承受能力。

1. 敏感性分析的步骤

(1) 选择敏感性分析指标：一般来讲，净现值、内部收益率、贷款偿还期、投资回收期、投资利润率等指标应作为分析对象。

(2) 选取不确定性因素：在选取不确定因素时应同时找出敏感性因素。一般应根据项目的特点，以及有关因素的客观变化趋势来探索。

(3) 进行敏感性分析：进行敏感性分析时，应先确定不确定性因素的变化范围。

(4) 制图分析。

2. 敏感性分析方法

1) 单因素敏感性分析

单因素敏感性分析是分析单个因素的变动对项目经济效益指标的影响程度。

【例8-4】一个生产家用取暖器的投资项目，进行确定性分析的数据是根据对未来可能出现的情况预测估算的，由于对未来影响经济环境的某些因素把握不大，项目的投资额、经营成本、产品价格均有可能在±20%的幅度内变动，项目寿命周期内有关财务数据如表8-8所示，设折现率为10%，试就上述3个不确定因素进行敏感性分析。

表8-8 投资项目基本情况表

单位：万元

年份	0	第1年	第2～10年	第11年
投资(I)	15 000			
销售收入(S)			22 000	22 000
经营成本(C)			15 200	15 200
税金及附加(T)			2 200	2 200
期末残值(L)				2 000
净现金流量(K)	-15 000	0	4 600	6 600

解：根据表8-8中的数据，选定净现值为进行敏感性分析的经济效益指标，有

$$NPV = -K + (S - C - T) \times (P/A, 10\%) \times (P/F, 10\%, 1) + L \times (P/F, 10\%, 11)$$
$$= -15\,000 + 4\,600 \times 6.144 \times 0.9091 + 2\,000 \times 0.3505$$
$$= 11\,394(万元)$$

下面分析投资、经营成本和产品价格变化对净现值的影响。

设投资的变化幅度为X，则投资变化时的净现值计算公式为

$$NPV = -K(1+X) + (S - C - T)(P/A, 10\%, 10)(P/F, 10\%, 1) + L(P/F, 10\%, 11)$$

设经营成本的变化幅度为Y，则投资变化时的净现值计算公式为

$$NPV = -K + [S - C(1+Y) - T](P/A, 10\%, 10)(P/F, 10\%, 1) + L(P/F, 10\%, 11)$$

如果设价格的变化幅度为Z，则投资变化时的净现值计算公式为

$$NPV = -K + [S(1+Z) - T - C](P/A, 10\%, 10)(P/F, 10\%, 1) + L(P/F, 10\%, 11)$$

根据上述公式，分别计算各因素在不同变化幅度时的净现值数值，计算数据如表8-9所示。

表8-9 敏感性分析计算表

单位：万元

因素	变化幅度								
	-20%	-15%	-10%	-5%	0	+5%	+10%	+15%	+20%
投资	14 394	13 644	12 894	12 144	11 394	10 644	9 894	9 144	8 394
经营成本	28 374	24 129	19 884	15 639	11 394	7 149	2 904	-1 341	-5 586
产品价格	-10 725	-5 195	335	5 864	11 394	16 924	22 453	27 983	33 513

根据表8-9可画出敏感性分析图(见图8-3)。

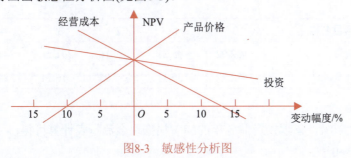

图8-3 敏感性分析图

由敏感性分析计算表和敏感性分析图可看出：产品价格变动对NPV的影响最大，经营成本变动的影响次之，投资额变动的影响最小。

NPV=0时，分别可按上述公式计算为

$$X = 76.0\%; \quad Y = 13.4\%; \quad Z = -10.3\%$$

即当投资额与产品价格不变时，年经营成本如果高于预测值的13.4%，产品价格低于预测价格的10.3%，方案就不可接受。

2) 多因素敏感性分析

进行多因素的敏感性分析时，假定同时变动的几个因素都是相互独立的，一个因素的变动幅度、方向与其他因素无关。

多因素敏感性分析要考虑可能发生的各种因素不同变动幅度的多种组合。

3. 对敏感性分析的评价

1) 敏感性分析的作用

(1) 通过敏感性分析，可研究相关因素的变动对投资项目经济效果评价指标的影响程度。

(2) 通过敏感性分析，可找出影响投资项目经营效果的敏感因素，并进一步分析与之前有关的预测或估算数据可能产生的不确定性。

(3) 通过敏感性分析，可区别不同项目方案对某关键因素的敏感性的大小，以便选取对关键因素敏感性小的方案，减小投资项目的风险性。

(4) 通过敏感性分析，可找出项目方案的最好与最坏的经济效果的变化范围。

2) 敏感性分析的局限性

(1) 只能对项目风险进行定性评价，而不能对风险大小进行定量测定。

(2) 仅在进行多方案比较时，敏感性分析的结果才可成为项目取舍的依据。

(3) 各不确定因素的变化方向和变化范围实际上是不确定的，而敏感性分析没有给出它们发生的概率，由此而得出的有关项目风险的评价结论显然欠科学。

(4) 一个项目的不确定因素往往有多个，每个不确定因素都要取出几个变化值来分别计算它们引起的内部收益率、净现值、贷款偿还期等指标的变化幅度。

某某绿色科技公司创业计划书中的投资收益及风险分析

公司的现金流量表(节选)，如表8-10所示。

表8-10 现金流量表(节选)

单位：万元

类别	项目名称	0	1	2	3	4	5
1	净现金流量	-632.92	95.81	179.16	341.21	341.21	341.21
2	累计净现金流量	-632.92	-537.11	-357.95	-16.74	324.47	665.68

投资净现值

取贴现率为10%，该项投资前五年的NPV根据现金流量表计算可得：

NPV=303.5>0

从这个角度来看，该项目是可行的。

投资回收期

根据投资回收期的计算公式：

PP =累计净现金流量为正的年份-1+(尚未弥补的亏损/当年现金流入)

　　=4-1+(16.74/341.21)

　　=3.05(年)

在不考虑资金时间价值的情况下，三年一个月即可收回投资。

内含报酬率

计算可知，该项目的内含报酬率为24%>10%，相对一般资金成本而言，这个环保产业投入的报酬率是非常可观的。

敏感性分析

考虑在正常纳税年度，公司缴纳所得税适用税率为15%，此时，计算可知，年净利润为275.23万元。单因素变动引起净利润变动的敏感性分析，如表8-11所示。

表8-11 敏感性分析

单位：万元

因素	变化幅度				
	-10%	-5%	0	5%	10%
收费标准	227.06	251.14	275.23	299.31	323.40
变动成本	280.87	278.05	275.23	272.40	269.58
固定成本	290.23	282.73	275.23	267.73	260.23

由于在创业计划书中，重合理性及逻辑正确性，轻数据的精确性，因此在创业计划财务评价过程中应避免出现的问题有：未能为财务报表编制假定；各财务报表之间不一致；高估收入和利润，低估营业费用；新公司支付的工资过高；投资利润率与投资者在类似企业获得的收益不符。

思考练习题

1. 思考题

王红正努力创建一家校园旅行社，想针对现在学校中学生的旅行提供服务。王红的创业计划书分为几部分：企业介绍、市场分析、管理方式、竞争分析、销售分析。当王红完成了创业计划书时，她相信这能帮助她获得创业中的现金资源，但风险投资人拒绝了她。

(1) 结合案例，你认为王红的计划书有哪些问题？
(2) 请你以王红的身份写一份创业计划书。
(3) 如果是你，你会怎样向风险投资人说明你的创业计划？

2. 测试题

本测试共有31道题，涉及我们的工作、生活、价值观等方面。对于这些问题，每个人的看法不尽相同，任何基于真实情况的回答都是你的个性、特点的反映，没有"对"或"不对"之分。请在每道题的A和B中选择一个答案，不需要过多思考，凭第一感觉回答即可。不要漏掉任何一道题。

(1) 当要做别人也做的事时，你更愿意( )。
　　A. 用大家所接受的方法做　　　　B. 用自己想出的方法做
(2) 你对自己的物品的摆放通常是( )。
　　A. 在意的　　　　　　　　　　　B. 随便的
(3) 你更难以接受的是( )。
　　A. 生活节奏单一不变　　　　　　B. 稳定有序的生活被打乱
(4) 你认为更重要的是( )。
　　A. 能够预见一件事情　　　　　　B. 能够适应现实条件
(5) 你喜欢( )。
　　A. 抽象的、概括性的观点　　　　B. 具体的、真实的叙述
(6) 当被事先规定好你要在某个时刻做某件事情，你会( )。
　　A. 很高兴，可以按计划行事　　　B. 有些不高兴，因为被束缚了
(7) 你更看重( )。
　　A. 潜在的可能性　　　　　　　　B. 真实的情况
(8) 选择你较喜欢的词( )。
　　A. 实干家　　　　　　　　　　　B. 创新者
(9) 选择你较喜欢的词( )。
　　A. 制作　　　　　　　　　　　　B. 发明

(10) 选择你较喜欢的词(　　)。
　　A. 富于想象　　　　　　　　B. 讲求实效
(11) 选择你较喜欢的词(　　)。
　　A. 有条不紊　　　　　　　　B. 机动灵活
(12) 选择你较喜欢的词(　　)。
　　A. 提前安排　　　　　　　　B. 不断体验
(13) 选择你较喜欢的词(　　)。
　　A. 理论　　　　　　　　　　B. 经验
(14) 对于周末或假日,你喜欢(　　)。
　　A. 提前安排好约会、社交聚会等　　B. 随心所欲,临时决定做什么
(15) 在日常工作中,你会(　　)。
　　A. 从最后关头的压力中得到动力　　B. 避免出现燃眉之急的压力
(16) 在工作中,你(　　)。
　　A. 尽量避免定一个最后期限　　B. 安排好了的事情,就不再轻易改动
(17) 通常情况下,你(　　)。
　　A. 崇尚现实主义与常识　　　B. 崇尚想象力和新事物
(18) 你更愿意交的朋友是(　　)。
　　A. 总有新主意的人　　　　　B. 脚踏实地的人
(19) 你通常(　　)。
　　A. 在做完决定后感到快乐　　B. 因留有选择的余地而快乐
(20) 和你相处得好的人通常是(　　)。
　　A. 富于想象力的人　　　　　B. 注重现实的人
(21) 相对之下,你更相信(　　)。
　　A. 确定而有形的事物　　　　B. 灵感和推理
(22) 选择你较喜欢的词(　　)。
　　A. 一丝不苟　　　　　　　　B. 不拘小节
(23) 选择你较喜欢的词(　　)。
　　A. 想象　　　　　　　　　　B. 实际
(24) 选择你较喜欢的词(　　)。
　　A. 条理的　　　　　　　　　B. 随意的
(25) 选择你较喜欢的词(　　)。
　　A. 已知　　　　　　　　　　B. 未知
(26) 选择你较喜欢的词(　　)。
　　A. 过程　　　　　　　　　　B. 结果
(27) 选择你较喜欢的词(　　)。
　　A. 可能性　　　　　　　　　B. 现实性
(28) 选择你较喜欢的词(　　)。
　　A. 具体　　　　　　　　　　B. 抽象

(29) 你喜欢(　　)。

　　A. 完成有重大意义的探索性工作　　B. 完成常规性的实际的工作

(30) 更符合你情况的是(　　)。

　　A. 我总有一种开创新局面、创造新事物的冲动

　　B. 我认为大多数时候应坚持经受过检验的常规方法，以免冒太大的风险

(31) 更符合你情况的是(　　)。

　　A. 目标一旦确定，我就会坚持不懈地为之奋斗

　　B. 我会根据现实情况灵活调整我的目标

第 9 章

"互联网+"创新创业

> "认准了,就去做",讲的是判断力和行动力要正确地判断形势与机会,一旦看准了,就要付诸行动,患得患失只能坐失良机;"不跟风,不动摇",讲的是远见与定力,能看到机会的人很多,但能坚持到底,不为眼前利益所动,不因一时困难变节的人却很少,所以多数人的成功都是昙花一现的。
>
> ——百度创始人 李彦宏

本章知识点

- "互联网+"是什么?
- "互联网+"背景下大学生的创业模式。
- "互联网+"将如何推动传统产业转型变革?
- "互联网+"如何引领"大众创业、万众创新"?

案例分享 | 海尔的"互联网+"变革与发展

20世纪80年代,中国刚刚开始改革开放,张瑞敏和青岛海尔是那个时代的传奇,无人不知,无人不晓。如今在西方管理学界,张瑞敏仍然是明星般的人物。

2015年11月,在奥地利首都维也纳举行的第七届彼得·德鲁克全球论坛上,中国海尔集团董事局主席、首席执行官张瑞敏是主办方邀请发表演说的唯一一位中国企业家。无论在台上还是在台下,张瑞敏都是最受关注的嘉宾,当他结束演说后,其他与会者甚至排着队等着与他合影;在会议期间的午餐桌上,他也是大家谈论的主要话题人物。参加这次论坛的都是来自全球各地的著名管理学家和公司高管,他们对张瑞敏这次演讲的评价是"激进!激进!非常激进的管理改革。"

那么,张瑞敏的演说内容究竟是什么,居然能让这些专业人士冠之以"激进"的帽子?

他说，海尔现在正在探索的管理改革有三个方面：第一是对企业的转型；第二是对员工的转型；第三是把顾客变成用户。

谈到企业转型，张瑞敏说，海尔改革的目的，就是要把原来像金字塔一样的科层制变成一个网络性的组织。这就是大家认为激进的"砍掉中间管理层"，但张瑞敏的说法比较委婉，他认为海尔的企业结构改革是"去两化"，即去中心化、去中介化。

谈到"科层变网络"，张瑞敏在发言时举例说，海尔前几年员工有八万六千人，后来在两年的时间变成了六万人。去掉的两万六千人主要包括两部分，一部分就是中层管理者，还有一万多人，就是把工厂变成一个互联工厂，即智能工厂，所以说有很多工人就要去掉。这恰恰是与会者最关心的问题：海尔的管理改革是否会导致大批人丢掉饭碗？张瑞敏在发言中回应这种担忧："其实你可以创造更多的服务，创造更多的就业机会。比如说，我们变成服务之后有9万辆卡车，每辆卡车有一个司机，还有一个工人，两个人，这就18万人，多出18万人的就业。"

那么，"去两化"之后的海尔变成了什么样子？张瑞敏演说时用了一句话来概括："没有上下级"。现在海尔只有三类人：一类人叫作平台主，是做创业平台的，不是领导，是为了大家都能够在这个平台上面成功地创业；第二类人叫小微主，其是一个微型的创业团队，通常不超过8个人；第三类人叫作创客，就是创业的员工。谈到这三类人与过去的经理、工人的区别，张瑞敏又借用了电学中的名词：在传统的企业之内，人与人之间是"串联"，而在互联网时代的企业之内，人与人之间是"并联"。

这是企业转型。那么员工转型呢？张瑞敏介绍说："员工原来的定位是被雇佣者和执行者，现在则变成了创业者和合伙人。这个过程我们叫作三自：自创业、自组织、自驱动。"

谈到他的管理改革的第三个方面——顾客变用户，张瑞敏说，"顾客和用户是两个不同的概念。顾客是一次性交易的终点，我生产出来产品，你来买我的产品，交换完就没有关系了。用户则是互联网的一个节点，作为用户，你可以提出意见，我可以根据你的要求来改变，不断地改变以满足你，我们把这个过程叫作用户参与。"

海尔就是这样站在"互联网+"的浪潮尖，不断地创新，不断地前行。

9.1 "互联网+"概述

"互联网+"代表着一种新的经济形态，它指的是依托互联网信息技术实现互联网与传统产业的联合，以优化生产要素、更新业务体系、重构商业模式等途径来完成经济转型和升级。"互联网+"计划的目的在于充分发挥互联网的优势，将互联网与传统产业深度融合，以产业升级提升经济生产力，最后实现社会财富的增加。

"互联网+"计划具体可分为两个层次的内容来表述。一方面，可以将"互联网+"概念中的文字"互联网"与符号"+"分开理解。符号"+"意为添加与联合，表明"互联网+"计划的应用范围为互联网与其他传统产业，它是针对不同产业间发展的一项新计划，应用手段则是通过互联网与传统产业进行联合和深度融合的方式进行。另一方面，"互联网+"

作为一个整体概念，其深层意义是通过传统产业的互联网化完成产业升级。互联网通过将开放、平等、互动等网络特性在传统产业的运用，通过大数据的分析与整合，试图厘清供求关系，通过改造传统产业的生产方式、产业结构等内容，来增强经济发展动力、提升效益，从而促进国民经济健康有序发展。

9.1.1 "互联网+"的提出

我国"互联网+"理念的提出，最早可以追溯到2012年11月的易观第五届移动互联网博览会，易观国际董事长于扬首次提出了"互联网+"的理念。他认为，"在未来，'互联网+'公式应该是我们所在的行业的产品和服务，在与我们未来看到的多屏全网跨平台用户场景结合之后产生的这样一种化学公式。我们可以按照这样一个思路找到若干这样的想法，而怎么找到你所在行业的'互联网+'，则是企业需要思考的问题。"

2014年11月，李克强出席首届世界互联网大会时指出，互联网是大众创业、万众创新的新工具。其中，"大众创业、万众创新"正是新时期我国经济发展的重要主题，被称作中国经济提质增效升级的"新引擎"，可见其重要作用。

2015年3月5日，中华人民共和国第十二届全国人民代表大会第三次会议上，李克强总理在政府工作报告中首次提出"互联网+"行动计划。李克强在政府工作报告中提出，制定"互联网+"行动计划，推动移动互联网、云计算、大数据、物联网等与现代制造业结合，促进电子商务、工业互联网和互联网金融健康发展，引导互联网企业拓展国际市场。

2015年7月4日，经李克强总理签批，国务院印发《关于积极推进"互联网+"行动的指导意见》，这是推动互联网由消费领域向生产领域拓展，加速提升产业发展水平，增强各行业创新能力，构筑经济社会发展新优势和新动能的重要举措。

9.1.2 "互联网+"的内涵

"互联网+"被认为是创新2.0下的互联网发展新形态、新业态，是知识社会创新2.0推动下的经济社会发展新形态演进。通俗来说，"互联网+"就是"互联网+各个传统行业"，但这并不是简单的两者相加，而是利用信息通信技术及互联网平台，让互联网与传统行业进行深度融合，创造新的发展生态。"互联网+"有如下六大特征。

1. 跨界融合

"+"就是跨界，就是变革，就是开放，就是重塑融合。敢于跨界了，创新的基础就更坚实；融合协同了，群体智能才会实现，从研发到产业化的路径才会更垂直。融合本身也指代身份的融合、客户消费转化为投资、伙伴参与创新等，不一而足。

2. 创新驱动

中国粗放的资源驱动型增长方式早就难以为继，必须转变到创新驱动发展这条正确的道路上来。这正是互联网的特质，用所谓的互联网思维来求变、自我革命，也更能发挥创新的力量。

3. 重塑结构

信息革命、全球化、互联网业已打破了原有的社会结构、经济结构、地缘结构、文化结构。权力、议事规则、话语权在不断发生变化。

4. 尊重人性

人性的光辉是推动科技进步、经济增长、社会进步、文化繁荣的最根本的力量，互联网的力量之强大最根本的也来源于对人性的最大限度的尊重、对人身体验的敬畏、对人的创造性发挥的重视。

5. 开放生态

关于"互联网+"，生态是非常重要的特征，而生态的本身就是开放的。我们推进"互联网+"，其中一个重要的方向就是要把过去制约创新的环节化解掉，把孤岛式创新连接起来，研发由人性决定的市场驱动，让创业并努力者有机会实现价值。

6. 连接一切

连接是有层次的，可连接性是有差异的，连接的价值是相差很大的，但是连接一切是"互联网+"的目标。

9.1.3 "互联网+"的价值

1. "互联网+"的价值创造

价值创造是企业生存发展的根本。在工业化时代，企业以大规模生产、大规模销售和大规模传播为特征，通过规模化生产、提供标准化产品，获取行业平均利润，各企业按其所处的研发与设计、生产与制造、营销与服务的产业分工位置分享价值。当前，这一存续已久的价值创造和分配模式正在发生变革，借助互联网平台，企业、客户及利益相关方全流程参与到价值创造、价值传递及价值实现诸环节，正在形成新的价值创造和分享模式。

1) 工业化时代的微笑曲线

微笑曲线，是将一条产业链分为三个区间，即研发与设计、生产与制造、营销与服务，如图9-1所示。其中，生产制造环节总是处在产业链上的低利润环节。于是，但凡可能，生产制造环节的厂商总是梦想有朝一日能够走向附加值更高的研发设计和品牌营销两端。

在国际产业分工体系中，发达国家的企业往往占据着研发设计和品牌营销的产业链高端位置，发展中国家的厂商则被挤压在低利润区的制造环节。向微笑曲线两端延伸，在国际产业分工体系中走向产业链高端位置，已成为发展中国家的制造厂商们不熄的梦想。

如今，伴随社会生活的日益多元化，消费意识也更加个性化。无论是研发与设计、生产与制造，还是营销与服务都必须以满足消费者需求作为出发点和归宿点，消费者体验式的参与彻底颠覆了传统生产的垂直分工体系，微笑曲线的理论基础将不复存在。

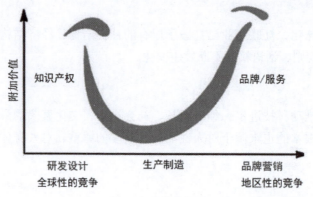

图9-1 微笑曲线图

2) 互联网时代的全程协同

现代管理学之父彼得·德鲁克说:"当今企业之间的竞争,不是产品之间的竞争,而是商业模式之间的竞争。"

何为商业模式?简而言之就是一种将产品或服务实现商业化的过程,这个过程包含价值创造、价值传递和价值实现等环节。由于互联网的介入,商业价值的创造和分享模式将重新解构。

微笑曲线分工模式下,企业通过规模化生产、流程化管理,提供低成本的标准化产品,获取竞争优势,企业的规模和实力发挥着决定性作用。而"全程协同"模式下,企业、客户及各利益方可以互助式参与到价值创造、价值传递、价值实现等环节,客户得到个性化产品、定制化服务,企业获取了超额利润。构建平台型商业生态系统的能力将成为企业的核心竞争力。从微笑曲线到全程协同,如图9-2所示。

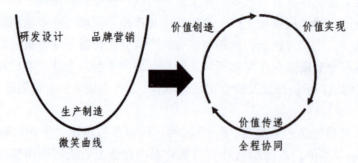

图9-2 从微笑曲线到全程协同

在互联网的冲击下,价值创造、价值实现等环节发生了如下一些变化。

(1) 价值创造。当前互联网加速向"智能制造"领域渗透,工业化和信息化深度融合的进程加快。通过生产设备网络化和生产系统智能化水平的提升,构建基于真实客户需求(没有中间渠道)的生产组织体系,将大规模制造的高效率和手工作坊的个性化有机融合,推动生产流程的重新设计,是组织模式的重新解构。

(2) 价值实现。社交网络使客户关系从"一次交易"变为"多次互动"。在此背景下,企业需要在更高层次上与顾客之间建立新型的主动性关系,通过有效、高频互动,实时掌握需求变化、快速实现产品"迭代",实现客户全方位、多角度、体验式参与,以最大限度实现潜在商业价值。

互联网的跨界融合正加速"微笑曲线"走向"全程协同"的进程。未来的企业，无论大小、无论行业，都必须是一家"互联网企业"。否则，它将无法生存！

2. "互联网+"的价值传递

1978年，《美国行为科学家》杂志中最早出现了"共享经济"一词。2008年金融危机之后，在对旧经济体系绝望的氛围中，airbnb和Uber等共享经济企业相继诞生。随后，共享经济行为迅速地从企业到个人，蔓延到以美国和中国为代表的经济体。资源盈余和省钱需求是共享经济肇始的两极动力，将丰饶经济推向共享经济。人、财、物在其中皆获得了极大解放和自由的机会，它们纷纷尝试从依附、从属、捆绑等关系中脱离、释放和拆分，并从中获得利益转化。共享经济势必给个人、财产、企业乃至社会带来革命性的改变。

共享经济是利用拆分物权来获取利益转化的新经济。社会发展到今天，对于消费者不是给予商品的所有权利就是最有利的，这甚至不是他们所希望的。通过对物权的精致细分、临时转移、强化流通及再度分配，实现了流通价值与利益转化，带来了人、财、物的深度解放和自由。人的时间、知识和人脉可以共享，于是出现了知识创意共享的理发师上门服务的优剪；财务的托管权可以让渡，获取收益权，于是出现了余额宝；物的使用权可以分时租赁，这就有了共享闲置房源的民宿预订网站木鸟短租等。

借助移动互联网，社会的闲置资源得到了极大的调动和释放，少量多余生产力得以普遍分享，供应量的骤增带来了产品和服务的价廉。加上消费者不必购买所有权，仅需购买临时使用权，如此共享经济给用户带来了实惠。从整个社会的角度而言，也具有实惠的意义，共同使用而非绝对占有，物质资源得到了充分利用，即物尽其用。例如，一辆每天只用2小时却占用22小时停车位的私家车，被多用了10个小时还获得了收益，每天只乘1至2人的5座车有了顺风车乘客，这也使路上跑的车子少了一点，道路阻塞缓解一点。

伴随着移动互联网而生的"T一代"已悄然改变了消费模式，用户们会进行社会化媒体沟通，消费之后则会主动分享与传播。于是，朋友的体验和熟人的推荐，而非传统的广告轰炸，更能减少搜索成本、规避交易风险。

从互联网发展到移动互联网，再发展到物联网、大数据、云计算，从与信息的连接，到与人的连接，再到与物、与场的连接，基于这些持续的消除信息不对称的因素，共享经济得以有条件建立陌生人之间的信任。如何消除用户对拼车服务的安全顾虑、如何解决私厨服务领域里用户对食品安全的担心？信用体系不仅关涉事前的口碑调查，例如给予和接受共享的用户在平台上查看评价的权利，使他们通过评论事先掌握(连接得越多越全面)服务情况；还包括事中的支付安全、事后的保险支持，以及基于保护用户隐私和人身安全的加密技术等。支付、评价、客服，乃至口碑和品牌，都有助于消除陌生人之间的不信任，这是共享经济发展的基础。

今天的共享经济是互联网时代中价值传递的一种体现。实际上，这种共享价值已然被不少知名的跨国公司所采纳，如雀巢、陶氏化学、玛氏、谷歌和英特尔等，这些企业开始推行重要举措来创造共享价值。价值传递，一方面体现在共享经济与传统品牌和谐共生，令传统产业升级、老品牌重塑，另一方面体现在共享平台增加了真实的价值，秉承和贯彻正向、开放和公允的价值主张，如此才能赋予自身差异化的价值。

共享平台能够重塑供应商和用户的关系，创造一种利益转化的合作关系。它扎扎实实地研发平台技术使用的顺畅度、平台商业环节设置的合理性、平台为商户和用户提供服务的便利性等。在整个运营流程的把控上，从事前把关、事中介入(处理问题与争议)、全程全范围的监控与分析、事后的评价和处理机制等各个环节上，商户和用户都应切实地感觉到基于安全的可靠性(及时响应、及时解决)。处理纠纷时体现了公允原则，不推卸、不粗糙、不高冷，视用户为积极的合作伙伴而非仅仅是消费者，方可体现共享平台的价值所在。

共享价值并不是分享企业已创造出来的价值，而是扩大经济与社会总价值。处理社会公害会让企业付出额外内部成本是一种陈旧的、静态的思维，秉承"共享价值"的企业，从产品设计、生产、销售、交付到企业财务指标乃至管理层评估等方面，从一开始到整个价值链，都利用创新的技术、开放的运营和去层级的管理方式，来减少社会公害，进行产业升级，扩充整体市场。深谙"共享价值"的企业了解企业竞争力与其所在社区的健康息息相关。唯有健康的社区能创造消费环境，还能提供关键的公共资产，以及有利的经营环境。

互联网时代已经来临，企业战略将从封闭走向开放，从垄断走向共赢，从层级组织走向网状组织，从角色固化走向灵活弹性，从单一的财务指标走向综合全面的评估标准，从对投资人负责向对外部利益相关者负责。企业唯有了解价值链的影响，把握满足社会基本需求的机会，才会更加具有竞争力。

9.1.4 "互联网+"的模式

1. "互联网+"的思维模式

> **案例分享** | 网络中的音乐、视频总有人看
>
> 《连线》杂志的前总编辑克里斯·安德森，在一次拜访E-cast公司的总裁万恩时，探听到了数字点唱机的秘密：收录在点唱机中的一万张专辑里，每季度至少被点唱一次的占98%。此后，安德森研究了亚马逊、iTunes等新兴数字娱乐企业，发现大热门产品很受追捧，但无数利基市场正崛起成为一个广阔的新市场。苹果的iTunes店里100万首歌曲每一首都至少被卖过一次。Netflix的25 000部DVD中有95%的能够在每个季度租出去一次。在亚马逊网站，排在前10万名的书中，有98%的在每个季度卖出去一本。
>
> 过去人们只能关注重要的人或重要的事，如果用正态分布曲线来描绘这些人或事，人们只能关注曲线的"头部"，而将处于曲线"尾部"、需要更多的精力和成本才能关注到的大多数人或事忽略。
>
> 由于成本和效率的因素，当商品储存、流通、展示的场地和渠道足够宽广，商品生产成本急剧下降以至于个人都可以进行生产，并且商品的销售成本急剧降低时，几乎任何以前看似需求极低的产品，只要有售，都会有人购买。这些需求和销量不高的产品所占据的共同市场份额，可以和主流产品的市场份额相比，甚至更大。
>
> 长尾理论，是指只要产品的存储和流通的渠道足够大，需求不旺或销量不佳的产品所共同占据的市场份额可以和那些少数热销产品所占据的市场份额相匹敌甚至更大，即众多

小市场汇聚成可产生与主流相匹敌的市场能量。也就是说，企业的销售量不在于传统需求曲线上那个代表"畅销商品"的头部，而是那条代表"冷门商品"经常为人遗忘的长尾。

互联网时代的到来，长尾所涉及的冷门产品涵盖了几乎更多人的需求，当有了需求后，会有更多的人意识到这种需求，从而使冷门不再冷门。网络为长尾带来的影响如下。

(1) 互联网为新媒体传播提供了无限的空间市场，任何曾经创造的内容原则上都将在这里"永生"。传统媒体在传播过程中，从经济上考虑，销售商不可能去经营太多的处于长尾的小众商品。互联网平台为这些长尾小众商品提供了销售市场。所有非主流的市场累加起来就会形成一个比主流市场还大的市场，这些少量的需求会在需求曲线上面形成一条长长的"尾巴"，实现小众的极大数量。在长长的"尾巴"上，曾被大众流行挤压和忽略的"个性化"将被凸现出来。

(2) 从制作和传播上来说，传统媒体的制作和传播成本是相对高昂的。在互联网上，网民可以不花分文上传网页或撰写博客，还可以免费在网络上传播自己的内容。低成本的制作和传播将会使从事长尾小众商品生产和传播的人获得更好的利益回报，从而繁荣长尾小众商品的供应市场。

(3) 传统媒体是一种内容打包的服务，一方面众口难调，所以要用各种文章的集合最大化地满足最多的读者，另一方面，内容的传播速度较慢，修改和更新也不方便，读者很难实时地获得某些信息。而互联网时代，读者可以随时用关键词搜索、看到想看的文章，甚至可以实时获得某些重要信息，而这些文章和信息就可能来自处于长尾的小众商品。利用RSS技术，人们还可以在互联网上打造一份自己的个性化刊物。于是，互联网就可能用每一篇文章来满足每一位读者的需求。

2. "互联网+"的技术模式

1) 延续性技术

大多数新技术都会推动产品性能的改善，这些技术被称为"延续性技术"。所有的延续性技术所具有的共同点为：它们都是根据市场的主流客户一直以来所看重的性能层面，来提高成熟产品的性能。特定行业的大多数技术进步从本质上说都具有某种延续性。

延续性技术有两个特征：第一，延续性地改善原有产品的性能，客户需要什么样的产品就做什么样的产品，而且越做越好；第二，技术进步的速度会超过市场的需求。

延续性技术进步能量巨大，事实上，许多企业为了保持领先地位，会努力开发具有更强竞争力的产品，但是这些企业没有意识到，随着他们竞相参与更高性能、更高利润市场的竞争，其追逐高端市场，提高产品性能的速度已经超出了客户的实际需求，并且最终失去了意义。

2) 破坏性技术

破坏性技术最初一般只能应用于远离主流市场的小型市场，但是破坏性技术之所以具有破坏性，是因为它们日后将逐渐进入主流市场，而且其性能将足以与主流市场的成熟产品一争高下。

破坏性技术具有两个方面的特征：第一，降低原有性能指标，进入新的性能改善曲线；第二，通常更方便，更简单，更便宜。

破坏性技术通常不在原有的主要竞争对手重要的产品性能上进行竞争，即原来的对手什么方面强，我弱一点没关系，但是我进入一个新的性能改善曲线，而这个新的性能改善曲线通常就是更便宜、更方便、更简单，或者更小、更可控。对于高端用户，延续性技术带来的进步为其服务，但世界上并不是只有高端用户，还存在着低端用户，当领先的技术满足高端用户的时候，对于大部分低端用户来讲，就是性能过剩，他们买不起或者不会用，这时候，如果破坏性技术的产品出现，将会打开一个巨大的低端市场。

延续性技术的目的在于保持既定的市场规则和模式，强化现有的市场格局和公司地位，它主要为行业及细分市场的主导者或既得利益者所采用。而破坏性创新的目的则在于打破既定的规则和模式，试图推翻现有的势力平衡，改变竞争格局，以争取公司更有利的市场位置，甚至取代原来的领导者的宝座。因此，破坏性创新往往被那些有着远大抱负的后来者或者意欲强行侵入该行业的外来者所采纳。

从创新的性质来看，延续性创新往往着眼于现有的业务模式，更强调对现有产品、服务、技术及管理方式的改进，属于改良的范畴。而破坏性技术，一开始就是要彻底打破现有的模式，要么用更优秀的产品和服务来满足消费者的需求，要么干脆通过挖掘提升消费者的需求，来改变消费者的需求方式，从而从根本上否定原有的行业价值模式，破坏性创新带有革命的性质，它往往会对原有的市场模式，甚至整个行业构成致命的威胁，甚至可能导致一个旧的行业消失和一个新的行业诞生。

9.2 "互联网+"与传统行业的联合

9.2.1 互联网+工业

"互联网+工业"即传统制造业企业采用移动互联网、云计算、大数据、物联网等信息通信技术，改造原有产品及研发生产方式，与"工业互联网""工业4.0"的内涵一致。

案例分享 | 1001号云制造平台——"互联网+"在工业应用领域的案例

2016年9月，工业和信息化部信息中心、中国互联网协会工业应用委员会、中国互联网协会"互联网+"研究咨询中心联合发布了"2016年中国'互联网+'在工业应用领域十大新锐案例"，来自南京壹千零壹号自动化科技公司的"1001号云制造平台"项目从全国100多个项目中脱颖而出，位居首位。

评选委员会对"1001号云制造平台"模式是这样总结的：以3D打印技术为基础，整合加工、模具、注塑等生产链条，通过连接手机等智能终端到生产设备的云制造平台……推动传统企业加快实现智能制造和柔性生产，为企业节约50%的研发费用，缩短研发时间一倍以上。

通俗来说，"1001号云制造平台"是一个个性化定制平台。它一头连着用户，用户登录该平台首先上传图纸，下一步可自由选择用3D打印机还是激光切割机等设备生产，然后可选择材质，用金属材质还是塑料材质，最后选择生产工艺，点击提交订单约两天后，系统会反馈工程报价；另一头连着智慧工厂，工厂拥有全国最大的工业级3D打印机集群，厂房内40台一人高的超大尺寸3D打印机连着数据线、传感器，它们产生的数据即时传输到中央数据中心，通过电脑或手机，用户可轻松掌控工厂的生产情况，每一台打印机的生产任务都可以不一样，偌大的车间只需两个管理人员。

"云制造平台不仅连接我们自己的智慧工厂，其他制造企业进行智能化改造后，这些企业的机床、模具等设备也可以接入平台。前端，来自全国的订单需求往云制造平台集聚，系统会根据大数据分析，自动为订单匹配最合适的工厂、设备。"李获鼎介绍，"未来，用户只要有想法，压根不需要买地、买设备，输入图纸就可以将创意变成产品。我们打造的是工业领域'共享经济'的新模式，将为资金短缺、技术相对落后的中小企业、创客带来成功的契机。"

(1) 移动互联网+工业。借助移动互联网技术，传统制造厂商可以在汽车、家电、配饰等工业产品上增加网络软硬件模块，实现用户远程操控、数据自动采集分析等功能，极大地改善了工业产品的使用体验。

(2) 云计算+工业。基于云计算技术，一些互联网企业打造了统一的智能产品软件服务平台，为不同厂商生产的智能硬件设备提供统一的软件服务和技术支持，优化用户的使用体验，并实现各产品的互联互通，产生协同价值。

(3) 物联网+工业。运用物联网技术，工业企业可以将机器等生产设施接入互联网，构建网络化物理设备系统(CPS)，进而使各生产设备能够自动交换信息、触发动作和实施控制。物联网技术有助于加快生产制造实时数据信息的感知、传送和分析，加快生产资源的优化配置。

(4) 网络众包+工业。在互联网的帮助下，企业通过自建或借助现有的"众包"平台，可以发布研发创意需求，广泛收集客户和外部人员的想法与智慧，大大扩展了创意来源。工业和信息化部信息中心搭建了"创客中国"创新创业服务平台，链接创客的创新能力与工业企业的创新需求，为企业开展网络众包提供了可靠的第三方平台。

9.2.2 互联网+金融

"互联网+金融"从组织形式上看，这种结合至少有三种方式：第一种是互联网公司做金融；第二种是金融机构的互联网化；第三种是互联网公司和金融机构合作。

案例分享 | 值得借鉴的"互联网+金融"案例

Mint

Mint是一个"老牌"的个人理财网站，于2007年9月上线，2010年10月被著名的会计软件公司Intuit收购。Mint拥有多项创新性功能：首先它可以通过授权把用户的多个账户信息(如支票、储蓄、投资和退休金等)全部与Mint的账户连接起来，自动更新用户的财务信息；其次，它能够自动把各种收支信息划归不同的类别(如餐饮、娱乐、购物等)。这两项功能结合起来，用户相当于拥有了个人财务中心，可对自己的财务状况与日常收支一目了然。更重要的是，Mint可利用数据统计功能，帮助用户分析各项开支的比重、制订个性化的省钱方案和理财计划。

如此贴心的功能外加简便、易用的操作和免费策略(其收入主要来自向用户推荐"帮你省钱"的金融产品佣金)，使得Mint网站备受青睐，它在成立后的两年内获得三轮融资，并最终以1.7亿美元的价格被Intuit收购。目前，它是美国最负盛名的个人理财网站之一，注册用户超过1千万人。

SigFig

于2012年5月1日正式上线的SigFig，专注于用户的投资行为，它可以自动同步用户分散在各个投资账号上的数据，在网站上予以集中展示。通过对这些投资数据进行分析，SigFig每周都会自动诊断用户的投资组合，给出个性化的建议，帮助用户节省成本、提高收益。例如，定位收益不佳的投资，发现并削减隐藏的经纪费用，检测理财顾问是否多收了你的费用，推荐收益更高的股票/基金等。另外，SigFig还提供简洁、易读的图表，帮助用户评估风险及比较收益。

SigFig网站所做的，就是一般投资顾问要做的事情，但是它完全依靠算法，而且对个人用户完全免费。它的收入主要源于授权财经媒体使用其投资工具，以及推荐券商或投资顾问的推介费。2013年7月初，SigFig获得1 500万美元的B轮融资，其平台上的用户资产达750亿美元。

PersonalCapital

PersonalCapital网站的口号是"你的下一代财务顾问"。该平台更倾向于个人财富管理，利用分析工具确保用户的长期财务健康。它的业务包括两部分：一部分是网站形式的投资分析工具；另一部分是专职财务管理顾问(通过电话和E-mail进行服务)。前者免费，后者则只收取低廉的年费。

2013年6月初，PersonalCapital获得2 500万美元的C轮融资。当时，它的平台拥有20多万用户，跟踪的资金超过200亿美元；其专职财务管理顾问则拥有700多位客户，管理着近2亿美元。

Wealthfront

Wealthfront直接瞄准"高富帅"——硅谷的科技员工，致力于提供投资组合管理服务来最大化客户的税后净收益。在注册账号之前，Wealthfront会以调查问卷的形式了解用户的风险偏好，然后根据评估结果为用户量身定制投资计划。如果用户接受该计划，平台则随时监控该投资组合的动态，并定期对计划进行更新，以便合理控制风险，使之始终落在用户的容忍范围内。Wealthfront的投资建议同样由计算机算法给出。为了贴合硅谷的需要，它们还提供了相应的工具帮助硅谷员工确定如何操作股票期权，因而受到硅谷人士的青睐。

Wealthfront根据用户的投资额收费，低于1万美元的投资不收取任何费用，超过这个额度则每年收取0.25%的服务费。

Motifinvesting

Motifinvesting同样是个投资组合服务提供商，它的投资组合被称为Motif。一个Motif包含一组具有相似主题或理念的多只证券(包括股票、证券等,最多达30只)。例如,云计算、移动互联网、3D打印。用户可以根据自己的投资理念,从平台上选择已有的Motif直接使用,也可修改(包括调整其中包含的股票/基金组成和比重)后使用,还可以创建自己的全新Motif。该平台的新颖之处在于:提供了强大的自助式投资组合设计工具,用户可方便直观地修改、创建、评估Motif,只需要几分钟便可拥有个性化的投资组合;引入社交机制,用户可以把自己的Motif分享给好友或者选定的圈子,大家共同进行讨论和优化。

Motifinvesting的实质是应用先进的技术手段和社交机制,帮助每个用户成为自己的基金经理。其收费策略也非常独特,无论用户在某个Motif上的总体投资额是多少(不能低于250美元),也无论该Motif由平台提供还是用户定制,用户每按照该Motif购买或出售一次股票/基金组合,平台都会收取9.95美元。如果只是交易其中的一只证券,则每次收取4.95美元。

以上5个"互联网+金融"平台具有若干共同特征:①以互联网为主要服务渠道;②以自动、智能的算法为用户提供服务,显著降低了服务成本;③注重个性化和定制化,面向长尾市场;④理财方案清晰、透明,用户享有完全的知情权和选择权;⑤操作简单,用户无须了解过多的金融知识便可独立进行理财;⑥资金门槛低,普遍门槛在数百美元左右,与动辄十万、百万量级资产要求的传统理财咨询业大相径庭;⑦大多拥有移动应用,用户可充分利用碎片化的时间与碎片化的资金进行理财;⑧费用透明、低廉。这些特征源于互联网技术与理念在理财规划/咨询事务上的深入应用,

体现出鲜明的互联网精神(普惠、平等和选择自由),而不仅仅是理财规划/咨询行业的网上渠道拓展。因而它们既是对传统理财规划/咨询行业的革新与反动,亦可将市场扩展至传统理财规划/咨询行业无法覆盖的人群。

9.2.3 互联网+商贸

在零售、电子商务等领域,过去这些年都可以看到大面积地与互联网的结合,改变着当前的商业结构。

传统大型商贸服务企业利用品牌信誉、采购分销和运营管理等优势,开展"线上市场"与"线下市场"良性互动的网络零售业务。百货商场、连锁超市、便利店等传统零售企业,依托原有实体网点、货源、配送等商业资源,发展全渠道、O2O、定制化营销模式,实现线上线下融合发展和应用协同。集电子商务、电话订购和城市配送为一体的同城购物,"网订店取""网订店送"等新型配送模式,推进传统零售业与网络零售业融合发展。

案例分享 | 打造线上特色产业集群——"童装名镇"织里

2012年10月9日,阿里巴巴与浙江湖州的"童装名镇"织里镇达成合作意向,双方共同打造"中国童装产业示范基地"。

阿里巴巴联合当地政府、市场方、运营商、服务商、产业基地和专业市场等,通过线上线下结合的模式,协助当地政府搭建本地特色化的电子商务平台,量身定制个性化站

点，突显当地产业特色和优势，策划举办针对签约产业带的营销专场活动，全方位扶持当地产业电子商务的发展，帮助当地企业创造更好的电子商务环境和条件。

到2013年，阿里巴巴交易数据显示，织里镇在阿里巴巴网站注册的卖家达到了1 037家，其中会员卖家有902家，而85%的注册卖家从事童装生意。在销售旺季日均交易总额超过200万元，全年交易总额在3.5亿元左右，电商化已成为服务织里童装产业转型升级的重要途径之一。

织里产业带上线短短2个月，核心供应商的数量就翻了一番，在线交易额实现了302%的增长。目前，已有2 700家企业入驻产业带，在童装类目上，织里童装销售额达每日470万元，超过广东省在阿里巴巴上的童装交易额。2013年，以童装为主的浙江织里产业带销售额超过20亿元。

项目合作的同时推动线下电子商务示范基地的建立，全面推动当地企业应用和普及电子商务，优化本地企业电子商务交易服务环境，推动特色产业和名牌产品的线上交易，带动电子商务整个核心产业集群的发展。

9.2.4 互联网+智慧城市

智慧城市作为推动城镇化发展、解决超大城市病及城市群合理建设的新型城市形态，"互联网+"正是解决资源分配不合理，重新构造城市机构、推动公共服务均等化等问题的利器。譬如在推动教育、医疗等公共服务均等化方面，基于互联网思维，搭建开放、互动、参与、融合的公共新型服务平台，通过互联网与教育、医疗、交通等领域的融合，推动传统行业的升级与转型，从而实现资源的统一协调与共享。从另外一个角度来说，智慧城市正为互联网与行业产业的融合发展提供了应用土壤，一方面推动了传统行业升级转型，在遭遇资源瓶颈的形势下，为传统产业行业通过互联网思维及技术突破推进产业转型、优化产业结构提供了新的空间；另一方面能够进一步推动移动互联网、云计算、大数据、物联网新一代信息技术为核心的信息产业发展，为以互联网为代表的新一代信息技术与产业的结合及发展带来了机遇和挑战，并催生了跨领域、融合性的新兴产业形态。

同时，智慧城市的建设注重以人为本、市民参与、社会协同的开放创新空间的塑造，以及公共价值与独特价值的创造。"互联网+"是融入智慧城市基因的，是创新2.0时代智慧城市的基本特征。

案例分享 | 智慧首尔

韩国的首尔市启动了"开放广场"项目，向市民和相关机构发布政务信息。目前已发布800余个数据集，涉及儿童照管服务、公共交通路线、公交车到站时间、停车位情况、各地区天气状况、受到推荐的餐馆等信息，而且均附带地图和互联网链接、图片或统计数字。城市管理部门鼓励利用这些公开的免费信息开发智慧城市应用，以提高公共服务效率和品质。首尔还建立了政策建议在线提交系统(OASIS)，市民可通过该系统与城市管理人员直接进行政策和建议讨论。

9.2.5 互联网+通信

在通信领域,"互联网+通信"最突出的代表就是即时通信,几乎人人都在用即时通信App进行语音、文字甚至视频交流。然而传统运营商在面对微信这类即时通信App诞生时简直如临大敌,因为语音和短信收入大幅下滑。但随着互联网的发展,来自数据流量业务的收入已经大大超过语音收入的下滑,可以看出,互联网的出现并没有彻底颠覆通信行业,反而是促进了运营商进行相关业务的变革升级。

案例分享 | 融合通信,开启多功能应用"一键通"潮流

融合通信,指的是把计算机技术与传统通信技术融合为一体的通信模式。传统电信领域的融合,其服务的对象多为商务。而在移动互联网时代,融合更多发生在App功能和综合性服务上,目标群体是大众。

互联网的渗透,决定了融合通信遍地开花的大形势。一方面,互联网覆盖的人群越来越多,年龄较大的群体对新事物接受较慢,需要一个更新换代慢的平台来维持;另一方面,手机作为日常通信工具,接受度较高,新的App只有接近于手机原有软件才容易被接受。

业内人士认为,好用的App,最理想的状态是文字、声音、图像三种形态能同时启用,并且代价不高。

"视频、语音、文字信息等各种业务都集在一个平台上,就相当于一个万能数据库,这些数据之间存在着一定的联系。而App的作用就是通过一种手段来提取符合指令的信息,并将这些信息整合在某一个接受度较高的软件上。"电信网络维护员朱德良解释道,互联网形势下通信融合的趋势是:越来越多的功能一键化。以微信为例,它的升级方向是整合短信、通话、视频、购物为一体。

第七次信息革命是智能互联网,5G是第七次信息革命的基础。5G将通过打造跨行业的融合生态,赋能各行各业,提升全社会数字化水平,成为智慧社会的重要基础设施,实现"5G改变社会"的愿景。

9.2.6 互联网+交通

"互联网+交通"已经在交通运输领域产生了"化学效应",比方说,大家经常使用的打车软件、网上购买火车和飞机票、出行导航系统等。

移动互联网催生了一批打车拼车专车软件,虽然它们在全世界不同的地方仍存在不同的争议,但它们通过把移动互联网和传统的交通出行相结合,改善了人们出行的方式,增加了车辆的使用率,推动了互联网共享经济的发展,提高了效率、减少了排放,对环境保护也做出了贡献。

案例分享 | "互联网+交通"助力智慧城市建设

2016年9月,高德地图发布了《2016年中国互联网+交通城市指数研究报告》,这是我国首份"互联网+交通"指数研究报告,旨在综合评价我国主要城市的"互联网+交通"建设水平。

报告显示，2016年以智慧城市为代表的"互联网+交通"项目在国内快速铺开，尤其在一线及二线省会城市发展迅猛，从而带动了二三线城市的全面快速发展，预计未来几年，"互联网+交通"的落地发展速度和规模都将会爆发式增长。

高德集团总裁俞永福认为，这说明在我国智慧城市的建设浪潮中，"互联网+交通"占据了排头兵的位置。但与此同时，他也表示即使在"互联网+交通"领域，同样面临"局域网+"的问题。而"局域网+"形成的数据孤岛，让今天的智慧城市服务就像一个人的肢体，有神经但缺乏中枢，其本质问题是底层大数据没有打通。他认为，"人人为我，我为人人"的交通大数据生态系统发展到极致，就将形成未来交通的终极形态——城市交通大脑。届时所有道路、车辆、乘客信息都将接入交通大数据系统，采集、调度、管理等都由交通大脑指挥完成。如果未来城市交通大脑能够成为现实，则城市的出行效率和道路安全程度都将大大提高。

9.2.7 互联网+民生

在民生领域，人们可以在各级政府的公众账号享受服务，如某地交警可在60秒内完成罚款收取等，移动电子政务会成为推进国家治理体系的工具。

互联网+改善民生服务，让人们有病可医。只有全民健康，才能实现全面小康，虽然国家现在越来越重视偏远地区交通等基础设施建设，尤其是西部云南、贵州等地，但是每当遇到一些紧急情况，如山村中的老人突发疾病，可争取时间却远远不够。如果将互联网+医疗为救治构建起桥梁，就能在人们突发疾病时通过移动设备接受专业性高的大医院医生的指导，把握黄金时间，挽救生命，真正实现互联网为人民的健康保驾护航。

互联网+改善民生服务，让人们劳有所得。第三产业发展才能让居民创收。"互联网+"让农村全面发展，建设现代农业、繁荣农村经济，关键是要培育一批具有互联网思维、懂得现代信息技术、能够触网营销的新农民，以提升新型职业农民的信息化素养和层次，"互联网+"从根本上解决"谁来种地""怎样种地"的问题，让新型农民掌握渠道和知识，更好地完成致富，改变生活现状，为无土地和失业农民创造机会。

> **案例分享** | "60秒"背后的民生温度

在过去，用秒来度量寻人信息的传递恐怕很难想象的。今天，信息技术让寻人拥有了更多途径和更高效率。茫茫人海中寻找走失的亲人，需要多长时间？60秒，这是今天网络技术给出的答案。

2017年3月27日下午，北京一位15岁女孩走失，网络平台以走失地为圆心，将寻人启事智能推送周边5公里范围的用户，整个寻找过程不到60秒。

"科技可以传递善意、汇聚善意、激发善意，让所有人帮助所有人。"大规模的用户基础决定了网络平台可以追求更大规模的公益。头条寻人正联合23家移动平台发起"亲情守护计划"，帮助更多走失者更快回家。

网络空间是虚拟的，公益却是实实在在的。从网络寻人、网络救助到爱心包裹、运动捐步、远程教育……今天，信息技术深度融入脱贫、环保、医疗救助等诸多领域。技术发展也激发出社会更多善意,"指尖公益"蔚然成风。

以募捐为例,有数据显示,2018年,20家互联网募捐信息平台共为全国1 400余家公募慈善组织发布募捐信息2.1万条,募集善款总额超过31.7亿元。

专家认为,信息技术有助于推进人人公益,为解决社会问题,促进社会公平正义,促进城乡均衡发展提供了全新方案。

9.2.8 互联网+旅游

相关数据显示,"互联网+旅游"孕育一个新的庞大旅游市场。这个新型市场由网民+购买力+购买欲望组成。根据互联网发展状况统计报告显示,截至2020年,我国手机网民规模达8.97亿,网民使用手机上网的比例达99.3%。其中,20~39岁年龄层占42.3%,这意味着"80后"和"90后"的需求将成为有待挖掘的巨大市场,"互联网+亲子旅游"市场成为未来竞争的高地。网民日益年轻化及互联网向年长者渗透,预示着旅游新业态、高端旅游都会展现广阔的发展空间。"互联网+旅游"改变人们的旅游决策,同时影响旅游产品结构与业态。以往人们的旅游决策依赖于个人来源、商业来源、公共来源及经验来源,比如人们更加相信自己的经验与体验,以及亲朋好友的口碑。"互联网+旅游"情境下,除了传统旅游方式,人们有了更多选择。旅游方式向自助游与自由行转化,要求旅游企业提供更多吃、住、行、游、购、娱的组合,利用自己的专业特长提供更好的服务。

案例分享 "一部手机游云南"——打造"互联网+旅游"实践标杆

2021年春节,云南的"新"景区——高速公路服务区火了一把。"曾经,云南大部分旅行社销售渠道单一,主要以地接和批发产品为生,中间环节成本很高。通过'一部手机游云南'旅游交易平台,旅行社直接与市场对接,效率高了、成本降了,旅游企业能花更多心思在新产品的研发上。"游侠客旅行社有限公司首席执行官曾豪说。"一部手机游云南"平台上线两年多,通过全方位推广、企业用心落地、游客口耳相传,与各方携手,云南旅游"金字招牌"形成层层放大的"滚雪球"效应。

2020年以来,"一部手机游云南"由原来的OTA在线旅游自营模式升级为线上旅行OTP店铺模式。最大的变化体现在旅游企业通过在"游云南"开店的方式,直接向游客提供旅游咨询、产品预订服务。相应匹配的"双0"结算模式对旅游企业来说,更加激励他们成为旅游升级转型的主力军。该模式下,平台永久0佣金,实现当日交易、当日结算。原本只是半路停车休整、上卫生间的地方让游客们纷纷刷屏:别具一格的园林设计、专业刺激的卡丁车赛道、趣味十足的水果采摘园……

不仅硬件齐备,智慧软件也让在旅途中的人们感到舒适。

截至2021年3月,云南省昆(明)大(理)丽(江)、昆(明)磨(憨)两条高速公路及怒江美丽公路沿线共65个服务区上线"一部手机游云南"平台,车位、厕所、淋浴间、油价、通知、公告等服务尽在指尖。这一融合创新,成功在假日文旅消费体验中"出圈"。"一部手机游云南"上线以来,围绕"从能用到好用到爱用"的目标,以用户为导向,不断优化产品架构和功能。上线两年多来,根据游客满意度调研而"磨"出来的70个版本,累计下载量达2 300万次，用户数超过760万人；包括App、小程序、服务号在内的产品体系为公众提供服务近2亿次。

新冠肺炎疫情发生后，"一部手机游云南"凸显服务职能，在"游云南"App首页迅速上线公共服务板块，新增"实时服务""紧急寻人""疫情发布""辟谣查询""宅游云南"5个频道，实时发布疫情相关信息；慢直播开启"云旅游"服务，"大咖开小会"线上论坛等为行业提供学习交流。当"预约、错峰、限流"成为当下旅游的标配时，"一部手机游云南"一路小跑，相继上线景区分时预约、健康码、洗手台查询，不断让出行更快速、更简单、更人性化。紧接着，结合微信卡包，推出集健康码、景区预约、投诉退货为一体的"云南旅游服务保障卡"。

在快速迭代产品，优化服务体验的同时，"一部手机游云南"从功能体验、服务创新方面全面发力，不断探索达人带你游、快直播、云许愿等功能，创新"先游后付"、今夜酒店特价等服务。此外，"互联网+旅游"线下场景布局，为小沙坝服务区提供包括"怒江·山水之道"小程序、智慧酒店、智慧灯杆、智慧共享、智慧零售、智慧淋浴、智慧停车场等系列服务，怒江美丽公路小沙坝服务区一跃成为大滇西旅游环线上的智慧旅游新亮点。

随着"互联网+"加速与产业融合，数字经济已成为中国发展的新引擎。在新冠肺炎疫情防控期间，云旅游、无接触服务等数字文旅新业态不断涌现。此次疫情在给文旅行业带来不小冲击的同时，也加快了文旅行业转型的步伐。

9.2.9　互联网+医疗

"互联网+"正在强势进入医疗行业，传统医药企业也纷纷"触网"。2015年3月，国务院正式印发《全国医疗卫生服务体系规划纲要(2015—2020年)》，明确提出积极应用移动互联网、物联网、云计算、可穿戴设备等新技术，推动惠及全民的健康信息服务和智慧医疗服务，推动健康大数据的应用。在医生多点执业、互联网售药等多项政策利好的形势下，医药企业竞相发力互联网医疗。

案例分享 | 智能检测，个性医疗

智能体温计24小时监测体温，生成体温曲线图，实时发布体温"预警"，帮助父母更精准地掌握孩子的体温变化……这样的智能健康设备受到越来越多人的欢迎。2016年10月19日，阿里健康联合阿里智能，以及三诺、海尔医疗、掌上糖医、鱼跃、罗氏、拜安进、欧姆龙等近20家智能健康设备和服务厂商，在京启动"智能关爱计划"，借助智能健康设备，为消费者提供个性化的医疗健康服务。

孩子发烧了，把一个拇指大小的智能体温计贴在孩子腋下，体温计每5秒上传一次数据，通过手机，家长就能看到体温变化。如今，除了智能体温计、智能体脂秤，智能血糖仪、血压计等医疗健康设备也被大数据技术所渗透。

"除了监测数据，智能设备的背后还应该包括准确而个性化的医疗服务。"阿里健康相关负责人介绍，通过这些智能健康设备，消费者检测的健康数据会上传至阿里健康服务平台，并自动形成健康趋势报告。"可以把这份报告同步给自己的家人和医生，以便于他

们全面了解最新健康情况,给出更加有效的治疗方案和服务。"阿里健康后台的医疗服务商也将根据检测数据,提供专业的指导建议和咨询。

9.2.10 互联网+政务

2016年9月9日,国务院印发《关于加快推进"互联网+政务服务"工作的指导意见》;2017年1月12日,国务院办公厅印发《"互联网+政务服务"技术体系建设指南的通知》。相关政策表明,政府致力于推进"互联网+政务服务",实现部门间数据共享,让居民和企业少跑腿、好办事、不添堵。简除烦苛,禁察非法,使人民群众有更平等的机会和更大的创造空间。

案例分享 | 办税上云更高效

"到'网上'再到'掌上',现在办税真是方便多了。"河北省国家税务局实行的"云办税厅"创造性地实现"互联网+税务",受到了纳税人的高度评价。

河北省国税局在建设和应用"河北国税网上办税服务厅"网络办税平台、"掌上河北国税"移动办税终端,以及办税服务厅自助办税终端等方面的基础上,提出打造"云办税厅"的设想,通过依托互联网实现云端共享,对线上线下的各类纳税服务资源全面整合,建成统一的虚拟办税服务厅,承接纳税人的社会事宜办理和纳税服务需求。

2016年7月1日,河北国税"云办税厅"全面上线推行。"云办税厅"设置办税、服务和查询3个板块,实现7大类共130项已申请事项的在线受理、自助办理,涵盖了纳税人日常办理涉税事项的90%以上。"云办税厅"上线之后,越来越多的人选择在各自单位使用"云办税厅"办税。前往实体办税厅的纳税人,也多选择在自助办税终端快捷办理涉税事项。

推行"云办税厅"后,人工办税窗口数量由15个减为9个,日均叫号量由七八百人降至三百人左右,不仅办税压力减小了,还可将节省下来的人员安排到咨询岗和云办税体验区,辅导纳税人使用云办税系统,让更多的人体验互联网税务的便捷。

下一步,河北省国税局将以实现"智慧税务"为目标,逐步实现涉税业务在河北省全省范围内的通管通办,升级云识别、云存储、云发票、云预约和云投诉等功能,为税收征管提供云数据支撑,提升税收大数据的社会化应用价值。

9.2.11 互联网+农业

"互联网+农业"带动传统农业升级。目前,物联网、大数据、电子商务等互联网技术越来越多地应用在农业生产领域,并在一定程度上加速了转变农业生产方式、发展互联网+农业的步伐。

案例分享 | 常州市天宁区农业产业与"互联网+"跨界融合

常州市通过深度探索农业品牌化发展新模式,大力推动农业产业线上线下同步发展,打响以焦溪翠冠梨为代表的区域公共品牌,助力农业增效、果农增收,推进天宁乡村振兴产业发展。日前,"中国特产·天宁馆"在京东商城上线。

翠冠梨是天宁区主要特色农产品，其皮薄肉嫩、味甜汁多。经过多年的发展，其种植面积已近8 000亩。为推广产品、助农扶贫，银行、采购商、物流企业和焦溪本地农产品企业签订了"乡村振兴资金扶持""翠冠梨采购"在内的多项合作协议。

常州市天宁区区委书记宋建伟介绍："京东集团深耕电商行业多年，具有丰富的网络营销经验，通过发挥京东集团在电商、物流、大数据等方面的优势，推进农产品上行，提升地域特色产品的品牌影响力及对外流通，必将为我区'乡村振兴'事业注入更加强劲的动能。"并表示希望通过"中国特产·天宁馆"的上线，进一步拓展以翠冠梨为代表的天宁特色产品流通渠道，推动整个天宁区域生态资源产品、农产品及特色旅游业的电子商务发展。

近年来，常州市天宁区立足"产业振兴"，着力打造"特色品牌"，不断丰富完善翠冠梨、清水蟹、二花脸等特色农产品上下游产业链，已形成一定的规模效应和品牌优势。同时，通过和知名电商的合作，推动传统农业与电子商务的深度融合。

9.2.12　互联网+语言

"互联网+语言"代表了一种新的文化形态，即充分发挥互联网在语言传播中的作用，增强语言影响力，提升语言软实力，形成更广泛的、以互联网为载体和技术手段的语言发展新形态。语言传播的动因是推动语言传播的力量，不同时代不同语言的传播，有着不同的动因，如文化、科技、军事、宗教和意识形态等。在信息时代，互联网成了语言传播的直接动因和有力工具，并在逐渐演变成为多语言的网络世界。因此，充分发挥互联网在语言传播中的作用，对于增强语言的影响力具有十分重要的意义。"互联网+语言"作为一种新的语言传播模式，如何充分利用它来增强语言影响力，无疑是一个值得我们认真思考和深入研究的问题。

案例分享 | 小尾巴——以即时专人翻译为特色的共享平台

小尾巴(Takeasy)是由传神语联网推出的一款在线专人翻译App，这款产品在刚上线不久就受到了诸多用户的关注和欢迎。通过传神公司提供的后台数据显示，在小尾巴上线的半年时间内，全球158个国家的使用者超过了50万人。小尾巴能够在短时间内崛起，这与他们的实力是分不开的。

第一，小尾巴背靠传神语联网，借助了优势资源。传神语联网作为目前中国最大的语言服务商之一，实力非同小可，不论是技术实力上，还是专业翻译实力上，都给小尾巴提供了充足的"弹药"。传神语联网目前已拥有注册译员近80万人，拥有超过150亿字的处理经验，覆盖50多个领域、30多个语种，已累计申请和获得200多项专利、近百项软件著作权，这为小尾巴解决了传统翻译市场翻译准确率不高的痛点。

第二，小尾巴解决了传统线下翻译效率低、响应速度慢的用户痛点。当前，小尾巴能够实现30秒极速接通专人翻译官，为外出旅游或跨国商业交流、跨境购物的用户提供即时的、多语种、专人翻译服务，极大地提升了翻译效率，满足了个人用户的即时性翻译需求。此外，小尾巴的专人翻译服务支持英、日、韩、法、西、德、俄、葡等多国语言，覆盖到了全球的158个国家，几乎能够满足国内所有用户的翻译需求，具有非常广的覆盖面。

第三，小尾巴开创了用户可通过"非文字方式"下达及满足需求的新型翻译交互方式，解决了用户在很多场景下"根本不认识文字又何谈输入或口述"的尴尬问题。当用户看到不懂的文字或句子无法用文字或口述下达需求时，只需将看不懂的地方拍照发送给专人译员，即可得到译员即时反馈回来的准确翻译信息，和用户边探讨边切实解决当下面临的问题。

第四，小尾巴的共享经济模式，也得到了越来越多具备专业翻译能力的自由职业人士的支持。很多具备专业翻译能力的小伙伴纷纷加入小尾巴平台，他们中的相当一部分通过小尾巴获得了一份不错的兼职收入。随着收入的不断增多，他们开始成为专职，并且可以自由支配自己的时间。

这类共享经济模式下的翻译平台，一方面弥补了机器翻译无法准确翻译地方语义、长句等用户需求的不足，另一方面它也解决了传统翻译市场效率低、准确率低的用户痛点。从长远的角度来看，这种以"互联网+"为基础的共享经济的翻译模式极有可能会成为整个翻译行业的未来趋势所在。

互联网正以改变一切的力量，在全球范围掀起一场影响人类所有层面的深刻变革，而人类正站在一个新的时代——互联网时代到来的前沿。在这一前沿，作为人类最重要的交际工具——语言，随着互联网技术的发展而发生变化；"互联网+语言"的传播模式也由此诞生，它将成为增强语言影响力的有效途径。

9.2.13 互联网+教育

一所学校、一位老师、一间教室，这是传统教育。一个教育专用网、一部移动终端，几百万学生，学校任你挑、老师由你选，这就是"互联网+教育"。

在教育领域，面向中小学、大学、职业教育、IT培训等多层次人群提供学籍注册入学开放课程，但是网络学习一样可以参加我们国家组织的统一考试，可以足不出户在家上课学习取得相应的文凭和技能证书。"互联网+教育"的结果，将会使未来的一切教与学活动都围绕互联网进行，老师在互联网上教，学生在互联网上学，信息在互联网上流动，知识在互联网上成型，线下的活动成为线上活动的补充与拓展。

"互联网+教育"的影响不只是创业者们，还有一些平台能够实现就业的机会，在线教育平台能提供的职业培训就能够让一批人实现职能的培训，而自身创业就能够解决就业。李克强总理提出的"大众创业，万众创新"对于教育而言有深远的影响。教育不只是商业，如极客学院上线一年多，就用近千门职业技术课程和4000多课时帮助80多万IT从业者用户提高职业技能。

2015年6月14日举办的2015中国互联网+创新大会河北峰会上，业界权威专家学者围绕"互联网+教育"这个中心议题，纷纷阐述自己的观点。"互联网+"不但不会取代传统教育，而且会让传统教育焕发出新的活力。

第一代教育以书本为核心，第二代教育以教材为核心，第三代教育以辅导和案例方式出现，如今的第四代教育，才是真正以学生为核心。中国工程院院士李京文表示，中国教育正在迈向4.0时代。

"互联网+"时代,可以开展跨界融合的创新创业教育,从理论到实践多维度深入挖掘专业教育、创新创业教育、劳动教育和思政教育的"专创劳思"融合双创育人策略,将创新方法、创新思维融入课程模块建设,凸显与知识、技能和素质目标的深度融合。通过创新课程设计、改革实践教学模式、更新教学方法,推动专业教育与创新创业教育深度融合,着力塑造学生专业创新思想与精神、创新创业意识与品质。

9.3 "互联网+"大学生创新创业大赛

中国"互联网+"大学生创新创业大赛,由教育部与政府、各高校共同主办,是国内最大的综合性赛事之一,也是覆盖所有高校、面向全体高校学生,影响力最大的赛事之一。大赛旨在深化高等教育综合改革,激发大学生的创造力,培养造就"大众创业、万众创新"的主力军;推动赛事成果转化,促进"互联网+"新业态形成,服务经济提质增效升级;以创新引领创业、创业带动就业,推动高校毕业生更高质量地创业就业。

9.3.1 "互联网+"创新创业大赛简介

中国"互联网+"大学生创新创业大赛是由李克强总理在2015年提议举办,是我国创新创业教育改革的生动实践。自2015年以来,中国"互联网+"大学生创新创业大赛逐步成长为全球参赛规模最大的大学生创新创业比赛。2017年8月15日,习近平总书记给第三届大赛"青年红色筑梦之旅"的大学生回信,深切勉励青年学子把激昂的青春梦融入伟大的中国梦……用青春书写无愧于时代、无愧于历史的华彩篇章。2020年6月3日,中国"互联网+"大学生创新创业大赛更名为中国国际"互联网+"大学生创新创业大赛,更加深入推进大众创业、万众创新,引领创新创业教育国际交流合作。至2023年,中国国际"互联网+"大学生创新创业大赛已经举办九届。

9.3.2 2023年中国国际"互联网+"大学生创新创业大赛要求解读

2022年10月16日上午10时,中国共产党第二十次全国代表大会在北京人民大会堂开幕,二十大报告既是政治宣言书,也是时代动员令。二十大报告对教育、科技、人才工作的最新部署,为进一步加快高等教育改革创新提供了前所未有的政策支持和难得的历史机遇。能不能抓住历史新机遇,做出历史新贡献,打开高等教育发展的新天地,关键是创新。中国国际"互联网+"大学生创新创业大赛是"三位一体"统筹推进教育、科技、人才工作,推进职普融通、产教融合、科教融汇的生动实践,也是落实二十大精神的生动实践。办好大赛,我们就要对标二十大精神。第一,国家进入新发展阶段。立足新发展阶段,必须贯彻新发展理念、构建新发展格局、推动高质量发展,必须深入实施科教兴国战略、人才强国战略、创新驱动发展战略,加快建设科技强国,实现高水平科技自立自强。第二,时代进入新发展阶段。后疫情时代国际国内的产业链、价值链、供应链都发生了根本性的变革。5G网络、大数据、人工智能、云计算等新兴技术的应用使相关产业向数字化、智能化方向转型。同时,也催生出一些战略性新兴产业和未来产业,由此也引领带动一批传统产业改造升级。第三,教育进入新发展阶段。对于我国高等教育普及化阶段应该有新的人才培养质量观,特别要以以推动学科专业改革为代表的新教改,以发展在线教育教学为代表的新形态,以培养创新创业能力为代表的新质量,以建立质量国际互认体系为代表的新保障。在这样一个不断变化的背景下,办好大赛也是我们搞好创新创业教育以及做好立德树人的实践抓手。

1. "互联网+"大赛的整体安排

综合以往各届大赛的整体安排来看,大约在每年的5月份,教育部就会发布《教育部关于举办中国国际"互联网+"大学生创新创业大赛的通知》;大约在6月份,举办"青年红色筑梦之旅"全国启动仪式;与此同时,全国各高校会陆续举办校级"互联网+"大赛初赛;8月前,各省的省级复赛也都陆续举办完毕,选出优秀作品参加全国总决赛,全国总决赛一般在9~10月份举办完成。

2. "互联网+"大赛的相关基本情况

1) 大赛目标

更中国、更国际、更教育、更全面、更创新、更协同,落实立德树人根本任务,传承和弘扬红色基因,聚焦"五育"融合创新创业教育实践,开启创新创业教育改革新征程,激发青年学生创新创造热情,打造共建共享、融通中外的国际创新创业盛会,让青春在全面建设社会主义现代化国家的火热实践中绽放绚丽之花。

更中国。更深层次、更广范围体现红色基因传承,充分展现新发展阶段高水平创新创业教育的丰硕成果,集中展示新发展理念引领下创新创业人才培养的中国方案,提升新时代中国高等教育的感召力。

更国际。深化创新创业教育国际交流合作,汇聚全球知名高校、企业和创业者,服务以国内大循环为主体、国内国际双循环相互促进的新发展格局,搭建全球性创新创业竞赛平台,提升新时代中国高等教育的影响力。

更教育。推动思想政治教育、专业教育与创新创业教育深度融合,弘扬劳动精神,加强学生创新实践能力培养,造就敢想敢为又善作善成的新时代好青年,提升新时代中国高等教育的塑造力。

更全面。推进职普融通、产教融合、科教融汇,鼓励各学段学生积极参赛,形成创新创业教育在高等教育、职业教育、基础教育、留学生教育等各类各学段的全覆盖,打通人才培养各环节,提升新时代中国高等教育的引领力。

更创新。积极开辟发展新领域新赛道,不断塑造发展新动能新优势,丰富竞赛内容和形式,激发全社会创新创业创造动能,促进高校创新成果转化应用,服务国家创新发展,提升新时代中国高等教育的创造力。

更协同。充分发挥大赛平台纽带作用,促进优质资源互联互通,推动形成开放大学、开放产业、开放问题的良好氛围,助推大赛项目落地转化,营造支持青年大学生创新创业、共同合作、互相包容、互相支持的良好生态。

2) 大赛任务

以赛促教，探索人才培养新途径。全面提高人才自主培养质量，强化高校课程思政建设，深入推进新工科、新医科、新农科、新文科建设，深化创新创业教育改革，引领各类学校人才培养范式深刻变革，形成新的人才培养质量观和质量标准，切实提高学生的创新精神、创业意识和创新创业能力。

以赛促学，培养创新创业生力军。着力造就拔尖创新人才，激励广大青年扎根中国大地了解国情民情，在创新创业中增长智慧才干，怀抱梦想又脚踏实地，敢想敢为又善作善成，做有理想、敢担当、能吃苦、肯奋斗的新时代好青年。

以赛促创，搭建产教融合新平台。把教育融入经济社会发展，推动成果转化和产学研用融合，促进教育链、人才链与产业链、创新链有机衔接，以创新引领创业、以创业带动就业，推动形成高校毕业生更高质量创业就业的新局面。

3) 大赛内容

各届大赛的主体赛事都分为不同的赛道，每届大赛的分赛道可能会有微调，但变化不大。以第九届"互联网+"大赛为例，主体赛道分为高教主赛道、"青年红色筑梦之旅"赛道、职教赛道、产业命题赛道和萌芽赛道等。与此同时，还会有一些同期活动，例如第九届"互联网+"大赛的同期活动有世界大学生创新创业联盟成立仪式，世界大学生创新创业指数发布会和大赛优秀项目资源对接会等。每年都开展"青年红色筑梦之旅"赛道的启动仪式，并设置不同的主题，例如第九届"互联网+"大赛的红旅赛道的主题为"强国有我新征程，乘风破浪向未来"。

党的十八大以来，以习近平同志为核心的党中央高度重视教育工作，把教育摆在优先发展的战略地位。习近平总书记多次发表重要讲话，对教育改革发展以及创新创业教育提出了一系列重要论述。2017年8月，习近平总书记在给第三届中国"互联网+"大学生创新创业大赛"青年红色筑梦之旅"学生的重要回信中，对创新创业教育提出明确要求，寄予殷切希望。中国国际"互联网+"大赛坚持办赛初衷，不断完善办赛机制，不断提升办赛成效，为贯彻落实党的二十大精神，以"三位一体"统筹推进教育、科技、人才工作，把创新教育贯穿教育活动全过程，以创造之教育培养创造之人才，为全面建设社会主义现代化国家提供基础性、战略性支撑。目前，"互联网+"大学生创新创业大赛已成为国内外参与度最高、覆盖面最广、影响力最大的一项赛事活动，对我国创新创业教育起到了重要推动作用，培养激发广大学生的创新精神和实践能力，助推科技创新成果转化应用，服务国家创新发展，不断提升高等教育竞争力、创新力、贡献力和影响力。

思考练习题

1. 什么是"互联网+"？
2. 对于还是学生的你，对"互联网+"加些什么更感兴趣？
3. 除去技术问题，请你对"互联网+"有一个未来的畅想。
4. 请针对你感兴趣的行业制作一份"互联网+"创业计划书。

参考文献

[1] 辽宁省普通高等学校创新创业教育指导委员会. 创造性思维与创新方法[M]. 北京：高等教育出版社，2013.

[2] 王振宇. 创新思维与发明技法[M]. 北京：中国工人出版社，2008.

[3] 刘道玉. 创造思维方法训练[M]. 武汉：武汉大学出版社，2009.

[4] 李建平. 创新思维方法论[M]. 北京：社会科学文献出版社，2013.

[5] 刘燕华，李孟刚. 创新方法学[M]. 北京：高等教育出版社，2011.

[6] 罗玲玲. 创意思维训练[M]. 北京：首都经济贸易大学出版社，2008.

[7] 王如平. 创造性思维的开发与培养[M]. 北京：光明日报出版社，2012.

[8] 胡飞雪. 创新训练与方法[M]. 北京：机械工业出版社，2014.

[9] [日]大前研一. 创新者的思考[M]. 王伟，郑玉贵，译. 北京：机械工业出版社，2014.

[10] 许湘岳，邓峰. 创新创业教程[M]. 北京：人民出版社，2011.

[11] 张红兵. 超级创新力[M]. 北京：人民邮电出版社，2013.

[12] 唐殿强. 创新能力教程[M]. 石家庄：河北科学技术出版社，2006.

[13] 姚凤云，苑成存. 创造学理论与实践[M]. 北京：清华大学出版社，2006.

[14] 田长广，唐恒青. 创造与策划新编[M]. 北京：北京大学出版社，2008.

[15] 胡珍生，刘奎琳. 创造性思维学概论[M]. 北京：经济管理出版社，2006.

[16] 池维东. 逻辑方法与创新思维[M]. 北京：中央编译出版社，2005.

[17] 李建军. 创造发明学导刊[M]. 2版. 北京：中国人民大学出版社，2009.

[18] 李肖鸣，朱建新. 大学生创业基础[M]. 4版. 北京：清华大学出版社，2014.

[19] 冯丽霞，王若洪. 创新与创业能力培养[M]. 北京：清华大学出版社，2013.

[20] 陈卫平，唐时俊. 创业基础[M]. 北京：清华大学出版社，2013.

[21] 吴运迪. 大学生创业指导[M]. 北京：清华大学出版社，2012.

[22] 奚国泉. 创业基础[M]. 北京：清华大学出版社，2013.

[23] 李时椿，常建坤. 创业基础[M]. 北京：清华大学出版社，2013.

[24] 杨华东. 中国青年创业案例精选[M]. 北京：清华大学出版社，2012.

[25] 任荣伟，梁西章，余雷. 创新创业案例教程[M]. 北京：清华大学出版社，2014.

[26] 李善友. 颠覆式创新——移动互联网时代的生存法则[M]. 北京：机械工业出版社，2014.

[27] [日]大前研一. 创业者之道——大前研一管理实践系列[M]. 北京：中信出版社，2006.

[28] [美]杰弗里·蒂蒙斯. 创业者[M]. 北京：华夏出版社，2002.

[29] [美]杰弗里·蒂蒙斯. 战略与商业机会[M]. 北京：华夏出版社，2002.

[30] [美]杰弗里·蒂蒙斯. 创业企业融资[M]. 北京：华夏出版社，2002.

[31] [美]杰弗里·蒂蒙斯. 快速成长[M]. 北京：华夏出版社，2002.

[32] [美]彼得·F. 德鲁克. 创新与创业精神[M]. 张炜，译. 上海：上海人民出版社，2002.

[33] [美]杰斯汀·隆内克. 创业机会[M]. 北京：华夏出版社，2002.

[34] 李志能，郁义鸿. 创业学[M]. 上海：复旦大学出版社，2000.

[35] 刘常勇. 创业管理的12堂课[M]. 北京：中信出版社，2002.

[36] 张玉利，李新春. 创业管理[M]. 北京：清华大学出版社，2006.

[37] 张玉利，张维. 创业管理理论与实践的新发展[M]. 北京：清华大学出版社，2004.

[38] 曹随，王燕梅. 中国大众创业学[M]. 北京：中国经济出版社，2004.

[39] 郜振廷，刘志昆. 企业创新策划新思维[M]. 中国经济出版社，1999.

[40] 曹磊，陈灿. 互联网+：跨界与融合[M]. 北京：机械工业出版社，2015.

[41] 张换高. 创新设计：TRIZ系统化创新教程[M]. 北京：机械工业出版社，2017.